Johann Rist

Das friedewünschende Teutschland und das friedejauchzende Teutschland

Zwei Schauspiele (Singspiele)

Johann Rist

Das friedewünschende Teutschland und das friedejauchzende Teutschland
Zwei Schauspiele (Singspiele)

ISBN/EAN: 9783743643383

Hergestellt in Europa, USA, Kanada, Australien, Japan

Cover: Foto ©Thomas Meinert / pixelio.de

Weitere Bücher finden Sie auf **www.hansebooks.com**

Johann Risten:

Das Friedewünschende Teutschland

und

Das Friedejauchzende Teutschland.

Zwei Schauspiele
(Singspiele).

Mit einer Einleitung

neu herausgegeben

von

H. M. Schletterer.

Mit Musik-Beilagen.

Augsburg, 1864.
J. A. Schlosser'sche Buch- und Kunsthandlung.

Vorrede.

Zur Herausgabe der beiden vorliegenden Stücke wurde der Unterzeichnete durch sein im Laufe dieses Jahres erschienenes Werk über das deutsche Singspiel veranlaßt. Der Raum gestattete dort nicht, die Sammlung von Singspieltexten so vollständig zu machen, wie es im ursprünglichen Plane des Verfassers lag. So erscheinen hier nun zwei ebenso interessante wie seltene Piecen in besonderer Ausgabe, deren Werth noch dadurch erhöht werden dürfte, daß ihr die Tonsätze des Originals, so weit sie zusammen zu bringen waren, beigefügt sind.

Beide Schauspiele, theilweise entstanden in einer schweren und trüben Zeit und durch jedes Wort an sie erinnernd, dürften in diesem Augenblicke, ganz abgesehen von dem literarischen Interesse, das sie bieten, beinahe als eine Festgabe zu betrachten sein.

IV

Noch sind in unserem Gedächtnisse die lebhaften Eindrücke nicht verblaßt, welche die in ganz Deutschland festlich begangenen Tage des Octobers darin zurückgelassen, Tage, die uns an eine so schmachvolle und wieder so große Periode unserer Geschichte und zugleich an das mahnen, was wir mit vereinten Kräften zu leisten vermögen, Tage, die so erschütternd uns getäuschte Hoffnungen, unerfüllt gebliebene Verheißungen und trotz aller Opfer und Kämpfe nur unsere politische Machtlosigkeit und Schwäche, ein Vaterland ohne Einheit, Kraft und Freiheit vor die Seele führten. Lagen nicht in den Jahren 1647 und 1653 die politischen Verhältnisse Deutschlands fast ebenso wie in den Jahren 1813 u. 1815! Und was damals gesungen, geklagt und gehofft wurde, hat sich das nicht alles auch auf uns vererbt! Wenn dem Dichter, der die heiligsten Interessen seines Volkes zu wahren hat, wirklich prophetischer Geist innewohnt, wie ist es möglich, daß die Klage um des Vaterlandes Schmach und Zerrissenheit, die Schmerzensschreie über verlorne Macht und Einheit, das Hoffen auf bessere Tage, wo Ehre, Glanz und Größe wieder gleichbedeutend mit dem Namen Deutschland sein würden, durch Jahrhunderte sich hindurch zu ziehen vermag? Alle besseren Dichter unserer Nation vereinigen ihre Stimmen in Trauer und Wehmuth, wenn sie davon singen, was aus Deutschland geworden ist, in Sehnsucht und Hoffen, wenn sie uns sagen, was das Ziel unseres Strebens sein muß. Jahrhunderte hindurch haben sie nun zu uns gesprochen. Sollte Alles vergebens, sollten es nur leere Worte gewesen sein, die im Winde spurlos verwehen? Oder naht endlich die Zeit, wo an des Gesanges Stelle ein anderer Klang treten muß, da Worte als nutzlos sich erwiesen haben? Während diese Zeilen geschrieben werden, ist in Folge unvorhergesehener, überraschender Ereignisse, Gelegenheit geboten, durch rasches entschiedenes Handeln ein Ziel zu erreichen, dem wir lange vergebens nachgestrebt haben. Es ist der Augenblick, der nicht versäumt werden darf, gekommen, wo ein deutscher Bruderstamm aus Knechtschaft und vom Untergange zu retten ist und gerettet werden muß.

Mit gleich ängstlicher Spannung sieht jeder Deutsche auf diejenigen Männer, aus deren Mund das befreiende Wort für unsere unterdrückten Brüder kommen soll. Nie bietet sich unsern Fürsten wieder eine ähnliche Gelegenheit, das Vertrauen zu rechtfertigen und die Liebe, welche ihre Völker ihnen geschenkt, zu vergelten, als in diesem großen Augenblicke.

Wie lange müssen wir noch schamroth unsere Blicke zu Boden senken, wenn Schleswig-Holstein's, das auch das Vaterland des Dichters der vorliegenden Schauspiele ist, gedacht wird? Oder haben diejenigen, die zaudernd und schwankend zusehen, wie im fernen Osten ein um seine Freiheit ringendes Volk vor ihren Augen durch tyrannische Gräuel aller Art ausgerottet wird, auch jedes Gefühl für das eigene Volk verloren? Erst haben wenige Fürsten den heiligsten Rechten jenes Bruderstammes ihre Anerkennung zu Theil werden lassen. Wo aber bleiben vor Allem die Großen, die Mächtigen, diejenigen, die berufen sind, des Vaterlandes Geschicke zu lenken? O Staatsmann, Staatsmann! wie lange noch hältst du die Loose der Völker in deinen unreinen Händen und entscheidest darüber in deinem falschen listigen Herzen! O möchten doch die mahnenden Worte des alten Dichters, der hier in neuem Gewande vor unsere Zeit hintritt, nicht nutzlos verhallen! Möchte seine schlichte Rede uns fortwährend anspornen, dem Ziele nachzustreben, dessen Erreichung uns bis zur Stunde versagt blieb! Möge das, was er uns sagt und woran er uns erinnert, die Kraft lebendiger Warnung nie verlieren!

Augsburg, 19. November 1863.

H. M. Schletterer.

Einleitung.

Johann Rist.

Unter den Dichtern des XVII. Jahrhunderts nimmt Johann Rist sowohl durch Vielseitigkeit seiner poetischen Arbeiten, als auch durch überraschend reiche Productivität eine der hervorragendsten Stellen ein. Kein anderer unter seinen Zeitgenossen hat auch wie er allezeit so schlagfertig und kampfbereit, in einer an erschütternden und großartigen Vorfällen reichen Periode immer so mannlich Wacht gehalten und allen den sich drängenden Ereignissen eine so rege und unermüdliche Aufmerksamkeit zugewendet. Keiner hat gleich ihm, so wacker Widerstand geleistet und so beharrlich das Schwert des Geistes geschwungen in Tagen des Jammers, des Elendes und des Unglückes, und dabei stets wie ein rechter Dichterprophet, strafend und zürnend und doch wieder versöhnend und aufmunternd, die Augen seines Volkes den wahren Zielen zugewandt und im Hinweis auf die Güte, Treue und Barmherzigkeit Gottes den gesunkenen Muth der Seinen frisch belebt und der fast Verzweifelnden Hoffen neu angefacht. Sind nun auch bei so überreicher schriftstellerischer und praktischer Thätigkeit, wie sie hier sich zeigt, nicht alle poetischen Productionen Rist's erfüllt von jener Genialität und Gedankenfülle und getragen von jener Schönheit der sinnlichen Form, die allein das poetische Kunstwerk zu einem solchen und bewundernswerth machen, so tritt uns in ihnen doch immer ein tüchtiger, kerniger Character, eine edle, entschiedene Gesinnung und eine ganz ungewöhnliche Begabung entgegen, die, hätte der Dichter in ruhigeren Tagen wirken und schaffen können, und wäre er nicht fortwährend durch die eigenthümlichen Zeitverhältnisse zu Kampf und

Unruhe, zu Vertheidigung und Abwehr gedrängt worden, vereint ihn befähigt haben würden, das Beste zu leisten. Die vielen literarischen Händel aber, in die er verflochten war, seine allerdings nicht zu rechtfertigende Eitelkeit auf sein Wissen und Können, die ihn verhindert haben mag, sich selbst und seine Werke strenger, als er es that, zu kritisiren, und harte, oft ungerechte Urtheile späterer Literarhistoriker haben seinem Namen und Ruhme schwer geschadet. Man kennt ihn nur noch als einen gedankenlosen Vielschreiber, der ohne tieferes Verständniß und poetische Inspiration eine Masse von Büchern der Oeffentlichkeit übergeben hat. Das Tüchtige, das Gehaltvolle seiner Schriften, deren Mängel zumeist wieder in dem eigenthümlichen Zeit= und Bildungsgange des XVII. Jahrhunderts zu suchen sind, übersieht man.

Wenn wir es hier unternehmen, einige seiner selten gewordenen Werke aufs Neue vorzuführen, so möchten wir in ihnen hauptsächlich ein Gewicht auf die für die damalige Periode, besonders in den höhern Kreisen so geschwundene und daher bei ihm um so mehr zu schätzende vaterländische Gesinnung, die sich durchweg in ihnen ausspricht, legen. Diese begeisterte und ehrliche Anhänglichkeit an sein Deutschland, sein zerrissenes, in Schmach und Noth versunkenes Vaterland, die Rücksichtslosigkeit, mit der er alle politischen und moralischen Schäden seiner Zeit aufdeckt, und die treue Sorge, welche sich allenthalben offenbart, heilenden Balsam in die offenen, ja eiternden Wunden des niedergetretenen Volkes zu gießen, sein gesunkenes Bewußtsein aufzurichten, es auf den Weg des Heiles zu führen, auf die Bedeutung seiner Mission unter den Nationen hinzuweisen und die ihm gebührende Größe und Macht immer wieder ins Gedächtniß zurückzurufen, dürften allein die beiden nachfolgenden Schauspiele schon schätzenswerth machen. Sie werden es aber noch mehr, wenn wir sie als einen Spiegel betrachten, aus dem uns die gegenwärtigen Verhältnisse unseres Vaterlandes leider immer noch entgegentreten. Ueber zwei Jahrhunderte sind vergangen, seitdem Rist die beiden Dramen: **Das Friedewünschende und das Friedejauchzende Teutschland** geschrieben hat. Wie viele unserer besten Dichter haben während dieser Zeit von einem großen, einigen Vaterlande gesungen? Wie Viele mußten wir scheiden sehen, die erfüllt von diesem Gedanken, doch nichts mit hinüber nehmen konnten, als eine schwache Hoffnung, daß ihre schönsten Träume, ihre heißesten Wünsche, ach in wie fernen Tagen sich einst verwirklichen würden!

Seit dem Ende des dreißigjährigen Krieges war Deutschland wieder=

holt der Schauplatz blutiger und vernichtender Kämpfe. Wiederholt wurden in seinen schönen Gefilden die Geschicke der Nationen entschieden und haben sich hier die gräßlichen Jammerscenen früherer Zeiten erneuert, aber immer noch, wenn auch im Augenblicke Kunst und Wissenschaft, Industrie und Handel, Landwirthschaft und Gewerbe in reichster Blüthe stehen, sind wir ein zersplittertes, getrenntes Volk, uneinig im Innern, ohnmächtig nach Außen, mißachtet von den Nachbarn und gering geschätzt von unsern Feinden und Freunden. Sollte es da nicht Noth thun, immer wieder zu blättern und zu lernen in den Schriften unserer Dichter und Propheten und immer wieder zu blicken in den Spiegel, den uns die vergangenen Tage und unendlich viel trübe Erfahrungen vorhalten?

Die durch die Reformation hervorgerufenen gewaltig erschütternden Ereignisse des XVI. und XVII. Jahrhunderts waren nicht allein von großem Einflusse auf das politische, moralische und sociale Leben des deutschen Volkes, sie offenbarten sich auch ganz hervortretend auf allen geistigen Gebieten. Weit entfernt davon, daß, wie man fürchten sollte, die Nothzeit des Vaterlandes vernichtend oder hemmend auf die poetische Thätigkeit der deutschen Dichter und Schriftsteller gewirkt hätte, bemerken wir während und unmittelbar nach dem großen Kriege eine außerordentlich reiche Entfaltung, ja eine wirkliche Blüthezeit auf diesem Gebiete. Wir sehen, wie die Dichter unseres Vaterlandes regen Antheil an der gewaltigen Bewegung, die dasselbe erschüttert, nehmen, und ihnen ist neben den Theologen, welche die dogmatischen Streitfragen auszufechten hatten und die nicht minder durch die heftige Reibung, in die alle Geister miteinander geriethen, gewannen, zumeist der rasche Erfolg der reformatorischen Umwälzung zuzuschreiben. Hatte nun die Poesie zur Entscheidung der schwebenden Fragen so eifrig und redlich das ihrige gethan, so konnte es nicht fehlen, daß die Zeitverhältnisse auch wiederum ihre Rückwirkung auf dieselbe äußerten und unter ihren Einflüssen eine allmälige Umgestaltung in dem ganzen Wesen derselben hervorbrachten.

Aus dem engeren Kreise des Adels sehen wir im XIV. und XV. Jahrhunderte allmälig die Dichtung in die Hände bürgerlicher Genossenschaften übergehen, und hier im Verlaufe des XVI. Jahrhunderts zu schöner Entwicklung gelangen. Bald aber, mit dem Beginne des siebenzehnten Säculums bemächtigen sich die Gelehrten fast gänzlich

der Poesie und jeder darauf gerichteten Thätigkeit, und indem sie
bestrebt sind, sich und ihr Schaffen unter den Schutz der Fürsten
Deutschlands zu stellen, finden wir die Dichtung unter dem Einfluß
und in den Kreis des Adels wieder zurückkehren. Mit der Veränderung
der Stätte der Dichtung sowohl, als der dichtenden Stände, wechselt
aber auch jedesmal Inhalt, Stoff und Form derselben. In der ritter=
lichen Zeit herrscht das Epische und Erzählende, in der bürgerlichen
das Lehrhafte und Satyrische, in der gelehrten das Dramatische und
Aneignende vor. Die eigentlichen und ächten Dichter unseres Volkes
hatten sich von jeher der Muttersprache, der alten deutschen Helden=
sprache, wie man sie im XVII. Jahrhundert so gerne nannte, bedient.
Aber es kam eine Zeit, wo sie von den Gebildeten mißachtet und ge=
ring geschätzt wurde und wo man sie zur Darstellung von poetischen
Schilderungen oder zur Besprechung wissenschaftlicher oder speculativer
Gegenstände für unwürdig und unfähig hielt. Man gewöhnte sich mit
Geringschätzung auf die zuletzt handwerksmäßig gewordene Produc=
tion der Meistersänger=Schulen herabzublicken, und fand sie höchstens
gut genug zu den plebejischen Reimspielereien poetisirender Barbierer
und Schuster. Ja wäre nicht in Folge der Reformation in der luthe=
rischen Bibelübersetzung der deutschen Sprache eine unversiegbare Quelle
erschlossen worden, hätte sich der deutschen Rede, deren sich jetzt ja auch
die Prediger und Gelehrten befleißigen mußten, nicht so große Auf=
merksamkeit zugewendet, hätte nicht das Bedürfniß nach deutschen Kirchen=
liedern eine so mächtige Regsamkeit in diesem Zweige der Literatur
hervorgerufen, die deutsche Sprache würde noch lange der Mißachtung
ausgesetzt geblieben sein, in der sie bei den Gelehrten während je=
nes Jahrhunderts stand und der sie sogar im XVIII. Jahrhunderte
nochmals zu verfallen drohte. Kaum waren die heftigsten der durch
die Reformation hervorgerufenen Wirren wenigstens zeitweise ge=
schlichtet, so begann auch das Interesse für das Studium der deutschen
Sprache allenthalben wach zu werden, und plötzlich sehen wir Gelehrte
und Schriftsteller, welche derselben bisher abhold gegenüber standen,
nicht nur sich ihrer in ihren Schriften bedienen, sondern sogar für ihre
Aufnahme förmlich eifern und Schulen für ihre Ausbildung und Pflege
eröffnen. Noch mehr überrascht uns die Wahrnehmung, daß von jetzt
an selbst der Dichterlorbeer, der bisher nur solchen Poeten zuerkannt
wurde, die ein glänzendes Latein zu schreiben vermochten, auch denen
zu Theil wird, die als Dichter in deutscher Sprache allein sich aus=

zeichneten. Was die ganze Bewegung so reich und so wunderbar erscheinen läßt, ist der Umstand, daß sie aus dem Volke selbst hervorging, ohne einen Anstoß von außen, ohne Förderung und Aufmunterung von oben. Indem man dasjenige, was man von den Griechen und Römern durch die eifrig gepflegten philologischen Studien errungen hatte, mit dem zu verschmelzen trachtete, was durch andere Nationen, wie Italiener, Spanier, Franzosen, Niederländer bereits auf dem Felde der Poesie gefördert war, gewann man ebensowohl an Stoff und Ausdruck, als man Geist und Gemüth in gleicher Weise anzuregen vermochte. Ja man wußte in Deutschland die humanistischen Studien zu so reicher Blüthe und Entfaltung zu bringen, daß jede Bemühung anderer Nationen auf diesem Felde weit davon überflügelt ward.

Mächtig gefördert wurde dieser Umschwung in den Bildungsverhältnissen des Vaterlandes durch die sich allenthalben offenbarende Reiselust des XVII. Jahrhunderts. Während der Adel zumeist nach Wälschland zog, um auf den altberühmten Schulen zu Padua und Pavia Kenntnisse zu sammeln und an den glänzenden Hoflagern Oberitaliens Bildung und feine Sitten zu lernen, besuchte der deutsche Student die Hochschulen zu Paris, Löwen, Leyden, ja er kam wohl selbst weit über die Gränzen des Vaterlandes hinaus bis nach Orford, Salamanca und Krakau. Die deutschen fahrenden Schüler traf man auf aller Herren Landstraßen, und auf den meisten der ausländischen Universitäten bestanden von frühe an schon deutsche Burschenschaften. Die Sitte der Zeit verlangte es außerdem, daß der Mann der Wissenschaft weit umher gekommen, mancher Herren Länder gesehen und zu den Füßen der großen Lehrer, deren sich die Periode rühmte, gesessen haben mußte, wollte er zu rechter Geltung und zu wahrem Ansehen in der Heimath gelangen. Indem nun aber der Vornehme sowohl, wie der Geringe die Vorzüge ausländischer Bildung, fremder Lehranstalten und Lehrmethoden kennen und schätzen lernte, indem die weit umher Gewanderten nicht selten einflußreiche Persönlichkeiten an den heimischen Höfen, geschätzte Lehrer an den vaterländischen Hochschulen wurden, konnte es nicht fehlen, daß bei dem bekannten Bienenfleiße der Deutschen und bei ihrer besondern Lust und Gabe sich die Vorzüge und Vortheile auswärtiger Bildung anzueignen, manches treffliche Neue und Fördernde des Auslandes Wurzel im eigenen Lande faßte. Zu den besondersten Errungenschaften nun gehörte für die, nach Wissen und

Gelehrsamkeit dürstende Jugend Deutschlands die Erkenntniß, daß jede der von ihnen besuchten fremden Nationalitäten neben Kenntniß und Pflege der classischen Sprachen, die allenthalben gemeinsam in Uebung waren, eine bereits ausgebildete, eigene, selbstständige Literatur besaß. Italien, Spanien, Frankreich, die Niederlande, England, alle Länder rühmten sich bereits ihrer bedeutendsten nationalen Dichter und poetischer Kunstwerke, die mit Recht Bewunderung und Respect, aber auch Nacheifer wecken mußten. Mit eben dem Interesse, mit welchem man die classischen Werke des Alterthums las, begeisterte man sich an den Schriften der neueren Dichter, und nicht genug damit, man wollte nun auch gleich Vortreffliches in der eigenen Sprache besitzen. Die deutsche, bisher so gering geachtete Sprache, erwies sich bald als wundersam gefügig und bild- und schmiegsam, nicht nur zur Hervorbringung selbstständiger neuer Formen, sondern auch zur Nachahmung jedweder fremden Dichtungsart. Wäre man nun in dem Streben nach Eigenthümlichkeit beharrlicher gewesen, die deutsche Literatur des XVII. Jahrhunderts würde für uns reicher an erfreulichen und wohlthuenden Erzeugnissen und für die damalige Zeit selbst fördernder geworden sein. Aber leider verlor man in dem Bemühen, alles das zu gewinnen, was das Ausland an geistigen Productionen bereits besaß, Kraft und Zeit an oft werthlosen Nachahmungen und Uebersetzungen. Nicht in unsern Tagen allein müssen wir diese Fluth von Uebertragungen, namentlich belletristischer Schriften, die die eigenen Erzeugnisse auf gleichem Gebiete völlig zu ersticken drohen, beklagen und bedauern; ganz dasselbe Bild und denselben Eindruck gibt uns bereits die Betrachtung der literarischen Zustände des XVII. Jahrhunderts.

Wir haben gesehen, wie die Zeit allmälig reif wurde zur Bildung einer eigenen deutschen Literatur, wie sowohl durch die Reisen in fremde Länder und den Besuch auswärtiger Hochschulen, als auch durch den von der Reformation gegebenen Anstoß ein völliger Umschwung der geistigen Thätigkeit vorbereitet wurde. Aber dennoch ging die Sache nicht so schnell, wie man wohl glauben sollte. Neue Dichtungen in deutscher Kunstsprache wagten sich anfangs nur selten und schüchtern hervor, fanden auch wohl noch heftige Gegner und nur geringe Verbreitung. Zudem offenbaren die ersten Versuche, wie dies nicht anders sein konnte, noch ein unsicheres Umhertasten in den neuen und ungewohnten Formen. Johann Fischart, Georg Rollenhagen, Barth. Ringwalt, G. R. Weckherlin, Julius Wilh. Zincgref, die hervorragendsten unter den damaligen vaterländischen Schriftstellern, die es nicht verschmähten, sich der deutschen Sprache zu bedienen, führen beständig Klage darüber, daß sie von ihren lateinisch schreibenden Collegen verhöhnt und angefeindet werden und daß es ihren Schriften an der wünschenswerthen Theilnahme des Publikums fehle. Nothgedrungen mußten sie sich, sollte das begonnene Werk nicht untergehen, und um durchgreifender ihre Zwecke und Plane verfolgen zu können, nach Hülfe und Beistand umsehen, und wo konnten sie diese besser finden, als bei den eben auch zu höherem geistigen Leben und Streben sich aufraffenden deutschen Fürsten und Abligen und in zu gegenseitigem Schutze geschlossenen festen, größeren Verbindungen.

Man wußte, daß z. B. in den meisten italienischen Städten längst gelehrte Gesellschaften sich gebildet hatten, die alle gleichmäßig das Streben beseelte, auf die Poesie veredelnd, auf die Wissenschaften belebend, auf die Sprache reinigend einzuwirken. Dem Deutschen, der immer bereit ist, nachzuahmen, was das Ausland an guten Einrichtungen vor ihm voraus hat, konnte ein solches Beispiel nicht unbeachtet verloren gehen, und so sehen wir denn auch im Vaterlande bald wohlmeinende Männer zusammentreten und gelehrte Gesellschaften zu dem Zwecke sich bilden, die Dichtung „von der Herrschaft des Lateinischen zu befreien, die deutsche Sprache von der Einmischung fremder Flickwörter zu reinigen und sie in ihrem gründlichen Wesen und rechten Verstande, im Reden, Schreiben und Dichten aufs allerzierlichste und deutlichste zu erhalten und auszuüben, auch so viel immer möglich, insonderheit bei den Mitgesellschaftern zu verhüten, daß dem entgegen gehandelt würde". Die Bestrebungen der Literatur sahen sich dadurch noch insoferne gefördert, als man zu poetischen Arbeiten sich angeregt und aufgefordert sah; denn in der Regel waren die Mitglieder dieser Sprachgesellschaften oder Dichterorden verpflichtet, nach Kräften selbst thätig mit literarischen Arbeiten sich zu betheiligen.

Die wichtigste dieser Sprachgesellschaften war die fruchtbringende Gesellschaft oder der Palmenorden, am 24. Aug. 1617 auf dem Schlosse Hornstein von Ludwig von Anhalt-Köthen und seinem Sohne Wilhelm Ludwig, sowie von den drei Herzogen zu Weimar: Johann Ernst, Friedrich und Wilhelm und den adeligen Herren Christoph und Bernd von Krosig unter dem Vorsitze Caspar's von Tentleben und auf dessen Anrathen nach dem Muster der 1582 in Florenz entstandenen Academia della crusca gestiftet.

Ihr folgten im Verlaufe des Jahrhunderts, ähnliche Zwecke im Auge behaltend, aber minder bedeutend in äußerem Ansehen und ihrer Wirksamkeit, meist auch nur von kürzerer Dauer, die **aufrichtige Tannengesellschaft** in Straßburg, 1633 von J. Matth. Schneuber, Prof. der Poesie daselbst, und Joh. Rumpler von Löwenhalt gegründet; der **pegnesische Blumenorden**, vorher die Gesellschaft der Pegnitzschäfer genannt, in Nürnberg 1642 von G. Ph. Harsdörffer und Joh. Klaj ins Leben gerufen; die **deutsch gesinnte Genossenschaft** in Hamburg, 1643 von Ph. von Zesen und Dietrich Petersen, der **Elbschwanorden**, 1656 von J. Rist gestiftet. Von noch geringerer Bedeutung und Lebensfähigkeit waren der **belorberte Taubenorden** von Chr. Fr. Paullini, 1692 in Leipzig, und der **Leopoldsorden** von J. E. Jung-Michel von Michelsberg, 1695 in Dresden gegründet*). Die Einrichtung aller dieser Gesellschaften lief ziemlich auf dasselbe hinaus. Die Mitglieder wurden ohne Ansehen des Standes und der Religion aufgenommen, doch sollten alle entweder angesehene Männer oder geachtete Gelehrte sein; jeder sollte sich in seinem Kreise nutzbar, lentselig und ergötzlich erweisen. Um namentlich über die Standesunterschiede wegzuhelfen, erhielt jedes Mitglied einen Ordensnamen. So war es auch möglich, selbst den größeren dieser Verbindungen eine mehr freie, geistige Einrichtung und den Character einer Privatgesellschaft zu geben.

Alle diese Verbindungen, so wichtig sie auch für ihre Zeit waren, haben einen nachhaltigen, vortheilhaften Einfluß, ja selbst ein erfolgreiches Streben für Reinerhaltung der Sprache, was doch zunächst ihr Zweck war, leider nicht in dem Maaße gehabt, wie sie selbst es glauben mochten, jedenfalls aber erstrebt haben. Wie ihre italienischen Vorbilder, die auch nur einen verhältnißmäßig geringen Nutzen gestiftet hatten, machten sie zuletzt Unwesentliches zur Hauptsache. Und wie diese allerhand poetische Kleinigkeiten mit großer Feierlichkeit in possenhaften Formen so lange verhandelten, bis eines dieser Institute nach dem anderen einging, so geschah es auch hier, daß man sich in lächerlicher

---

*) J. L. Prasch in Regensburg, G. W. v. Leibnitz in Hannover waren ebenfalls Stifter ähnlicher Gesellschaften; in Hamburg bestand in der Mitte des XVII. Jahrhunderts eine aus 9 Personen gebildete neunständige Hänsegesellschaft; nach Absterben aller übrigen Mitglieder war 1669 Ph. v. Zesen allein noch übrig geblieben.

und kindischer Spielerei gefiel und in geistloser Nachäfferei des Auslandes fast mehr für die Entwürdigung, als für die Hebung der heimischen Poesie thätig war. Von all den genannten Gesellschaften hat bis zur Stunde mit alter reichsstädtischer Zähigkeit nur der **pegnesische Blumenorden** sein Dasein zu fristen vermocht.

Nun nur noch einige Worte über die **fruchtbringende Gesellschaft**, die nicht allein um des Ansehens willen, das sie zur Zeit ihres Bestehens genoß, als der wichtigste unter allen genannten Orden zu betrachten ist, sondern für gegenwärtige Schrift auch deßwegen noch Bedeutung erhält, weil unter ihre Mitglieder auch Rist gehörte und weil ihr das erste der vorliegenden Stücke: „**Das Friedewünschende Teutschland**" dedicirt ist.

Wir haben die Gründe bereits angegeben, welche die Gründung des Ordens veranlaßten. Unter den Fürsten Deutschlands waren außer denen zu Braunschweig, Hessen und Würtemberg vor Allem die von Anhalt und Sachsen hochgeachtet und angesehen in Folge der Verdienste, die sie sich nicht sowohl als Beschützer der Künste und Wissenschaften überhaupt, sondern auch als eifrige Förderer der Reformation insbesondere erworben hatten. Der Adel und die Bevölkerung des Elbgebietes, mit Dresden beginnend und mit Hamburg endend, nahmen vor allen anderen Länderstrichen Deutschlands lebhaften Antheil an der geistigen Bewegung, die über das Vaterland hinströmte. Hier wurde der Grund zu allem gelegt, was die geistliche und dramatische Poesie des XVI. und XVII. Jahrhunderts an hervortretenden Erscheinungen bietet, hier stand die Wiege der Reformation. Wie allenthalben in diesem Zeitraume, hängt zunächst die geistige Bewegung und literarische Bildung mit der Ausbreitung und Aufnahme des Protestantismus zusammen. Wo bedeutende protestantische Geistliche eine feste Stätte fanden, knüpfte sich bald eine poetische Blüthe an die theologische an. Von ganz besonders hervortretendem und überraschend vortheilhaftem Einflusse aber erscheinen sie überall als Lehrer und Erzieher der Fürsten im engern, als Schulmänner im weiteren Sinne. Das Anhaltische Haus, das wir an die Spitze der literarischen Bewegung treten sahen, stand in vielfachen Beziehungen zu den Calvinisten Frankreichs und der Schweiz, in freundschaftlichen zu Heinrich IV. Die Sächsischen Churfürsten waren frühe schon in Verbindung mit den italienischen Herrscherfamilien getreten. Der Zug der vornehmen Reisenden ging damals schon, wie noch jetzt, vorzugsweise dem blühenden Süden zu, und was man nur irgend von dort in die Heimath verpflanzen und mit herübernehmen konnte, suchte man sich anzueignen. Italienische Sprache und Musik waren geliebt und gepflegt wie später nach einander die spanische, französische und englische. Italienische Gartenanlagen und Opernhäuser zierten bald viele der fürstlichen Residenzen Deutschlands. Für die hervorragende Bildung des Anhaltischen Adels dürfte der Umstand sprechen, daß bald nach der Gründung der fruchtbringenden Gesellschaft 16 Fürsten und 68 Adelige blos aus dem Fürstenthume Anhalt eintraten.

Die Veranlassung zur Gründung des Ordens wird so erzählt: Als bei Gelegenheit des Begräbnisses der Herzogin Dorothea Maria von Weimar, einer Schwester Ludwig's von Anhalt, viele angesehene Männer sich versammelt hatten, kam die Rede auf die italienischen Academien und die Vortheile, welche dieselben auf die Bildung der Sprache und die Förderung der Literatur ausübten. Ludwig, aus innerster Ueberzeugung ein Verehrer deutscher Sprache und Sitte, erkannte es rasch, wie heilsam eine solche Gesellschaft, die sich Erhaltung und Ausbildung der deutschen Sprache zum Ziel setzte, auch in Deutschland sein würde. So wurde denn auf Anrathen und Andringen Kaspar's von Teutleben, Weimarischen Geheimeraths und Hofmarschalls, sofort zur Errichtung des Ordens geschritten. Man wählte für die literärische Verbindung den Namen: der fruchtbringenden Gesellschaft, und als Sinnbild den in all seinen Theilen nutzbaren Palmbaum mit der Devise: Alles zum Nutzen. Jedes Mitglied sollte außer einem allgemeinen Gesellschaftszeichen noch besonders einen Beinamen, ein Gemälde aus dem Pflanzenreich und ein Wort haben. Man hatte die Embleme der Gesellschaft, deren in Gold geschmelztes Gemälde, Namen und Worte auf der rechten Seite der Brust, das eigene dagegen an einem sittich=grünen seidenen Bande auf der linken zu tragen. Die Gesellschaft war eine durchaus reinhaltende. Ein deutscher Fürst sollte Oberhaupt sein, um durch sein Ansehen und seinen Einfluß die Mitglieder zu schützen und zu fördern.

Solange Ludwig (der Nährende) lebte, war in Köthen der Sitz der Gesellschaft. Nach seinem Tode (1650) trat Wilhelm II. von Weimar (der Schmackhafte) an seine Stelle und der Mittelpunkt der Gesellschaft wurde nach Weimar verlegt. Wie in der früheren Periode der Minnesänger, Thüringen schon einmal der Poesie gastliche Heimath geboten hatte, so wurde es jetzt zum zweiten Male eine Pflanzstätte der aufblühenden Literatur. An die dritte, glänzendste Zeit Weimar's, die hundert Jahre später die Welt mit Bewunderung und Freude erfüllte, sei hier nur vorübergehend erinnert.

Während in Köthen bisher mehr die deutsche Prosa gepflegt worden war, entfaltete der Orden in Weimar, wo der Dichter Neumark dessen Erzschreinhalter wurde, eine mehr poetische Thätigkeit. Nach dem Tode Herzog Wilhelm's (1662) war es jedoch mit der Blüthezeit der Gesellschaft vorüber. In Folge der politischen Ereignisse, die damals wieder alle Welt beschäftigten und unter denen namentlich der Türkenkrieg die ausschließliche Aufmerksamkeit auf sich lenkte, verzögerte sich die Wahl eines neuen Oberhauptes, die erst 1667 wieder in der Person des Herzogs August (des Wohlgerathenen) erfolgte. Von jetzt an war Halle der Sitz der Gesellschaft. Mit dem Tode August's (1680) verlieren sich die Spuren des Ordens. Seine Wirkungen, die wir aus der Entfernung mehrerer Jahrhunderte so leicht zu unterschätzen geneigt sind, waren für die Zeit seines Bestehens dennoch nicht unbedeutend. Die Gesellschaft hatte ein Zeichen aufgepflanzt, das den Unschlüssigen einen Halt, den Gelehrten ein Ziel, den hohen Gönnern einen Gegenstand der Beschützung gab. Durch ihre weithingehende Verzweigung machte sie Verbindungen und Erfolge möglich, von denen man bisher nichts geahnt hatte und die sich über das ganze Deutschland, ja über dessen Gränzen hinaus erstreckten. Wenn nun auch unter den Mitgliedern nicht blos solche waren, die thatsächlich als Schriftsteller die Zwecke des Ordens fördern konnten, ja, wenn selbst die Anzahl der fürstlichen und adlichen Ehrenmitglieder — der Schützenden, Schirmenden und Nährenden — überwog und, was bei einer so zahlreichen Gesellschaft kaum zu vermeiden war, wenn sogar Unwürdige oder hemmende Pedanten mit dem Zeichen des Ordens geschmückt erscheinen, so begegnen wir doch andererseits zugleich unter ihnen den glänzendsten Namen der Literatur des XVII. Jahrhunderts*).

---

*) Tob. Hübner (der Nutzbare, 1619); M. Opitz (der Gekrönte, 1629); Aug. Buchner (der Genossene, 1641); G. Ph. Harsdörffer (der Spielende, 1642); J. G. Schottel (der Suchende, 1642); J. M. Moscherosch (der Träumende, 1645); Fr. v. Logau (der Verkleinernde, 1648); Ph. v. Zesen (der Wohlsetzende, 1648); G. Neumark (der Sprossende, 1653); Andr. Gryphius (der Unsterbliche, 1662); Caspar v. Stieler (der Späte); Sigm. v. Birken (der Erwachsene); Chr. Fr. Paullini (der Wachsame), und Andere. — Nur zwei Dichternamen

Bis zum Jahre 1668 waren unter 806 Mitgliedern, deren der Orden überhaupt 890 zählte, 1 König, 3 Churfürsten, 49 Herzöge, 4 Markgrafen, 10 Landgrafen, 8 Pfalzgrafen, 19 Fürsten, 60 Grafen, 35 Freiherrn und 600 Adeliche*) und Gelehrte Bürgerlicher Herkunft waren kaum 100 Mitglieder, erst seit 1646 und 1647 finden wir auch zwei Geistliche, J. V. Andreae (der Mürbe) und Rist (der Rüstige) als Ordensglieder genannt.

Würde man nun sich weniger an das Wort der Gesellschaft: Niemand zum Schaden, Allen zum Nutzen gehalten, würde man nicht so einseitig nur nach allgemeiner gegenseitiger Förderung, Lobhudelei und Bewunderung und Aufrechthaltung eines allerdings schönen und in damaliger Zeit seltenen Friedens und einer rühmenswerthen Eintracht gestrebt, dagegen eine schärfere Kritik und einen strengeren Maaßstab bei Beurtheilung der schriftstellerischen Erzeugnisse der Mitglieder in Anwendung gebracht haben, der Orden würde, mit einer Beimischung gährenden Sauerteiges, ganz andere Erfolge gehabt haben, wirklich fördernd und anregend geblieben und nicht so bald in ein steriles Hindämmern, die Quelle mittelmäßiger Productionen und dünkelhafter Ueberschätzung versunken seyn.

Haben wir es versucht, in Vorstehendem die literarischen Zustände und die auf den Dichter wirkenden äußeren Verhältnisse des XVII. Jahrhunderts zu zeichnen, so möge nun auf die bedeutenden Zeitgenossen Rist's der Blick gewendet werden.

In neue Bahnen wurde die deutsche Poesie zunächst durch Georg Rud. Weckherlin (1584—1651) und Jul. Wilh. Zincgref

---

besten Klanges aus dieser Periode fehlen in dem Verzeichnisse der Ordensmitglieder: Fleming und Tscherning.

*) Unter den fürstlichen und adeligen Mitgliedern der fruchtbringenden Gesellschaft traten, insbesondere auf dem Gebiete geistlicher Liederdichtung oder mit Uebersetzungen, auf die sie sich mit Vorliebe geworfen hatten, hervor: Fürst Ludwig von Anhalt-Cöthen (der Nährende); Christian II. von Anhalt-Bernburg (der Unveränderliche); die Landgrafen von Hessen-Cassel: Wilhelm (der Kitzliche), Moritz (der Vielgenannte) und Hermann (der Fütternde); Wilhelm II. von Sachsen-Weimar (der Schmackhafte); Wilhelm von Kalchum, genannt Lohausen (der Feste); Hans Ludwig, Graf von Kuefstein (der Kunstliebende); Johann Wilhelm von Stubenberg (der Unglückselige); Dietrich von dem Werder (der Vielgekrönte); Paris von dem Werder (der Friedfertige); Franz von Wützenstein (der Wehrhafte); Gottlieb, Graf von Windischgrätz (der Kühne); Joachim von Glasenapp (der Erwachsende); Wolfg. Helmhard von Hohenberg (der Sinnreiche).

(1591—1635) gelenkt. Ersterer hatte mit ausgesprochener Absichtlichkeit zuerst den Boden des Volksthümlichen verlassen, der Poesie den Charakter des Kunstmäßigen gegeben und die bisher freie und unabhängige Kunst, die nur um der Sache und des Volkes willen gepflegt worden war, in engere Schranken gezwängt, ja sie schon dem Hofdienste gefügig und ergeben gemacht. Beide Dichter standen jedoch dem Schauplatze, auf dem die Poesie zunächst ihre meiste Thätigkeit entfalten sollte, ferne. Der Erstere, in Stuttgart geboren und in Tübingen gebildet, führte seit seinem zwanzigsten Jahre ein unstätes Wanderleben; er bereiste Sachsen, Holland und Frankreich und verbrachte dann die zweite Hälfte seines Lebens in England, wo er auch starb. Der Andere, große Reisen durch Frankreich, die Niederlande und England abgerechnet, hielt sich vorzugsweise in seiner Vaterstadt Heidelberg auf. Beide waren nur Vorläufer. Wenn bei Weckherlin Gedankenfülle, poetisches Gefühl, dichterische Erfindungskraft unverkennbar sind, wenn wir seinen Liebesliedern Frische, seinen Trinkliedern Heiterkeit, seinen ernsten Liedern edle, männliche Gesinnung und warme Liebe zum Vaterlande nicht abzusprechen vermögen, so erscheint doch seine Sprache noch hart und ungelenk; die Innigkeit des poetischen Gefühles vermag nicht allenthalben durchzudringen und den Zwang, den die Unsicherheit der dichterischen Form, schwankend zwischen volksthümlicher Behandlung und französischer Sylbenzählung, dem Dichter noch auferlegt, überall abzuschütteln und zu durchbrechen. Selbstständiger und dem volksthümlichen Elemente treuer, jedoch unverkennbar bereits einem großen Vorbilde folgend, erscheint Zincgref. Seine Darstellung ist gedrängt, klar, kräftig, der Inhalt seiner poetischen Werke zeugt von einem freisinnigen Geiste und von patriotischem Gefühle.

Das Vorbild, dessen überwiegendem Talente und mächtigem Einflusse nun selbst Zincgref, der ältere Mann sich beugte, gab der Schlesier Martin Opitz (1597—1639). Er war es, der nicht blos seinen Namen zu dem gefeiertsten seiner Zeit machte, sondern der auch seinem Vaterlande das höchste Ansehen und in der Geschichte der Literatur dauernden Ruhm erwarb. Wie Huß der großen Reformation auf religiösem Gebiete um hundert Jahre zuvorlief, so Opitz der auf poetischem. Hier aber wie dort trugen die Bemühungen der Repräsentanten beider Bewegungen nicht die gehofften und verheißenen Früchte, denn nicht aus innerstem Bedürfnisse des Volkes waren zunächst noch die durch sie bewerkstelligten Reformen hervorgegangen, sondern sie erscheinen vielmehr als das Werk einzelner Gelehrten und hervorragender Geister, die ihrer Zeit weit vorausgeeilt waren. Bis zu dem Augenblicke, wo Schlesien im XVI. Jahrhundert unter die Herrschaft deutscher Fürsten kam, war dieses Land den Kultureinflüssen ziemlich unzugänglich gewesen und stand in demselben Bildungsverhältnisse zu dem übrigen Deutschlande, wie heute Polen oder Rußland. Von jetzt an aber wurde es die Brücke zum Uebergang der südlichen Bildung nach dem Norden; über Böhmen durch Schlesien gelangte die poetische Literatur nach Preußen. Mit der deutschen Bildung und den mit ihr zugleich eindringenden gesitteteren Zuständen aber verband sich gleichzeitig ein mächtiger civilisatorischer Genosse, die kirchliche Reformation, auch hier wie allenthalben einen wunderbaren Umschwung im geistigen Leben, einen Wendepunkt in allen socialen Verhältnissen bezeichnend. Wo die Bevölkerung geistige Reife und das Bürgerthum Kraft erlangt hatten, oder anderseits, wo die Volksbildung mangelhaft und der Einfluß der Fürsten und der Gelehrten noch mächtig waren, fand der Protestantismus überraschend leicht Eingang*). Hier in Schlesien nun wirkten einerseits die hussitischen Zeiten des Georg Podiebrad gleichsam in seinen Nachkommen fort, anderseits waren die Herzoge aus Piastischem Stamme durch innige Familienverbindungen mit den Brandenburgischen Markgrafen, die schon frühe dem Protestantismus eifrige und entschiedene Vorkämpfer waren, verknüpft. Wie überall hatte auch hier die Reformation die Gründung gelehrter Schulen und Förderung der humanistischen Studien in ihrem Gefolge. Bald konnte sich Schlesien rühmen, daß kein anderer deutscher Stamm so viele Gelehrte aufzuweisen habe, nirgend der Zudrang zu den Studien aus dem Volke so bedeutend sei, oder irgend anderswo mehr Anlage zu Poesie und Beredsamkeit sich offenbare, wie hier. So günstig nun auch für Opitz der Zeitpunkt für seinen Eintritt in die Oeffentlichkeit sich erwies, so sehr er von dem Drang und Streben seiner Zeitgenossen sich auch unterstützt, von der Gelehrsamkeit seiner Umgebung gefördert finden mochte, als Dichter mußte er dennoch bahnbrechend vorgehen. Was vor ihm liegt, trägt den Charakter der Volksdichtung, der er entgegentreten wollte; — gerade in Schlesien lebte der letzte Meister-

---

*) Schon 1523 bekannte sich Herzog Friedrich II. zu Liegnitz zur evangelischen Kirche; erst 1612 nahm Herzog Johann Christian zu Brieg das reformirte Glaubensbekenntniß an, dem sich 1614 auch Georg Rudolf von Liegnitz zuwandte.

sänger von Bedeutung, Puschmann. — Was um ihn her auf dem Gebiete der Poesie entstand, zeigte nur rohe, harte Reime, nachlässige und fehlerhafte Versbildung, wenige Spuren von Takt, musikalischem Tonfall und accentuirten Rhythmus. Man zog es vor, eher dem Reim, als dem Inhalte und der Meinung einen Zwang anzuthun. Opitz war viel zu sehr Gelehrter, als daß ihm dasjenige hätte genügen und zu unmittelbarem Anschlusse auffordern können, was er fertig vorfand und was auf die Sprache und Ausdrucksweise Luther's sich gründete. Hätte er nun reicherer poetischer Begabung sich rühmen, tieferen Gefühles und innigeren Gemüthes sich erfreuen können, hätte er nicht immer das Empfinden von dem Reflectiren, die Begeisterung von dem Verstande beherrschen lassen, er würde bei den herrlichen Gaben, die ihm unstreitig verliehen waren, in ganz anderer Weise auf die Belebung der poetischen Literatur einzuwirken vermocht haben. So aber, während seine Vorgänger der fromme Beruf zur Dichtung veranlaßte, trieb ihn die Verskunst dazu, und seine Arbeiten, nicht wie die der Alten in schlichter, ungekünstelter Rede tiefen Sinn und innige Glaubensfreudigkeit bergend, geben nur noch Zeugniß von seiner Gelehrsamkeit und Geschicklichkeit, aber nicht von dem Feuer der poetischen Begeisterung und der hohen Kraft dichterischen Aufschwunges, wodurch allein die ächte Dichternatur sich kundgibt. Seine glatten Verse lesen sich angenehmer als die der Reformationszeit, aber dabei fällt um so mehr an ihnen auf, wie weit sie sich von dem Bibelworte und dem einfältigen Tone der bisherigen Liederdichter entfernen. Nicht mehr die schaffende Phantasie leitet die gelehrte Arbeit des Poeten; alles wird trocken, verständig, nüchtern, eintönig. Indem man einer edleren und künstlerisch gebildeten Form nachstrebte und sich ausländischen Mustern anlehnte, verlor man Inhalt und Bedeutung des Werkes aus dem Auge, ja man nahm selbst die Stoffe der Dichtung vom Auslande, und indem man die nationalen völlig vernachläßigte und verschmähte, schwächte man die Wirkung, welche jedes Werk der Poesie auf die Zeitgenossen und im Vaterlande haben sollte, so sehr ab, daß nur geringer Gewinn die Folge so vieler Bemühungen war. Dennoch fehlt es Opitz nicht an der Erkenntniß seines hohen Berufes, und gerne spricht er von dem Feuer der Poesie, das vom Himmel stammt. Er weiß es, daß er Deutschlands Sprache in trotzender Herrlichkeit der fremden gegenübergestellt, ja den Gebrauch und die Macht selbst der lateinischen, wenn auch nicht ganz gebrochen, doch tief erschüttert hat. Wie Luther vor ihm das Deutsche für die Religion, Thomasius nach ihm für die Wissenschaft, so eroberte er es für die Dichtung. Er überwand zugleich die Vorurtheile, welche übertriebene Frömmigkeit und bürgerliche Ehrbarkeit in gleicher Thorheit gegen die Dichtung und ihre Repräsentanten hegten, durch anerkennungswerthe Ausdauer und edlen Muth. In einer Zeit, wo Bänkelsänger, Bettler und Poet in der Würdigung, die ihnen das Volk zollte, gleichstanden, gehörte wirkliche Begeisterung und männliche Kraft dazu, so tief eingewurzelten Vorurtheilen entgegen zu treten und in den Augen der Welt einem Stande und einer Beschäftigung die Ehrlichkeit wieder zu erkämpfen, Dichtung und Dichter wieder zu Würde und Ansehen zu bringen. „Er schlug zumeist die Gegner der Poesie mit der Lehrdichtung aus dem Felde — die Dichtung sollte nützen, indem und während sie zugleich ergötzte — und bildete hiernach von der Dichtkunst einen erweiterten Begriff. Die moralische Gesinnung und Wirksamkeit des Dichters ist ihm Grundbedingung: er soll ein großes, unverzagtes Gemüth haben, nur das Große und Starke singen". Wie er aber durch den moralischen Inhalt die Dichtung vor den Sittenrichtern zu adeln sucht, so thut er es durch die Forderung der Gelehrsamkeit, die er an sie macht, gegenüber den Gelehrten. Die neue deutsche Dichtung sollte sich an die alte klassische anknüpfen, das Antike mit dem Aechtdeutschen sich verbinden. Daß er seine Ziele und Ideale nicht erreichte, daß sein Thun seinem Wollen vielfach nicht entsprach, lag nicht allein an ihm, sondern an der Zeit, in der er lebte, an den Verhältnissen, die ihn umgaben, sein Wollen und Streben war gewiß gut und edel.

Wie alle bedeutenden Männer seiner Periode war er viel unterwegs. Von Bunzlau, wo er am 23. Dezember 1597 geboren war, kam er zuerst nach Breslau, von da, um seine Studien zu vollenden, nach Frankfurt a. d. Oder, Heidelberg, Straßburg und Tübingen. Nach Ausbruch des Krieges flüchtete er nach Holland, folgte dann einem Rufe an das neugestiftete Gymnasium in Stuhlweissenburg, kehrte von hier nach Schlesien zurück, machte Reisen nach Wien, Paris, Thorn und Danzig, in welcher Stadt er, noch nicht 42 Jahre alt, am 20. Aug. 1639 der Pest erlag. Allenthalben war er bekannt und wohlgelitten, mit den bedeutendsten Personen seiner Zeit trat er in freundschaftliche Verhältnisse; Ehren und Auszeichnungen wurden ihm überall zu Theil, Ruhm und Glanz schienen an seine Schritte gebunden. Mit klugem Sinne wußte er seine Verbindungen zu benützen, sich stets von der besten Seite zu zeigen, so daß selbst seine poetischen Gegner ihm zu huldigen sich gezwungen sahen. Er war in den conventionellen Künsten seiner Zeit hochgebildet und ein Muster höfischer Zierlichkeit. Wie schade, daß trotz dieser reichen und vielfachen Bildung, dieser ungewöhnlichen Erfolge, sein Leben so häufig durch niedrige Kriecherei und verächtliche Mantelhängerei befleckt erscheint. Den Mann, der vom Bewußtsein seiner Leistungen und von edlem Stolz seines Standes so oft erfüllt sich zeigt, der Ruhm, Namen, Rang, kurz Alles besaß und Nichts und Niemandes mehr bedurfte, um diese Besitzthümer zu bereichern und zu vermehren, sehen wir immer wieder die niedrige Jagd nach Gunst und Ansehen verfolgen, mit Lob- und Gedächtnißreden, mit Dedicationen und Schmeichelreden um neue Gönner sich bemühen. Durch diese zuvorkommende Ergebenheit gegen Große und die Sucht ihnen allenthalben zu gefallen, selbst in Dingen, die ihm gegen Ueberzeugung und Glauben gehen mußten, wurden, obwohl er sie selbst als Verderben der Kunst bezeichnet hatte, jene unzähligen Gelegenheitspoesien, an denen er und seine Nachfolger so fruchtbar waren und deren Armseligkeit trotz des Haschens nach auffallenden Gedanken bei dem Mangel an Stoff und Inhalt nur um so offenkundiger zu Tage tritt, veranlaßt. Und wie er eigentlich auch als derjenige anzusehen ist, der den bedeutendsten Anstoß zu jener jämmerlichen Hofpoesie gegeben hat, welcher wir in der folgenden Zeit bei allen Dichtern begegnen, so war er es auch, der den ersten Grund zu der nach ihm so sehr cultivirten Uebersetzungslust legte. Selbst ohne bedeutende schöpferische Begabung, befähigt wohl, das was die fremde Literatur bot, zu empfangen und wiederzugeben, aber nicht es in selbstständigen Schöpfungen zu erreichen oder gar zu überbieten, vermochte er hier auf dem Gebiete der Uebertragung sein bedeutendes recipirendes Talent am Glänzendsten zu offenbaren, und hier gab er ein Vorbild, das nicht nur unter seinen Zeitgenossen eifrige Nachahmung fand, sondern leider bis herab in unsere Tage wirkend blieb.

Opitz wurde 1629 unter dem Namen der Gekrönte in den Palmenorden aufgenommen, 1625 in Wien durch den Kaiser Ferdinand III. eigenhändig zum Dichter gekrönt, 1628 als M. Opitz von Boberfeld in den Adelstand erhoben. Von seinen Zeitgenossen ward er förmlich vergöttert, sie nannten ihn den Boberschwan, den deutschen Orpheus und Apoll, den Besieger des Maro, den Dichter, der Griechen und Römer meistern könne. Selbst Aug. Buchner, Professor der

Poesie und Rhetorik in Wittenberg (1591—1661), in seiner Zeit der gründlichste Kenner der vaterländischen Dichtkunst, zweifelt, daß je die deutsche Muse höher steigen könne, als Opitz sie geführt. Bei solchen Erfolgen mußte sich das Selbstgefühl, ja die Selbstüberschätzung des Dichters bis ins Maaßlose steigern. Dennoch scheint er Erkenntniß seiner Schwäche und Einsicht und kluge Zurückhaltung genug gehabt zu haben, um sich nicht in einen über das Formelle hinausgehenden Wettkampf mit anderen seiner Zeitgenossen einzulassen. Den Deutschen galt er länger als ein Jahrhundert hindurch als der Vater der Dichtkunst. Nicht blos in Folge seiner Leistungen, sondern vorzüglich durch sein (in fünf Tagen geschriebenes) Büchlein: **von der deutschen Poeterey** (1624) wurde er der Gründer der neuen Schule. In Form und Ausdrucksweise war und blieb er für lange Zeit vollgültiges Muster, welchem nachzustreben sich jeder Dichter angelegen sein ließ. Man nennt deßhalb und weil die größere Anzahl der Poeten dieser Periode Schlesier waren, die durch ihn vertretene Richtung die Opitz'sche oder erste schlesische Dichterschule. Für seine Lehre und die von ihm aufgestellten Gesetze wirkte mit ganz besonderem Eifer der schon genannte A. Buchner durch Rede und Schriften; dadurch war ihnen zunächst in Sachsen und von da aus in weiteren Kreisen Verbreitung ermöglicht und gesichert.

Opitz, wie die meisten seiner dichtenden Collegen hat sich auch mit Arbeiten für die Schaubühne beschäftigt. Zu jener Zeit, in der das Volk noch mit so entschiedener Lust seinen gewohnten Vergnügungen — und unter ihnen nimmt ja das Schauspiel den ersten Platz ein — nachging, in der das Gefallen an theatralischen Spielen vorzugsweise auch in den Hofkreisen Platz griff und die Schulbühnen noch in höchstem Flor waren, konnte ein Schriftsteller von hervorragendem Namen solchen Arbeiten sich gar nicht entziehen. So bedeutend nun auch hier das wirkte, was wir von ihm besitzen und so sehr sein guter Stern ihn auch hier in den Vordergrund stellte, so besteht doch alles, was er auf diesem Gebiete gab, nur in Uebersetzungen; aber alle diese Stücke wurden mustergiltig. Zuerst, 1625 erschienen die, seinem Freunde A. Buchner gewidmeten „Trojanerinnen des Seneca" in der von ihm gefertigten deutschen Uebertragung; dann, 1627, die „Dafne des Rinuccini", für den sächsischen Hof übersetzt, und 1635, ebenfalls nach einem italienischen Vorbilde, die „Judith". An letzterem Stücke, wenn auch die Erfindung nicht von ihm ist, mag er wohl am meisten selbstständig hinzu gethan haben; beide letztere Stücke sind eigentlich nur Opernterte. Opitz nämlich gebührt der Ruhm, den Text zur ersten deutschen Opera geliefert zu haben. Im Jahre 1636, während seines Aufenthaltes in Thorn, vollendete er eine seiner bedeutendsten dramatischen Bearbeitungen, die „Antigone des Sophokles". Wie wir sehen, ist unter sämmtlichen Stücken keines, das für den Volksgebrauch berechnet gewesen wäre und so verleugnet er auch hierin die seine Bestrebungen leitenden Ideen nicht; er arbeitet entweder nur für Gelehrte oder für große Herrn.

Erkennen wir nun bei näherer Prüfung seiner dichterischen Leistungen, wie dieselben eigentlich poetischer Kraft baar sind, Verstand und Witz vielmehr gezwungen scheinen, nach gewissen Regeln zu reimen, wie mehr die Form als der Inhalt dem Dichter Hauptsache ist, weniger ein Schaffen aus Innen heraus, als ein Aufnehmen der Stoffe von Außen her statt hat, finden wir selten oder fast nie wirkliche, sondern meist nur erdachte Verhältnisse dargestellt, so muß die gleichzeitige Erscheinung einer ächt poetischen Natur um so erfreulicher wirken. In einen solch wohlthuenden Gegensatz zu Opitz tritt Paul Fleming, der 1609 zu Hartenstein im Voigtlande geboren, leider schon 1640 zu Hamburg einem frühen Tode verfiel.

Gegenüber dem verständigen und gelehrten Opitz erscheint er gefühlvoll, ja reich an Empfindung. Es gibt unter den deutschen Dichtern überhaupt wenige von so angenehmem und liebenswürdigem Charakter. Sanft und bescheiden und doch voll Glut und Bewußtsein seines hohen Berufes, klar und einfach und doch erfahren und mit dem mannigfaltigsten Wissen ausgerüstet, leicht und ungezwungen im poetischen Ausdrucke und doch nicht minder gewandt und durch Studien gebildet, Gelehrter, Weltmann und einfach, natürlicher Gefühlsmensch, ist er ganz wie zum Dichter geschaffen. Hatte Opitz nur einen großen Theil des damals bekannten Europa's gesehen, so war Fleming weit hinausgezogen in fremde Länder, die der Erkenntniß bisher noch verschlossen waren. 1633 hatte er die Gesandten begleitet, die Herzog Friedrich von Holstein an seinen Schwager, den Czar Michael Fedeorowitsch, nach Moskau sandte, und 1635 zog er mit der größern Gesandtschaft, für die jene erste eigentlich nur um Durchzug gebeten hatte, nach Persien.

Wir haben bereits gesagt, daß der ungereiste Mann damals nichts galt, aber wenigen war es wie ihm vergönnt, solche Fernen zu durchmessen und so den märchenhaften Zauber der Fremde für sich zu gewinnen. Zu bedauern ist nur, daß er durch diese Reisen und die damit verbundenen Reizungen, Anstrengungen und Entbehrungen den Keim eines frühen Todes in sich aufnahm, so daß er, der selbstständige, höher als Opitz gestiegene Geist, wenn auch nie Tadel, doch nur kaltsinniges Lob selbst erleben und erst nach seinem Hinscheiden Würdigung und Anerkennung finden konnte.

Vermag Fleming auch nicht alle Schwächen und Fesseln seiner Zeit abzustreifen — und wie drückend und herabziehend sehen wir sie nicht auf allen Geistern jener Periode lasten, — so tritt uns doch in allen seinen Poesien eine lebhafte Einbildungskraft, eine wohlthuende Sinnlichkeit, eine treue, männliche Denkungsart, ein reiches Gemüth entgegen. Selbst seine Gelegenheitsgedichte sind lesbar und erwecken nicht jenen Widerwillen, der es unmöglich macht, dieser Literatur mehr als eine nur oberflächliche Aufmerksamkeit zu schenken. Ja sogar den nüchternsten Verhältnissen wußte er allgemein poetisches Interesse abzugewinnen. Und wie anziehend ist das, was er von Freundschaft, von Liebe und vom Genusse des Lebens singt, und wie rührend ist bei ihm, der lange schon sein frühes Lebensende voraus sieht, die schwermüthige Stimmung, die so oft den lauten Ausbruch seiner Heiterkeit dämpft.

Freundesliebe ist die begeisternde Begleiterin seiner Muse. Den Gewalten, die stärker sind als sein Wille und ihn zwingen, Vielen in Liebe sich hinzugeben, entzieht er sich nicht in der spröden Weise seiner reimenden Zeitgenossen; im Kreise froher Zecher ist er der fröhlichste. Daher sind aber auch seine Lieder nicht blos erdichtet, sondern warm empfunden und voll lebendiger Frische. Er spricht nicht blos von Liebe, wie andere, die sich hinterher ihrer menschlichen Empfindungen schämen, er hat Lust und Weh der Leidenschaft wirklich an und in sich erfahren; er weiß nicht blos in überschwänglichen und nüchternen Worten den Wein zu besingen, sondern ihn auch zu kosten; für alle Reize der Natur findet er begeisterten Ausdruck. Dem Freunde bietet er die treuherzigste Gesinnung, dem Vaterlande die rührendste und aufrichtigste Hingabe. Ihm ist die Dichtkunst erfunden, um den Preis der Frauen zu mehren; daher sein Reichthum an lieblichen, naiven, süßen, ja glühenden und üppigen Liebesliedern, die, was den Gedichten von Opitz ganz mangelt, meist sich auch zum Singen eignen und für die musikalische Behandlung wie gemacht erscheinen. Sie, sowie seine vortrefflichen Trinklieder, seine begeisterten Vaterlandsgesänge, seine frommen reli-

giösen Dichtungen erfreuen gleich sehr durch Fülle und Tiefe des In-
haltes, als durch Vollendung der Form. Wenn man selbst denen sich
anschließen wollte, die behaupten, daß Fleming an unbedingtem
Werthe seinen Zeitgenossen kaum überlegen gewesen sei, so muß man
doch zugeben, daß er es an wahrer poetischer Anlage in jedem Falle ist
und als lyrischer Dichter, dem es weder an Sammlung und Ernst,
noch an Witz und Schärfe fehlt, von keinem anderen Poeten des XVII.
Jahrhunderts erreicht wird.

Wenn auch Fleming der Opitz'schen Schule theilweise angehört
und bescheiden die Größe desselben anerkennt, so lassen sich doch von
nun an zwei ganz verschiedene Richtungen in den Erzeugnissen der
deutschen Literatur unterscheiden; ihnen zur Seite zweigten sich nur
noch diejenigen Schriftsteller ab, welche sich mehr den Pegnitzschäfern
in Nürnberg anschließen.

Die drei Richtungen, deren Repräsentanten wir in Opitz, Fleming und Harsdörffer erkennen, unterscheiden sich in ihrem Ge-
dankengange, ihren Lebensanschauungen, namentlich aber in ihrer Sprach-
weise. Auf die Eigenthümlichkeiten von Opitz und Fleming haben
wir bereits hingewiesen; der einseitigen Verstandesrichtung und dem
Ernste des ersteren, der tieferen und reicheren Weltanschauung des anderen, suchten die Mitglieder des Blumenordens, die große literarische
Beweglichkeit entwickelten, Phantasie und Heiterkeit entgegenzusetzen.
Da es aber sogar den bedeutendsten unter ihnen an productivem Talente, lebhafter Einbildungskraft und freiem Blicke in das Leben fehlte,
so kamen sie über ihre Schäfergedichte und ihren sonstigen allegorischen
Kram und Tand nicht hinaus, ja geriethen zuletzt aus Mangel an
Erfindungsgabe auf die kindischsten und läppischsten Spielereien mit
Klang und Gedanken, die ihre Leistungen ebenso verwirrt und unklar,
als ermüdend und über alle Begriffe ungenießbar machen.

Zu den namhaftesten Vertretern der Opitz'schen Richtung gehö-
ren J. Rist, A. Tscherning (1611—1659), S. Dach (1605—1659),
D. von Czepko (1605—1660), F. Chr. Homburg (1605—1681),
J. Franke (1618—1677), G. Neumark (1619—1681).

Neben denjenigen, die ihm in Schlesien befreundet nahe standen*),
konnte er sich zahlreicher Anhänger und Verehrer rühmen, die seine

---

*) B. W. Nüßler, Chr. Schulz, C. Cunrad, S. Alischer, E. Ma-
jor, A. v. Löwenstern, A. Scultetus, J. H. Calisius u. s. w.

Lehre nach allen Richtungen hin verbreiteten und allenthalben im Geiste ihres Meisters dichterische Genossenschaften gründeten, die, wenn sie auch durch gewisse Eigenthümlichkeiten sich von einander unterschieden, doch im Grunde strenge und beharrlich der Fahne treu blieben, zu der sie einmal geschworen hatten. In Wittenberg vertrat, wie wir schon bemerkten, A. Buchner das Interesse seines Freundes*), in Königsberg hatte S. Dach einen berühmten Dichterkreis um sich versammelt**), in Rostock lehrte A. Tscherning***), in Danzig J. P. Titze (Titius†), Enoch Gläser in Helmstädt††), Nic. Peuker in Berlin, Christ. Kaldenbach in Tübingen. — An Fleming schlossen sich dagegen an: G. Finckelthaus, sein treuester Anhänger, Chr. Brehme, D. Schirmer, J. G. Schoch, J. Sieber, J. Bellin, G. Greflinger, J. Schwieger und Ph. v. Zesen, meist Sachsen oder in Hamburg domicilirende Schriftsteller. Zu den Nürnbergern hielten sich nur wenige Norddeutsche, die Schlesier Wenzel Scherffer von Scherffenstein und Fr. Lochner, J. G. Schottel und Chr. Flemmer in Wolfenbüttel, Glasenapp, ein geistliche Lieder dichtender, pommer'scher Edelmann u. s. w.

Wir kommen nun zu demjenigen Manne, der nächst den beiden vielfach genannten Dichtern Opitz und Fleming das höchste Ansehen in jener Zeit genoß und dem vorzugsweise diese Blätter gewidmet sind.

Johann Rist, der Sohn eines Predigers in der holsteinischen Grafschaft Pinneberg, wurde am 8. März 1607 geboren. Der Ort seiner Geburt liegt Hamburg so nahe, „daß man schier alle Stunden die Hamburger Glockenschläge zu Tag und Nacht hören, ja an den güldenen Zeigern der Thürme beiläufig die Tageszeit oder wie viel die

---

*) Zu den Wittenberger Poeten zählen: A. Augsburger, P. Kistenmacher, M. Schneider, Arnfold, Anforge, S. Baumgarten, J. Gerlach, B. Kriniß, G. Kopisch, J. Lund u. s. w. Keiner von ihnen hat sich zu besonderer Bedeutung aufgeschwungen.

**) Ihm gehörten an: R. Roberthin, A. Adersbach, Chr. Willow, G. Mylius, Schönberger, B. Thilo, H. Cäsar, G. Werner, Koschwitz, J. B. Faber, Celevius und die Musiker: H. Albert und Stobäus.

***) J. W. Lauremberg, Rachel, Neufranz, Morhof, der Cantor Friederici.

†) M. Albini (Weiß), Knaust, Neunachbar, Thaude.

††) Ein anderer Braunschweiger Schriftsteller dieser Richtung ist der Romanschreiber A. H. Buchholz.

Uhr sei, zur Zeit hellen Wetters kann sehen, welches doch vielen in dieser Stadt gebornen, aber auf etliche Meilen von derselben Thoren mitgesessenen und auf dem Lande wohnenden Unterthanen nicht kann widerfahren". Der schon im Mutterleibe zum Theologen Bestimmte besuchte zuerst die Schule in Hamburg, wo er „unter der Aufsicht fürtrefflicher Schulregierer und weiland berühmter und hochgelehrter Männer, als des alten und um die Jugend hochverdienten H. Sperling's, des christlichen und sanftmüthigen M. Schäffer's, des fleißigen und in der Lehrkunst sonders wohlerfahrnen M. Starke und mehr dergleichen großen Leuten zur Gottesfurcht und Ausübung christlicher und junger Knaben wohl anstehender Tugend angeführt, in Künsten und Sprachen unterrichtet und schließlich so weit gebracht wurde, daß er das dazumal berühmte Gymnasio zu Bremen" besuchen konnte. Schon hier „in frischer Jugend" fertigte er mehrere Freuden-, Trauer- und andere dergleichen Schauspiele, die „auf der Spielbühne zu Hamburg vorzustellen, ein hochweiser Rath hochgünstig erlaubte". Er studirte dann in Rinteln, Rostock (wo N. Göttling sein Stubenbursche war), Leipzig, Utrecht und Leyden, und zwar machte er nicht allein in der Theologie, sondern auch in der Mathematik, Chemie und Medicin bemerkenswerthe Fortschritte, so daß sein Ruf als Gelehrter schon damals vor ihm herging, als er achtundzwanzig Jahre alt in die Heimath zurückkehrte und nun als Pfarrer (1635) in dem holsteinischen Flecken Wedel an der Elbe in Stormarn, nahe bei Hamburg, angestellt wurde. Dieser Gemeinde blieb er segensreich wirkend bis an sein Lebensende, — er starb 60 Jahre alt, am 31. Aug. 1667 — getreu; vornemlich „schätzte er aber auch die Nähe der großen und weltberühmten, an Bildungsmitteln so reichen Stadt, für keinen geringen Theil seiner irdischen Glückseligkeit". Dadurch war er zunächst wohl bewogen worden, „unterschiedliche gar gute Bedingungen und Gelegenheiten", sich an anderen Orten anzusiedeln, auszuschlagen. Hier nun, in dem unbekannten und unscheinbaren Flecken häuften sich Würden der mannigfachsten Art auf sein Haupt, errang er sich die höchsten Ehren dichterischen Ruhmes. Er erhielt von Herzog Christian von Mecklenburg den Titel eines mecklenburgischen Kirchen- und Geheimenrathes, wurde 1644 kaiserlicher Pfalzgraf und gekrönter Poet, und 1653 von Kaiser Ferdinand III. sogar geadelt; schon 1645 war er als „Daphnis aus Cimbrien" in den pegnesischen Blumenorden, 1647 aber unter dem von ihm als Dichter wohlverdienten Namen „der Rüstige" in die fruchtbringende Gesellschaft aufgenommen worden. Seinen Zeitgenossen war er ein zweiter Opitz, sowie Benj. Schmolck nach ihm ein zweiter Rist genannt wurde. Man pries ihn als den nordischen Apoll, als den Fürst der Poeten, als den Gott des deutschen Parnasses, als den großen Cimberschwan, als das auserwählte Rüstzeug des Herrn.

Uns wollen solche Ueberschwänglichkeiten, in denen man sich damals gefiel, wenig heißen. Gegenseitige Lobhudelei und das Beräuchern mit maaßlosen Ergebenheitsversicherungen waren an der Tagesordnung. Demungeachtet aber geben die Ehren, die man auf den Namen des gefeierten Mannes zu häufen strebte, einen Maaßstab für die hohe Achtung, in der er bei seinen Zeitgenossen stand.

Solcher Ruhm hätte auch andere stärkere Geister schwindeln machen können; es gibt deren gar wenige, die sich durch ihn nicht verkehren und verblenden lassen, und leider offenbarten diese bedenklichen und schlimmen Einflüsse gar bald auch ihre Wirkung bei Rist. Er wurde über die Gebühr eitel, ehrgeizig und leicht verletzbar; er vermeinte, in den Augen seiner Verehrer zu sinken, wenn er nicht durch fortwährende Productivität ihnen imponiren würde; das drängte den ohnehin thätigen und unermüdlichen Mann zu stets neuen Werken und machte aus ihm jenen vielgetadelten und verächtlich behandelten Vielschreiber, auf den man zuletzt die Sünden aller Schriftsteller des XVII. Jahrhunderts zu häufen beliebte. Andererseits mußte der ihm gezollte Ruhm unter den Mitlebenden ihm Neider und Gegner in großer Zahl erwecken. Er hat fortwährend über Verläumder, Ehrabschneider, Pasquillanten zu klagen. Wir wissen aus dem Leben anderer Schriftsteller dieser Periode, daß gerade damals Gehässigkeit und Feindseligkeit unter den Dichtern zu einer Höhe gestiegen waren, die zu den traurigsten Schlüssen auf die gleichzeitigen Verhältnisse berechtigen. Dies soll die Gereiztheit und Härte, mit der Rist immer und immer wieder seinen Gegnern zu Leibe rückte, nicht beschönigen, wohl aber dürfte sie das lieblose Urtheil mildern, welches unsere Zeit über ihn deßwegen aussprechen zu müssen glaubte.

Rist liebte es besonders, sich als „den Rüstigen" loben zu hören; auf seine „Rüstigkeit" im Versemachen zielt das Epigramm:

Rüstig ist der große Rist: Rüstig, wenn sein Geist sich reget,
Rüstig, wenn er seinen Ruhm in gelehrte Bücher präget,
Und dadurch das Sterngerüste mehr als rüstig übersteigt,
Wunder! Wird denn dieses alles durch dies blasse Bild bezeugt?

(Enoch Gläser, kaiserlich gekrönter Poet zu Helmstädt, zu des
großen Rist's Bild vor der sabbatischen Seelenlust. Lüneb. 1651).

XXXI

Andere bemühten sich durch Buchstabenversetzung seines Namens ihm weihrauchstreuend angenehm zu werden, so noch im Jahre 1642 Philipp von Zesen, sein späterer erbittertster Gegner, in einem den himmlischen Triumpfliedern vorgedruckten Lobgedichte

Joannes Rist: Es rinnt ja so.

Herr Rist, was seh' ich hier aus eurer Feder fließen,
Gleich einem schönen Bach, darein viel Quellen schießen
 Aus Gottes Springgeschirr? Ach ja, es rinnt so schön,
 Erfrischet Herz und Muth, und gibt ein solch Getön,
Das voll von Lieblichkeit, wie wenn die Bäche wallen
Durch Sand und Steine durch, es lieblich pflegt zu schallen,
Und sonderlich bei Nacht; so lieblich schallt es hier,
Ja noch viel lieblicher, wenn durch die Lippen Ihr
Die Stimme fließen laßt und singt uns solche Lieder,
Die Keiner sang vor Euch. u. s. w.

(Unterzeichnet: M. Philipp Caesius von Fürstenau).

In des „Seelenparadieses" zweitem Theile, Lüneb. 1662, steht auf seinem Namen das „fast allzu flattense Anagramm" von J. H. Sterberg:

Johannes Rist auagr. mutato H. in M.
In te ars omnis.

Harsdörffern gelang es endlich sogar, seinen Joan Rist in Arion, C. Chr. Dedekind, Johann Rist in Ja Sinnhort, und Hirt an Sion zu verkehren.

Er selbst setzt unter sein Bildniß in den musikalischen Festandachten, Lüneb. 1655, die von hohem Selbstbewußtsein zeugenden Verse:

Indem ich nicht aufhör', Herr Gott, dich hoch zu loben,
Fei'rt auch der Satan nicht ganz grausamlich zu toben
Durch Neider ohne Zahl: doch der du mächtig bist,
Du tilgest meinen Feind, und schützest deinen Rist.

Nicht minder trug folgender Vorfall, den er gerne erzählte, zur Kräftigung der hohen Meinung, die er von sich hegte, bei: „Als die himmlischen Triumpflieder erschienen waren, ließ es sich einer seiner Freunde angelegen sein, sie auch in Wien, ja am kais. Hofe selbst, bekannt zu machen. Ein vornehmer Geistlicher nun und kais. Beichtvater ließ ihm solche dergestalt belieben, daß er sie auch seiner allergnädigsten Kaiserin, der allerdurchläuchtigsten Majestät, allerunterthänigst und höchlichst gerühmet, und als er etliche dieser Lieder vor ihr singen und spielen lassen, hat allerhochgedachten Kaiserin das Osterlied: „Lasset uns den Herren preisen" (dessen jedweder Satz sich mit diesem Endreim allemal schließet: Freue dich, o Christenheit), dermassen wohl gefallen, daß sie gleich lachend soll gesagt haben: „Ei, dieses ist ein gar schönes, herrliches Lied, welches man noch einmal wiederholen müsse; wäre gleichwohl immer schade, daß der Verfasser desselben noch sollte zum Teufel fahren"".

Nahe bei Wedel lag ein kleiner Hügel, der ihm besonders lieb und theuer war, und den er seinen „Parnaß" nannte. Hier, in gesegneter Einsamkeit, entstanden seine meisten Lieder*). Trotz der vielen Ehren,

---

*) Rist beschreibt im nothwendigen Vorberichte zum „neuen teutschen Parnaß", nachdem er zuvor von dem berühmten griechischen Dichterberge, der von Alters her so genannt wird, gesprochen hat, ihn also: „Es ist an diesem Orte, woselbst ich gegenwärtiger Zeit mein Leben zubringe ein Berg oder vielmehr ein lustiger Hügel bei dem bekannten Hafen Schulau, an das Dörflein Lyst stoßend, nahe an dem Elbefluß gelegen, welchem ich schon für etlichen Jahren scherzweise den Namen Parnaß gegeben, den er auch bis auf diese jetzige Stunde hat behalten, und wird ihme dieser Name vielleicht auch wohl verbleiben. Dieser Hügel scheinet mit Fleis also aufgeworfen und erhaben zu sein, wie denn solches seine Ründe nebenst gemachtem Umgange oder schmalen Weg sattsam bezeugen, soll auch vor Jahren ein feines, großes Lusthaus, welches von dem adelichen Stift Ütersen dahin gesetzet, auf selbigem sein gestanden. Dieser Berg nun ist rund umher mit schönen großen Eichen, zwischen welchen auch kleinere, als wilde Apfelbäume, Haselstürden, Erlen u. dgl. Stauden stehen, gar fein besetzet, welche bei heißen Sommertagen einen anmuthigen Schatten machen und diejenigen, so droben sitzen, vor den Strahlen der Sonne ziemlicher maßen befreien. Unten am Berge finden sich zwei gar schöne, klare, wiewohl schlecht gezierte, unansehnliche Brunnquellen, deren eine von der anderen etwa 30 Schritte gelegen, und wovon die, welche man für die beste schätzet und dem Berge gar nahe liegt, mit einem hölzernen Gefäße oder Tonnen ist eingefasset. Diese beiden Quellen, obwohl sie gar schlecht und geringschätzig anzusehen, führen sie doch ein so klares, kaltes und von Geschmack anmuthiges Wasser, daß jenes Parnaß in Griechenland weit beschreiter Kastalia vielleicht schwerlich damit zu vergleichen. Wenn man nun von diesen Brunnen hinaufgehet und sich an den von mir in der Mitte des oberen Platzes in der Erde ausgegrabenen zirkelrunden Eraßtisch, oder auf die unter den Eichen gemachten Grasbänke setzet, so hat man für sich im Osten den ganzen, mit Büschen und Bäumen lustig bewachsenen Elbestrich bis an die weit berühmte Stadt Hamburg, im Norden einen fruchtbaren Ackerbau, hinter welchem der Flecken Wedel mit seinen kleinen Lustwäldern liegt, gegen Abend hat man den Hafen Schulau mit dem dabei gelegenen Dorfe, rechts für sich aber gegen Mittag siehet man sehr schöne und fruchtbare Wiesen, welche von dem edlen Elbefluß werden besuchtet, und ist dieser Ort nach dem Süden zu der allerlustigste, dieweil man nicht allein die Elbe, welche kaum eines Steinwurfs weit von diesem meinem Parnaß abgelegen, recht vor sich siehet überlaufen, sondern auch das, auf der anderen Seite des Flusses gelegene Herzogthum Bremen, absonderlich aber das alte Land (welches seines vortrefflichen und vielfältigen Obstes halber wohl eines der allerfruchtbarsten in ganz Deutschland sein mag) mit ihren fürnehmsten Festungen, den beiden uralten Städten Stade und Burtehude, welches alles man von dieser Höhe so eigentlich kann betrachten, daß auch die Maler keine bessere Gelegenheit als diese sollten wünschen, schöne Landschaften abzureissen, denn hie alles, was zu einer Landschaft gehört, als Flüsse, Schiffe, Berge,

die auf ihn gehäuft wurden und des Glückes, das Freunde und Gönner ihm zu verschaffen sich bestrebten, kamen gar viele Tage der Trübsal und Noth auch über ihn, und gar viele seiner Lieder wurden ihm „durch das liebe Kreuz ausgepreßt".

Schon in seiner Jugend, als er von der hohen Schule zu Leipzig heimreisen wollte, wurde er unterwegs von der Pest befallen und lag nun wochenlang, einzig von einer alten Frau gepflegt, in einem einsamen, unbewohnten Hause krank darnieder. Auf dem baltischen Meere litt er bei der Zurückkunft aus den Niederlanden einst Schiffbruch. Er selbst erzählt, „wie ihm seine mit großer Mühe und Arbeit ausgefertigten Schriften durch die Kriegsgurgeln oft unverhoffter Weise erbärmlich hinweggeraubt, zerrissen, zertreten und also gänzlich von Händen gebracht wurden". Zur Zeit des ersten schwedischen Krieges, 1644, wurden ihm seine „von langer Zeit her mit so großem Fleiße verfertigten Trauer- und Freudenspiele, oder Tragödien und Comödien, als da waren: Berosiana, Begamina, Augustus Euricus, Irenochorus und andere mehr, in welchen fast unzählige Begebenheiten, insonderheit aber die deutsche Kriegsgeschichte, zusammt vieler großer Helden tapferen Thaten, und theils glücklicher, theils unglücklicher Verrichtungen ausführlich waren beschrieben, wie denn auch sein Buch: von den Mängeln der teutschen Poesie, nicht weniger die Pericula Principum und andere seine Schriften mehr, in seinem Abwesen hinweggeraubet; auch viele chemische Sachen

---

Städte, Dörfer, Wiesen, Aecker, Wälder, Büsche, Hasen u. dgl. ganz klärlich in Augenschein kann genommen und auf ein Papier oder Tuch verspectivisch und von Weitem artig verzeichnet werden. Unter andern Lustbarkeiten unseres Parnasses halte ich diese für sonderlich groß, daß allerhand Schiffe, große und kleine, Kriegs- und Kaufmannsschiffe, mit dem ablaufenden Wasser häufig hinunter nach der See, andere aber mit dem wachsenden Wasser oder der Fluth herauf nach Hamburg segeln und den Zusehern manche schöne Lust machen; wie ich denn etliche Male mit sonderbarer Ergötzlichkeit gesehen, daß eine ganze Hamburgische Kriegsflotte aus vielen gar schönen, sowohl zum Ernst und Wehre, als zur Lust und Nothdurft, vornemlich aber den Kauf-Handel und Gewerbe zu treiben, zugerichteten Schiffen bestehend, nachdem sie eine Zeit lang nahe an meinem Parnaß, bei den weißen Bergen, wie sie es nennen, gelegen, ihre Anker aufgezogen, fröhlich in die Trompeten stoßen lassen, von allen Schiffen aus groben Stücken Feuer gegeben, ihre Segel in die Höhe gebracht und also in Gottes Namen, mit Winken und Geschrei, auch Abnehmen und Schwingen der Hüte, gute Nacht wünschend, hinunter nach der See und also ferner nach Spanien, Afrika oder Barbarei, ja theils gar nach Indien abgesegelt und gefahren."

und andere schöne Handarbeiten, als mathematische und dergleichen
kunstartige Instrumente, Abrisse vieler perspectivischen und sonst schö=
ner Dinge in den Bau=, Seh=, Spiegel= und dergleichen Künsten, auf
welche er lange Zeit und große Kosten gewendet hatte, wurden ihm
grausamer Weise, theils von Freunden, theils von Feinden innerhalb
zweier Jahre sämmtlich zerschlagen und verdorben, so daß also unter=
schiedlicher Jahre mühsame Arbeit, fast in einer Stunde verloren ge=
gangen ist". Namentlich beklagt er den Verlust eines Tractats: die
unschädliche Gartenlust. Von seinen „also genannten lieben
Fratribus in Christo, den Herren Feldpredigern, wurden ihm bei der
ersten Ausplünderung die fürtrefflichen Bücher und Schriften der alten
Kirchenlehrer, nebst vielen anderen theologischen Büchern, worunter
auch des Herren Lutheri Wittenbergische und Jenaische Tomis alle
mit hinweg geraubet".

In Wedel waren während des 30 jährigen Krieges in einer Com=
pagnie einmal Deutsche, Polen, Spanier, Dänen, Franzosen, Schotten,
Portugiesen, Schweden, Engländer, Finnländer und Iren, also eilf
Nationalitäten zugleich einquartiert, die arg hausten. Ein andermal,
1648, bei der Plünderung von Wedel, wurden ihm von den Croaten
2000 Thlr. an Geld, bald darauf 2000 Thlr. an Gütern abgepreßt.
Oft mußte er mit den Seinen in Noth und Elend hinausflüchten, um
nur das nackte Leben retten zu können; Diebe leerten ihm wiederholt
seine Casse und seine Speisekammer. Dann wurde seine Gemeinde
mehrmals mit Pest und Seuchen, die der Krieg in so reichem Maaße
mit sich brachte, heimgesucht; 1649 starben binnen zwei Monaten in
dem kleinen Orte allein 150 Personen.

Zumeist thätig war er als Verfasser geistlicher Lieder, deren er,
nach der Zusammenstellung von Winterfeld 611, nach anderen 658
gedichtet hat. Weitaus die meisten dieser Lieder waren von ihm nicht
zu kirchlichem Gebrauche, sondern zur häuslichen Erbauung bestimmt;
er selbst ließ, was immerhin von Bescheidenheit zeugt, nie eines seiner
eigenen Lieder in seiner Pfarrkirche singen. Diese geistlichen Poesien
von seinen Zeitgenossen bis an den Himmel erhoben, haben später die
schlimmste Beurtheilung erfahren. Hatte er schon während seines Le=
bens mit heimlichen und verborgenen Gegnern und Neidern unablässige
Kämpfe, so traten, wie das bei so hochgehobenen Personen so häufig
vorkommt, kaum nachdem er seine Augen geschlossen hatte, mehr und
mehr einzelne Stimmen mit strengen Urtheilen über seine Werke her=

vor. Daß sein Stern im Erbleichen begriffen war, konnte er schon aus dem Umstande erkennen, daß die zuletzt von ihm zum Druck beförderten Bücher nur noch geringen Absatz fanden. Glücklicher Weise wurde er in Folge dieser Erkenntniß abgehalten, deren noch mehr zu schreiben. Bald nach seinem Tode tadelt schon D. G. Morhof, Professor der Poesie zu Rostock (1639—1691) in seinen Liedern die vielen Tautologien und gemeinen Redensarten; Erdmann Neumeister (1671—1756) in: de poetis Germanicis, Lips. 1695, sagt fast zu strenge: „daß er weder Reinheit der Sprache, noch Concinnität habe, daß seine Verse, selbst die hochgepriesenen geistlichen Lieder, weder Geist noch Leben hätten und daß seine besten Gesänge, das, was sie an Geist und Leben besäßen, den Kirchenvätern und vorzüglich dem Augustin verdankten". Gottfried Arnold (1665—1714) nennt in seiner, 1699 erschienenen Kirchen- und Ketzerhistorie, Rist's Lieder gezwungen und nicht kräftig genug; Chr. Fr. Hunold (Menantes, 1680—1721) in seiner zu Hamburg 1707 gedruckten: Art, zur reinen Poesie zu gelangen, schreibt: „Man macht einen großen Staat von J. Risten; allein mein Judicium, ohne Jemanden zum Präjudiz, von ihm zu geben, so finde ich in dem zehnten Gesange kaum ein Bißchen Saft und Kraft, welches ein andächtiges Herze recht vergnügen könnte. Wie konnte es aber auch anders kommen, indem er den Buchführern alle Lieder und deren ganze Lasten voll, um's Geld ausfertigte? Gleichwohl waren sie in großer Aestime; das machte, er hatte einen Mantel um, welcher Opinio heißt". Glimpflicher urtheilt dagegen Heerdegen in seiner historischen Nachricht von des löblichen Hirten- und Blumenordens an der Pegnitz Anfang und Fortgang, Nürnberg, 1744. Er rühmt zunächst, daß die Blumengesellschaft die Ehre hatte, diesen vortrefflichen Liederdichter unter ihre Mitglieder zu zählen. „Andere mögen von seiner Poesie urtheilen, was sie wollen, genug, daß er gethan, was er gekonnt. Ist doch nichts auf der Welt vollkommen. Haben doch manche Weltkinder an den Psalmen David's vieles auszusetzen vermeint und jener Spötter sagte: Sordet mihi lyra Davidica prae lyra Horatiana. Hat Herr Rist gleich nicht allezeit so geschrieben, wie es zärtliche Ohren verlangen, so greifen gleichwohl seine guten Gedanken in so vielen geistlichen Liedern das Herz an, welche darum in unserer evangelischen Kirche in so gutem Ansehen stehen, weil sich viele an ihren Seelen damit erbauet haben". Wilhelm Müller, in der Bibliothek deutscher Dichter, sagt von ihm, „daß er zwischen gezierter Ueberschwänglichkeit und prosaischer Faßlichkeit schwanke". Am allerhärtesten und strengsten beurtheilt ihn Gervinus*): „Rist, einer der fruchtbarsten Dichter und nach Opitz der gefeiertste Name seiner Zeit, steht gleichsam ergänzend neben diesem, indem er, was Deutschland an ihm vermißte oder tadelte, hinzugab, im übrigen aber ihm mit aller Unselbstständigkeit eines ganz dürren Talents folgte. Durch die fast ausschließliche Beschäftigung mit geistlichen Dichtungen hatte er es leichter als jener, sich der öffentlichen Gunst zu bemächtigen; eine unerschöpfliche Quelle für seine Lieder öffnete sich ihm in Bibel und Kirchenvätern, deren Kanäle er durch seine vielfältigen Bearbeitungen über ganz Deutschland leitete. Ihm schien es, als mangle es noch an Liedern für die Kirche, und die nach der alten Kunst gedichteten meinte er mit regelrechten verdrängen zu müssen. Tausend Pläne kreuzten sich in ihm; er wollte ein musikalisches Zeit= und Jahrbuch poetisch entwerfen, in welchem jeder Christ lernen könne, was er zu jeder Zeit und Stunde des Jahres treiben sollte; die ganze Theologie und Lehre von Gott wollte er in Lieder fassen. Wenn Rist's Werke zahllos erscheinen, so sind sie zugleich in ihren einzelnen Theilen endlos. Daß ihm Alles zu lang gerieth, fühlte er zu Zeiten wohl selbst und auch seine Freunde verhehlten ihm ihren Tadel über seine Schreibweise nicht. In seinen Werken erscheint außer der Regelhaftigkeit nichts bemerkenswerth; ewig dreht er sich in Gemeinplätzen, Formeln, Formen, Vorstellungen und Stoffen der Opitzschen Kunst herum. Die große Masse seiner Lieder, die zudem nicht frei von modischen Auswüchsen sind, ist so plan, glatt, kanzelgerecht und predigtmäßig, daß man Mühe hat, dieser farblosen Stücke viele zu lesen". Auch H. Kurz fertigt ihn nicht minder hart ab: „Rist schrieb und reimte mit Leichtigkeit, aber er verfiel eben deshalb in die gewöhnlichste Reimerei; seine Lieder, meist inhaltsleer, sind von erschreckender Breite". Unter den neueren Literarhistorikern spricht in milderer Weise von ihm allein Gödecke**). Er gibt zuerst eine Schilderung, die in unbewußter Selbstkritik Rist im Vorberichte seines poetischen Schauplatzes von einem guten Dichter, wie er ihm vorschwebte, macht und knüpft daran sein Urtheil. „Ein rechtschaffener Poete, sagt Rist, darf sich solcher mythologischer, heidnischer Lumpengedichte gar

---

*) Geschichte der poetischen Nationalliteratur der Deutschen. Bd. III.

**) Gilf Bücher deutscher Dichtung. 2tes Buch.

nicht bedienen; rechtschaffene, gute Poeten sind nicht aus dem gemeinen Haufen derjenigen, welche mit ihren Künsten etwan heute oder gestern erst geboren werden, sondern es sind gelehrte, verständige, vielbelesene und danebenst in Künsten und Sprachen wohlerfahrne Leute, und befindet sich's, daß, sobald sie nur Hand ansetzen, etwas Nützliches zu schreiben, sich ein sonderbarer poetischer Geist (welchen wir seiner Wirkung halber billig himmlisch nennen), reget und hervorthut. Dahero gehet ihnen auch alles sehr wohl von statten; ihre Vers klingen lieblich, die auserlesenen Worte stehen ungezwungen, es rieselt alles gleich einem vom Hügel herabrinnenden Wasserbache recht lustig daher; ja, wer es lieset und höret, der kann schwerlich beurtheilen, ob das Gedichte in einer zierlich gebundenen oder ungebundenen Rede sei verfasset, welches denn vor ein sonderliches Merkzeichen eines gar guten Poeten wird gehalten. Da findet man bei ihnen keine dunkle oder hochtrabende Art zu reden, vielmehr wird alles fein deutlich, mit zugleich zierlichen und füglichen Wörtern ausgedrücket, mit schönen Gleichnissen und Bildern geschmücket, nach der Redekunst ausstaffirt, und daß ich mit Wenigem viel begreife, so schreibt ein rechtschaffener Poet nur solche Sachen, durch welche die Ehre Gottes und das Aufnehmen seiner Kirche wird befördert, die studierende Jugend zu mehrerem Fleiße angereizet, große Herren und gelehrte Leute belustiget, die Unverständigen unterrichtet, die Einfältigen belehrt, der Klugen Verstand geschärft, betrübte Seelen getröstet, und schlüßlich die große Allmacht, Güte und Wahrheit des ewigen Schöpfers höchlich gerühmt und gepriesen"*). Diese Forderungen werden durch keine Theorien jener Zeit überboten, wohl aber die nach diesen Gesichtspunkten gearbeiteten Gedichte Rist's durch alle diejenigen Dichter übertroffen, die wie Fleming oder Dach mehr die Sache im Gemüthe trugen als die Form vor Augen hatten. Dennoch darf nicht vergessen werden, daß die breite künstliche Art der Rist'schen Dichtungen, die Art des Jahrhunderts

---

*) „Man glaube es aber nur sicherlich, daß nicht alsobald ein Jedweder, wenn er gleich in griechischer, lateinischer, deutscher und anderen Sprachen einen Vers weiß aufzusetzen, darum auch flugs ein gutes untadeliches Gedicht machen könne. Es gehört hiezu eine sonderbare, lebhafte, frische, geschmückte, völlige, und mit anmuthigen Figuren durch und durch gezierte, ja gleichsam verblümte Art, welche einen hohen Verstand, treffliche Scharfsinnigkeit, große Geschicklichkeit, langwierige Uebung und fertige Faust erfordern". (Neuer himml. Lieder sonderb. Buch, 1651).

und die kirchliche Färbung seiner ganzen Poesie eine wahre Wohlthat für seine Zeit war, deren unsägliches Elend in und nach dem Kriege jetzt nur noch durch das genaueste Studium geahnt, niemals aber lebendig empfunden werden kann".

Abgesehen davon, daß in der That viele der über den Liederdichter Rist gefällten absprechenden Urtheile nur zu gerechtfertigt erscheinen, so läßt sich doch kaum in Abrede stellen, daß zwei bei unseren Literarhistorikern schwer ins Gewicht fallende Vorkommnisse zu unmilderer Fassung derselben Veranlassung gaben. Wir wollen darauf etwas näher eingehen.

Zuerst scheint die Art und Weise, wie Rist seiner weltlichen Dichtungen gedenkt, seine Beurtheiler unangenehm zu berühren. Er hatte in seiner Jugend wie andere seiner Zeitgenossen auch Liebeslieder geschrieben, allein schon im 30. Jahre verachtete er sie und zog wie Opitz, als sein Verstand kam, die junge Hand von Venus ab und trieb das große Werk der Engel: geistliche Gesänge anzustimmen. Obwohl er nun zwar sagt, daß er nie etwas geschrieben habe, was gegen die Sitten oder die Ehrbarkeit verstoßen, Jungfrauen und Jünglinge auf unsaubere und unrechte Gedanken bringen könne, so wünscht und bittet er doch, „daß alle seine Jugendverse, darinnen der Venus und Cupido's gedacht sei, gänzlich möchten vertilgt und ausgerottet, ja unverzüglich in's Feuer geworfen und zu Pulver und Asche verbrannt werden"*). Diejenigen Gotteslästerer und Schmähvögel, welche mit un-

---

*) In der Vorrede zum 5ten Theile der himmlischen Lieder spricht er sich gegenüber der späteren geistlichen Dichtungen über seine weltlichen sehr charakteristisch also aus: „Im Falle aber ja Etliche zu finden, die gleich denen leichtfertigen Leuten zu Sodom an meinen Büchern ihren Muthwillen und Bosheit zu üben ganz und gar keinen Umgang haben können, noch wollen, so stoße ich, wie dort der Mann Loth that, meine Töchter, die ich schon vor vielen Jahren erzeugt habe, zu solchen Leuten hinaus; d. i., ich übergebe ihnen etliche meiner Schriften und Gedichte, die ich in meiner annoch frischen und zum Theil unvernünftigen Jugend an das Licht habe kommen lassen und worin zu Zeiten allerhand weltliche Sachen mit unterlaufen. Diese nun mögen solche blinde Sodomiten ihrem Belieben nach gar wohl zu Schanden machen, sie verhöhnen, schmähen, schelten, lästern, ja verspeien und mit Füßen treten; und da sie vermeinen, daß die hohe Nothdurft und die Abkühlung ihres rasenden Feuereifers ein mehreres erfordern, bin auch ich zufrieden, daß man sie auf gut päbstisch gleich denen ketzerischen Büchern zu Staub und Asche brenne, damit ihrer hinfort in Ewigkeit nicht mehr gedacht werde". — Gegen welche Gattung weltlicher Lieder er übrigens eifert, darüber gibt sein Vorbericht zum neuen musikalischen Seelenparadies näheren Aufschluß. „Man siehet ja leider mit höchstem Verdrusse, wie heutzutage die Welt nicht nur mit

gebührlichen, leichtfertigen, schädlichen und ärgerlichen Reden und
Sprüchen ihre Lieder und Gesänge anfüllen und dadurch gleichsam ein
Feuer anblasen, welches jungen und unerfahrnen Leuten (die gleich den
kleinen Butter=Vögelein bei Nacht mit großer Lust an dasselbe her=

vielen Lumpengesängen, sondern auch gar schändlichen und ärgerlichen Liedern wird an-
gefüllet, wie mir denn noch neulich ein solches weltliches Liederbuch ist zu Gesichte kommen, welches billig das Licht nimmermehr hätte schauen sollen. Ob nun das nicht ein
greuliches Aergerniß geben heißt, wenn man zarten, unschuldigen Jungfräulein und
jungen Knaben dergleichen schandbare Lieder für die Augen leget, ja ihnen wohl, als
ein sonderbares Ehrengeschenke, dergleichen Bücher zuschicket, aus welchen sie solche Händel lernen, von welchen oft alte und betagte Leute kaum etwas wissen zu sagen, davon
lasse ich nicht nur Christen, sondern sogar auch die unvernünftigen Heiden, welche den
wahren Gott nicht einmal kennen, urtheilen. Was gilt's, ob diese die Christen nicht
anspeien werden, daß sie ihre zarte Jugend durch öffentlich gedruckte Schriften und
Schandlieder zu solchen abscheulichen Lasteren gewöhnen. Es ist ein gar großer Unterschied zwischen erbaulichen Tugendliedern und ehrlichen Liebesgesängen und den ärgerlichen Schand= und Hurenliedern zu machen. Diese sind nichts besseres werth, als daß
sie bei ihrer ersten Geburt im Feuer umkommen; jene mögen nicht allein frei durch-
gehen, sondern sie können auch zu Zeiten geliebt und gelobet werden. Ich leugne nicht,
daß von aufrichtiger Liebe, auch wohl ehrlichem Küssen und Umfangen zu Zeiten Mel-
dung geschehen solle, denn daß solches wider Ehrbarkeit, Zucht und Tugend sollte lau-
fen, das wird keiner mit Fuge barthun oder beständig erweisen können. Wenn alle
Bücher ärgerlich und des Lesens unwürdig sollten geschätzt werden, in welchen vom
Lieben, Küssen und Herzen etwas gedacht wird, so müßte man oft die allerchristlichsten
Bücher, ja die heil. Schrift selber nicht lesen, zumalen in derselben so vielmalen des
allein des Liebens, Küssens, Umfangens, sondern auch gar des Beischlafens wird erwähnet und zwar mit so klaren Worten, daß man es fast nicht deutlicher könnte geben.
Des Salomonis hohes Lied ist mit solchen zärtlichen Liebesworten so ausgewürket, daß
auch der allerverliebteste Mensch fast keine brünstigeren Reden auf seiner Zunge könnte
führen. Da werden der Sulamithin Brüste gerühmet, daß sie lieblicher denn Wein
seien; da singet der Bräutigam von seiner Freundin Augen, daß sie sind wie Tauben-
augen, daß sie, die Braut, selber sei wie eine Rose unter den Dörnern; daß ihre Stimme
süß und ihre Gestalt lieblich sei, ihre Lippen wie eine rosenfarbene Schnur und trie-
fender Honig seien, ihre Wangen wie die Ritze am Granatapfel, ihre Brüste wie junge
Rehzwillinge, die unter den Rosen weiden, ihre Lenden wie zwo Spangen, die des Meisters Hand gemachet, ihr Nabel wie ein runder Becher, ihr Bauch wie ein Waitzen-
haufe umstecket mit Rosen, ihr Hals wie ein elfenbeinerner Thurn, ihre Haare wie des
Königs Purpur, ihre Länge wie ein Palmbaum und noch viele andere mehr, welche
recht anmuthige Liebeswörter der heil. Geist durch eine Uebersetzung (Metaphorum)
hat gebrauchet, damit er uns die geistliche Liebe, welche der Sohn Gottes zu seiner
Braut träget, dadurch möchte zu verstehen geben. Ist demnach billig ein großer Unterschied unter ehrlichen Liebes= und unflätigen Schandliedern zu machen; denn so hoch
jene zu rühmen, sonderlich wenn sie uns auf den Weg zur Tugend führen, so heftig
sind diese zu schelten und zwar am meisten, wenn derselben Verfasser ihrer gepflogenen
Schande und Unzucht mit ihren leichtfertigen Damen sich rühmen; da der eine daher

fliegen), endlich die Flügel gar verbrennet, das ist, ihnen an Leib und
Seele unwiederbringlichen Schaden zufüget, nennt er „rechte Schand=
flecken der edlen Dichtkunst, die gute Gaben des Verstandes so übel
gebrauchten, daß das schwere Urtheil Gottes sie schwer treffen müsse".
Nicht minder eifert er gegen mancherlei Scherzlieder, Stachelgedichte
und kurzweilige Aufzüge, sofern damit schändliche Unflätereien getrie=
ben werden können, denn „da machet einer einen Haufen Schmähkar=
ten, Pasquille und Schandlieder, in welchen zu Zeiten große Leute
auf's Schimpflichste werden durchgezogen, und dürfen solche boshafte
Verläumder die ihnen vom Teufel eingeblasenen Lästerschriften noch
wohl vertheidigen und für höfliche Scherzlieder ausgeben". Auch über
die Trinklieder handelt er: „Ein anderer sitzet und dichtet neue Sauf=
lieder, deren sich die nassen Brüder bei Ausleerung der Becher, Kan=
nen und Gläser mit solcher Lust gebrauchen, daß sie darüber aller an=
deren Ergötzlichkeit vergessen und kommen derselben bei diesen Zeiten
so viele auf die Bahn, daß ein ehrlicher Mann, der etwan unversehens
in die Gesellschaft solcher Schwärmer geräth, oft nicht weiß, was er
aus diesem Liedergeplärr soll machen. Ich halte aber davor, daß un=
sere Deutschen bei diesem langwierigen Kriegeswesen solche nasse Poe=
terei guten Theiles von den Franzosen haben erlernet, denn in den=
selbigen weltlichen Gesangbüchern, sonderlich denen, welche neulichst
herauskommen, allerhand gar närrische und doch à la mode Sauflie=
der hinten und vorne stehen, und muß sich das de dans le labaret
rechtschaffen darinnen leiden. Gleichwie nun dieser Art Gesänge
und ärgerliche Lieder, einem Christen zu singen nicht geziemen, wie
denn auch die Dichter derselben, wenn sie solche nur zum Mißbrauche
ausgesonnen billig werden verachtet, ja höchlich deßwegen gescholten
und verdammet, also sind diejenigen Poeten ihres wohlverdienten Lo=
bes nicht zu berauben, welche allerhand feine anmuthige und erbauliche
Tugendlieder aufsetzen und Gesänge, welche auf ehrliche Liebeshändel

---

schreibet, wie er bei der Magd, der andere, wie er bei der Jungfer geschlafen und was
für schöne Händelchen dabei fürgegangen, welches ich mich schäme, allhier zu erzählen.
Nun will ich alle ehr= und tugendliebende Gemüther gefragt haben, ob sie es wohl für
möglich halten, daß junge Leute, wenn ihnen dergleichen schnöde Lieder in die Hände
kommen, ohne Aergernisse sollten bleiben können? Ich halte es für eine bloße Unmög=
lichkeit, es wäre denn, daß solche zarte Jünglinge und Jungfräulein unter die Schaar
der Engel, mit nichten aber unter die Zahl der Menschenkinder, welche Fleisch und Blut
haben, sollten gerechnet werden".

und keusche Zuneigung sind gerichtet, auch sonst keinem Menschen Aergerniß geben, verfertigen". Obwohl von seinen weltlichen Liedern viele gedruckt worden sind, so sind es doch nur solche, welche ihm durch Hausgenossen „entzücket, folgends aber gegen sein Wissen und Willen veröffentlicht worden sind". Seine Freunde, die Musiker Grummer und Maier in Hamburg und Lüneburg, gaben so, ohne des Autors Wissen und Willen, die mit ihren Compositionen versehenen Hirtenlieder des cimbrischen Daphnis an Galathea und die Floribella noch 1642 und 1644 heraus.

Hat Rist nun auch gegen seine eigenen weltlichen Lieder strenge geurtheilt, ja sie völlig verdammt und verworfen, so spricht er doch gegen weltliche Lieder im Allgemeinen nicht, sondern erkennt das Schätzbare auf diesem Gebiete bei anderen Dichtern bereitwillig an; er rühmt die löblichen Tugendlieder wackerer Leute, wie Opitz, Fleming, Brehm, Dach, Zesen, Schottel, Tscherning, Betulius und Anderer. Gerade aber in sehr vielen weltlichen Liedern jener Periode, einzelnes Treffliche und wirklich poetisch Werthvolle ausgenommen, offenbart sich im Inhalt und Ausdruck eine solche Rohheit und Gemeinheit, solch' anstößige Frivolität und Zuchtlosigkeit, daß nur die allenthalben verwilderten Sitten und die überall verbreitete Demoralisation, die Folge von dreißig langen und schweren Kriegsjahren, ein derartiges Verkommen und Ausarten der Dichtung zu erklären, vielleicht auch theilweise zu entschuldigen vermögen. Rist, als eifriger Prediger, und wozu er sich vornemlich berufen glaubte, als Wächter und Hort der guten Sitten, mußte sich von dem verwilderten, ja von seinem theologischen Gesichtspunkte aus oft irreligiösen Poesien seiner dichtenden Collegen abgestoßen und verletzt fühlen. Daß er Sinn für die Schönheiten der Poesie, ein empfängliches Herz für die Reize der Musik, Malerei und Natur, ein Bedürfniß nach freundschaftlichem und gebildeten Umgang in hohem Grade hatte, geht aus vielen seinen Schriften hervor. Ein Mann, der so den höchsten und feinsten geistigen Genüssen eine immer offene und warme Seele bewahrt, kann kein finsterer Zelot, zu dem man ihn so gerne stempeln möchte, sein. Ihm war es ein Beruf, und das Ansehen, worin er stand, schien ihn obendrein dazu zu berechtigen und aufzufordern, gegen Ausschreitungen anderer Poeten seine Stimme zu erheben und die Rechte der Religion und Moral in einer ohnedem zu Ernst und Sammlung so sehr aufforderndem Zeit zu vertheidigen.

Ein anderer Punkt, den wir schon früher berührt haben und der sich in der That kaum ganz entschuldigen lassen dürfte, ist seine Gereiztheit und sein fortwährendes Schimpfen und Schelten auf andere, wie er behauptet, ihn anfeindende und neidende Schriftsteller. Rist hat viele Bücher geschrieben und es nie unterlassen, zu jedem derselben lange Zueignungsschriften und nothwendige Vorberichte zu geben. Wie die ganze Prosa jener Zeit sind sie äußerst ermüdend zu lesen. Rist legt darin seine Ansichten über Religion, Poesie, Sprache und die Sitten seiner Zeit dar; er schildert das Hofleben, die Wirthschaft der Beamten, das Treiben der Geistlichen, die trüben Ereignisse und Folgen des Krieges in freimüthigster Weise, so daß diese Partien seiner Bücher eine Fundgrube von culturhistorischen Notizen bieten. Daneben gibt er Nachricht von den eigenen Erlebnissen und von seinen Werken, und eifert gegen Flucher, Säufer und Sittenlose mit all dem Feuer und der Rücksichtslosigkeit der Prediger seiner Periode. Soweit könnte man sich die Sache gefallen lassen. Aber nun läßt er keine Gelegenheit vorübergehen, der Welt alle die Ehren, die ihm geschehen sind, zu erzählen, seiner Freunde, Verehrer und Gönner immer wieder sich zu rühmen, die Vorzüge seiner Schriften bis zum Ueberdrusse darzustellen und sich förmlich der bewundernden Welt in einer Wolke selbstgespendeten Lobes zu zeigen. Das was er dabei von Dank gegen Andere und von Anerkennung der Verdienste seiner Collegen sagt, was uns momentan mit ihm aussöhnen könnte, verschwindet gegenüber dieser maaßlosen Selbstgefälligkeit. Aber selbst darüber könnte man hinweg sehen, wenn er nur nicht immer und immer wieder auf seine Feinde und Verleumder zu reden käme, nicht stets aufs Neue zu groben Schimpfreden und lieblosen Aeußerungen, die gerade ihm, dem Prediger, der Liebe und Versöhnung verkündigen sollte, doppelt schlecht anstehen, sich hinreißen ließe. Man muß es übrigens von Seite seiner Gegner schon arg getrieben haben, — ein sicheres Urtheil darüber können wir kaum gewinnen, — um auch in ihm solch brennenden Haß und tiefe Erbitterung hervorzurufen.

Wir lernen seine Gegner nicht recht kennen, da er nie einen derselben mit Namen bezeichnete. Doch scheint es, daß er sich in späteren Jahren hauptsächlich mit dem in Hamburg lebenden Philipp von Zesen*), der von vielen seiner Zeitgenossen übrigens als ein guter,

---

*) Philipp von Zesen, am 8. October 1619 zu Priorau bei Dessau geboren, am 13. November 1689 zu Hamburg gestorben, war einer der gefährlichsten Re-

harmloser Mensch geschildert wird, verfeindet hat; auf ihn scheinen die meisten der Pfeile gerichtet zu sein, welche Rist abschießt. Wir werden darauf noch besonders zurückzukommen haben und wollen hier nur eine kleine Blumenlese aus verschiedenen nothwendigen Vorberichten zusammenstellen, um die Art zu zeigen, wie Rist seine Neider behandelt.

Schon im Vorberichte zu einem seiner frühesten und besten Bücher, den himmlischen Triumpfliedern, 1641, spricht er von Widersachern und Neidern, hier aber noch in einer Art, die, wäre er dabei verblieben und hätte er fortwährend solche Grundsätze festgehalten, ihm nur zur Ehre gereicht hätte. Er sagt: „Inmittelst erkläre ich mich nochmalen dahin, daß mich weder die offenbaren Lügen noch auch die heimlichen Verleumdungen meiner Widersacher und Neider von dieser meiner wohlgemeinten Arbeit gar nicht abwendig machen, noch mein Herz in einige Bekümmerniß setzen soll. Es fällt mir dabei ein, was neulich ein vornehmer und kluger Mann in seinem Schreiben an mich von diesen verkehrten Leuten erwähnet, daß nämlich solche Schmähvögel nur für Seile und Stricke zu achten seien, die uns desto mehr zur Tugend und Geschicklichkeit ziehen sollen. Und wahrlich, obschon solche Gesellen noch so giftig, wiewohl hinterlistig auf ehrliche Leute stechen, so trage ich dennoch ein so großes Mitleiden mit ihrem elenden, erbärmlichen Zustande, in welchem sie durch ihren Neid und Mißgunst sich

---

benbuhler Rist's. Er hatte in Wittenberg und Leipzig studirt, dann längere Zeit in Holland gelebt, zuletzt in Hamburg sich niedergelassen. Dort stiftete er 1643 die Deutschgesinnte Genossenschaft, die bis 1705 bestand. Wie Rist war er kaiserlicher Pfalzgraf und gekrönter Dichter und Mitglied der fruchtbringenden Gesellschaft (der Wohlsetzende); auch er war geadelt und von einigen sächsischen Höfen mit dem Rathstitel beehrt worden. Er muß ein sehr gelehrter, aber etwas sonderbarer Mann gewesen sein, der von seinen Zeitgenossen viel zu leiden hatte; sogar die Mitglieder des Palmordens behandelten ihn, ganz ihren sonstigen Grundsätzen entgegen, theils vornehm kalt, theils hinterlistig, theils anschwärzend. Die von Unverstand und Mißgunst über ihn ausgestreuten albernen Nachreden erbten sich bis auf die Gegenwart fort. Seine für jene Zeit achtungswerthen Bestrebungen auf dem Gebiete der Sprachforschung, in denen er freilich oft das Ziel verfehlte, die aber nichts destoweniger ein besonnenes und ehrliches Wollen erkennen lassen, wurden als Sprachverderbung und Geschmacklosigkeiten verschrieen. Er ist einer der besten Dichter seiner Zeit, von fruchtbar kräftig schaffender Phantasie, und seine Productivität ist noch bedeutender als die Rist's. Im Jahre 1672 waren von ihm bereits gedruckt: 9 Bände in Folio, 10 in Quart, 31 in Octav, 25 in kleinerem Formate, 36 waren druckfertig und 10 vorbereitet. Alle seine Schriften sind sehr selten geworden.

selber versetzt haben. Denn, indeme sie selbst so gar nichts wissen und verstehen, und gleichwohl aus giftiger Bosheit ihren Nebenchristen die wenigen Gaben, so ihnen vom Allerhöchsten sind verliehen, neidischer Weise mißgönnen, so werden sie aus vernünftigen Menschen zu unvernünftigen Bestien, garstigen Hunden, ja zu leibhaftigen Teufeln. Sie bellen, sie beißen, sie lügen, sie trügen, sie lästern, sie verleumden, sie schmähen nach Art ihres höllischen Vaters, des Teufels, der ein Lügner und Mörder von Anfang ist gewesen. Ich meines Theils suche anderes nicht, als daß die Ehre Gottes befördert, die liebe Jugend recht unterwiesen und dann auch nützliche Sprachen sammt löblichen Künsten in ein sonderbares Aufnehmen mögen gebracht werden. Wollen aber meine Herren Reimenmacher deßwegen auf mich zürnen, und vielleicht etliche wohlgespickte Lügen ihrem unchristlichen Gebrauche nach auf's Neue auf die Bahn bringen, stehet ihnen solches meinethalben sehr wohl zu gönnen. Ich werde mich bemühen durch göttliche Gnade eine gute Ritterschaft zu üben, den Glauben und ein gut Gewissen zu behalten".

Auch noch in den neuen Passionsandachten, 1648, drückte er sich verhältnißmäßig glimpflich aus: „Was soll ich ferner sagen von den Lästerern, Ehrendieben, Verläumdern und Pasquillanten, welche manchen unschuldigen, redlichen und wohlverdienten Mann dergestalt heimlich und hinter seinem Rücken herdurchziehen, daß, wenn er hernach solche Dinge erfahren, sehen und lesen muß, er sich oft darüber zu Tode grämet oder sonst so viel zu Gemüthe zieht, daß er weder Gott noch Menschen mehr kann dienen? Wir leben aber in einer so elenden Zeit, darin dergleichen ehrendiebische Pasquillenschreiber im Geringsten nicht bestrafet werden. Wenn es wahr ist, daß des Menschen Leben und gutes Gerüchte in gleichem Werthe sind zu schätzen, so sollte man die Ehrendiebe wie die ärgsten Mörder und noch zehnmal härter, als die Geld=, Vieh= oder Kleiderdiebe strafen". Mit der Zeit wird er aber immer heftiger und gereizter und läßt sich mehr und mehr zu lieblosen, groben und gehäßigen Reden und Schimpfworten hinreißen; dann spricht er von Ungeschickten, Abgünstigen, Naseweisen, Höflingen, Hümplern, Fuchsschwänzern, Aufschneidern, Donatskalmensern, Schulfüchsen, Phantasten, Lumpenkerlen, ruhmredigen Plauderern, gemeinen Pedanten, abgeschäumten, ehrvergessenen Buben, ungeschickten Eseln, elenden Leutlein, epicurischen Mastsäuen, schelsüchtigen Schandflecken der edlen Dichtkunst, die giftigen Geifer aus giftigem Maule speien, schnöden Verächtern aller wohlgemeinten Dinge, die nur Lästerscharteken zu schreiben wüßten, garstigen, neidischen, mißgünstigen Hunden, Neidhämmeln, die sich wie die Spitzmäuse durch ihr eigenes Eselsgeschrei selber verriethen u. s. w.

Solche Dinge passen nicht in den Mund des Predigers und nehmen sich besonders übel aus gegenüber seiner Bemühungen, sich als einen Menschen darzustellen, der aller Disputirköpfe abgesagter Gegner, und dessen höchstes Streben es sei, seinen Mitmenschen ein Beispiel der Versöhnlichkeit, Nachgiebigkeit und christlichen Milde zu geben. Bedenken wir aber, daß die ganze Zeit derber und roher in ihren Ausdrücken war als die unsrige, namentlich wenn der leichte Firniß, den die erst eindringende allgemeine Bildung den Mitgliedern der besseren Gesellschaft gab, momentan verschwand, und daß von der allenthalben einreißenden Verwilderung selbst die Besten sich nicht völlig frei zu halten vermochten. Und weiter wissen wir, daß gerade bei Dichtern und Künstlern unendlich leicht die Eitelkeit verletzt, die Ehrbegierde gekränkt, das Selbstgefühl beleidigt ist und daß in solchen Fällen Niemand rascher zu ungerechtem Hasse sich veranlassen läßt, als sie. Ohne weiter hier auf Beispiele eingehen zu wollen, sei nur daran erinnert, in welch unedler Weise z. B. Göthe und Schiller gegen diejenigen verfahren konnten, von denen sie sich gekränkt glaubten. Der Mensch und wenn er auch zu den höchsten Stufen irdischer Vollkommenheit emporsteigt, bleibt eben immer ein mit Schwächen und Fehlern behaftetes Wesen, und hier dürfen wir um so weniger hart urtheilen, als wir wohl wissen, wie Rist gesprochen und gehandelt hat, aber nicht ebenso genau, wie seine Feinde mit ihm verfahren sind.

Doch kommen wir auf die Bedeutung Rist's als Dichter geistlicher und Kirchen-Lieder zurück. Wie wir schon bemerkten, muß zwischen seinen Liedern, insofern sie für die Kirche oder nur für die Erbauung bestimmt sind, ein Unterschied gemacht werden. In Hinsicht der letzteren war er bedacht und bestrebt, für alle Stände, Lagen und Vorfälle des Lebens passende Poesien zu geben, und dieses Bestreben hat ihn zumeist zu jenem Vielschreiber gemacht, als welchen er sich uns darstellt. Aber auch hier muß der Gesichtspunkt festgehalten werden, daß er in einer Zeit lebte, in welcher man ein Buch nicht nach seinem inneren Gehalte oder eigentlich poetischem Werthe, sondern nach seinem Umfange schätzte, in welchen die Bedeutung eines Autores in gleichem Grade mit der Masse des von ihm Producirten stieg. So finden wir denn unter seinen geistlichen Dichtungen Lieder für alle getreuen Bischöfe, Lehrer,

Prediger und Kirchendiener, für alle Potentaten, Könige, Grafen und Herren, für alle Amtleute, Räthe, Richter und Bediente, sowohl bei Hofe, als in den Städten für alle Aerzte und Heilmeister, sowie solche, welche der Arznei= und Genesemittel sich gebrauchen, alle Kauf= und Handelsleute, alle vornehme Kriegshäupter, Feldobristen und gemeine Soldaten, alle Handwerker, Tagelöhner und Ackersleute, alle Seefah= rende und Schiffleute, alle christliche Eheleute, Ehemänner, Ehefrauen, Schwangere, Greise und Gebärende, für alle unfruchtbaren Weiber, alle Eltern, Kinder, Schul= und Lehrmeister, Schüler und Lehrlinge, Jünglinge und Jungfrauen, Wittwen und Waisen, Diener und Knechte, Aufwärterinnen und Mägde, alle Reisende und Wandersleute u. s. w. — sie alle sollen des Morgens, Mittags und Abends, in Zeiten des Kriegs, der Pestilenz, der Theuerung und Hungersnoth, des Ungewit= ters und der Verfolgung Trost und Beruhigung durch ihn finden; alle Betrübte, Geplagte, Geängstete, Kranke und Sterbende, alle, alle, alle sollen zu ihm herankommen, um das bei ihm zu empfangen, was ihnen hier zeitlich kann nützlich und gedeihlich werden, dort aber sie ewiglich erfreuen soll. Wo wäre eine Beziehung, die der „Rüstige" sich hätte entgehen lassen! Für ihn herrscht trotzdem noch Mangel und daher strebt er fortwährend redlich alle Lücken auszufüllen. In seinem: „star= ken Schild Gottes, 1644", gibt er David'sche Gebetlein und Seufzer mit einem größeren Gedichte, worin er sich selbst wegen einer unge= heuern, über ihn ausgesprengten Landlüge Trost zuspricht. In der „sabbathischen Seelenlust, 1651", stellt er den Opitz'schen gereimten Episteln die Evangelien gereimt zur Seite; in seiner „Kreuz=, Trost=, Lob= und Dankschule, 1659", lehrt er, wie Angst, Betrübniß und Creuz der Christen A B C sei. Selbstverständlich mußte er bei solchen Be= strebungen auf Abwege kommen. Die eckelhafte Beschreibung der grau= samen Gefängnisse und des gar abscheulichen Ortes der Hölle*) z. B. zeigt keine Spur erquickender Poesie mehr.

Nachdem er den Sünder eingeladen:
    Wir wollen erst das Höllenloch,
    Den Schwefelpfuhl, des Satans Joch,
    Mit rechtem Ernst besehen,
und nun gefunden hat, daß:
    Der Höllen Wohnung ist ein Schlund,
    Ja tiefe Pfütz, in welcher Grund
    Du fallen wirst mit Grauen.

---

*) Neuer himmlischer Lieder sonderbares Buch, 6ter Theil.

XLVII

   Es ist ein Wohnhaus ohne Licht,
    Ein Schwefelloch voll Jammer;

fährt er fort:

   Hie steiget auf ein dicker Rauch,
    Erschrecklich anzusehen,
   Ein rechter Pech- und Schwefelschmauch,
    Der überall muß gehen;
   Ein Schmauch, der billig wird genannt,
   Angst, Jammer, Marter, Qual und Brand,
    Dafür man nicht kann stehen.

   Wer mag ermessen den Gestank,
    Der hier auch wird gefunden?
   Das strenge Gift kann machen krank
    Urplötzlich die Gesunden.
   Er ist wie dicker Koth und Feu'r,
   Durch ihn wird alles Ungeheu'r
    Das stinket, überwunden.

   Dies Höllenfeu'r ist schrecklich heiß,
    Kann Stein und Stahl verzehren,
   Der ewig' Angst und Todesschweiß
    Wird die Verdammten nähren,
   Dies Feu'r, das brennet grausam zwar,
   Verbrennet doch nicht ganz und gar
    Die, so den Tod begehren.

   Ein jeder Sünder hat sein Loch,
    In welchem er muß quälen;
   Denn unter diesem Teufelsjoch
    Hat einer nicht zu wählen.
   Man darf nicht schweifen hin und her,
   Des Satans Macht fällt viel zu schwer;
    Er hat da zu befehlen.

   Die Stolzen werden allzumal
    Dort bei einander sitzen;
   Die Säufer werden in der Qual
    Den süßen Wein ausschwitzen:
   Den Schindern wird die Gnade theu'r,
   Die Hurer wird das Höllenfeu'r
    In Ewigkeit erhitzen u. s. w.

Ein anderes Lied: „Nothwendige Betrachtung der unaussprechlichen Pein, Marter und Strafen, welche die Verdammten in der Hölle ewig müssen erleiden und ausstehen", ist nicht minder widerlich:

XLVIII

Du sprichst: Mein Mund will essen!
Die Speis' ist hier vergessen,
  Dich hungert ewiglich.
Dich dürstet aus der Maßen,
Kein Tropf ist hier zu fassen,
  Nur Pech und Schwefel sättigt dich.

Du suchest schöne Kleider
Und saubern Schmuck, ach leider!
  Dein Rock ist lauter Mist.
Es schlagen tausend Flammen
Recht über dir zusammen,
  Und bleibst doch nackend, wie du bist.

Kein Häußer darfst du hoffen,
Der Höllenpfuhl steht offen,
  Der gibt dir willig Raum;
In diesen wüsten Gründen
Ist lauter nichts zu finden,
  Als eitler Unflat, Koth und Schaum.

Die täglich hier gesoffen,
Einander angetroffen
  An manchem leichten Ort;
Die werden dort sich reißen,
Ja, wie die Hunde beißen
  Und sich zerschlagen fort und fort.

Es werden dort dein' Augen,
Die, zu verletzen taugen,
  Hie manches liebe Kind
Viel Thränen zwar vergießen,
Doch wird es sie verdrießen,
  Daß sie nicht sind gewesen blind.

Du wirst für Stank vergehen,
Wenn du dein Aas mußt sehen,
  Dein Mund wird lauter Gall'
Und Höllenwermuth schmecken,
Des Teufels Speichel lecken,
  Ja fressen Koth im finstern Stall u. f. w.

Es werden dort dein' Ohren,
Die hie den leichten Choren
  Der Huren zugehört,
Das Heulen, Knirschen, Dräuen,
Das Fluchen, Schmähen, Schreien
  Alsdenn auch hören ganz verstört.

Angenehmer und verlockender klingt allerdings dagegen die: „Liebliche Betrachtung der wunderbaren und herrlichen Verklärung unserer Leiber im ewigen Leben".

 Dies Leben ist ein Siechenhaus,
  Darin wir stets uns quälen,
 Sobald wir aber geh'n heraus,
  Uns fröhlich zu vermählen
 Mit Gott in seinem Freudensaal,
  So wissen wir von keiner Qual
  Noch Krankheit mehr zu sagen;
  Da findet sich kein Zipperlein,
 Kein Schlag, kein Schwindel, Gicht noch Stein,
  Noch and're Leibesplagen.

 Weg Alexander, trolle dich
  Mit deinen güld'nen Lumpen,
 Der Krösus ist nur lächerlich
  Mit seinen Silberklumpen u. s. f.

Oder aus: „Liebliche Betrachtung der unaussprechlichen Freude der Kinder Gottes und worüber die Auserwählten mit allen Engeln ewiglich werden jauchzen", die Stelle:

 O Freud', o lieblich's Wesen!
 In welchem wird zu finden sein
 Gesellschaft auserlesen;
 Gott selbst mit seinen Engelein:
  Da König und Propheten
  Da die Bekenner sind,
  Die Gott aus allen Nöthen
  Gerissen hat geschwind,
  Woselbst die Patriarchen
  Und keusche Jungfräulein,
  Besitzer und Monarchen
  Des Himmels werden sein.

 O Freud'! o lieblich's Singen!
  O süßes Lied! o Lustgeschrei!
 O wunderfröhlich's Klingen!
  O nimmerstille Kantorei!
  Die schnellen Himmelsgeister
   Und Engel stehen da,
  Wie die Kapellenmeister
   Das groß Allelujah
  Mit uns auf hohen Geigen,
   Auf Lauten und Pandor
  Zu machen, nichts soll schweigen
   Im Baß, Diskant, Tenor.

 „Nur nach Greueln, wie der 30jährige Krieg sie gebracht, nach einer schauderhaften Verwilderung, wie er sie herbeigeführt, läßt es sich erklären, daß solche Bilder nöthig sein konnten, an Graus und Ekel das Selbsterlebte überbietend, um vom Sündenwege abzuschrecken. Im Gegensatze dazu mußte nun auch der Himmel gar lustig ausgemalt werden und es ist dann kein Wunder, wenn man dem Elend und den Wunden, die dort herrschen, ein solch frohes Leben vorzieht und sich, um seiner theilhaft zu werden, nach der Schnur hält". (Winterfeld).

Wenden wir uns nun aber von diesen Schattenseiten der Rist= schen Poesien hinweg und zu deren Lichtseiten. Auf dem Gebiete der geistlichen Dichtung hatte er sehr bedeutende Vorgänger und Zeitgenossen. Philipp Nicolai, Bartholomäus Ringwald, Joseph Valentin Andreae, Johann Arndt, Valerius Herberger, Martin Rinckhart, standen unmittelbar vor ihm; Ernst Christ. Homburg, Simon Dach, Heinrich Albert, Paul Gerhardt, Joachim Neander waren seine Zeitgenossen.

Halten wir nun dasjenige, was in unseren Gesangbüchern von all den genannten sich erhalten hat, zusammen, so sehen wir, daß mit Ausnahme Paul Gerhardt's, Rist doch die meisten lebensfähigen Lieder uns geschenkt hat. Selbst die geistlichen Gesänge der hervorragendsten unter den Dichtern des XVI. Jahrhunderts, eines Opitz, Tscherning, Buchner, Gryphius, Zesen, sind aus unseren Andachtsbüchern verschwunden, und nur Fleming's: „In allen meinen Thaten", und Neumark's: „Wer nur den lieben Gott läßt walten", sind uns geblieben. Die Lieder Rist's: „Ermuntere dich, mein schwacher Geist — Werde munter, mein Gemüthe — Wach' auf, mein Geist, erhebe dich — O Ewigkeit, du Donnerwort — Hilf Herr Jesu, laß gelingen — O Traurigkeit, o Herzeleid — Lasset uns den Herren preisen — Auf, auf ihr Reichsgenossen" — und ähnliche sind und werden für alle Zeiten eine Zierde unserer Gesangbücher bleiben; und andere, wie z. B.: „Heut' ist das rechte Jubelfest — Wir seufzen mit Verlangen — Werde Licht, du Stadt der Heiden — Wie wohl hast du gelabet — Ich will den Herren loben — Wach' auf, wach' auf, du sich're Welt — O Gott, dir dank' ich allezeit — Wie groß ist dieser Freudentag — Nun gibt mein Jesus gute Nacht — O Lebensfürst, Herr Jesu Christ" — schließen sich würdig dem Besten an, was seine Zeit hervorgebracht hat. Repräsentiren die vorstehend angeführten Lieder auch nur einen äußerst geringen Theil seiner geistlichen Dichtungen, so sind es doch zahlreiche Perlen im Vergleiche zu denjenigen, die wir aus den Werken anderer gleichzeitiger Poeten auszuwählen ver=

mögen, und betrachten wir nun die Summe seiner Leistungen, so müssen wir uns gestehen, daß er mindestens hinter denen seiner Zeitgenossen nicht zurücksteht, ja daß er die Achtung, die ihm gezollt wurde, sehr wohl verdient hat. Er selbst, so sehr erfüllt er auch von dem Bewußtsein der Bedeutung seiner poetischen Werke sein mochte, hat doch nie daran gedacht, ihnen den Werth beizulegen, der ihnen beigemessen wurde. Er sagt darüber: „Ich bedinge aber hiermit zum allerfeierlichsten, daß sothane Lieder ganz und gar nicht zu dem Ende von mir an das Licht gegeben werden, daß ich selbige in die evangelische Kirche unseres allgemeinen deutschen Vaterlandes wolle einführen, dadurch etwa die alten, und von vielen Jahren her üblichen und gewöhnlichen Kirchengesänge in Verachtung zu bringen. Nein, christlicher lieber Leser, dieses ist mir fürwahr niemalen in mein Herz, Sinn oder Gedanken gekommen, als der ich mich selber zum allerbesten kenne und gar wohl weiß, daß unter den evangelischen Lehrern mein Ansehen gar so groß nicht ist, daß ich ein solches hohes Werk anzufangen, viel weniger es auszuführen mich unterstehen dürfte. Zudem ist, Gottlob! mein Gemüth mit einer solchen närrischen Ehrsucht nicht besessen, daß ich eine so fürnehme Sache in's Werk zu richten und mir daher einen großen Namen zu machen, sollte begehren; welches ja daraus genugsam erhellet, daß, unangesehen mir ganz wohl bewußt ist, daß meine schlechten geistlichen und himmlischen Lieder an vielen fürnehmen Orten in Deutschland öffentlich in den Kirchen gesungen und gebrauchet werden, ich doch gleichwohl in meiner eigenen Kirche von der Gemeinde hieselbst derer keines lasse singen; ausgenommen den Beschluß eines Weihnachts- oder Neujahrsgesanges, welche, nachdem sie die Kinder erstlich in der Schule gelernt, die Gemeinde an besagten heiligen Festtagen, indeme das Volk aus der Kirche zu gehen beginnet, bisweilen lässet erklingen".

Seine vorzüglichsten und frischesten Lieder finden sich in der ältesten von ihm herausgegebenen Sammlung, in den „Himmlischen Triumpfliedern". Sie erschienen in fünf einzelnen Heften, und der Dichter, damals noch in der Blüthe seiner Jahre stehend, bot noch ohne Rücksicht auf ein bestimmtes Bedürfniß zu nehmen, ohne sie nach ihrem Inhalte zu ordnen und zusammen zu stellen, seine Lieder einfach als Früchte seiner Dichtergabe den Gläubigen dar. Diese Sammlung erschien mit Melodien von J. Schop, 1641 und 1642 zu Lüneburg bei den Brüdern Johann und Heinrich Stern, den bedeutendsten Verlegern ihrer Zeit. Das gute Geschäft, das diese damit machten (neue Auflagen

1644, 52, 58), gab Veranlaſſung zur Folge einer zweiten Sammlung:
„Der Paſſionsandachten, 1648", und einer dritten: „Neuer himmliſcher
Lieder ſonderbares Buch, 1651". Auch dieſe letztere Sammlung bietet
manches ſchöne und erhebende Lied, aber zu gleicher Zeit keimt in ihnen
auch all das Unkraut auf, das ſpäter in Riſt's Werken wuchert, und
allenthalben erkennen wir ſchon eine gewiße Schreib= und Reimſelig=
keit, die den rüſtigen Dichter in ſpäterer Zeit trieb, ganze Bände und
Bücher mit geiſtlichen Liedern zu füllen. Beſonders merkwürdig iſt eine
von ihm hier zuerſt eingeſchlagene Richtung, die auf das geiſtliche Lied
überhaupt, namentlich aber auch auf unſere Geſangbücher einen we=
ſentlichen, leider ſehr nachtheiligen Einfluß übte. Hatte früher ſchon
mancher fromme Geſang ſeine Entſtehung einer beſonderen einzelnen
Veranlaſſung verdankt und rangirte er in dieſem Sinne zu den geiſt=
lichen Gelegenheitsliedern, ſo trug er doch von ſeinem Urſprunge
nur das an ſich, was ihm wahrhaft Geſtalt und Farbe verliehen hatte,
das Gepräge lebendiger Erfahrung. Das beſondere Ereigniß des ein=
zelnen Lebens war darin in ſeiner allgemeinen, chriſtlich=kirchlichen
Bedeutung aufgefaßt, es ſollte ſich in ihm bewähren, was die Kirche
in ihrer rechten Bedeutung jedem Gliede ſein könne und müſſe. Bei
Riſt geſchah das Gegentheil; es wurden von ihm Lieder beſtimmten
Lebensverhältniſſen und nur vorausgeſetzten, nicht erfahrenen Ereig=
niſſen, gewiſſen Ständen, Geſchlechtern, Lebenslagen angepaßt, ohne
ſie durch andere als nur lockere Fäden, durch die eben jedes geiſtliche
Lied nothwendig mit ihm zuſammenhängt, mit dem gemeinſamen kirch=
lichen Leben zu verknüpfen. Dieſe ſogenannten ſonderbaren Lieder
fanden als eine neue Art, ungeachtet ihrer Mängel, großen Beifall, ſo
daß Riſt, der ohnedem von ſeinen Verlegern zu immer neuen Samm=
lungen ſich gedrängt ſah, ganze Bücher derſelben ſchrieb. Bei ſeiner
Gabe eines leichten und fließenden Ausdruckes, einer gefälligen Reim=
und Strophenbildung, wodurch ihm ein wünſchenswerthes Gelingen in
ſichere Ausſicht geſtellt war, waren ihm ſolche Arbeiten auch keine
ſchwierigen; aber das Wort vermag nur da Frucht zu bringen, wo es
als ein innerliches, lebendig erfahrenes, als ein in einem wahrhaft er=
weckten und erleuchteten Gemüthe wiedergebornes verkündigt wird; das
rüſtigſte, emſigſte Treiben, ſoferne es nur Vieles äußerlich ſchafft,
ohne innere Gediegenheit damit zu verbinden, iſt ohne Werth und Kraft.

Wie ſich Dichterſchulen Opitz'ſcher Richtung an manchen Orten
in Deutſchland gebildet hatten, ſo geſchah es auch hier, daß Riſt von

Wedel aus die Niedersächsischen und Holsteinischen Poeten durch ein gemeinsames Band zu verbinden strebte. Durch seine Ernennung zum kaiserlichen Hof-Pfalzgrafen ward ihm überdies die Machtvollkommenheit, auch Anderen die Dichterkrone zu verleihen, gegeben. Nach seiner Aufnahme in die fruchtbringende Gesellschaft fand er um so mehr Veranlassung, sich zum Oberhaupte seiner poetisirenden Collegen aufzuschwingen, besonders da die große Muttergesellschaft des Palmbaumes Absenker, die von einzelnen gepflanzt und gepflegt wurden, gar nicht ungerne sah. Nach längerem Zögern stiftete er endlich 1656 den lieblich blühenden Elbischen Schwanorden. Einrichtung und Zweck waren ganz dem Palmenorden nachgeahmt. Das, (wie es Rist 1662 selbst noch nennt) itzo frischaufgehende Unternehmen wollte trotzdem nicht recht gedeihen; die Mitglieder, deren Zahl sich auf ohngefähr vierzig belief, waren, obwohl sich einzelne berühmte Männer immerhin unter ihnen finden, im Allgemeinen doch nicht bedeutend genug*), um dem Orden besonderen Glanz zu verleihen. Gegen den Willen des Stifters bedienten sie sich einer absonderlichen Orthographie, und ihre absurden Poesien luden selbst den Spott der Zeitgenossen auf die Gesellschaft. Im Grunde darf man jedoch behaupten, daß der Elbschwanorden so wenig genützt und geschadet hat, als die übrigen gleichzeitigen Sprachgesellschaften, und daß das Bestreben unserer Literarhistoriker, ihn lächerlich zu machen und herabzusetzen, mit dem allgemeinen Bemühen, Rist's poetische Thätigkeit von der schlimmsten Seite darzustellen, zusammenhängt**). Außer Moscherosch, Neumark, Greflinger, Schirmer, Homburg, Knaust und Anderen, deren Na-

---

*) Lessing: In diesem Schwanenorden waren viele Gänse.
**) Von den Mitgliedern des Elbschwanordens vermögen wir hier aufzuführen: B. Kindermann (Kürandor), Fr. J. Burmeister (Sylvander), J. G. v. Krohnstadt (Florindo), M. Frank (Staurophilos), G. H. Weber (Hyphantes), J. G. Möller (Tromylas), J. Prätorius (Profulibor), J. Schwieger (Filibor, der Dorferer), E. Chr. Dedekind (ConCorD.), M. Kempe (Kleodor), D. Bärholz (Philocytus), A. Burmeister (Philanthon), Fr. Hofmann (Epigrammatoffes), Ph. J. Oßwald, Freiherr von Ochsenheim (Daphnander), G. Zamehl (Almejus), Chr. Homburg (Daphnis), J. Noltenius (Olorinus). — Nach Rist eigener Angabe gehörten dem Orden weiter an: Jos. Rumpler von Löwenhalt, Sigm. Betulius Com. Pal. Caes., J. M. Moscherosch, G. Neumark, Chr. Brehm, K M. W. Petermann, J. Frentzel, Chr. Keimann, D. Schirmer, Treuer, Just. Sieber, Stubritz, G. Greflinger, Schönberg, Wolfe, L. Knaust. (Neues musik. Seelenpar.).

men von uns schon früher genannt wurde, sei hier unter den Mitgliedern der Verbindung besonders G. Zamehl's gedacht, der eine besondere Fertigkeit in der Abfassung von Ringelgedichten besaß; Fr. J. Burmeister, Rist's getreuer Gehülfe und Freund, ist der Dichter des schönen Liedes: „Es ist genug, so nimm Herr, meinen Geist". Von M. Frank besitzen wir die Kernlieder: „Ach wie nichtig, ach wie flüchtig", und „Sei Gott getreu". Wie hoch man übrigens die Ehre zu schätzen wußte, in den Elbschwanorden aufgenommen zu werden, davon zeugen die Worte, die Frank zur Erinnerung an die ihm zu Theil gewordene hohe Würde in seine große Wittenberger Bibel schrieb: „Gott gebe, daß ich diese unverhoffte, hohe und große Ehre zu seiner, des Allerhöchsten Ehre, einzig und allein annehme und brauche, seinen großen Namen lobe, rühme und preise ꝛc."

Eine Geschichte der Gesellschaft: „Deß Hochlöblichen ädelen Swanen-Ordens deutscher Zimber-Swan. Lüneb. 1666", schrieb Candorin (?) Bestimmteres über diesen Verfasser vermögen wir nicht anzugeben. Kempe berichtet über ihn: „Nicht alles ist Gold, was glänzt. Seine grillisirenden Orthographisterei-Possen sind nicht drei Heller werth. Zudem ist er, wie ihn der selige Rist in einem Schreiben mir ehemals abgemalt, ein eitler Mensch und des Volkes zu Lübeck Vergnügen".

Wir haben schon davon gesprochen, wie während und unmittelbar nach dem dreißigjährigen Kriege die Poeten förmlich wie die Pilze*) auf-

---

*) „Betreffend die Verfassung allerhand Lieder, so kann man nicht läugnen, daß bei dieser närrischen ehrgeizigen Welt, da so gar viele sich lassen bedünken, daß sie fürtreffliche Dichter und Poeten sind, auch fast ein jedweder will Lieder machen, gestalt denn derselben innerhalb wenig Jahren ein solcher Haufe ist an den Tag kommen, daß man schier eine kleine Stadt davon bauen sollte, welche gleichwohl, demnach die Materie hiezu sogar faul und untüchtig, nur eine sehr kurze Zeit würde bestehen können".
(Neuer himml. Lied. sonderb. Buch, 1651).

„Ich bin bei meiner Poesie geblieben, ganz und gar nichts achtend, daß Mancher oft auf's Spöttlichste von dieser herrlichen Wissenschaft redet oder urtheilet: es werde das Versemachen itzt gar zu gemein; es möchte diese Kunst nothwendig fallen. Ein Jedweder, der nur ein wenig deutsch lesen und schreiben kann, lasse alsobald seine Künste und Namen in offenem Drucke sehen. Man mache eine rechte Bettelei daraus: der eine Poet schimpfe, der andere lüge, der dritte heuchle, der vierte hassire, und sei es endlich dahin kommen, daß, wenn man einen rechten Phantasten wolle beschreiben, so sage man: er sei ein natürlicher Poet. Dahero es auch kein Wunder, daß für weniger Zeit in einer größeren und wohlbekannten Stadt bei schwerer Strafe verboten wurde, daß hinfüro kein einziges Gedicht, weder auf Hochzeiten noch auf Begräbnisse, noch auf sonst ansehnliche Zusammenkünfte soll gemacht und durch öffentlichen Druck hervorgegeben werden ꝛc.

schossen. So schmeichelhaft dem Palatin des Elbschwanordens die allgemeinen Huldigungen, die ihm von vielen seiner Collegen dargebracht wurden, auch sein mochten, so schwer dürfte es ihm doch auch wieder geworden sein, die nach Auszeichnung Dürstenden alle zu befriedigen oder sich ihrer zu erwehren. Gewiß haben diejenigen, die er nothgedrungen in gewisser Entfernung von sich halten mußte, am meisten dazu beigetragen, ihm das Leben zu verbittern. Die kleinen Fliegen haben ja meist den giftigsten Stachel.

Theilweise entschädigt für das, was er von Seiten der Schriftsteller zu leiden hatte, wurde er jedenfalls durch die warme Bewunderung, welche ihm von den Musikern gezollt wurde. Alle bedeutenden Tonsetzer seiner Zeit drängten sich förmlich zu der Ehre, seine Lieder in Musik setzen zu dürfen; sogar die undankbarsten und prosaischten unter ihnen wurden componirt*). Er erkannte auch den Vortheil, der seinen Dichtungen dadurch erwuchs, sehr wohl; zudem war er selbst ein großer Freund der Musik, namentlich des Gesanges**); und an lauten, begeister-

Verschmähte Poesie! Das Betteln auf den Gassen
Ist nicht so gar gemein, als Verse drucken lassen.

Es ist aber keine Kunst oder Wissenschaft in der Welt, darin es nicht einen Haufen schlechter Pönhasen oder grober, nichtswürdiger Schlingel und Pedanten gibt. Die sonst hochgepriesenen Musicanten haben ihre Bierfiedler, die sinnreichen Maler ihre Thürenbeschmeißer und Wände= und Mauern=Beklecker, die kunstreichen Goldschmiede ihre Bleigießer oder Safranvergolder, und dergleichen saubere Bürstlein finden sich bei fast allen guten Wissenschaften; wer aber wollte um solcher Idioten und Hümpler willen Künste und Wissenschaften verachten oder verbieten?" (Neues mus. Seelenparadies, 1660).

*) Ich muß frei heraus bekennen, daß unter tausenderlei Elend und Trübseligkeiten, welche mich die Zeit meines Lebens betroffen, ich gleichwohl dieses Glück gehabt, daß die fürnehmsten und kunsterfahrensten Musici in Deutschland mir in Aufsetzung vieler tausend auserlesener Melodien gern zu Willen gewesen; ja bieweil sie eine gar große und sonderbare Lust zu den beiden unvergleichlichen Wissenschaften, der Dicht= und Singkunst jederzeit getragen, so haben sie oft aus eigenem Triebe, mir mit ihrer Musik zu dienen, sich günst= und freundlichst erboten. Dahero sind meine geistlichen Lieder mit den anmuthigsten Melodeien oder Sangweisen von unterschiedlichen hocherfahrnen Meistern der edlen Singekunst ausgezieret und beseelet worden, welcher weitberühmten Meister und sinnreichen Componisten so nütz= als liebliche und nunmehr unsterbliche Arbeit von allen Kunstverständigen billig gar hoch wird gehalten und ihrem Verdienste nach herrlich gepriesen". (Neues mus. Seelenparadies).

**) Und wahrlich, man muß bekennen, daß der Gesang, wenn derselbe von einer menschlichen Stimme, da benebenst auch wohlklingende Instrumente erschallen, noch bis auf den heutigen Tag den Liedern ein rechtes Leben und erwünschete Anmuthigkeit gibt; wie denn auch David seine geistlichen Lieder auf eine solche liebliche Art hat erklingen lassen; wiewohl wir heutzutage wegen Vielfältigkeit neuer wohlklingender Instrumente, wie auch der sonderbaren Singart, den Alten hierin weit vorgehen.

(Neuer himml. Lieder sonderb. Buch).

ten Dankesworten und an Lobeserhebungen derer, die ihm gefällig waren, ließ er es in seinen Vorreden nie fehlen. Der zuerst ihm verbundene Tonsetzer, derjenige, der zugleich am glücklichsten in Erfindung neuer Weisen unter allen folgenden sich hervorthat, war der berühmte und wohlbekannte Geigenkünstler Johann Schop, Rathsmusikus in Hamburg; Rist hörte gerne sich selbst mit David, seinen Sänger aber mit Asaph vergleichen. Neben ihm componirten seine zahlreichen Lieder: sein Schwager H. Pape, Organist an der Peterskirche in Hamburg; dann der holsteinische Sing- und Orgelmeister J. Kortkamp; der Nürnberger Apollo S. G. Stabe; der Zittauer Amphion und sonst weltberühmte Herr Hammerschmidt; der alte, wohlgeübte Hamburger Jubal J. Schultz (Prätorius); und eben dieser hochlöblichen Stadt fürtrefflicher Arion H. Scheidemann, beide hocherfahrne, kunstreiche Organisten; der Rathsmusikus P. Meier und Th. Selle, Stadtkantor, Canonicus minor und Musikdirektor am Dome zu Hamburg; M. Coler, Kapellmeister in Wolfenbüttel; Christian Flor, Organist an der Sct. Lambrechtskirche in Lüneburg, und der vom Dichter besonders werthgehaltene und wie ein Sohn geliebte M. Jacobi, Cantor in letztgenannter Stadt, „ein junger, frischer Musikus". Die zahlreichen und vielfach sehr schönen, von den besten Meistern gesetzten Melodien erleichterten die Verbreitung der Rist'schen Lieder ungemein; sie wurden in allen Schulen gesungen, tönten von allen Orgelchören herab, und wo Freunde frommen Gesanges sich zusammenfanden, wurden sie mit Begleitung von Lauten und Geigen, Gamben, Theorben und Pandoren aufgeführt. Besonders zeichnen sich die „herrlichen und süßklingenden" Melodien Schop's durch kräftigen Schwung, durch Sangbarkeit und Frische aus. In seine, als eines Vaters rechtschaffener Musicorum löbliche Fußstapfen trat Jacobi; von beider Tonsätzen rühmt der Dichter, daß sie nicht üppig springend und weltlich oder nach der eitlen Tänzer Art, sondern fein andächtig, leicht, beweglich und anmuthig gemacht gewesen seien, wodurch sie denn auch nicht geringes Lob bei allen Kunstliebenden sich erwarben.

Schon in der zweiten Auflage der himmlischen Lieder, 1658, konnte Rist erzählen, daß nunmehr die gegenwärtigen Weisen so bekannt und bei Gelehrten und Ungelehrten durch unser ganzes Deutschland dermassen beliebt und angenehm wären, daß sie auch von denen, welche der Musik nicht kundig, ja sogar von Weibspersonen, Kindern, Knechten und Mägden gar fein gesungen würden, worüber er selbst, massen er solches mehrmals unbekannter Weise mit angehört, sich höchlich habe verwundert, daß doch solche Leutlein, welche des künstlichen Singens ganz unwissend, gleichwohl solche theils schwere Melodeien habe fassen oder behalten können.

Wenn nun aber auch zufolge des Inhaltsverzeichnisses von Kö= nig's harmonischem Liederschatze, einem der bedeutendsten Choralbücher des vorigen Jahrhunderts, noch im Jahre 1738 von Rist's Liedern 237 in kirchlichem Gebrauche waren, so haben dagegen von den ur= sprünglich dazu componirten Melodien kaum 40 solchen Anklang ge= funden, daß sie sich auf die Nachwelt vererben konnten*). Schon zu Lebzeiten des Dichters wurden die meisten seiner Lieder nach in den Gemeinden bereits längst bekannten Kirchenmelodien gesungen und in Folge davon die Originalweisen verdrängt.

Ehe wir nun auf Rist's Wirksamkeit als dramatischer Dichter näher eingehen, sei es uns nochmals vergönnt, auf seine Person und dabei zugleich auf seine amtliche Wirksamkeit mit wenigen Worten zu= rückzukommen. Die zahlreichen Portraits, die seinen Büchern beigege= ben sind, in ihrer Aehnlichkeit ziemlich übereinkommend (das beste von Kilian gestochene ist das den Passionsandachten vorgedruckte), zeigen harte, hochmüthige Züge: leider muß man sagen, daß dies im allge= meinen der Ausdruck der meisten Predigerportraits des XVII. Jahr= hunderts ist. Doch ist das Kilian'sche Blatt weicher und milder ge= halten; es stellt einen stattlichen, mit dem Bande und Zeichen des Palmordens geschmückten, aber kränklich und mißmuthig aussehenden Mann dar, auf seinem Antlitze hat die Zeit bereits tiefe Furchen ein= gegraben. In seinem Berufe als Prediger schloß er sich den Geistlichen an, die mit Feuereifer auf christlichen Wandel drangen und es als höchste und heiligste Pflicht ansahen, das gesunkene Christenthum wie= derum aufzurichten. An seines Amtes Pflicht und Gebühr hat er sich darum auch in der Furcht Gottes, kraft welcher er 31 Jahre hindurch seine Stimme in der Gemeinde des Herrn erhoben hatte wie eine Po= saune, jederzeit erinnert. Mit Genugthuung konnte er zuletzt sagen, daß in seiner Gemeinde kein Irrgläubiger mehr sei. Gleichwohl gesteht er anderseits die allgemeine Verfallenheit des Christenthums nach den furchtbar verwildernden Kriegsjahren ein. Man gehe wohl, sagt er, fleißig in die Kirche, höre eine Predigt nach der andern, lerne alle

---

*) König's harm. Seelenschatz enthält deren nur 21.

Evangelien und Episteln auswendig, wisse von dem Glauben an Christum fein zierlich zu reden, rühme der Prediger und Seelenhirten herrliche Gabe und Beredsamkeit, gehe zur Beichte und zum Abendmahl, und bleibe doch, weil man den seligmachenden Glauben verleugne, ein Schalk und Bube. Von seinem Ernst und Eifer, die verwilderten sittlichen Zustände in seiner Gemeinde zu heben, zeugt das Bestreben, die in jener Zeit unter Ausschweifungen und Excessen aller Art gefeierte Fastnacht abzuschaffen. Durch unablässiges Bitten brachte er es bei seinen Pfarrkindern endlich auch dahin, daß sie „diesem verfluchten Teufels= und Bachusfeste ganz und gar gute Nacht gaben und es sich auch nicht reuen ließen, als andere Gemeinden um sie her dieses Teufelsfest noch so steif behielten, als ob sie ohne Feierung desselben nicht selig werden könnten". So schwer es ihm war, gegen seine Gegner ein ruhiges und würdiges Benehmen zu beobachten, so sehr wußte er sich doch auf der Kanzel des damals so häufigen Verketzerns und Disputirens zu enthalten, das anstatt lebendigen und fruchtbaren Glaubens nur Hochmuth und Gehässigkeit erweckte und nach der allgemeinen Verwilderung durch Kriegsnoth und Kriegsgräuel doppelt schlimme Frucht trug. Trotz seiner Sittenstrenge und seines Glaubenseifers, wodurch er seinen Zeitgenossen als ein Vorkämpfer gegen des Teufels Rotte sich darstellte, wurde er dennoch von einzelnen seiner geistlichen Collegen verleumderisch angegriffen und der Lauheit in Glaubenssachen beschuldigt, und er hatte auch hierin manche trübe Erfahrung zu machen, manchen Kampf zu bestehen. Wie in seiner Gemeinde, wenn es galt, religiöse oder sittliche Ausschreitungen zu rügen, so sprach er furchtlos und ohne Scheu über jeden Stand, über alle Verhältnisse; unerschrocken und unparteilich deckte er alle socialen Schäden seiner Zeit auf. Das Leben der Geistlichen, ihre Lauheit in Erfüllung ihrer Pflichten und ihre Unwissenheit und Trägheit, die Bestechlichkeit und Unredlichkeit der Beamten und die mangelhafte Rechtspflege der Obrigkeiten schildert er mit gleicher Rücksichtslosigkeit. Und ebenso furchtlos erhebt er seine Stimme über das unchristliche Treiben an den Höfen. „Während in großen Städten (so sagt er) noch manches christliche Herz gefunden wird, so gibt es doch an den Höfen der mächtigsten Potentaten gar wenige, die sich um das Heil ihrer Seelen bekümmern. Da hält man wenig von theologischen Büchern und von geistlichen, erbaulichen Liedern. Ein frisches Sauflied, ein stachlichter Schimpfgesang, ein leichtfertiges Hurenlieblein und dergleichen unnütze, viel-

mals auch hochschädliche, ärgerliche Weltsachen haben gemeiniglich da
den Vorzug.
Wer finden will das wahre Licht,
Der such' es ja bei Hofe nicht.

Es ist in diesen kümmerlichen Zeiten wohl hoch zu beklagen, daß
viele große Herren und Fürsten werden gefunden, welche einem Auf=
schneider, Schmarotzer, Fuchsschwänzer, Jäger, Gaukler, Possenreißer
oder sonst gemeinem Kerl viel lieber 100 Ducaten, als gelehrten und
um die Kirche Gottes wohlverdienten Leuten einen Thaler sollten schen=
ken u. s. w." Bei seinen so trefflichen Eigenschaften sind diejenigen,
welche seinen Character verdunkeln und ihm so viele üble Nachrede zu=
gezogen haben, doppelt beklagenswürdig.

Bei Gelegenheit der Schilderung einzelner Lebensumstände des
Dichters haben wir bereits gesehen, wie sehr er den Verlust seiner
dramatischen Arbeiten, die während einer Plünderung Wedel's im
30jährigen Kriege vernichtet wurden, beklagt. Eine große Anzahl von
Stücken (er spricht von dreißig) ging ihm auf so bedauerliche Weise
verloren. Wie in allen seinen Productionen, war er auch auf diesem
Gebiete äußerst fruchtbar. Schon sein frühestes, der Oeffentlichkeit
übergebenes Werk ist ein dramatisches: Perseus, das ist: eine newe
Tragödie, welche in Beschreibung theils wahrhaffter Geschichten, theils
lustiger und anmuthiger Gedichten, einen sonnenklaren Welt= und Hoff=
spiegel iedermänniglichen praesentiret und vorstellet. Hamb., 1634.

Noch vor 1638 verfaßte er außer den bereits früher genannten
Schauspielen einen Herodes, Gustav Adolph Wallen=
stein, Guiscardus, das glückselige Britannien,
Ireneromachia u. s. w.*). Noch im Jahre 1654 tritt er mit einem
Lust= und Freudenspiele auf: Deposito Corniti Typographici,
welches bei Annehmung und Bestetigung eines Jungen Gesellen, der
die Edle Kunst der Buchdruckerey redlich hat außgelernet, kann fürge=
stellet werden. Lüneb. Nachdruck: Insbr., 1672. Jetzo zu der Nie=
dersächsischen Rede, die Hoch=Deutsche anbey gesetzt und mit schönen

---

*) Es wird Rist ferner zugeschrieben: Der vermeinte Prinz, aus dem
Ital. des Pallavicini; Ernelinde, aus dem Engl.; die Wittekinden u. s. w.;
ob man hier aber nicht Stücke der spätern Hamb. Schaubühne fälschlich ihm zutheilt,
vermögen wir nicht zu entscheiden.

Liedern vermehret. Frankf. a. M., 1677. Damit erscheint jedoch seine Thätigkeit für die Bühne nicht beschlossen; er selbst erwähnt zahlreicher Festspiele und Ballete, die er für verschiedene fürstliche Höfe geschrieben hatte.

Wie wir ihn vorher schon wegen seiner geistlichen Dichtungen in fatale literarische Streitigkeiten verwickelt sahen, so auch hier wieder. Er klagt, daß man einstmals etliche Cavalliers wegen eines Lustspiels, das sie sich zum Schimpfe geschrieben wähnten, so gegen ihn aufgehetzt habe, daß sie ihm eine Kugel vor den Kopf schießen wollten. Weiter läßt er sich in seiner gewohnten Weise also vernehmen: „Meine Comedien und Tragödien, oder Trauer= und Freudenspiele betreffend, so kann ich euch Neidern und Mißgönnern gleichwohl nicht bergen, daß derselben Inhalt viel wichtiger, ja viel weiter aussehend ist, als daß sie von eurem dummen Verstande recht könnten begriffen werden. Nur dieses möget ihr inmittelst wissen, daß solche Spiele vielmehr geistlich als weltlich sind, gestalt sie von mir nicht nur etwan zur Lust, sondern die böse Weltart und die gegenwärtigen Zeiten fürzustellen, auch die ruchlosen Menschen von den verfluchten Sündenwegen abzuführen, sind erdichtet; zu welchem Ende ich die greulichen Mißbräuche, welche sowohl in der Kirche als im weltlichen Regiment und Hausstand leider! allzuviel befindlich, helle und deutlich in denselben an das Licht habe gesetzet, und dieweil ich die Wahrheit allzu nackend aufgeführet, schier unglaublichen Haß und Ungunst dadurch habe verdienet. Daß gleichwohl inmittelst mehrerwähnte Spiele in unserem deutschen Vaterlande sehr beliebt und angenehm gewesen, ist daher leicht zu schließen, daß sie für großen Potentaten, Königen, Fürsten und Grafen auf die Schaubühne gebracht, höchlich geliebet und gelobet, an unterschiedlichen Orten wiederum aufgeleget und allen pasquillantischen Sausewinden zum Trotz und ewigem Schimpfe viel tausend Exemplare davon sind gedrucket und schier durch halb Europam ausgestreuet und vertheilet worden. Was aber meine Ballete und Aufzüge angehet, so habe ich selbige nicht etwan aus Fürwitz, oder die liebe Zeit (welche mir meiner vielfältigen Arbeit und schweren Geschäfte halber nur gar zu kurz wird), damit zu vertreiben, sondern auf allergnädigsten Befehl großmächtiger Könige und Fürsten zu Papier bringen und verfertigen müssen".

Der Dichter hält durchweg den von ihm oben auseinander gesetzten Standpunkt fest. Wie alle bessern Arbeiten auf diesem Gebiete, so sind auch die seinigen getreue Sittenspiegel seiner Zeit, und der moralische Gesichtspunkt, von welchem aus sie geschrieben waren, so einseitig und langweilig er uns auch erscheinen mag, war für das Publikum, für das sie zunächst bestimmt erscheinen, gewiß der einzig richtige. Folgt er in seinen übrigen Poesien ganz dem Vorbilde Opitzen's nach, so zeigt er als Schauspieldichter vorwiegend dem Volksthümlichen sich zugewendet. An die Engländer sich anlehnend, schreibt er seine Stücke in Prosa und verschmäht es nicht, in die Tragödien lustige Zwischenspiele, welche die Masse der Zuschauer noch nicht entbehren wollte, einzulegen. So gerne er auch diese Sitte, deren Ungehörigkeit er wohl erkannte, umgangen hätte, so hing das Publikum doch noch zu sehr der hergebrachten Einrichtung der Schauspiele an, als daß er anders hätte handeln können; ja, da er zunächst für das Volk schrieb und nur auf dasselbe einwirken wollte, so konnte und durfte er hier völlig neue Bahnen nicht einschlagen. Den Leuten war einmal mit „Hans Suppe" mehr als mit dem „ernsthaften Cato" gedient, und daß er klug that, sich der herrschenden Ansichten zu bequemen, beweist der große Erfolg seiner theatralischen Arbeiten.

Uns liegen von den zahllosen Schauspielen Rist's nur die beiden hier neu abgedruckten vor, und soferne man nicht an dieselben den Maaßstab moderner Bühnendichtungen anlegen will und sie nur mit dem vergleicht, was gleichzeitig entstanden ist, so muß man ihnen nicht nur Trefflichkeit zugestehen, sondern auch in diesem Genre sie für das Beste erklären, was die ganze Periode hervorgebracht hat. Sie leiden an allen Fehlern der Rist'schen Muse. Sie sind häufig gedehnt, ermüdend und langweilig; aber was für uns in ihnen störend erscheint, konnte diejenigen nicht beirren, die als Zuschauer sie an sich vorüberziehen sahen. Sie lebten noch in der Zeit, wo man die Vortrefflichkeit einer Predigt nach der Elle bemaß und das Gute schriftstellerischer Leistungen nach seiner Länge beurtheilte. Das Lehrhafte in der Dichtung war ja durch Opitz selbst in der für die Gebildeten und Gelehrten bestimmten Poesie in den Vordergrund gerückt worden. So will auch Rist sein Publikum zunächst belehren, und wenn er in Folge davon in lange Gespräche sich verwickelt und oft sogar förmliche Abhandlungen über die politischen und socialen Zustände seiner Zeit gibt, so war das kaum bei den Absichten, die er im Auge hatte, zu vermeiden. Der Grundcharacter des mittelalterlichen Schauspiels war überhaupt zunächst ein belehrender und erbauender; nicht spannende Situationen, nicht verwickelte Intriguen erwartete das begierig lauschende Volk, sondern Unterweisung und Befriedigung dadurch, daß es den endlichen Sieg des Guten und die Strafe des Bösen vor Augen gerückt erhielt. So stellen sich die Schauspiele früherer Zeit im Grunde nicht anders als Predigten dar, die man in lebendigen und greifbaren Beispielen vorzuführen strebte, und bedenkt man ferner, daß die meisten Schauspieldichter zugleich Geistliche oder doch Lehrer waren, so wird man diese uns so unbegreiflich erscheinende Einrichtung ganz erklärlich finden. Rist's Schauspiele, verglichen mit denen unmittelbarer Vorgänger, zeigen einen unverkennbaren Fortschritt in der Anlage, Sprache und innern Einrichtung. Während in der zweiten Hälfte des XVI. Jahrhunderts die Schauspieldichtung entweder vorzugsweise satyrisch oder polemisch wurde, in ersterer in der Person des Teufels meist die Sitten und Gebräuche gegeißelt*), in der andern die streitigen Glaubensansichten verfochten sind, erinnern die Stücke Herzogs Heinrich Julius von Braunschweig (1564—1613) und J. Ayrers († um 1605) noch lebhaft an die Art und Weise H. Sachsens; obwohl auch in ihnen ein merklicher Fortschritt schon unverkennbar ist, erheben sie sich doch kaum über dialogisirte heilige und weltliche Historien. Da brachten die von den englischen und niederländischen Comödianten aufgeführten Stücke neues Leben in diesen Zweig der Poesie. Warf man diesen Darstellungen fahrender Histrionen auch abschreckende Rohheit und empörende Unsittlichkeit vor, so offenbarten sie doch mehr dramatisches Leben, hatten eine fesselndere und spannendere Handlung und wirkten namentlich in dem Wechsel von Ernst und Scherz und durch die Vorführung von unmittelbar der Wirklichkeit entnommenen Vorfällen lebhafter auf das Publikum, als die bisherigen Schauspiele.

Der Krieg hatte allenthalben die dramatischen Unterhaltungen unterbrochen; nur in wenigen von den traurigen Folgen des langen Kampfes minder berührten Städten vermochten sie ihr Dasein zu fristen. Einer

---

*) J. Chryseus: Der Hofteufel, 1545. C. Spangenberg: Die sieben Bösen in des Teufels Karnöffelspiel. Eisl., 1562. J. Westphal: Faulteufel. Eisl., 1563. P. Glaser: Gesindteufel. L., 1564. A. Fabricius: Der heilige, kluge und gelehrte Teufel. Eisl., 1567. Fl. Daule: Tanzteufel. Frankf., 1567. F. Schildo: Spielteufel, 1561. A. Hoppenrod: Der Hurenteufel. Fr., 1565. M. Hayneccius: der Schulteufel. L., 1603, und unzählige ähnliche, vielfach auch nur in Gesprächsform oder in Reimen abgefaßte Land-, Stadt-, Dorf-, Hof- und Hausteufelsgeschichten.

dieser Orte in Deutschland war Hamburg; wenn auch zeitweise eingestellt, scheinen doch die Spiele dort nie ganz aufgehört zu haben. Hier nun, wo die Traditionen des alten deutschen Schauspiels noch nicht erloschen waren, die neuen Comödien aber auch zuerst in Deutschland Anerkennung gefunden hatten, lebte Rist. Es konnte nicht fehlen, daß er beide Richtungen in sich aufnahm und weiterbildete, und wie glücklich er die alte mit der neuen Art zu verschmelzen wußte, davon zeugen seine Stücke, die in jeder Beziehung einen bedeutenden Fortschritt bekunden. Seine Sprache ist im Vergleiche zu der seiner Vorgänger edel und würdig; die Personen sind vortrefflich characterisirt, Ernst und Scherz, erschütternde Rede und leichter Witz wechseln wohlberechnet miteinander ab, ja Laune und Satyre treten so neu und bedeutend in ihnen hervor, daß von nun an innerhalb des Schauspiels offene Kritik und Polemik mehr und mehr zu einem wesentlichen Bestandtheile desselben werden, und dieser Zweig der Dichtkunst nun theilweise in neue Bahnen geleitet wird.

Mehr aber noch als die genannten Vorzüge dürfte uns die treue vaterländische Gesinnung ansprechen, die sich in den beiden vorliegenden Stücken kundgibt. Wir haben am Anfange dieser Einleitung schon darauf hingewiesen, wie ehrlich Rist zu seinem Vaterlande hielt. Von der Zeit an, wo in Folge der Uebergriffe deutscher Reichsstände die alte Herrlichkeit des deutschen Kaiserreiches zu schwinden und zu erbleichen begann, hören wir bei den Dichtern Deutschlands die Klage um des Vaterlandes sinkenden Ruhm anstimmen und seither durch Jahrhunderte hindurch forttönen. Vergebens haben sie sich bisher in glühenden Worten an die Herzen der Fürsten gewandt; die Selbstsucht, die jeden derselben erfüllt und ihn nur das eigenste Interesse bedenken läßt, macht sie unzugänglich für die Mahnungen der Ehre und des Gemeinsinnes. Vergebens haben unsere Barden in begeisterten Worten das Volk beschworen, sich aufzuraffen zu der Größe und Bedeutung, die ihm gebührt. Ein durch Jahrhunderte andauernder Druck und die Gewohnheit feiger Unterordnung, eine von schmählichster Characterlosigkeit zeugende Lethargie in allen politischen Fragen und das Genügen daran, eine Faust im Sacke zu machen, in eitlem Wortgepränge, in mattherzigem Männergesange und in kindischem Spiele mit den Waffen sich zu gefallen und eine dem Deutschen eigenthümliche unbegreifliche Geduld und Bequemlichkeit, haben das deutsche Volk zu einer Energielosigkeit herabgedrückt, die ihn das Aufraffen zur That, wenn auch ein schnellverflackerndes Strohfeuer von Begeisterung wohl hervorzurufen ist, immer unmöglich gemacht und es der Verachtung, der Lächerlichkeit und dem Spott aller andern Völker preisgegeben hat. Wehe aber der Nation, die sich mit Worten, Liedern, Uniformen, Festen, Geldspenden, Thränen der Rührung, Gefühlen des Mitleidens und eitlen, nichtssagenden Beifallsbezeugungen begnügt, nie aber zu Thaten kommt! Sie wird aus der Reihe der Völker verschwinden müssen.

Rist mit seinem Bemühen, die Deutschen zur Einigkeit und zur That zu entflammen, steht, wie wir bereits angedeutet haben, nicht allein unter unsern Dichtern; vor und nach ihm haben gar Viele aus demselben Tone gesungen.

Wie kräftig mahnt z. B. Weckherlin zum Streit:

> Wie die Soldaten man vorzeiten,
> Laut mit dem Mund,
> So sie jetzund,
> Ermahnet der Poet zu streiten.

Frisch auf, ihr tapferen Soldaten,
  Ihr, die ihr noch mit deutschem Blut,
  Ihr, die ihr noch mit frohem Muth
Belebet, suchet große Thaten!
  Ihr Landsleut, ihr Landsknecht, frisch auf,
Das Land, die Freiheit sich verlieret,
  Wo ihr nicht muthig schlaget d'rauf,
Und überwindend triumphiret.

Der ist ein Deutscher wohlgeboren,
  Der von Betrug und Falschheit frei,
  Hat weder Redlichkeit noch Treu,
Noch Glauben, noch Freiheit verloren.
  Der ist ein Deutscher, ehrenwerth,
Der wacker, herzhaft, unverzaget,
  Für die Freiheit mit seinem Schwert
In die größte Gefahr sich waget.

Denn, wenn ihn schon die Feind' verwunden,
  Und nehmen ihm das Leben hin,
  Ist doch Ruhm und Ehr' sein Gewinn,
Und er ist gar nicht überwunden:
  Ein solcher Tod ist ihm nicht schwer,
Weil sein Gewissen ihn versüßet;
  Und er erwirbet Lob und Ehr',
Indem er sein Blut so vergießet.

LXV

Wohlan deßhalb ihr werthen Deutschen,
   Mit deutscher Fauſt, mit kühnem Muth,
   Dämpfet nun der Tyrannen Wuth,
Zerbrecht ihr Joch, Land und Beutſchen:
Unüberwindlich rühmet ſie
   Ihr Titel, Hochmuth und Stolzieren:
   Aber ihr Heer mit ſchlechter Müh'
Mag (überwindlich) bald verlieren.

Ha! fallet in ſie: ihre Fahnen
   Zittern aus Furcht: ſie trennen ſich,
   Ihr böſe Sach hält nicht den Stich,
D'rum zu der Flucht ſie ſich ſchon mahnen.
Groß iſt ihr Heer, klein iſt ihr Glaub',
   Gut iſt ihr Herz, böß ihr Gewiſſen:
   Friſch auf, ſie zittern wie das Laub
Und wären gar ſchon ausgeriſſen.

Ha! ſchlaget auf ſie, lieben Brüder,
   Iſt die Müh' groß, ſo iſt nicht ſchlecht
   Der Sieg und Beut, und wohl und recht
Zu thun, ſein ſie dann ihr viel müder.
So ſtraf', o deutſches Herz und Hand
   Nun die Tyrannen und die Böſen:
   Die Freiheit und das Vaterland
Mußt du auf dieſe Weiſ' erlöſen.

Und wie prächtig ſingt Opitz:

Auf, auf, wer deutſche Freiheit liebet,
   Wer Luſt für Gott zu fechten hat;
   Der Schein, den mancher von ſich giebet,
Verbringet keine Ritterthat.
Wann Fug und Urſach' iſt zu brechen,
   Wann Feind nicht Freund mehr bleiben kann,
   Da muß man nur vom Sehen ſprechen,
Da zeigt das Herze ſeinen Mann.

Laß die von ihren Kräften ſagen,
   Die ſchwach und blaß von Tugend ſind;
   Mit Trotzen wird man Bienen jagen,
Ein Sinn von Ehren, der gewinnt.
Wie groß und ſtark der Feind ſich mache,
   Wie hoch er ſchwinge Muth und Schwert,
   So glaube doch, die gute Sache
Iſt hunderttauſend Köpfe werth.

So vieler Städte schwache Sinnen,
  So vieler Herzen Wankelmuth,
Die List, der Abfall, das Beginnen
  Sind freilich wohl nicht allzu gut.
Doch Obst, so bald von Bäumen gehet,
  Das taugt gemeiniglich nicht viel;
Ich denke, was im Liede stehet:
  „Laß fahren, was nicht bleiben will".

Was kann der stolze Feind dir rauben?
  Dein Hab' und Gut bleibt doch allhier,
Geh' aber du ihm auf die Hauben,
  Und brich ihm seinen Hals dafür.
Auf, auf, ihr Brüder! In Quartieren
  Bekriegt man mehrmals nur den Wein,
Des Feindes Blut im Siege führen,
  Dies wird die beste Beute sein.

Und wer müßte nicht durch Fleming's „Klage über die Aenderung und Furchtsamkeit jetziger Deutschen" beschämt die Augen niederschlagen?

Itzt fällt man in's Confect, in unsre vollen Schalen,
  Wie man uns längst gedräut. Wo ist nun unser Muth?
Der ausgestählte Sinn? das kriegerische Blut?
  Es fällt kein Ungar nicht von unserm feigen Prahlen.
Kein Busch, kein Schützenrock, kein buntes Fahnenmalen
  Schreckt den Kroaten ab. Das Anseh'n ist sehr gut.
Das Anseh'n mein' ich nur, das nichts zum Schlagen thut.
  Wir feigsten Krieger wir, die Phöbus kann bestrahlen!
Was ängsten wir uns doch und legen Rüstung an,
  Die doch der weiche Leib nicht um sich leiden kann?
Des großen Vaters Helm ist viel zu weit dem Sohne.
  Der Degen schändet ihn. Wir Männer ohne Mann,
Wir Starken auf den Schein, so ist's um uns gethan,
  Uns Namens=Deutsche nur. Ich sag's auch mir zum Hohne.

Doch genug solcher Beispiele aus früherer Zeit. Obwohl wir uns ihrem Eindrucke und ihren Wahrheiten nicht entziehen können, lassen wir es dennoch beim Alten; und erblickte der jüngst heimgegangene Uhland erst nach Jahrzehnten das Licht der Erde, er würde immer wieder singen müssen, was durch Jahrhunderte hindurch bis zu ihm gesungen wurde: „Untröstlich ist's noch allerwärts!"

Das „Friedewünschende Teutschland" entstand während des dreißigjährigen Krieges, und hat, wie das folgende, das „Friedejauchzende Teutschland" nur Bezug auf die durch denselben heraufbeschworenen, über alle Beschreibung jammervollen Zustände. Der Kriegsschauplatz bot nachgerade das entsetzlichste Bild; der Verlauf des drei Decennien hindurch andauernden Kampfes war endlich so grauenvoll für Deutschland geworden, daß keine Feder je im Stande sein wird, ihn ganz zu schildern. Mit welcher Sehnsucht mußten da alle Herzen nach dem Frieden verlangen, wie mußte Jedermann wünschen, daß die verheerende Brandfackel des Krieges endlich gelöscht würde! Der Krieg, von dem furchtbaren Grundsatze genährt, daß Krieg den Krieg ernähren müsse, ward besonders deßwegen in seiner zweiten Hälfte dem Lande so verderblich geworden, weil Massen kleiner Heeresabtheilungen an den verschiedensten Punkten sich schlugen und Generale wie Soldaten nur von Raub und Plünderung lebend, auch wohl von der Gier, Reichthümer zu erhaschen getrieben, dem Volke den letzten Rest von Mark auspreßten. Die Langwierigkeit des Kampfes und seine barbarische Wuth — die Soldaten waren ja wie die Compagnie, welche in Wedel seiner Zeit einquartiert lag beweist, aus dem Abschaume der europäischen Bevölkerung zusammengeworben — mußte nothwendig Theuerung, Hungersnoth und Pest erzeugen, so daß Millionen, die das Schwert verschont hatte, durch sie hingerafft wurden. Die Moralität verschwand zuletzt völlig; um nur die entvölkerten Gegenden wieder in etwas beleben zu können, mußte man Vielweiberei und Priesterehe gestatten; alle Bande socialer Ordnung waren gelockert, die Obrigkeit hatte jedes Ansehen und jede Gewalt, die Unterthanen allen Sinn für Recht und Gesetz verloren, ja ohne Unterschied beraubte, plünderte und mordete man mit der fremden Soldateska selbst Freunde und Nachbarn. Das Nationalbewußtsein war unter solchen Verhältnissen tief erschüttert. Die Deutschen, fremder Willkür preisgegeben, vernahmen von auswärtigen Mächten mit Zittern oder kleinmüthiger Freude das über ihr Loos entscheidende Wort*). Ganz besonders schmachvoll war es, daß man

---

*) So zerschlagen, muthlos und entartet Deutschland auch in Folge des entsetzlichen Krieges war, so entzündete doch die maaßlose Tyrannei der Fremden in einzelnen Gemüthern Flammen edlen Zornes. Mit ächt vaterländischem Geiste schrieb 1647 Wassenberg in Paraenesis ad Germanos: „Mit lauter Stimme rühmen Franzosen und Schweden, Deutschland sei von ihnen bezwungen, und die durch unsere eigenen Hände uns entrissenen Fahnen zeigt öffentlich Paris und Stockholm. So, thörichte Dienstleute fremden Ruhmes, zerstören wir den unsern und unsere Tugend mit unserem Blute. Könige, die sonst dem Rufe des Kaisers Folge leisten, sich zur Rechenschaft stellen mußten, entscheiden mitten in Deutschland über Deutschland, berufen Reichstage, sitzen zu Recht, vermögen mehr als der Kaiser und sind durch unsere Uneinigkeit unsere Herrn geworden. Sie rufen und wir erscheinen, sie reden und wir

V*

das eigene Wesen, das man doch im Bewußtsein des alten Ruhmes und der Nationalehre hätte achten und hochhalten sollen verachtete und, zumeist in den höheren Ständen, ausschließlich französischen Sitten zu huldigen begann. Die Muttersprache, dies tiefinnerste Gut einer Nation, ward dem fremden Idiom zu Liebe in den Staub getreten und in den Dienst der Gemeinheit verwiesen. Die Bildungsanstalten waren entweder ganz zu Grunde gegangen, oder sie hatten doch, insbesondere die Universitäten, den wilden und rohen Character des soldatischen Zeitalters angenommen.

Die politischen und staatsrechtlichen Bestimmungen des westphälischen Friedens, des ersten Friedensschlusses, der den Namen eines europäischen verdient, lösten die ohnedem längst gelockerten Bande des römisch-deutschen Kaiserthumes und zerbröckelten das Ganze in eine Menge kleiner, selbstständiger und nur noch durch schwache Fäden, keine große gemeinsame Idee mehr zusammengehaltener Staaten. Die ver=

---

horchen ihren Worten wie Orakeln, sie versprechen und wir trauen ihren Zusicherungen, als wären wir Knechte! Vor uns, über uns verhandeln sie, in Deutschland über Deutschland, und entscheiden an letzter Stelle, was sie uns nehmen, was lassen wollen. Und das heute Bestimmte wird morgen willkührlich geändert, und wir im Todeskampfe liegend und den Gott, der uns sonst belebte, verläugnend, opfern den Götzen anderer Völker alle Freiheit, Ruhm, Ehre, Geist und Leben. Unsere Scepter und Adler sind nicht mehr die unsern, unser Reich nicht mehr das unsere, sondern die Deutschen Alle, wo und wie sie sind, gehören ihnen. Was soll man sagen, wenn deutsche Fürsten, Prälaten, Churfürsten, wie Diener einem überseeischen Edelmanne aufwarten, ihm Waschwasser, Mantel, Essen reichen, von ihm zurechtgewiesen, ja verachtet werden. Wie mit Judasküssen nahen sie, unsere angeblichen Befreier, und wir Thoren hoffen, daß so arge, heimtückische Feinde uns erretten, daß sie, die das herrlichste aller Reiche mit allen Kräften und Mitteln aufzulösen suchen, es heilend herstellen werden. Vom Rheine, der Nord= und Ostsee her erspähen sie auf ihren Warten jede Gelegenheit, jeden Streit, der da entsteht oder von ihnen herbeigeführt wird, und sind erst freundliche Zureder, dann Rathgeber, dann Schiedsrichter, endlich Herren. O Deutschland erwache, gedenke deiner selbst, erstehe von diesem tödtlichen Kampfe! Das Reich kann nur durch das Reich, Deutschland nur durch Deutschland wiedergeboren werden; als Glieder eines Leibes, eines Staates, als Brüder müssen sich alle Deutsche in Liebe umfassen, und mit allen Kräften und Mitteln heldenmüthig einem großen Ziele nachstreben. Das Vaterland schützen, vertheidigen, erhalten, dazu ist Jeder, dazu sind Alle verbunden. Aber nach beiden Seiten hinblicken, Landschaften hingeben und Freiheit erkaufen wollen — bei Gott, das ist und war nie deutsch! Von dem Augenblicke an, wo wir das Rechte wollen und wagen, verschwindet die Kraft der Fremden; endlosen Kriegsleiden wird ein ruhmvoller Friede folgen und ein Haupt des Doppeladlers mit Lorbeeren, das zweite mit Oelzweigen bekränzt werden".

hängnißvollste Folge dieser bedauerlichen Aeuderungen war und bleibt wohl diese, daß dadurch im Laufe der Zeit das Gefühl für Zusammengehörigkeit, deutsche Ehre, und die Nothwendigkeit einheitlichen Handelns allenthalben im großen Vaterlande erlöschen mußte.

Der Ruf und die Sehnsucht nach Frieden erfüllte endlich aller derer Herzen, die der Krieg verschont hatte. Schon auf dem Reichstage zu Regensburg, 1640 und 1641, hatte man nur den einen Wunsch: Frieden zu schließen. Leider führten 152 deßwegen gehaltene Sitzungen zu keinem Resultate. Endlich, am 25. Dezember 1641, kamen die in Hamburg versammelten Abgeordneten der kriegführenden Mächte zu dem Entschlusse, in Münster und Osnabrück neue Verhandlungen eröffnen zu wollen, aber erst zu Anfange 1643 wurden diese Beschlüsse genehmigt und fast drei Jahre hingebracht, ehe nur die Vorfragen über Zeit, Theilnahme und sicheres Geleit u. s. w. entschieden waren; acht Jahre mußte die kriegesmüde Welt noch in Kummer und Elend hinbringen, ehe Leidenschaften, Eigennutz und nichtswürdige Staatskunst ihr Ruhe gönnte. Während halb Europa im unsäglichsten Elende schmachtete, hielt man es für das Meisterstück höchster Staatsweisheit, über Fahren, Gehen, Besuchen, Entgegenkommen, Treppen auf- und absteigen u. s. w. sich etwas abzupressen. Um unter der Masse von Geschäften nicht erdrückt zu werden, oder sie schädlicher Weise zu vermengen, sollten die zwischen den Schweden und Evangelischen einerseits, und dem Kaiser und den Katholiken andererseits zu schlichtenden Händel in Osnabrück, in Münster dagegen die zwischen Deutschland und Frankreich abgemacht werden. Endlos zogen sich die Verhandlungen hin; Entwürfe auf Entwürfe wurden eingebracht und wieder abgelehnt; keiner der Betheiligten wollte nachgeben oder verlieren, alle nur gewinnen; überall offenbarte sich niedrigste Selbstsucht und freche Anmaßung (besonders von Seiten der Fremden, der Franzosen und Schweden), gerechtfertigtes gegenseitiges Mißtrauen, Verrath, Tücke, Falschheit und Feigheit. Aller Augen waren auf die beiden westphälischen Städte gerichtet, alle Herzen verlangten nach der Friedensbotschaft, die von dorther kommen sollte. Da endlich, am 24. October 1648, ward nun der Friede zur großen Freude der Unzähligen, welche das Ende ihrer schrecklichen Leiden darin sahen, und zum Verdrusse der Kriegslustigen, welchen der Gedanke an Friede und Ordnung unerträglich geworden war, geschlossen. Aber wie lange noch dauerte es, bis alle Fragen erledigt werden konnten, und wie viel Zündstoff war noch allenthalben vorhanden, der jede Stunde die Flamme auf's Neue anfachen konnte. Noch im Vorberichte zu dem musikalischen Seelenparadiese (1660) klagt, fleht und beschwört Rist die Fürsten seiner Zeit „sich doch der thörigten und unnützigen Fragen, die nur eitel Zank gebähren, endlich einmal zu entschlagen. Man hat ja leider so lange disputirt, einer hat den andern so lange verketzert, verdammt und verfolgt, daß Teutschland darüber fast gar zu Grunde und Boden gangen, und ob sich es schon ein wenig wiederum hatte erholet, so scheinet es doch, daß dieser letzte Krieg viel ärger, schädlicher und verderblicher sein werde als der erste"*).

Ein Jahr vor dem Friedensschlusse — die Zueignungsschrift an die „hochlöbliche fruchtbringende Gesellschaft" ist am 8. Tag des Schlachtmonats, 1647, geschrieben, — verfaßte Rist das erste der vorliegenden Stücke: „Das Friedewünschende Teutschland". Es ist also zu einer Zeit gedichtet, wo die Sehnsucht nach Frieden und die Erwartung, welche man auf die in Westphalen tagende Commission setzte, bereits auf das Höchste gespannt war. Wenn es den Wünschen des Dichters nachgegangen wäre, so würde er nicht das „Friedewünschende", sondern das mit Friede und Ruhe schon glücklich beseligte Teutschland als Zeichen seines Dankes, der Gesellschaft hocherleuchteter Blut-, Muth- und Tugendedler Helden, Teutschliebender Herzen und Hochgelehrter Herren vor ihre hochvernünftigen Augen gestellt und zu Bezeugung herzlicher Freude eine hellklingende Friedensposaune durch das ganze Vaterland Rüstig darüber haben erschallen lassen. So aber kann er seine Erkenntlichkeit dafür, daß man ihn unter dem Namen „des Rüstigen" in den Orden aufgenommen, das Gemälde und den mit dem heiligen Holze bezeichneten Ordenspfennig und das Wort: „Wozu man dein bedarf", gnädigst zugeeignet und aus dem Erzschreine überschickt hat, nur dadurch bezeugen, daß er von dem allgemeinen Elende dieser großen und ehemals glückseligen, nun leider höchstbedrängten und in äußerster Gefahr schwebenden Königin des langgeplagten Teutschlandes spricht.

Ueber die Entstehung des Schauspiels belehrt uns der Vorbericht des Näheren: „Als zu Ende des nächstverflossenen 1647er Jahres Herr Andreas Gartner mit etlichen seiner gelahrten und wohlgeschickten Studenten von Königsberg aus Preussen nach Hamburg kommen und

---

*) Streit zwischen Churbrandenburg und Pfalz-Neuburg.

in selbiger berühmten Stadt einen öffentlichen Schauplatz, unterschied=
liche Trauer= und Freudenspiele zum Theil nach Art der Italiener
auf selbigem vorzustellen mit Bewilligung der gebietenden Obrigkeit
dieser hochlöblichen Stadt angerichtet, ist ihme von guten Freunden
unter anderem wohlmeinentlich angedeutet worden, wie daß auch ich in
meiner Jugend sowohl dieses Ortes als anderswo dergleichen Schauspiele
mit guter Vergnügung der Zuscher hätte aufgeführt, wie sie denn auch
vernommen, daß ich derer noch etliche geschriebene, wiewohl noch zur
Zeit auf der Schaubühne nicht vorgestellete bei Handen hätte".

„Nach eingenommenem solchen Berichte ist gemelder H. Gartner
von etlichen der Seinigen begleitet, zu mir heraus kommen, und nach=
deme er Kundschaft mit meiner Wenigkeit zu machen gesuchet, hat er
ferner begehret, ich möchte ihm von meinen Freuden= und Trauerspie=
len etliche lassen zukommen, damit er sich bei jetzigem, seinem ange=
stellten Werke derselben nützlich bedienen könnte. Als ich ihme nun
auf dieses sein Begehren freundlich berichtete, daß es zwar nicht ohne,
und ich vor diesem einen guten Theil dergleichen Stücke verfertiget
und in etlichen derselben die vornehmsten Händel, welche innerhalb
20 Jahren in der Christenheit sich zugetragen, unter verblümten Na=
men hätte vorgebildet, es wären aber dieselben bei dem jüngsten feind=
lichen Einfalle dergestalt zerrissen, vernichtet und verderbet, daß von
etlichen nicht die Hälfte, von den meisten aber kaum der vierte Theil
übrig geblieben; dannenhero ich mit diesen Schriften, welche zwar, da
sie vollenkommen waren, den Geschichten nach von Jahren zu Jahren
fein ordentlich aneinander hingen, ihme vor diesmal nicht dienen könnte,
ist er endlich nur mit einem einzigen meiner Freudenspiele: „Probe
der beständigen Freundschaft" wiederum hineingezogen. Nach=
deme er aber damit noch nicht ersättiget gewesen, hat er etliche Male,
sowohl mündlich als schriftlich von mir begehret, ich möchte ihm zum
wenigsten noch ein einziges mehrgedachter Schauspiele mittheilen, ich
würde ihn dadurch mir höchlich verbinden. Damit ich nun dieses gu=
ten Mannes inständiger Bitte endlich ein Genügen thun und ihme mit
einer neuen Erfindung aushelfen möchte, habe ich mich endlich erboten, ihme
hierinnen durch Aufsetzung eines ganz neuen Spieles, bieweil es mit Ver=
besserung meiner alten fast größere Mühe haben würde, gerne zu dienen.

Als sich's demnach begeben, daß eben um diese Zeit, nämlich zu
Anfange dieses 1647er Jahres, das süße Geschrei und die höchsterwünschte
Zeitung fast durch die ganze Christenheit erschollen, es würde der in

Westphalen von den allerhöchsten christlichen Potentaten schon viele Jahre hero berathschlagte Friede innerhalb weniger Tage öffentlich verkündiget und das ganze Christenreich, sonderlich das hochbedrängte Deutschland mit demselben wirklich und glücklich erfreuet werden, so habe ich mir belieben lassen, das Friedenwünschende Teutschland so vielen hunderttausend friedensbegierigen Seelen in gegenwärtigem Schauspiele wohlmeinentlich vorzustellen, und dieweil ich an völliger Wiederbringung des edlen Friedens jederzeit sehr gezweifelt, als habe ich deßwegen zum Beschluß dieses Spiels mit gutem Grunde gesetzt, daß nicht der vollkommen gewünschte liebe Friede würde gegeben, welche Muthmaßung leider zur Genüge sich hat bestätiget".

„Dieses Stück, welches ich innerhalb 8 Tagen zu Papier gebracht, ist nun bald darauf auf offenem Schauplatze sehr fleißig und nachdenklich vorgestellet worden, wobei viele tausend Menschen, ja eine solche Anzahl der Zuseher sich befunden, daß einer den andern schier erdrücket hätte. Es ist auch dieses Spiel nicht nur von gemeinen, sondern auch vielen hohen Standespersonen, als von Herzogen, Pfalzgrafen u. s. w. und von anderen trefflichen Leuten angesehen und betrachtet und von den meisten weit über seine Würdigkeit gelobet worden".

Unmittelbar nach dieser Einleitung beginnt wie in den meisten übrigen Vorberichten Rist's sofort auch wieder der Kampf mit dem weltbekannten Lästerer, dem Haupt aller Pasquillanten, und seinem steten Simei, Verläumter und Verfolger. Obwohl einzelne Aeußerungen auf Zesen zu deuten scheinen, so bleiben wir im Allgemeinen doch wieder über die wirkliche Person dieses heimtückischen Feindes im Unklaren. Rist sagt, daß er schon seit Jahren von ihm gehaßt würde, obwohl er selbst ihn nie beleidigt habe, ja ihn persönlich kaum kenne, denn nur einmal wäre er ihm in der Ferne gezeigt worden. Letzteres namentlich paßt nicht auf das frühere freundschaftliche Verhältniß mit Zesen.

Dieser Simei nun war aufs Höchste bemüht, alles aufs Aergste zu deuten, was in dem Schauspiele selbst mit Worten und Werken wohlmeinentlich vorgestellt wurde. Rist meint, auf seine Feindschaft stolz sein zu können, denn es sei sonst die Gewohnheit seines Gegners nicht, schlechte und gemeine Leute mit Schelten und Schmähen anzugreifen; nur an Kaiser, Könige, Chur= und Fürsten und dero vornehme Bediente und Abgesandte und an große, treffliche, ja die allergelehrtesten Leute habe er seine öffentlich gedruckten Lästerscharteken gerichtet. Darum sei es auch billig zu verwundern, daß man ihm das

Handwerk noch nicht gelegt habe, und obwohl kürzlich ausgesprengt gewesen, daß ihm der Kopf abgeschlagen worden sei, oder ihm wenigstens eine noch härtere Strafe bevorstünde, so wünscht Rist doch anstatt eines solchen Schicksals ihm vielmehr eine ernstliche Bekehrung von ganzem Herzen*). Dann erzählt er weiter: „Während er Andere immer öffentlich angegriffen, so habe er ihn immer nur heimlich und hinterrücks zu verdächtigen gesucht, daher er ihn auch, als einen ohnedies umschweifenden und von einem Orte zum andern laufenden Irrwische niemals können zum Stande bringen. Namentlich habe er versucht, die Soldaten gegen ihn aufzureizen". Rist tröstet sich deßwegen mit dem Prediger Mengeringen, der seines Soldatenteufels halber, und mit dem tapfern und hochgelehrten Philander von Sittenwald, der wegen seiner satyrischen Gesichte von dieser Seite her auch gar viele Verfolgungen zu bestehen gehabt hätte. Darauf werden die Haupteinwürfe, die gegen das friedewünschende Teutschland erhoben waren, widerlegt.

Der Erste: Deutschland sei von fremden Völkern schon viele Jahre hero jämmerlich zugerichtet und schier auf den Grund verderbet, soll, wie der Gegner behauptet, durchaus nicht wahr sein. Alle Grausam-

---

*) Dieselbe Persönlichkeit scheint Rist auch im Auge zu haben, als er im Vorberichte zu den Passionsandachten von einem Verfolger spricht, der ihm einsmalen das Leben sehr sauer gemacht, dann aber von Gott grausamlich gestraft worden sei: „Es begab sich, daß dieser mein Simei ein sehr lästerliches Pasquill auf einen gar hohen Potentaten hatte gemacht, wovon mir das erste Original oder des Pasquillanten eigene Hand ganz unverhoffter Weise von einem aufrichtigen Freunde ward zugeschicket. Dieses ist bald allerhöchstgedachtem Potentaten verkundschaftet worden, welcher seinen des Ortes fürnehmen Räthen und Amtleuten ernstlichen Befehl ertheilet, daß sie den Pasquillenschreiber in einer weltberühmten Stadt in Haft nehmen, von mir aber die Schmäheschrift abfordern, und wenn sie solche in Händen, dem ehrendiebischen Verläumder seinen Proceß machen und durch den Henker hinrichten lassen sollten. Dazumal stund dieses gottlosen Menschen (der mich so hart zuvor beleidigt hatte) Leben und Tod nächst Gott in meinen Händen. Als aber dieser mein Erzverfolger, der unterschiedliche Cavallieri wider mich hatte angehetzet, daß sie mir eines Freudenspieles halber den Rest geben, durchstoßen oder für den Kopf schießen sollten, ein gar klägliches Schreiben an mich ließ abgehen, daß ich doch die von seinen Händen geschriebene Schmähekarte nicht von mir geben und ihme dadurch einen elenden Tod verursachen möchte, da habe ich hierauf alle Mittel und Wege hervorgesuchet, daß das abscheuliche Pasquill nur nicht möchte an Tag kommen, wodurch dem leichtfertigen Verfasser sein Leben von mir gefristet und erhalten worden; jedoch hat man ihme, wie man auch nachgehends berichtet, ein Wams unter das Hemb gegeben und ein Galliarde aus dem B dur auf seinem Rücken spielen lassen".

keit, welche bishero verübet wurde, müssen ihm lautere Tugenden und tapfere Thaten heißen; ihm gelten gleichsam als die rechten Heldenstücke eines christlichen Soldaten: Rauben, Plündern, Morden, Brennen, Weiber und Jungfrauen schänden, Kirchen und Schulen zerstören, so viele herrliche Länder öde und wüst machen und schließlich alles über einen Haufen werfen. „Die vielerschöpften Herrschaften aber, die ausgeraubten Länder, die geplünderten und in der Asche liegenden Städte, Flecken und Dörfer beweisen es überflüssig, und viele hunderttausend Menschen beklagen es mit unaufhörlichem Seufzen und Thränen, wie feindliche und befreundete Krieger gehaust haben. Ich bleibe demnach bei meinem einmal gesetzten Schlusse, daß Deutschland sowohl durch seine eigenen Kinder und Einwohner, als durch unterschiedliche fremde Völker ganzer 30 Jahre hero aufs Grausamlichste sei geplaget und ist des Jammers und Elends noch lange kein Ende und Ziel zu finden". Ebenso wird der andere Tadel, daß der Dichter das Soldatenleben gar so hart angegriffen und den löblichen Orden der hohen Kriegsbedienten etliche Male soll geschmähet und geschrieben haben, daß bei dieser Zeit ein braver Cavalier sich schämen müsse, dero vorhin erlernten Sprache, Künste und Wissenschaften u. s. w. entgegengetreten. Rist führt zwei interessante Beispiele von Offizieren an, die, obwohl sie beide wissenschaftlich erzogen und in Sprachen und Künsten wohlerfahren waren, doch gegenüber ihren Kriegsgefährten ihre Bildung hartnäckig verläugneten, ja demjenigen, der sie an frühere Studien zu erinnern gewagt, mit dem Degen oder den Pistolen bedient haben würden. Dagegen stellt er solche Rittersleute, wie den Grafen Josias Rantzau, der hochlöblichen Kron Frankreich General-Lieutenant und Marschall, Wilhelm von Kalchum, genannt Lohausen, Dietrich von Werther und Andere, die nie aufgehört, die Wissenschaften zu ehren und zu schützen, als nachahmungswürdige Beispiele christlicher Soldaten der Welt mit hohem Lobe vor die Augen.

Die erste Ausgabe des Friedewünschenden Teutschlandes, in einem Schauspiele öffentlich vorgestellet und beschrieben durch einen Mitgenossen der Hochlöblichen fruchtbringenden Gesellschaft erschien (o. O.) 1647. 8. Eine andere (anscheinend in Amsterdam gedruckte, die Angabe des Ortes fehlt), 1648. 16. Diesen beiden Ausgaben ist nur eine Liedcomposition beigegeben, der Gesang des Merkurs: „Sich'res Deutschland schläffst du noch". Eine dritte Edition unter obigen Titel und dem Zusatz: nun zum letzten mahl auffgeleget und mit etlichen

neuen schönen Liederen, benebenst anmuthigen auff dieselben, auch neu-
gesetzten Melodeien vermehret und gebessert, wurde in Hamburg gedruckt und verlegt bei Heinrich Wärners Seel. Wittwe J. J. 1649.
Der Verfasser beschwert sich in einer neuen Vorrede darüber, daß sein
Stück von etlichen eigennützigen Leuten, ohne sein Vorwissen und Bewilligung an fremden Orten nachgedruckt und also dem Verleger das
Seinige ganz unverantwortlicher Weise gleichsam abgestohlen worden
sei. „Diese Duckmäuser sollen sich jedoch versichert halten, daß sie
ihre leichtfertigen Stücklein dem Verleger nicht sollen umsonst gethan
haben". Den hier angeführten Ausgaben Nr. 1 und 3 ist das gleiche
Titelkupfer, das von den vier Cavallieren mißhandelte und seines Klei-
nodes beraubte Deutschland vorstellend, beigegeben; beide scheinen also
Originalausgaben zu sein. In der Ausgabe Nr. 3 finden sich die den
Musikbeilagen gegenwärtigen Abdruckes beigefügten neu hinzugekom-
menen Lieder*). Wie allen Schriften Rist's, steht auch diesem Buche
eine Reihe von Ehrengedichten voran, in welchen zwar dem edlen
Rüstigen Weihrauch in Fülle gespendet wird, die aber hier doch mehr
dem Gegenstande des Stückes, dem beklagenswerthen Vaterlande sich zu-
wenden, als der Person des Dichters**).

---

*) Die drei genannten Ausgaben lagen dem Herausgeber vor. Nro. 1 und 3
der königl. Hofbibliothek in München gehörig, Nro. 2 im Besitze der Augsburger
Stadtbibliothek. Es wird jedoch noch dreier anderer Drucke gedacht; zwei davon sind
Kölner Nachdrucke aus dem Jahre 1649, einer unter dem Titel: Herr Sausewind;
ein letzter Nachdruck erschien 1653 zu Nürnberg.

**) Die zehn Gedichte sind: Falsche Friedens-Hoffnung von Harsdörffer.
Klage und herzlicher Friedens-Wunsch über das nothleidende Deutschland von Olea-
rius. An das unempfindliche Deutschland von Fr. Müller. Ein Sonnet und: das
elende und jämmerliche Deutschland beklaget seinen zerrütteten Zustand von B. Bothe.
An das zerstörte Vaterland von G. Reiche. Auf das Schauspiel des hochbedrängten
friedesehnenden Deutschlandes von J. Pipenburg. Klinggedichte an das schlafende
Deutschland von M. Jacobi. An den mißgünstigen Neidhart von Chr. Christi-
ani. An Rist, als er sein Friedewünschendes Teutschland herausgab, von J. Gar-
mers. Ofver Her J. Ristis Fredynskende Tydskland von denb udlaenske Celadon.
Unter den sämmtlichen Gedichten ist das des Musikers Jacobi das kräftigste:

Wie, Deutschland, schläffst du noch? O aller Länder Thron;
(Ach leider vormals zwar) Auf, auf! Du hast geschlafen,
Fast mehr denn allzuviel, ergreif' doch itzt die Waffen.
Es ist sehr hohe Zeit: Du bist ein Spott und Hohn
Der Leute, die dir steh'n nach deinem Sitz und Thron;
Wirst du sie nunmehr nicht aus deinem Reiche schaffen,
Sie drücken dich zu tett u. s. w.

Eine Wiederbelebung des Schauspiels: „das Friedewünschende Teutschland" wurde schon zu Anfang dieses Jahrhunderts versucht*). Das ohne Angabe des Namens des Herausgebers und des Druckortes erschienene Schriftchen gibt außer einer vortrefflichen Vorrede nur einen Auszug des Stückes, indem es in kurzen Worten mittheilt, was von Scene zu Scene gespielt und gesprochen wird; doch werden hie und da die interessantesten Dialoge wörtlich wiedergegeben. Der eigentlichste Zweck des Werkchens, das in einer für Deutschland so ernsten Zeit und in Tagen der bangsten und trübsten Aussichten erschien, wird erst am Ende ganz klar. Wie wir es wünschen, daß durch die vorliegenden Schauspiele Rist's das deutsche Volk aufs Neue aufmerksam gemacht und auf das schlimme und falsche diplomatische Spiel, das man mit ihm von jeher getrieben hat, hingewiesen werden möchte, so knüpfte auch der holsteinische Pfarrherr im Jahre 1806 an die Herausgabe des Friedewünschenden Teutschlandes gleiche Hoffnungen. Spricht er es schon in der Vorrede aus, wie Deutschland von jeher von seinen Nachbarn betrogen, überlistet und schmählich mit Füßen getreten wurde, so weist er ganz energisch Deutschland in der letzten Scene, wo er plötzlich sein Original verläßt und einen eigenen neuen Schluß anfügt, auf den Abgrund hin, vor dem es steht. Dieser Schluß möge auszugsweise hier folgen:

(Deutschland liegt vor Gottes Thron und fleht um Hülfe und Gnade).

Gott (spricht:) Dieser entfleischte Körper ist Deutschland! Uebermüthiges Volk, wie hast du gefrevelt an meinen Gnadengaben! Einen milden Himmel habe ich dir verliehen, Flüsse, die alle Gaben des Auslandes dir zutragen. Eine mannhafte Sprache habe ich dir gegeben, deinen Sinn auszudrücken. Eisen, um dir Recht zu verschaffen, Gold und Silberadern, dem Verdienste zu lohnen. Wein, dein Herz zu laben, die Stärke des Rosses, dich herrlich zu stellen vor aller Welt Deutsche Treue hieß dein Freibrief durch die Welt. Das Licht der reinen Lehre

---

*) „Das Friede wünschende Teutschland". Eine Comoedia oder Gespräch-Spiel von Herrn J. Rist, Mitglied der Hochlöbl. Fruchtbringenden Gesellschaft, unter dem Namen „der Rüstige", geschrieben zu Wedel an der Elbe im 1646sten Jahre Nunmehro aber neu aufgelegt und mit einer Vorrede versehen von einem Pfarrherrn im Holsteinischen. Zum Besten des aufrichtigen deutsch-gesinnten Lesers. 1806.

Symbolum: Ich war der Helden Ort, ich war der Schätze Kammer,
Itzt ist mein Ueberfluß nur lauter Noth und Jammer,
Vor war ich Herr, itzt Knecht, vor eine reine Magd,
An meine Jungfrauschaft Gewalt sich itzt gewagt.

habe ich vor allen Völkern des Erdbodens von dir ausgehen lassen. Ich habe dich groß gemacht an Witz, Erfindung und Gewalt, nun liegst du da, in den Staub getreten, das Blut fleußet in Strömen von dir, dein Herz will erkalten, die Nerven liegen zerrissen und bloß auf den mürben Knochen!

Deutschland: Ja, ich bin Schuld an meinem Elende! Die Nachäffung hat mich verderbt, meine Sprache habe ich verachtet, meine Schriftgelehrten sind Schwätzer worden. Die alte Treue habe ich verlacht, die guten Gesellen und Landsknechte verstoßen. Die fremden Concilia waren mir ein Wohlgeruch, die Wahrheitstropfen stieß ich hinweg, denn es widerte mich ihr Geschmack an. Statt meine fürstliche Hauptzierde zu bewachen, wie ein allerköstlichstes Juwel, habe ich es zu Handel und Wandel aufgestellt, gleich eines Macklers Schilde. Meine Waffen sind ein Schmuckspiel worden, meine Fahnen ein Miethwerk, der Fremdling regiert mich, waltet nun meiner Habe und Glorie. Der Zweifelmuth schlägt mich mehr denn der Feind. Herr — erbarme dich und verleihe mir wieder das Kleinod des Glaubens an mich selbst, ansonsten ich elendiglich verschmachten muß.

(Die Liebe bekleidet das nackte Deutschland auf Gottes Geheiß mit einem seidenen Mantel; obwohl ihm Friede und Barmherzigkeit auf die Beine geholfen, droht es doch vor Schwäche ohnmächtig zusammen zu sinken).

Friede: Lehne dich in etwas an die Klugheit, so wird dir dieser ohnmächtige Zustand vergehen. Siehest du ein Uebel vorher, wird es dir verkündet, so schlage denen nicht die Geigen auf das Maul, welche die Wahrheit aufspielen. Wehre die Gewalt von dir ab mit christlicher Fürsicht, aber mit ritterlichem Trutz zum Schutze!

Gott: Umgürte dich fortan mit Klugheit und Eisen! In dir sind Ernst und Freundlichkeit, Weisheit und Milde, Heldenmuth und Biederteit so wohl gemischt, daß ich stets mit Vaterliebe auf dich geblickt habe. Ich will dich erhalten, wolle auch du selbst erhalten werden.

(Das Firmament schließt sich. Kaum ist dies geschehen, so naht Monsieur Gaston, um Deutschland zu gehabter gnädiger Audienz bei Gott mit sonderlicher Galantrie zu gratuliren, bietet auch etliche a la mode Diener an, das schwache Deutschland bestens zu führen u. s. w.).

Deutschland (ergrimmt): Zeuch aus, du Wolf in Schafskleidern! Wo du erschienen bist, bleibt der Stank hinter dir. Wer dich einmal erkannt hat, meidet dich.

(Die alten Helden treten wieder auf, bieten Deutschland ihre breiten Schwerter dar und rufen in einem schreckhaften Tone: Deutschland ist erwacht, erwacht,

erwacht! Sie führen einen Streich nach den a la mode Dienern, daß ihre Hülle ab=
fällt und sie wie hungrige Raubthiere daliegen. Sodann rufen sie abermal: Wir
sind erwacht! Deutschland hat während dessen wieder Fleisch und kennbare Züge,
Farbe und endlich völliges Erröthen gewonnen, Augen, die weit hinaussehen und eine
dräuende Stirne).

Gaston (bebt aus lauter Furie): Sie sind klüger worden, es geht
nicht mehr an!

(Das Volk singt: „Nun danket alle Gott!" Die Geister erlauchter Verstorbener
schweben über dem Volke und singen: „Ehre sei Gott in der Höhe!" daß man es
über allen Heeresruf vernehmen mag. Zudem läßt sich vom klaren Himmel ein Einzi=
ger Stern herab, deß Schimmer fast kein Menschenauge ertragen mag; er wird zu=
sehends größer und von ihm aus geht wieder Leben hinüber in jede Brust, und der
Glaube stellt eine Gotteskraft wieder her im Volke. Ein Adler geht von dem Gestirne
aus. Da rauschen alle Schwerter heraus und glänzen im Wiederscheine des Einzigen
Gestirnes! Der Adler breitet seine Schwingen, der Stern verklärt die Bahn, alles Volk
stürzt nach mit dem Feldgeschrei: „In diesem Zeichen erkämpfen wir den Frieden und
die Unsterblichkeit" *).

Im Jahre 1653 erschien: Das Friedejauchzende Teutsch=
land, welches vermittelst eines neuen Schauspieles, theils in ungebun=
dener, theils in gebundener Rede und anmuthigen Liedern mit neuen,
von Herrn Mich. Jacobi, bey der löblichen Stadt Lüneburg wolbe=
steltem Cantor und fürtrefflichem Musico, kunst= und lieblich gesetzten
Melodeien, denen, mit guter Ruhe und Frieden nunmehr wolbeseligten
Teutschen, Teutsch und treumeinentlich vorstellet Johann Rist.
Nürnberg, in Verlegung Wolffgang deß Jüngern, und Joh. And.
Endtern**). Das in Kupfer gestochene Titelblatt stellt die mit vollen
Backen in die Friedensposaune stoßende Fama dar, darunter knieend
Kaiser Ferdinand, König Ludwig und Königin Christine, die Hände zu=
sammengefügt, vom Frieden, welcher ihnen Palmzweige überreicht, ge=
segnet und von Genien mit Lorbeerkränzen geschmückt. Das Buch ist
dem hochedlen, gestrengen und vesten Herrn Vincent Möller, dero
Königl. Maj. zu Schweden wohlbestaltem Hofrathe und Residenten, auch
dero zu Schleswig=Holstein regierenden Hochfürstl. Durchl. Geheimenrath,
seinem sonders großgünstigen, hochgeehrten Herrn und mächtigen Gön=
ner gewidmet.

In der vom 24. Aug. 1653 datirten Zueignungsschrift erzählt der
Dichter, daß ihm Gott im Jahre 1652 ein nicht schlechtes Unglück und

---

*) Wer mag wohl der Herausgeber sein, der es damals nicht wagen durste, seinen Namen zu
nennen? Die Angabe seines Standes ist jedenfalls nur fingirt.

**) Die uns vorliegende Originalausgabe ist Eigenthum der herzogl. Bibliothek zu Wolfenbüttel.

Hauskreuz zugeschickt habe, indeme er nämlich mit einem hohen Wagen von einem jähen Hügel herunterstürzend, das Schulterblatt sich dergestalt zerschmetterte, daß er unglaubliche Schmerzen deßwegen auszustehen gehabt. In dieser Noth sei ihm Herr Möller nicht nur unsäumt mit gutem Rath und Trost beigesprungen, er habe ihm auch nachgehends zur Erkaufung eines andern und bequemeren Wagens mit milder Hand unterstützt, ja sich seiner angenommen, als wäre er sein leiblicher Bruder gewesen. Und als man in demselben Jahre dem hochwürdigen Pastor zu Wedel seine sämmtliche so sauer erworbene Baarschaft diebischer Weise entwendet und ihm dadurch aller Lebensmittel gänzlich beraubet hatte, war es wieder der genannte großgünstige Patron, der nach solchem erlittenen großen Schaden mildiglich dem Armen die Hand zur Hülfe bot und als treuer Freund sich ihm erwies. Noch mehr verpflichtete er sich dem Dichter dadurch, daß er dessen Sohn, der das Gymnasium zu Hamburg besuchte, in freigebigster Weise unterstützte.

Die nächste Veranlassung zu dem neuen Stücke gab abermals Herr Andreas Gartner, der schon das Friedewünschende Teutschland seiner Zeit zum ersten Male in Hamburg aufgeführt hatte. Dieser schrieb an Rist von Danzig aus, daß er nächstens nach Hamburg zurückkehren wolle und bat, daß ihm der Dichter zur Eröffnung seiner Vorstellungen ein neues Stück schreiben möge. Rist willfahrte diesem Ansuchen, aber Gartner kam nicht, so daß jener sich endlich nach Jahr und Tag entschloß, das Schauspiel ohne vorhergegangene Aufführung drucken zu lassen. Wieder folgt nun im Verlaufe des Vorberichts die gewöhnliche Philippika gegen die Neidhämmel und Meister Tadelgern, und dann eine sehr gelungene Schilderung der Fratres in Christo, die wir hier gern folgen ließen, wenn der knapp zugemessene Raum nicht zum Ende drängen würde.

In dem Schauspiele selbst (so fährt der Verfasser fort), soll nur auf die Laster im Allgemeinen gezielt, bestimmte Personen aber in keiner Weise verunglimpft werden. Also möge man die Reden Waremund's nicht auf einzelne Leute deuten. Ebenso sollen durch Sausewind nur die Aufschneider, durch Reinhart die Fuchsschwänzer dargestellt werden. Im Uebrigen ist der Dichter der Meinung, daß sehr viele Sausewinde hin und wieder in der Welt zu finden seien; er zählt dazu auch alle die Geckhäuser, welche aus eigenem Laßdünkel und eingebildeter Hoffahrt sich für Leute ausgeben, die sie doch in Wahrheit nicht sind, auch in Ewigkeit nicht werden können. „Was sonst die beiden Zwischenspiele anlangt, so hat man in Aufsetzung derselben ein Absehen gehabt auf den spanischen Don Quixotte und den französischen Berger extravagant, in welchen gar artig geschriebenen Büchlein viele wunderliche Fratzen und seltene Erfindungen stehen, die den allergrößesten Aufschneidern der Welt sehr dienlich zu lesen sein dürften".

Da nun in den Schauspielen vornehmlich der Welt Lauf, nebst ihren Sitten, Worten und Werken ausgedrückt und den Zuschauern vorgestellt werden soll, muß man auch die Personen so reden lassen, wie es ihre Art mit sich bringt. Deßhalb läßt Rist die niedersächsischen Bauern ihren Dialect sprechen und zeichnet mit möglichster Treue die in Folge des Krieges unter ihnen eingerissene Ruchlosigkeit und Verwilderung, ihre Leichtfertigkeit und ihr grausames, fluchwürdiges Wesen. Er läßt sie unhöfliche Reden, vor welchen ehrbare Leute Scham und Abscheu haben gebrauchen, denn von einem übelerzogenen, groben Tölpel und Bauernflegel, von einer unflätigen, versoffenen Sau könne man keine Höflichkeit erwarten. Aus demselben Grunde speien Türken und Tartaren gotteslästerliche Worte aus, und Mars und sein Bühterich werfen mit Teufeln, Hageln und Donnern um sich. Da er bemerkt hat, daß die Schauspieler viel besser in ungebundener Rede fortkommen, und wenn schon bisweilen ein kleiner Irrthum darin vorgehet, sie denselben doch gar leicht wieder zurechte bringen, (wie er denn neulich noch bei den brabantischen Schauspielern, welche alles reimenweise vorzustellen pflegten, beobachtete, daß sie oft aus der Ordnung kamen und alsdann alles ganz jämmerlich zerstümmelt daher schwatzten), so hat er auch für sein Stück die ungebundene Rede gewählt.

Anlangend nun die Melodeien, mit welchen sein Freund M. Jacobi*) die neuen Lieder ausgeputzt hat, halte er sich versichert, daß,

---

*) Von den Lebensumständen Michael Jacobi's vermögen wir nur weniges mitzutheilen. Was wir davon wissen, deutet auf ein vielbewegtes, umherschweifendes, ächtes Musikantenleben, eine Virtuosennatur früherer Tage, wie sie nur in unserer Zeit als möglich gedacht werden konnte. Er besaß einen gewandten und begabten Geist, und wie Albert und Stobäus in Königsberg die Gabe der Dichtkunst.

Die wenigen Nachrichten, die wir über ihn haben, verdanken wir Rist, der ihm manches schöne Ehrengedicht gewidmet hat. Er scheint Anfangs die Tonkunst, worin er es zu namhafter Fertigkeit gebracht, nur zum Vergnügen getrieben zu haben. Bald finden wir ihn auf seinen Wanderzügen in fernen Ländern. Er bereiste Nieder- und Oberdeutschland, dann Welschland, — wo er sich in Mailand, Bologna, Padua und Ve-

wenn sie von guten Discantisten oder Tenoristen in eine Clavicimbel, Laute, Theorbe, Viola di Gamba oder ein ander dergleichen Corpus fein deutlich, hell und lieblich mögen gesungen, das Lied aber der sieben Töchter der Prinzessin Batavia fein wechselsweise bald mit Stimmen und bald mit Viola di Gamba, endlich auch das Beschlußlied bei einem jeden Satze, wenn die ersten sechs Reimzeilen mit Stimmen gesungen, die folgende Trippel oder das Ritornell aber auf unterschiedlichen Instrumenten, als Pauken und Trompeten, Geigen und Lauten, Pandoren und Harfen, Pfeifen und Zinken wohl und mit Fleiße können gemacht, viele Zuhörer zu guten und christlichen Gedanken und zu herzinniglichem Lobe mögen angereizt werden.

Die Aufführung wünscht Rist so prächtig als möglich, das Spiel der Darsteller lebendig und der Rolle angemessen. Reicher an schönen Scenen und dramatischen Effecten ist das Friedewünschende, mehr politische und moralische Lehre als Handlung enthält das Friedejauchzende Teutschland; ja hier werden die Hauptfiguren: Waremund und seine Gesinnungsgenossen, die Herren Wolrath und Degenwehrt, oft herzlich langweilig. Trotzdem müssen wir anerkennen, daß hinsichtlich der dramatischen Anlage und der poetischen Entwicklung der Fabel, der Erfindung, der Gewandtheit im Ausdrucke, des Wechsels in den Situationen, des Gegensatzes zwischen ernster, erschütternder Rede und leichtem Scherze und treffendem Witze, Rist entschieden über den gleichzeitigen Schauspieldichtern steht. Viele von diesen haben ebenfalls die Nothzeit des Vaterlandes zum Gegenstande dramatischer Arbeiten gemacht, z. B. Betulius: Margenis, 1651; Antrophilo, 1656. Stagelius: Irenoromachia, 1630, keiner jedoch mit gleichem Erfolge, wie er.

---

nebig aufhielt und selbst als Reiter Kriegsdienste im Heere der Republik that — Frankreich, Dänemark und Schweden. Nach mancherlei Wanderungen treffen wir ihn zuletzt in ländlicher Abgeschiedenheit auf dem Landsitze eines Herrn v. Ahlefeld in der Haselborfer Marsch zwischen Hamburg und Glückstadt; von hier aus kam er als Cantor nach Kiel, wo er sich mit Johanna Katharina Holst, einer Kaufmannstochter, verheirathete; 1651 endlich wurde er als Stadtcantor nach Lüneburg berufen. Weder sein Geburts= noch Todesjahr ist anzugeben. Rist, der ihn sehr hoch hielt, singt oft von ihm, und mit Freuden erinnert er sich an die Zeit ihres Zusammenseins:

> Da war kein Instrument, das Ihr nicht angegriffen,
> Bald habet Ihr gezeigt, bald d'rauf ein Stück gepfiffen,
> Bald nahmet Ihr die Laut'; Euch war kein Ding zu schwer,
> Auch sungen wir zugleich ein fröhlich Lied daher u. s. w.

Materialien und Hülfsquellen.

c F. A. Cunz: Geschichte des deutschen Kirchenliedes vom XVI. Jahrhundert bis auf unsere Zeit. L. 1855.
c G. G. Gervinus: Geschichte der deutschen Dichtung. L. 1853. Bd. 3
c K. Gödeke: Eilf Bücher deutscher Dichtung. L. 1849. Bd. 1.
c K. Gödeke: Grundriß zur Geschichte der deutschen Dichtung. Han. 1859.
K. Fr. Hauser: Deutschland nach dem 30jährigen Kriege. L. und Heidelberg 1862.
(Heerdegen) Amarante's historische Nachricht von deß löblichen Hirten- und Blumenordens an der Pegnitz, Anfang und Fortgang. Nürnberg 1744.
c E. E. Koch: Geschichte des Kirchenliedes und Kirchengesanges der christlichen, insbesondere der deutschen evangelischen Kirche. Stuttgart 1852. Bd. 1.
c H. Kurz: Leitfaden zur Geschichte der deutschen Literatur. L. 1860.
Fr. v. Raumer: Geschichte Deutschlands von der Abdankung Karl's V. bis zum westphälischen Frieden. Hist. Taschenbuch 1852.
G. v. Winterfeld: Der evangelische Kirchengesang und sein Verhältniß zur Kunst des Tonsatzes L. 1845. Bd. 2.

Johann Risten
Friedewünschendes Teutschland.

Personen,

welche in diesem Schauspiele redend werden auffgeführet.

Merkurius.
König Ehrenvest.
Heerzog Herman.
Fürst Claudius Civilis.
Heerzog Wedekind.
Teutschland.
Friede.
Wollust.
Hofemeister.
Don Anthonio.
Monsieur Gaston.
Signoro Bartholomeo.
Herr Karel.
Page der Königinn.
Mars.
Sausewind.
Hunger.
Pest.
Tod. (NB. Redet nichts, kan auch außgelassen werden).
Meister Ratio Status, der Wund-Artzt.
Gott.
Gerechtigkeit.
Liebe.
Hoffnung.

Johann Risten
Friedewünschenden Teutschlandes
Erste Handlung.

Der Erste Auffzug.

Merkurius tritt auff in seinem gewöhnlichen Habit.

Glük und Segen, Leben und Wolfahrt, Heil und Seligkeit wünsche ich euch allen, so viel eurer dieses vielleicht unverhoffte Schauspiel anzusehen und mit nützlicher Ergetzligkeit zu betrachten allhie sind versamlet. — Wie? Ist denn keiner unter diesem gantzen ansehnlichen Hauffen, der mir auff meinen Wunsch auch nur mit einem einzigen Wörtlein danket? Vielleicht kennet ihr mich nicht, oder, so ihr mich kennet, schenet ihr euch doch mir, als den ihr zweifelsohne vor einen Gott haltet, öffentlich zu antworten. Aber, ihr vielgeliebte Herrn und Freunde, ich zweifle durchauß nicht, daß etliche unter euch von gar gutem Verstande sind, und eben dieselben sehen mich an vor den Merkurium, von welchem die alten Poeten viele wunderseltzame Grillen haben gedichtet: Denn, bald muß ich ihnen ein allgemeiner Bohte und Abgesandter ihrer Götter seyn, bald ein Gott der Kaufleute, bald ein Gott der Diebe, bald ein Gott der Beredsamkeit, und wer kan alle ihre Fratzen gnugsam erzehlen? Ich aber bekenne frei und öffentlich, daß alles dieses ihr Vorgeben schändlich sei erlogen; denn, wer wil doch bey dieser Zeit, da die güldene Fakkel des heiligen Göttlichen Wortes in den Europeischen, sonderlich denen Teutschen Landen, so hell und sonnen-klar daher leuchtet, so gar närrisch und unbesonnen seyn, daß er die elenden Menschen, ja wol gar die grausamen Teuffel vor Götter halten solte? Ich zwar kenne durchauß keine Götter, als nur den einzigen wahren Gott, Schöpfer Himmels und der Erden, der sich in seiner allerheiligsten Dreifaltigkeit den Menschen-Kindern so gnädigst hat offenbaret und dessen unwürdiger Diener ich bin. Die übrigen alle von Menschen erdichteten Götzen verfluche ich von Hertzen, halte mich auch versichert, daß ihr, die ihr Christen seyd, mir dieses Falles gerne Beyfall geben werdet.

Unterdessen, damit ihr gleichwol eigentlich wisset, wer und von wannen ich sey, so leugne ich zwar nicht, daß ich ein vermummter Merkurius, aber nicht der Maien Sohn bin, sondern ein alter Teutscher priesterlicher Merkurius, und komme ich gleich jtzt auß den alten Eliseischen Feldern, welche anmuthige Felder, Wiesen und Gärten sehr ferne von hier im Lande Utopia, dort in jener Welt gelegen, woselbst sich auch unter anderen die alten Teutschen Helden, welche vor vielen hundert Jahren gelebet haben, nach ihrem Tode auff-halten. Diese Felder nun werden auch noch biß auff diesen heutigen Tag so gewisse und warhafftig daselbst gefunden, so gewisse ich der Maien Sohn, der Merkurius bin.

Ihr sollet aber wissen, daß ich in diesen also genenneten Feldern oder in dem erwähneten Utopia ein hohes und herliches Ampt bediene, denn so bald etliche von den alten Helden Erlaubnisse haben erlanget, daß sie auff etliche Tage die Eliseischen Felder verlassen, sich in diese alte Welt begeben und auff dem Erdboden ein wenig ümmesehen mügen; so bin ich eben derjenige, der sie von dannen herauff führet, und ihnen dabenebenst, was sie etwan zu sehen begehren, nach Vermügen zeiget, auch das, was sie nicht verstehen, erkläret und außdeutet. Und zwar, es haben noch gestrigen Tages etliche der allertapffersten Helden und uralten Teutschen Fürsten Vergünstigung erlanget, daß sie die vielerwähneten Eliseischen Felder auff eine kurtze Zeit verlassen, und Teutschland, das allerherlichste und prächtigste Reich des gantzen Erdbodens, davon in jener Welt, schon etliche hundert Jahre so viel Rühmliches ist gesungen und gesaget worden, in seiner vollkommenen Glükseligkeit beschauen und gegen die Beschaffenheit des uralten Teutschlandes, wie solches zu ihrer Lebens Zeit befindlich gewesen, vernünfftig halten möchten.

Geliebet euch nun, etwan ferner zu wissen, wie vorgedachte Teutsche Helden genennet werden, so verhalte ich euch nicht, daß der erste heiset König Ehrenvest, von den Römern Ariovistus genannt, welcher zu des ersten Römischen Käysers Julii Zeiten hat geherrschet und ein tapferer Krieges-Mann, auch hertzhaffter Beschirmer der Teutschen Freiheit gewesen, mahssen er sich denn mit dem vorgedachten Julio Caesare rechtschaffen herümmer geschmissen. Der andere ist der Heerzog Herman, sonst Arminius geheißen, welcher dem Käyser Augusto seinen Feldobristen, den Quintilium Varum mit dreien Legionen, bestehend in zwantzig tausend der allerbesten Römischen Soldaten, in Westphalen am Duißburger Walde hat erschlagen. Der dritte heißet Claudius Civilis, ist ein unerschrotner Fürst und Heerführer der Niederdeutschen gewesen. Der vierdte ist der weltberühmte Heerzog Wedekind, welcher dem großen Käyser Karl über die Mahßen viel zu schaffen gemachet, indeme er die Freiheit seiner Sachsen mit einer unaußsprechlichen Hertzhafftigkeit hat beschirmet, der doch endlich den Christlichen Glauben hat angenommen und sich tauffen lassen.

Diese vier außerlesene Helden wünschen nun von Hertzen, daß sie ihr werthes Vatterland, nemlich das Teutsche Reich in seiner grossen Herligkeit, von welcher sie in denen Eliseischen Feldern so viel gehöret, nur einmahl recht möchten beschauen, welches ihres Wunsches sie denn nunmehr sollen gewähret werden.

(Die vier Helden gehen auff).

Aber siehe da, sie treten schon daher und sind sie mir gewißlich auff dem Fuße nachgefolget.

Der Ander Auffzug.

Merkurius, König Ehrenvest, Heerzog Herman, Fürst Claudius Civilis, Heerzog Wedekind.

(Die vier Helden gehen auff eine gar alte Manier betleidet, mit auffgebundenen langen Haaren, grosse Streitkolben in den Händen haltend, mit angehängten breiten Schlachtschwerdtern, und kan man sich der Abbildungen, welche in des hochgelehrten P. Klüverij altem Teutschlande werden gefunden, in diesem Falle sehr nützlich gebrauchen).

König Ehrenvest. Glük zu Merkuri, finden wir dich schon hier? Nunmehr verstehe ich erstlich, wozu dir die Flügel an deinen Füssen nützen, daß du nemlich so viel geschwinder auff der Reise fortkommen und denjenigen, welche du auß den Eliseischen Feldern in diese Oberwelt führest, eine bequeme Lager-Statt könnest bestellen.

Merkurius. Ja König Ehrenvest, eben der Ursachen halber bin ich ein wenig voran gangen, daß ich euch Teutsche Helden, denne mir auffgetragenem Befehle zu Folge, an diesem Orte gebührlich möchte empfangen.

Heerzog Herman. Aber, sage mir, Merkuri, nachdeme wir nun dieser Oerter angelanget, woselbst ich und König Ehrenwest in sechszehnhundert Jahren nicht gewesen, sind wir allhier auch gesichert vor dem Ueberfall der Römer? Denn ich erinnere mich, annoch sehr wol, daß sie zu meiner Zeit hin und wieder, sonderlich am Rhein-Strohm ihre mächtigen Besatzungen pflagen zu halten.

Merkurius. Was, Heerzog Herman, fürchtet ihr euch vor den Römern? Wisset ihr nicht, daß heute zu Tage die Teutschen den Römern, mit nichten aber die Römer den Teutschen zu gebieten haben? Der itztregierende Römische Käyser ist ein gebohrner Teutscher und kein Römer oder Wälscher. Und zwar von der Zeit des Grossen Karls, mit welchem Heerzog Wedekind so schwere und langwirige Kriege hat geführet, schon länger den 800 Jahre haben die Teutschen das Römische Käyserthum regieret und besessen.

Claudius Civilis. Was höre ich? Stehet die Herligkeit des Käyserthums dieser Zeit bey den Teutschen, so mögen wir uns alle mit grossem Fuge vor glükselige Fürsten preisen, dieweil wir gebohrne Teutsche sind. Dieses aber kann nicht fehlen, Teutschland muß sich über alle Mahsse sehr verändert haben.

Heerzog Wedekind. Ja freylich muß sichs sehr haben umgekehret. Es hatte schon zu der Zeit, darinnen ich auff dieser Welt habe gelebet, viel eine andere Beschaffenheit mit Teutschland, als in denen Jahren, in welcher ihr drey tapfere Helden vor die Freyheit des Vatterlandes so ritterlich habet gestritten, und so manchen herlichen Sieg von den Römern und anderen der Teutschen abgesagten Feinden erhalten.

Heerzog Herman. Und eben dieses ist die Ursache, daß mich nunmehr so herzlich verlanget, daß itzige neue Teutschland in seinem grossen Pracht und Herligkeit zusehen, denn mir noch gar nicht entfallen, was ich von desselben hohen Glükseligkeit in den Elisäischen Feldern, wiewol nur im Schlaffe oder gleichsam träumend habe verstanden. Begehre demnach nichts mehr, als daß ich alle Sachen in der That und Warheit selber erfahren müge.

Merkurius. Seyd zufrieden Heerzog Herman, es soll euch alles nach Wunsche gezeiget werden. Ihr Helden müsset mir ein wenig Zeit gönnen.

Claudius Civilis. Gar gern Merkuri, wir müssen aber auch die kurze Zeit, welche uns auff Erden zu verbleiben ist gegünnet, also anwenden, daß wir darinnen etwas Fruchtbarliches außrichten.

König Ehrenvest. Freilich müssen wir uns der Zeit nützlich gebrauchen, denn wir sind ja zu dem Ende herauff kommen, daß wir vor allen anderen Dingen das neue prächtige Teutschland in seiner Majestät, blüendem Frieden und Glükseligkeit mit Fleisse mügen besichtigen. Eines aber wünsche ich hiebey von Hertzen, daß wir nemlich das alte Teutschland, wie dasselbe zu unseren Zeiten gestanden, noch einmahl sehen möchten. Was dünket dich Merkuri, solte man dieses Begehren nicht erhalten können?

Merkurius. König Ehrenvest, ob mir wol nichts Liebers könte begegnen, als daß ich euer aller Wunsch dieses Falles ein Genügen thun möchte, so halte ich es doch vor eine wahre Unmügligkeit, das alte Teutschland, wie dasselbe bey euren Lebenszeiten beschaffen gewesen, in seinem eigentlichen Zustande und Wesen einigem Menschen vorstellen zu können, dieweil solches alles dergestalt ist geändert, daß man es doch nimmermehr recht würde erkennen. Damit ihr aber gleichwol nicht gar umsonst bittet, so wil ich euch ein trefliches Bildnisse desselben alten Teutschlandes zeigen, welches schon vor vielen hundert Jahren zu einem ewigen Gedächtnisse in einer Kapellen des nächstgelegenen Waldes ist gesetzet oder auffgestellet worden. Da werdet ihr das alte Teutschland etlicher mahssen sehen und vielleicht vieles guten Dinges euch dabey erinnern können.

Heerzog Herman. Wahrlich Merkuri, dieses dein Erbieten gefält mir über die Mahssen wol, denn ich nicht weniger Begierde habe, als König Ehrenvest das alte Teutschland, wo nicht in seinem vollkommenem Wesen, jedoch nur etlicher mahssen im Bilde zu sehen.

Claudius Civilis. Ja Heerzog Herman, es wird dieses der Mühe wol wehrt seyn. Aber Merkuri, sage uns doch, ist es noch weit von hinnen, da selbiges Bild anzutreffen, und wirst du uns nicht bald hinzu führen?

Merkurius. Stellet euch zufrieden, ihr Helden, wir sind schon am rechten Orte, denn ich habe euch mit Fleiß hieher gebracht. Sehet da, was ihr dieser wegen zu sehen so fleissig habt begehret.

(Der Schauplatz öffnet sich, und sitzet das alte Teutschland wie eine ansehnliche Matron gantz ehrbarlich bekleidet, eine schlechte Krone auff dem Haubte, und in der Hand einen Scepter habend, in einer Kapellen, auff einem Stuhl, der auff einen vierekkichten steinernen Tisch oder Altar ist gesetzet. Zu ihrer rechten Hand stekken zwey Fahnen, in welchen ein Adler gemachet; um diese Fahnen liegen allerhand alte Gewehre, Schlacht-Schwerdter, Streit-Kolben, Hellebarten, Spiesse, Wurffpfeile und bey diesen auch etliche Häute von wilden Thieren und anderen dergleichen Sachen. Auff der anderen Seiten stehen zwey Schiffe, Milchtöpfe, dabey liegen etliche Stükke Fleisch, ein grosses Kühehorn und mehrere dergleichen, bey den alten Teutschen sowol zu Friedens= als Kriegeszeiten gebräuliche Sachen. Die Helden stehen gleichsam entzükket und sehen dieses alles mit Verwunderung an; endlich spricht:)

Merkurius. Trettet nur näher herzu und beschauet dieses Bild wol und fleissig ihr Teutsche Helden, ob ihr auch etwa Anzeigungen des alten Teutschlandes an demselben könnet befinden.

König Ehrenvest. O Merkuri, es ist in diesem Bilde die beschaffenheit des alten Teutschlandes dermahssen artig vorgestellet, daß ich mich auch gar sein kan erinnern, der damahligen Sitten, Gebräuche, Tugenden, Redligkeit und Tapferkeit meiner Landsleute, der Teutschen.

Heerzog Herman. Sehet da, diese sind eben die Waffen, Schwerdter, Spiesse und Schilde, deren ich mich in meinen Kriegen und Zügen wider die Römer und andere Feinde etwan pflag zu gebrauchen.

Claudius Civilis. Und diese Schiffe halte ich, sind noch übrig geblieben von dem grossen Schiffzeuge der Römer, welches ich zur Zeit des Käysers Vitellien mit gewehrter Hand vom Rhein hinweg nahm, als ich die beyden mächtigen Städte Köllen und Meintz eroberte, die Römischen Besatzungen herauß schlug, den Bühel der Drusen zerschleiffete und die Römer auß gantz Holland verjagte.

Heerzog Wedekind. Wahrlich du rechtes Ebenbild unserer allgemeinen Teutschen Mutter, gibst genugsame Ursache, daß wir uns die grosse Mannheit unserer Teutschen zu Gemühte führen, dabenebenst auch ihre einfältige Auffrichtigkeit, Mässigkeit und andere schöne Tugenden höchlich rühmen und preisen.

Heerzog Herman. Gebet acht ihr Brüder, da stehet noch ein Topff mit Milch, nebenst einem Stükke Fleisch von einem wilden Thiere, womit wir uns des Hungers und Durstes pflagen zu erwehren, denn davon lebten meine Teutschen. Mit dem Akkerbau hatten sie gar wenig zu schaffen. Ihr Vieh versorgte sie mit Fleisch, Milch und Butter, und mit ihren Bogen erlegten sie die wilden Thier.

König Ehrenvest. Und sehet ihr Helden, diese Häute von Bähren und Wölffen, deren wir, im Falle wir uns zur Ruhe niederlegeten, uns nützlich bedieneten. Ach, wie habe ich doch offtmahls so sanfft auff diesen Häuten geschlaffen, wenn ich auß den Schlachten ermüdet zu Hause kam!

Fürst Civilis. Dieser Art Hörner pflag ich mich zu gebrauchen, wenn ich wider meine Feinde in den Streit außzog; alsdenn ließ ich dieselben blasen und mit einem grossen Geläute meine Teutschen zum Kampfe auffmuntern.

Heerzog Herman. Und eben diese sind die beyden grossen Haubtfahnen, welche ich des Käysers Augusten Feld=Obristen, dem Quintilio Varo, nachdem ich ihn sampt 20000 tapferen Krieges=Leuten darnieder geleget, dazumahlen sampt anderen trefflichen Beuten habe abgenommen.

König Ehrenvest. In Warheit, dieses alte Bild ist sehr wolgemachet. Man betrachte nur das Majestätische Ansehen des alten Teutschlandes, desselben dauerhaffte Waffen, eingezogenes Leben, erhaltene Siege und Verübung so vieler herlichen und ewigen Ruhmes würdigen Thaten. Aber, sage mir Merkuri, vergleichet sich auch das neue Teutschland etlicher mahßen mit diesem alten?

Merkurius. Durchauß nicht. Es ist zwischen dem alten und neuen Teutschlande ein viel grösserer Unterscheid, als zwischen dieser Welt, darauff wir itzund wandeln und denen Eliseischen Feldern, auß welchen wir vor weniger Zeit sind herkommen, und worinnen wir nach dem Tode leben. Es hat das neue Teutschland viel ein anderes Regiment, viel andere Sitten, Gebräuche, Waffen, Kleidung, Nahrung, Häuser und dergleichen. Es hat an statt des Fleisches und der Milch, womit sich das alte muste behelffen, wol tausenderley niedliche Speisen. Es hat Rheinische, Spanische, Französische, Welsche und andere fast unzähliche Arten von Weinen und nebenst diesem auch viel Gewürtz, verzukkerte Konsecten und andere dergleichen Schlekkereien. Es gebrauchet sich nicht mehr der Häute der wilden Thiere darauff zu ruhen, aber wol köstlicher, von Gold, Seiden, Baumwolle und zarter Leinwand gemachter und mit weichen Pflaumfedern außgefülleter Betten.

Anstatt der Hörner hat das neue Teutschland Trompetten, Posaunen, Zinken, und nebenst diesen Lauten, Geigen, Orgeln, Harffen, samt vielen anderen herlichen Instrumenten. Ich wil hie nicht sagen von der wunderbahren und höchstnützlichen Kunst der Drukkerei, welche sie selber erfunden. Ich rede hier auch nicht von ihren Uhren, Mühlwerken, Schiffahrten, Destilliren, Schleiffung der Waffen, Malerei, und schier unzähligen Wissenschaften und Künsten, dieweil euch, im Krieg und Harnisch erzogenen Helden solches alles zu verstehen viel zu schwer fallen würde. Nur dieses erinnere ich noch, daß, im Falle Teutschland Kriege führet, so streitet es nicht mehr mit Bogen, Pfeilen, Wurff=

spiesen, Schleudern, Kolben und dergleichen; nein, es hat andere und zwar solche feuerspeiende Waffen, die mit einem erschreklichem Donner die Menschen auch von weitem, ja wol auff etliche tausend Schritte plötzlich können umbringen. In Summa, es heisset recht das neue Teutschland, in welchem des alten so gar ist vergessen, daß man es noch füglicher ein Anderes als ein Neues nennen könte.

Heerzog Wedekind. O du liebes Teutschland, bist du denn so gantz und gar von deinen alten Sitten, Wandel, Leben, Gewohnheiten und Gebräuchen abgewichen? Aber ihr Brüder, wollen wir uns bei diesem Bilde noch eine Zeitlang auffhalten?

König Ehrenvest. Mein weniges Bedencken ist dieses, daß wir vor unserem Hinwegscheiden auß schuldiger Danksbarkeit diesem Bilde, unserer weiland allgemeinen Mutter des alten löblichen Teutschlandes, Opffer thun, zufoderst aber mit dem Gebehte den Anfang hiezu machen.

Fürst Civilis. Und eben diese Meinung gefält auch mir, lasset uns derowegen diesen Gottesdienst nur schleunigst verrichten und mit einander niederknien.

(Hie knien sie alle vier nieder, und schlagen die Häubter zur Erden, richten sie aber bald wiedrum auff; indeme sie aber in ihrer Andacht wollen fortfahren, wird der Schauplatz geschlossen, und da sie das Bild nicht mehr sehen, fähet an mit lauter Stimme zu ruffen:)

Heerzog Herman. Was ist das, ihr Helden, wache oder schlaffe ich? Sehe ich etwas im Traume, oder widerfähret mirs in der War=heit, daß diß Göttliche Bild unserer allgemeinen Mutter, des uralten Teutschlandes uns so gar plötzlich wird auß den Augen gerükket? Sol=len wir denn unser schuldiges Gebeht und Opffer vor demselben nicht erstlich verrichten?

Merkurius. Stellet euch zufrieden ihr Teutsche Helden, es ge=ziemt sich gar nicht einem todten Bilde Göttliche Ehre anzuthun. Der ewige Schöpffer und Erhalter aller Dinge, welcher ist der hochgelobte Gott in Ewigkeit, wil allein von den Menschen=Kindern verehret und angebehtet seyn. Folget mir demnach nur eiligst, damit wir ferner suchen und endlich finden das neue Teutschland, welches ich euch in seiner höchsten Glükseligkeit und unvergleichlichen Pracht bald werde zeigen.

König Ehrenvest. Wolan denn Merkuri, dein Wille sol auch unser Wille seyn; führe uns nur immerhin, damit wir bald sehen mögen dasjenige, um welches willen wir wiederum auff diese Welt sind kommen. (Sie gehen alle ab).

Der Dritte Auffzug.

(Teutschland tritt auff. Vor ihr her gehet der Friede in schneeweissen Frauenkleidern, auff dem Haubte einen güldenen Krantz, in der Hand einen grünen Loorberzweig und unter dem Arm ein Cornucopiä tragend. Teutschland ist auff das allerprächtigste à la mode bekleidet, hält in der Hand einen schönen Scepter, auff dem Haubte träget sie eine sehr köstliche Krone, siehet gar frech und wild auß, hat viele Diener und Dienerinnen, sonderlich folget ihr die Wolluft in mancherlei Farben gantz leichtfertig bekleidet, jedoch daß sie fast halb nakkend daher gehet. Teutschland setzet sich auff einen gantz herlich gebauten und mit schönen Tapezereien geschmükten Thron nieder, der Friede stehet ihr zur Rechten, die Wolluft zur Lincken, die Diener aber zu beiden Seiten).

Teutschland, Friede, Wolluft, Hofemeister.

Teutschland. Ist auch unter dem grossen Gewölbe des Saffirglänzenden Himmels einige Königinn oder Beherscherinn zu finden, welche auff den herlichen Thron aller weltlichen Glükseligkeit so hoch als ich ist gestiegen? Kan auch die Fortun der gantzen weiten und breiten Welt mit der Meinigen in einigem Wege comparieret oder verglichen werden? Nein, par ma foi. Ich habe das erlanget, welches zwar die allergrössesten Monarchien der Welt jemahls gewünschet, niemahlen aber erhalten. Ich, ich bin das glükselige Teutschland. Ich bin die allergrösseste Dame von gantz Europa, groß von Macht, herlich von Thaten, reich von Gütern, vortreflich von Verstande, ja ein rechter Tempel und Wohnhauß der allervollkommensten Glükseligkeiten. Deine Gesellschaft, O hertzwerthe Freundinn,

(Sie schläget den Friede auff die Schultern)

ist mir viele Jahre hero dermassen nützlich, lieb und angenehm gewesen, daß ich solches mit Worten außzusprechen mich viel zu schwach befinde, denn seithero du, O wehrter Friede, bei mir gewohnet, hat sich aller nothwendigen und anmuhtigen Dingen ein Ueberfluß in meinen Herrschafften befunden, ja es hat mir durchauß nichts gefehlet von allem deme, welches das Hertz einer solchen mächtigen Königinn kan befriedigen. Ich weiß durchauß von keiner Widerwertigkeit. Kein Unfall kan mich treffen, kein Krieg kan mich gefehrden, keine Armuth kan mich drükken, keine Kranckheit kan mich danieder legen, keine Verfolgung kan mir schaden, kein Geschöpf unter dem Himmel kan mir einiges Unglük beibringen. Es stehet mir doch alles zu Dienste, der Himmel lachet mich an, die Sonne buhlet gleich mit mir, alle Sterne und Planeten tantzen um mich her mit Freuden, das Erdreich gibt mir vollauff von allen erwünschten Dingen, das Meer lässet mir gleichsam der gantzen Welt Reichthum in unzählichen Schiffen zuführen. Die anderen grossen Königinnen und Monarchien behten mich an. Hispanien zittert vor mir, Franckreich suchet meine Königliche Gunst, Wälschland küsset mir die Hände, ja alle anderen Länder praesentiren mir ihre gehorsame Dienste und legen sich gleichsam danieder zum Schemel meiner Füsse. Sage an meine Freundinn, sage an, du werther Friede, ob sich nicht dieses alles in der That und Warheit also verhalte und ob ich nicht mit meiner Glükseligkeit alle Monarchien der gantzen Welt weit, weit übertreffe?

Friede. Freilich ja, allergnädigste Königinn ist Eure Majestät die glükseligste Fürstinn unter der Sonnen, denn, wo findet man einiges Land oder Königreich, wenn man gleich alle vier Theile der Welt durchsuchete, ja vom Osten ins Westen, vom Süden ins Norden liesse, das mit Teutschland zu vergleichen? O wolte, wolte GOtt, gnädigste Königinn und Frau, daß E. Majestät nur dankbahrlich genug möchte erkennen die hohe und unaußsprechliche Gnade, womit der allergütigste Himmel dieselbe so mildiglich hat beseliget! Wahr ist es, gnädigste Königinn, daß durch meine Gegenwart E. Majestät Thron sicherlich befestiget und alle erwünschete Gedeiligkeit häuffig wird herbei gebracht, denn wo Friede ist, da gehet alles wol zu, da blüet Glük und Segen, da muß aller Neid und Streit zurükke weichen. Aber von gantzem Hertzen möchte ich wünschen, daß Eure Majestät meiner wenigen Dienste sich auff eine viel andere, und dem allerhöhesten Gott wolgefälligere Art und Weise hinführo gebrauchete.

Teutschland. Wie denn Friede? Soll ich mich deiner Auffwartung noch anders, als ich bißhero gethan habe, gebrauchen? Ja Friede, das wäre wol etwas neues.

Friede. Ja allergnädigste Königinn, billig möchte E. Majestät mich, als den aller köstlichsten Schatz auff Erden wol etwas besser anwenden, damit mein Vatter und Herr im Himmel, der mich E. Majestät so gnädigst hat geschenket, durch den sündlichen Mißbrauch nicht gar zu hefftig dermahleinst würde erzürnet. Daß aber dieses von E. Majestät nicht besser wird beobachtet, solches verhindert leider dieses schnöde Weib, die Wollust, welche E. Majestät fast stets auff dem Fusse nachfolget, und sich dieselbe in kurtzer Zeit dermahssen eigen vnd verpflichtet gemachet hat, daß E. Königl. Majestät ohne dieses verfluchte Weib, die schändliche Wollust, nunmehr fast auch keinen einigen Tag kan leben.

Wolluſt. Was ſagſt du Friede? Höreſtu noch nicht auff, meine Perſon bei Ih. Majeſtät zu verunglimpffen, und mich, deroſelben getreuſte und allergehorſamſte Dienerinn zu verleumbden? Muſt du mich denn ohne Unterlaß zur Bank hauen? Hat denn dein Schmählen und übeles Nachreden gar kein Ende? Was hätte doch Ih. Königl. Majeſtät, unſere allerſeits gnädigſte und höchſtgebietende Frau, in dieſer Welt vor Freude, wenn ſie meiner angenehmen Geſellſchaft müſte entbehren? Ja Friede, ſolte eine ſolche herliche Königinn als Teutſchland iſt, ohne Wolluſt leben? Du redeſt wie die närriſchen Weiber pflegen zu reden. Zudeme, wie könte es müglich ſeyn, daß, wo du regiereſt, ich nicht auch nothwendig zur Stelle ſeyn müſte, denn, wo Friede iſt, da wohnet auch Wolluſt, wo Friede iſt, da kömt auch Freude, und kanſt du faſt ja ſo ſchwerlich als die Königinne ſelbſt ohne meine Gegenwart leben.

Friede. Pfui, ſchäme dich du ſchändliche Beſtie! Solteſt du ſolche gottloſe Reden von mir, dem allerhöheſten zeitlichen Gute in deinem Munde führen? Solte der Friede ohne die Wolluſt nicht leben können? Weiſſeſt du denn nicht, daß ich, der Friede, meine Stelle auch droben bey Gott, meinem allerliebſten Vatter im Himmel habe, da lauter Heiligkeit und Unſchuld regieret, und wohin du verfluchte Wolluſt, nimmermehr einen Fuß wirſt ſetzen? Daß du aber bei dieſer Zeit Ih. Königl. Majeſtät ſo lieb und angenehm biſt, ſolches komt daher, daß allerhöchſtgeehrte Ihre Königl. Majeſtät durch deine ſchmeichelhaffte Reden leider gäntzlich iſt eingenommen und ſchon eine gute Zeit hero jämmerlich verführet worden. Sonſten weiß ich ſehr wol, daß du dich vielmehr bei dem gottloſen Mars oder Kriege, meinem ewigen und abgeſagten Todfeinde, als bei mir, dem Frieden, pflegeſt auffzuhalten; denn es iſt ja auch den Kindern bekant, daß mitten im Kriege die Wolluſt auch offtmahls bei Bürgern und Bauren mit gantzer Macht regieret. Verſteheſt du das wol?

Teutſchland (etwas entrüſtet:) Was ſol dieſer unnöhtige Hader? Schämet ihr euch nicht, in Gegenwart eurer Königinn mit ſolchen ungehobelten Worten um euch zu beiſſen? Ich glaube ſicherlich, daß Jungfrau Friede mit der Zeit uns vorzuſchreiben vermeinet, wie wir unſer Leben und Regiment ſollen anſtellen. Sihe da, Friede, was bildeſt du dir wol ein? Sol ich dich, meine Dienerin erſt fragen, was vor Leute ich an meinen Königl. Hof nehmen und halten ſol? Das wäre fürwahr eine feine Sache!

(Hie wird auff einem Posthörnlein gleich als von Weitem geblasen).

Aber, was höre ich doch für ein Blasen? Meinem Bedünken nach ist es ein Posthorn. Gehet bald hin Herr Hofemeister, und vernehmet, ob etwan Frembde fürhanden sind.

Hofemeister. Allergnädigste Königinn, ich gehe hin, E. Königl. Maj. unterthänigsten Bericht hievon schleunigst einzubringen.

Teutschland. Das sol mich wundern, was doch bei dieser Zeit etwan vor ein frember Herr mag anhero kommen. Ich sehe es sonst nicht ungern, daß grosse Fürsten mich zum öffteren besuchen, denn eben hieburch wird meine Reputation mächtiglich conserviret, und dahero komt es, daß man in allen Ländern und Königreichen von Teutschland ihrer grossen liberalitet und tractamenten (wodurch ihre Herligkeit täglich wird vergrössert) weiß zu sagen. Zudeme so erfordert es auch Ratio status, daß man mit fremden Herren gute Correspondentz unterhalte, dieweil man nicht kan wissen, wie und wo man sich berofelben nützlicher Dienste dermahleinst könne gebrauchen. Unterdessen Frau Wollust, sehet wol zu, daß an allem demjenigen, so zu prächtiger tractation vornehmer Herren gehörig, nichts ermangeln müge.

Hofemeister (komt wider und spricht:) Großmächtigste Königinn, gnädigste Frau, es erzeiget sich vor dem Schlosse eine gar wunderbare und possierliche Gesellschafft, derer gleichen ich die Zeit meines Lebens nicht gesehen.

Teutschland. Was sind es denn vor Kreaturen? Sie werden bennoch den Menschen ähnlich sehen?

Hofemeister. Ja gnädigste Königinn, es sind zwar Menschen, aber sehr seltzame Ebenthenrer dabei. Sie haben einen Geleitsmann oder Führer, dem ist sein Haubt mit einer Sturm-Hauben, woran Flügel, bedekket, auch hat er geflügelte Füsse und führet einen Scepter in der Hand mit zwoien Schlangen umwunden.

Teutschland. O ho, das wird etwann der Heiden poetischer Merkurius seyn, welchen die Maler in einem solchen Habit pflegen abzubilden! Aber, sagt mir, wovor geben sich denn die anderen auß?

Hofemeister. Gnädigste Frau, itztgedachter ihr Führer oder Gleitsmann, saget außtrüklich, daß sie alte Teutsche Helden, ja berühmte Könige und Fürsten sind; ich aber dörffte sie viel eher vor alte Henker ansehen, denn sie grosse breite Schwerdter führen und wunder seltzahm bekleidet einher gehen. In Summa, ich weiß mich in diese Leute gar nicht zu schikken.

Teutſchland. Sie mögen ſeyn wer ſie wollen, uns wil gebühren, ſelbige dennoch anſehnlich empfangen zu laſſen, auch ihnen gnädigſte audientz zu verſtatten. Derowegen Herr Hofemeiſter, nehmet meinen Kammer=Junkeren zu euch, gehet alſobald hin und empfanget dieſe neuen Gäſte geziemender mahſſen und führet ſie zu uns herauff, denn wir ihr Anbringen ſelber anhören wollen.

Hofemeiſter. Gnädigſte Königinn, E. Mayt. gnädigſtem Befehl ſol unterthänigſtes Fleiſſes von uns nachgelebet werden.

(Er gehet ab nebenſt dem Kammer=Junkeren; unterbeſſen raunet die Wolluſt der Königinn etwas in ein Ohr).

Der Vierdte Auffzug.

Teutſchland, Hofemeiſter, Merkurius, König Ehrenveſt, Heerzog Herman, Fürſt Klaudius Civilis, Heerzog Wedekind.

Teutſchland. Da werden wir heute abermahl einen frölichen und recht kurtzweiligen Tag haben, denn dieſe Leute, dieweil ſie in einem ſo ſeltzamen Habit auffgezogen kommen, vielleicht Gauktler, oder Bierfechter, oder auch wol Seil=Täntzer ſeyn mögen, welche Geſellen mit ihrem Taſchen=ſpielen, Lufft=ſprüngen und tauſend anderen Grillen den Zuſehern die Zeit ſehr artig zu kürtzen wiſſen. Solte es aber eine andere Art Leute ſeyn, ſo muß die Frau Wolluſt ſich bemühen, einen ſonderlichen luſtigen Poſſen mit ihnen anzurichten, auff daß wir ja dieſen Tag ohne Freude und Ergetzligkeit nicht zum Ende bringen. Aber, ſiehe da, es kommen unſere Leute ſchon wieder mit ihrer fremden Geſellſchafft!

(Merkurius wird benebenſt denen vier alten Teutſchen Helden von den beiden Edelleuten vor den Königlichen Thron geführet, darauff fähet an zu reden:)

Hofemeiſter. Allerdurchlauchtigſte Königinn, gnädigſte Frau, es bedanken ſich gegenwertige fremde Herren zum höheſten und dienſtfleiſſigſten, daß E. Majeſtät ſie hat wollen anhero fordern laſſen, unterthänigſt bittend, ihnen gnädigſte audientz zu verſtatten.

Teutſchland. Wir ſehen es gantz gerne, daß dieſe Herren ſich bei unſerem Königlichen Hofe haben einſtellen wollen, geruhen auch gnädigſt ihr Anbringen zu hören und nach Beſchaffenheit deroſelben Vortrages ihnen eine gewierige resolution zu ertheilen.

Merkurius. Allerdurchleuchtigste großmächtigste Königinn, gnädigste Frau, E. Majestät unterthänigst anzudeuten kan ich nicht unterlassen, welcher gestalt gegenwertige alte Teutsche Helden, als König Ehrenwest, Heerzog Herman, Fürst Civilis und Heerzog Wedekind, weiland E. Majestät Königliche Vorfahren, des alten Teutschlandes höchstlöblichsten Andenkens gehorsahmste Diener und Printzen, auff sonderbahre Erlaubnisse ihrer Oberen sich auß den Eliseischen Feldern, in welche sie theils über die sechszehnhundert Jahre nach ihrem Ableben sich verhalten, wiederum herauß an diese Welt begeben, E. Majestät, als das neue prächtige Teutschland, deroselben Leben, Wesen, Wandel, Policei, Regiment, Sitten und Gebräuche, welche sowol zu Krieges= als Fridens=Zeiten in gebührende Obacht werden genommen, etlicher mahssen zu erkundigen, damit sie wegen der grossen Ehre und Herligkeit, in welcher sie E. Majestät als ihre gnädigste Gebieterinn sehen gesetzet, sich von ganzer Seele müchten erfreuen, bitten hiebenebenst unterthänigst, E. Majestät wolle es ihr nicht lassen zuwider seyn, daß sie sich etliche wenige Tage an deroselben Königl. Hof auffhalten; sie erbieten sich hinwieder E. Königl. Majestät unterthänigst gehorsamste Diener zu leben und zu sterben.

Teutschland. Merkuri, (denn vor denselben sehe ich dich in Betrachtung deines Habits billich an), dein Vorbringen haben wir verstanden und können dir hierauff in gnädiger Antwort nicht verhalten, wie daß wir gar wol leiden können, daß zu Zeiten Fürstliche, ja Königliche Standes=Personen uns unterthänigst auffzuwahrten an unseren Königlichen Hof sich verfügen, daß du aber nach deiner leichten Schwätzer=Art uns zu überreden vermeinest, als wenn gegenwärtige vier Kerle, deine Gesellen, alte Teutsche Könige und Fürsten wären, solches halte ich vor eine solche vermessene temeritet, welches billig hoch zu bestraffen.

Merkurius. Allergnädigste Königinn, der Himmel wolle mich ja nimmermehr eine solche Thorheit lassen begehen, daß E. Majestät ich vorsetzlicher Weise einige Unwarheit vorzubringen, mir freventlich solte gelüsten lassen. Es können gegenwertige Teutsche Helden ihres hohen Standes halber befraget, und dafern sie diejenige Personen nicht sind, vor welche ich sie angegeben, wil ich mich Euer Majestät zu harter und wolverdienter Straffe gern unterwerffen.

Teutschland. Wolan, könnet ihr denn von euch selber Zeug=

nisse geben ihr alte Gesellen. Ey so lasset doch hören, was seyd ihr endlich wol vor Kavallier?

König Ehrenvest. Wir wissen zwar nicht (O mächtiges Teutschland) was Kavallier vor Leute sind, denn dieses fremde Wort bei den alten Teutschen niemahlen bekant gewesen; unseren Nahmen aber begehren wir gar nicht zu verleugnen. Ich bin der alten Teutschen wolbekanter König Ariovistus oder Ehrenvest, dieser ist der Heerzog Arminius oder Herman, welcher in unterschiedlichen Treffen mich, dem der Julius Caesar einsmahls im Kriege obgelegen, redlich an den Römern hat gerochen. Seht dieser ist der mannliche Fürst Klaudius Civilis, der die grosse Römische Macht vom Rheinstrohm in weniger Zeit hat hinweg jaget, und dieser letster ist der Heerzog Wedekind, welches Leben und Thaten so wenig als der anderen dir nicht unbekant seyn können.

Teutschland. Was saget ihr? Seyd ihr alte Teutsche Könige? Seyd ihr alte Teutsche Fürsten? Ja wol! Wer könte oder solte doch immer glauben, daß ihr so grosse Helden-Thaten hättet begangen? Das werdet ihr wahrlich mich nimmer überreden. Ich habe zwar von den Ariovisten, Arminium, Civilen, Wedekinden und wie die Narren alle heissen, offtmahls viel seltzames Zeuges gehöret und gelesen, aber was haben sie damit außgerichtet? Gesetzt, daß solche Kerle ehemahls in der Welt gelebet; ja gestanden, daß eben ihr dieselben Kumpanen seyd, was ist es denn endlich mehr? Was habet ihr denn wol grosses oder herliches in euren Lebens-Zeiten begangen? Wollet ihr grosse Fürsten seyn und wisset von denen höfischen Complimenten eben so wenig als der gröbeste Bauer? Nein fürwahr, meine itzige Teutsche Fürsten wissen ein wenig andere und bessere Beso los manos zu machen.

Civilis. Ey, Teutschland, schmähe uns doch nicht; wir verstehen uns zwar auff keine Komprementen und basus manus, ja wir wissen nicht einmahl, was dieses gesaget sey. Die alten Teutschen pflagen sich wol einfältig, aber dennoch gehorsam und redlich bei ihren Königen und Fürsten einzustellen, zudeme, so bringet es unsere Art und Natur nicht mit, daß wir von hohen Dingen viele zierliche Worte machen, sondern grosse Sachen tapfer und unerschrotten angreiffen und zum Ende bringen.

Teutschland (sehr hönisch). Das kan nicht wol fehlen. Ihr müsset traun gar grosse Thaten im Kriege haben außgerichtet, man siehet es auch an euren schönen Waffen wol! Aber kommet ihr mit euren breiten Henckers-Plötzen in meinen itzigen Kriegen einmahl auffgezogen, man wird euch dergestalt willkommen heissen, daß ihr euch gegen dem Feinde bald mit dem Rükken werdet verteidigen; und lieber, wenn ihr etwan in einem Duell fechten, oder euren Cammeraden eine Secunde soltet geben, was würdet ihr mit diesen ungeheuren Schlacht-Schwerdtern außrichten? Da möchte ich wol sehen, wie ihr doch eine einzige Lection recht anbringen wollet? Nein fürwahr, ein Occasion Degen lässet sich bei dieser Zeit ein wenig besser gebrauchen.

Heerzog Herman. Spotte unser doch so gar sehr nicht, du prächtiges und hochtrabendes Teutschland. Wir haben zwar die Gewohnheit nicht, daß wir unsere eigenen Thaten selber rühmen, man frage aber unsere Feinde und ihren eigenen Geschichtschreiber, den Tacitus, die werden überflüssig bezeugen, mit was Teutscher Hertzhafftigkeit wir diese unsere Gewehre gebrauchet, und wie manches mahl wir den Sieg mit eben diesen breiten Schwerdtern haben erhalten, getrauen uns auch noch biß auff diese Stunde bester mahßen uns damit zu schützen und unsere Feinde zu verjagen, ob wir schon nicht wissen, was der Dabell, Kamperaden und Zakkunden vor Leute, noch die Akkazion Degen vor Waffen seyn mügen.

Teutschland. Mein Gott, was seyd ihr doch alberne, einfältige Schöpse! Verstehet ihr denn nicht drei Worte Französisch? Wie gedenket ihr armen Teuffel doch heut zu Tage durch die Welt zu kommen?

Heerzog Wedekind. O Teutschland, unsere Teutsche ist eine so tapfere, schöne und Majestätische Helden-Sprache, daß sie es allen anderen Sprachen weit zuvor thut, und ist es wahrlich hoch zu beklagen, daß eine solche große Königinn sich nicht schämet, ihre so vollkommene eigene Sprache zu einer Sclavinn aller anderen, sonderlich aber der Französischen zu machen. Gott gebe nur, daß dieses nicht ein Vorbild sei der künfftigen Dienstbarkeit, in welche dein mächtiges Königreich durch die gar zu große Verehrung fremder und außländischer Völker dörffte gerahten!

Teutschland. Sihe da, ein neuer Prophet! O grosser Fantast! O grand fol! Du machest dir ja wahrlich all zu vergebliche Sorge! Weissest du nicht, daß meine Macht so groß ist, daß kein Volk unter der Sonnen auch nur in seine Gedanken darff nehmen, sich mir zu widersetzen, ja die gantze vereinigte Welt würde sich fürchten, Teutschland anzugreiffen. Was du aber von der Perfection der Teutschen Sprache daher parlierst, darüber muß ich wahrlich von Hertzen lachen:

Ich wolte par ma foy, lieber alles Teutsche vergessen, als nicht auch etwas Französisches, Italiänisches und Spanisches dabei schwätzen können; es stehet ja nichts nobler noch amiabler, als wenn man zu Zeiten in seinen Discoursen allerhand fremde Wörter mit untermischet; solches machet der Rede ein feines Ansehen und kan man sich offt dadurch in grosser Leute gratia insinuiren.

König Ehrenvest. So viel ich verstehe, Teutschland, so bist du von deiner alten Einfalt, Treue, Redligkeit, Wahrheit und Tapferkeit sehr weit abgewichen. Deine edle Teutsche Sprache, gegen welcher die anderen nur Flicksprachen sind, stinket dich gleichsam an; du redest alles vermischet und auff ein Kauderwelsch daher; und welches zu verwunderen, so trotzest du auff deine grosse Macht und Gewalt mit einer solchen Vermessenheit, als wenn dein Regiment ewig müste dauren. Weist du aber nicht, daß auch vor dir schon viele mächtige Käyserthum und Königreiche sind zu Grunde gangen? Hüthe dich vor Vielen, dafern du ja vermeinest, du könnest von Einem nicht bezwungen werden. Glaube nur, O sicheres Teutschland, daß, wenn gleich deine Feinde dich nicht so bald mit öffentlicher Gewalt können bezwingen, daß sie dich zuletzt durch heimliche List und Praktiken leicht überwinden werden.

Teutschland. Was hast du alter Narr mir viel von Ueberwinden vorzuschwatzen? Schämest du dich nicht, die zarten Ohren einer so mächtigen Königinn des unüberwindlichsten Teutschlandes mit so gantz ungereimten Plaudereien zu beschwehren? Ey sehet doch die schöne Könige und Fürsten, welche wie die Fastnachbutzen, oder wie die Hechelnträger und Schornsteinfeger herein tretten: Man könte sie fürwahr artig in einer Commoedien oder Mascaraden gebrauchen; aber ich halte gäntzlich davor, daß sie weder ein Ballet, noch eine Courante, noch eine Gagliarda zu tantzen wissen, so gar nichts ist doch a la mode an diesen Sauertöpfen, welche mit ihren freundlichen Angesichtern den allersüssesten Wein in Essig solten verwandlen, zu finden. Nein, ümme Gottes willen, bringet mir solche plumpe und indiscrete Kerls nicht mehr nach Hofe. Meine Teutschen Printzen, Edelleute und Favoriten wissen sich ein wenig besser zu comportiren, ja so nettement nach der Französischen manier in Kleidern, Geberden, Worten und allem ihrem Thun und Lassen zu halten, daß man sich zum allerhöhesten darüber kan delectiren; diese 4. Fantasten aber wollen alles auff die alte Teutsche manier haben, plaudern zu dem Ende alles herauß, was ihnen nur ins Maul komt. Hinweg mit ihnen!

Merkurius. Endlich wil mir gebühren, meiner bißhero hößlich gezähmten Zungen den Zaum zu lösen, und dir, O du stoltzes, sicheres und hochtrabendes Teutschland, deine unzähligen Gebrechen und groben Mängel kürtzlich vorzuhalten: Diese alten Teutschen Könige und Fürsten, die allertapfersten Helden so jemahls haben gelebet, kommen als Gäste und Fremdlinge, dich bei deinem itzigen hohen und glükseligen Zustande zu kennen. Sie kommen als auffrichtige Teutsche Biederleute, vermeinend von dir ihrem Verdienste nach wol und freundlich empfangen zu werden. Du aber, O stoltze Königinn, durch des Glükes Schmeichelei über die mahßen sehr auffgeblasen, und durch die schändliche Wollust von allen Tugenden entfremdet, höhnest, schmähest, verachtest und verlachest diese redlichen Biederleute. Ihre alten löblichen Sitten, Gebräuche, müssen dir eine bäurische Grobheit heissen, ihre einfältige Redligkeit wird ihnen zur Thorheit gerechnet, ihre Kleidungen und Waffen sind dir ein Ekel, ja ihre und deine selbst eigene angebohrne Majestätische Helden=Sprache wird von dir verspeiet und gegen andere Barbarische Sprachen gleichsam vor nichts geachtet, und, daß ich es kurtz mache, du geberdest dich nicht als etwann eine Teutsche gebohrne Königinn, sondern vielmehr als ein ehrgeitziges, vermessenes, ruchloses Weib. Es werden aber diese vier alten tapferen Helden, die so manchen Feind, ja sich selber so vielmahls überwunden, auch diese Grobheit dir zu gute halten und von deinem unteutschen Hofe gantz gerne und willig abweichen.

Teutschland (sehr entrüstet). Was sagstu leichtfertiger Plauderer? Ist mein Königlicher Hof ein unteutscher Hof? Wer hat dir und deiner gaucklerischen Gesellschafft befohlen, an denselben zu kommen? Wer hat euch Bohten geschikket? Ja, wer hat dich verwegenen Schwätzer gedinget, daß du mir meine Sprache, Sitten und Geberde dergestalt reformiren sollest? und hast du Schwätzer anderes nit vorzubringen, so schiere dich hinweg ins Teuffels Nahmen, ich habe deiner Saalbaderei schon mehr denn allzulange zugehöret.

Merkurius. Fein mählig liebes Teutschland, erzörne dich nur nicht so sehr. Ich bin dazu gesendet, daß ich als ein Priester des Allerhöhesten, dir die Warheit sol sagen und dich vor dem bevorstehendem Unglüke getreulich warnen. Darum höre mir zu: Bist du nicht eine rechte Epikurische Verächterinn Gottes und seines heiligen Wortes? Deine Zunge hast du gewöhnet zum Fluchen, und deine Lippen zu Schmähen, du gehorchest keinem wolgemeintem Rahte mehr. Ja Teutsch=

land, du bist auffrührisch, streitest wider dein eignes Haubt mit un=
mässigem Fressen und Sauffen Tag und Nacht, und verdirbest dadurch
jämmerlich deine eigenen Glieder. Deine Hände wäschest du im Blute
und hast nichts anderes als Krieg im Sinne. Der Unschuldige muß lei=
den und die Frommen müssen gequählet werden. Du führest ein üppi=
ges und unzüchtiges Schandwesen. Deine hurische Geilheit ist nicht
zu ersättigen, du raubest und stielest heimlich und öffentlich, dein Geitz
ist unermässlich, du unterdrükkest die Armen und schaffest Recht den
Gottlosen. O Teutschland, Teutschland, alle Treu und Redlichkeit hast
du hinweg getrieben, und befleissigest dich des Lügens, Verleumdens
und Betrügens. Ja Teutschland, deiner Sünden und Untugenden ist so
viel, daß sie auch den Sand am Meere weit übertreffen, darum auch
dein Fall und Untergang zweiffelsohne sehr nahe seyn muß. Die Ge=
rechtigkeit Gottes kan nicht länger zusehen; es ist hohe Zeit, daß du
von Hertzen Busse thust und abweichest von deinen gottlosen Wegen.
Lasse ab Teutschland, den allerheiligsten Gott mit deinem unchristlichen
Leben ferner und noch hefftiger zu erzürnen. Fürwahr Teutschland, ich
sage dir: Die Axt ist schon dem Baume an die Wurtzel geleget, wirstu
nicht bei Zeiten

Teutschland (wird hefftig ergrimmet, stehet auff, fält dem Merkurio mit
sehr zornigen Geberden ins Wort und spricht:)

Hat denn der lebendige Teuffel diesen unverschämten Pfaffen auß
der Höllen hierher geschikket, daß er mich in meiner grossen Glükselig=
keit sol unruhig machen? War es nicht genug, daß du leichtfertiger Vo=
gel das Amt eines Procoureurs vor diese deine Bettelfürsten hast ver=
waltet? Mustest du zu diesem allen auch mich, die allergrössest Kö=
niginn der Welt öffentlich schmähen und injurijren. Pakke dich hinweg
in aller Teuffel Nahmen, oder ich werde meine Generals und vornehmste
Coloncllen lassen fodern, daß sie dir und deiner Gesellschafft die Hälse
brechen und euch in Stükke zerhauen! Trollet euch von hinnen, ihr
nichtswürdigen Buben! Was? Verziehet ihr noch? Geschwinde ihr meine
Diener, lasset Lärmen blahsen und ein paar Regimenter Mußqueticrer
anhero kommen, daß sie diese Schelmen und Verräter alsobald vor
meinen Augen massacriren.

König Ehrenvest. Behüte Gott Teutschland, wie bist du so
gar umgekehret? Wie fluchest und lästerst du doch so gar erschrecklich?
Ist doch nicht ein eintziges Bluts=Tröpfflein Teutscher Ehre, Treu
und Redligkeit bei dir überblieben. Nun wolan, wir wollen deinem

grimmigen Zorne gerne weichen. Merkuri, führe uns nur bald wieder von hinnen, denn es ist uns unmüglich, die grausamen Scheltworte dieses erbitterten Weibes länger anzuhören. Zudeme fürchte ich, der Himmel möchte wegen solcher erschreklichen Lästerungen auff das verkehrte Teutschland fallen und uns alle nebenst ihr auff Stükke zerschmettern, darumb lasset uns nur bald von hinnen eilen.

Merkurius. Gantz gern, König Ehrenvest, folget mir nur nach ihr wehrte Helden, denn ich spühre außtrüklich, daß der gerechte Gott sich berahten hat, das verstokte Teutschland um ihrer übermachten Boßheit willen zu verderben, sonderlich, da sie nunmehr so gar keinen getreuen Raht oder Ermahnung wil hören noch annehmen. O Teutschland, Teutschland, wie greulich wirst du gestraffet werden.

Die Helden alle Vier. Bewahre dich Gott, du ruchloses Teutschland, wir sehen dich hinführo nimmermehr.

(Sie gehen mit dem Merkurio alle ab).

Der Fünffte Auffzug.

Teutschland, Friede, Wollust, Diener.

Teutschland (gehet etwas in Gedanken den Schauplatz auff und nieder mit zornigen Geberden, spricht endlich gantz entrüstet:)

Gehet immer hin in aller Teuffel Nahmen ihr leichtfertigen Vögel, ihr grobe Cujonen, ihr ungesaltzenen Bettelfürsten! Sol ich mich denn nun von solchen Landläuffern und ungeschliffenen Bauren lassen verachten? Es war fürwahr hohe Zeit, daß sie sich hinweg trolleten; ich wolte sie sonst vor meinen Augen haben niedermachen lassen.

Friede. Gnädigste Königinn und Frau, Eure Majestät erzürne sich doch nicht dergestalt über diese guten Leute; sie haben ja meines Bedünkens so gar ungebührlich nicht geredet oder etwas gehandelt, das einer so scharffen Bestraffung würdig. Ich zwar halte es dafür, es wäre Eurer Majestät viel rühmlicher angestanden, hätten auch mehr Lobes davon zu gewarten, wenn sie dieselben in gutem Frieden und wol vergnüget hätten von ihrem Hofe hinweg ziehen lassen.

Teutschland. Ha Verrähterinn! Was sagst du? Solte ich diesen ungebehtenen Gästen noch gute Worte geben? Solte ich mit diesen groben Bauren noch fein höflich ümmegehen? Solte ich mit solchen Leuten, die weder Weiß noch Schwartz verstehn, mich so gemein machen?

Vielleicht hätte ich diese Bährenhäuter, die kaum ein rechtes Kleid am Leibe haben, deiner schönen Meinung nach an meine Königliche Taffel setzen und sie bester mahßen tractiren sollen? Du hast es wahrlich sehr wol getroffen. Hastu unvernünfftige Bestie nicht gehöret, mit was hefftigen Schmähworten der Schandvogel Merkurius mich hat angegriffen?

Friede. Merkurius, gnädigste Frau, hat es mit E. Majestät nicht übel gemeinet. Er ist ein Priester und Abgesanter Gottes, deswegen ihm billig hat gebühren wollen, E. Majestät zu ernstlicher Busse zu ermahnen. Diese sind ja die besten Freunde, welche uns vor dem herannahenden Unglüke bei Zeiten warnen. Wolte Gott, E. Majt. hätte des Merkurien treuhertzige Ermahnung nicht nur geduldig angehöret, sondern auch so zu Hertzen genommen, daß sie dadurch eine ernstliche Entschliessung gefasset, ihr bißhero sündlich geführtes Leben künfftig zu bessern.

Teutschland (hefftig ergrimmet). O grosse Falschheit! O unerhörte Verrätherei! Hast du leichtfertige Plaudermetze mit dem Schmähvogel Merkurio etwan eine Confoederation gemachet, mir nach Ehre und Gut, Land und Leuten, Leib und Leben zu trachten? Nun Diable m'en porte, das soll dir übel bekommen.

Wolluft. Allerdurchleuchtigste Königinn, gnädigste Frau, habe ich nicht allezeit gesaget und Euer Majestät auff das treulichste gewarnet, sie solte sich bei Zeiten vorsehen, allbieweil ich schon längst gemerket, daß diese Schandbestie, die sich den Frieden nennet, mit lauter Verrätherei ümmegehe? Wie lange wil sich Eure Majestät von dieser ehrbahren Frauen noch tribuliren lassen?

Teutschland. Was? Tribuliren? Solte ein solches Weib, das meiner Guttahten so viele Jahre gantz reichlich genossen, zuletzt gar über mich herrschen? Das sol und muß in Ewigkeit nicht geschehen. Herauß du Verfluchte, herauß du Abtrünnige!
(Schläget tapfer auff den Frieden).
Mache dich schleunigst hinweg von meinem Angesichte, oder ich lasse dich, hole mich dieser und jener, zu Pulver und Aschen brennen.

Friede. Ach Teutschland, Teutschland, warum schlägstu mich? Verjagstu also gewalttätiger Weise den edlen Frieden von dir, und lässest dich von der verfluchten Wolluft zu dieser greulichen Tirannei anreitzen!

Teutschland. Was Tirannei, du Ertz=Hure, du verfluchte Putain, daß dir der Hagel und Donner den Halß zerbreche! Herauß, herauß in aller Henker Nahmen!

Friede. O du verblendetes sicheres Teutschland, welche erschrecklichen Flüche lässest du auß deinem gottlosen Munde gehen! Ist das der Dank vor alle die Guttaten, welche dir der gülbene Friede hat erwiesen? O mit was bittern Tränen wirst du dermahleinst deine Unsinnigkeit beklagen!

Teutschland. Was besitzest du noch viel wider mich, du unverschähmte Bestie? Wilt du warten, biß ich dich mit vier Pferden auff Stücke lasse zerreissen? Hinweg, sage ich nochmahlen vor alle Teuffel!

(Sie schläget tapfer wieder darauff).

Herauß und verbirg dich vor meinem Angesichte, dafern du dein nichtswürdiges Leben zu erhalten gedenkest.

Friede (fliehet davon, zum Beschluß ruffend:)

Ach, daß es Gott im Himmel erbarme, daß der wehrte Friede von dem unbesonnenen Teutschlande so grausamlich wird verbannet, O Teutschland, Teutschland, wie wird dich diese Unsinnigkeit gereuen!

(Gehet ab).

Teutschland (tritt gantz prächtig, jedoch sehr ergrimmet den Schauplatz auff und nieder mit einer starken und gleichsam brüllenden Stimme ruffend:)

So soll es hinführo allen denjenigen ergehen, welche mir in meinem Regimente das Allergeringste vorzuschreiben sich im wenigsten dörffen erkühnen. Ich werde hinfort meine Königliche autoritet besser in acht zu nehmen wissen.

Wollust. So recht, gnädigste Königinn, das ist auch meine gäntzliche Meinung, E. Mayt. lasse die leichtfertige Metze, den faulen und unnützen Frieden nur immer hinfahren, denn Teutschland, die mächtigste Beherscherinn der Welt, kan gar wol ohne Friede leben, ja reich, mächtig und prächtig ohne denselben bleiben.

(Hie wird mit Trompeten geblasen).

Aber, was mag doch wol dieses Blasen bedeuten?

Diener (kommt eilends auff den Schauplatz, sagend:)

Allergnädigste Königinn, gleich itz kommen etliche Fremde und dem Ansehen nach vornehme Kavallier bei Hofe an, E. Königl. Mayt. unterthänigst auffzuwarten.

Teutschland. Wol Diener, lasse sie durch die Hof-Junkeren alsobald in unserem Nahmen annehmen und in den grossen Saal führen, ich werde bald hinein kommen, selbige Kavallier persöhnlich zu empfahen.

Diener. Durchläuchtigste Königinn, gnädigste Frau, E. Mayt. gnädigstem Befehle sol allerunterthänigstes Fleisses nachgelebet werden.

Teutschland. Ich wil ja hoffen, daß diese Gäste etwas discreter als die vorigen sich werden erzeigen, denn ich gäntzlich davor halte, daß sie bekante, vielleicht auch wol außländische Kavallier seyn mügen, welche sich aber zweiffels ohne ein wenig besser als die vorigen Fastnachts=Butzen werden zu schikken wissen. Aber, was säumen wir? Lasset uns hinein gehen, diese Kavallier gebührender mahssen zu empfangen, und, du Frau Wollust folge mir, und verschaffe, daß wir diesen Tag in rechtschaffener Fröligkeit vertreiben mügen.

Wollust. Großmächtigste Königinn, ich bin E. Mayt. unterthänigste und getreueste Dienerinn; sie lasse nur mich sorgen, wir wollen heute rechtschaffen turniren und das Hauß zum Fenster außwerffen, denn es heisset doch: Friß, sauff, lebe stets im Sauß, nach dem Tode wird doch nichts darauß. Hei lustig!

(Sie gehen alle ab).

Ende der Ersten Handlung.

NB. Hier muß ein Zwischen=Spiel (interscenium) gemachet, oder, welches meines Bedünkens sich viel besser würde schikken, eine gravitetische Musik mit unterschiedlichen Instrumenten (in welche etliche Lieder, von der grossen Unbesonnenheit, Stoltz- und Frechheit des Teutschlandes handelnde, zu singen) süglich angestellet werden, jedoch kan ein jedweder hierinnen nach seinem Belieben verfahren, nur, daß alles gantz ernsthafft und beweglich abgehandelt werde.

Die Ander Handlung.

Der Erste Auffzug.

Der Friede (tritt allein auff mit traurigem Antlitze und Geberden; fähet also an zu reden:)

Nun du verblendetes, elendes Teutschland, nun hastu endlich mich, dein allerhöchstes zeitliches Gut, den edelsten Frieden, gantz muthwilliger Weise von dir hinweg gejaget und getrieben, und nun meinest du noch dazu, du habest die Sache sehr wol außgerichtet. Aber, O grosse Blindheit! O schrekliche Sicherheit, durch welche du dich so gantz unbesonnener Weise in das äusserste Verderben stürtzest! Ach Teutschland, was warest du doch eine glükselige Königinn, als sich der Friede mit seinem unvergleichlichen Nutzen bei dir auffhielte. Ich, Ich der Friede habe durch Gottes Gnade, Hülffe und Beistand erworben und zuwege gebracht, daß das edle Wort des Lebens rein und lauter in Teutschland ward gelehret, daß hohe und niedrige Schulen darinnen blüeten, daß alle guten Künste, Sprachen und Wissenschafften immer höher stiegen, daß die Nahtstühle bei den Höfen und in den Städten wol bestellet wurden, daß einem jeden Unterthanen Recht und Gerechtigkeit ward ertheilet, daß Fürsten und Herren glüklich regierten, grosse und kleine Städte wuchsen und zunahmen, Handel und Wandel sicher ward getrieben, der Adel mit Ehre und Ruhm, die Kauffleute und Bürger mit Gütern, der Akkermann mit überflüssigem Auffenthalte ward beseliget, daß die Schifffahrt biß in die äussersten Oerter der Welt ward fortgesetzet, die Nahrung der Handwerker nüßlich getrieben, der Feld- und Gartenbau in seinem Wesen erhalten, und schlißlich alle Stände ihre anbefohlene Aempter und Arbeit in erwünscheter Ruhe und Sicherheit, ehrlich, frölich und nützlich, Gott zu Lobe, dem Nähesten zu seiner Ersprießligkeit und sich selber zum Besten, Ehre und Gütern könten bedienen. Was wil aber nun geschehen? Wie wird es nun ferner daher gehen, O du tolles und thörichtes Teutschland, da du deiner grossen Glükseligkeit fast gantz und gar überdrüssig, den Frieden muthwilliger Weise von dir hast hinauß gestossen? Das mag wol eine schwehre Straffe von Gott seyn, der mir gantz ernstlich hat befohlen, daß ich mich von dieser bösen unruhigen Welt erheben und zu ihm in den aller herligsten und glükseligsten Frieden- und Freuden-Thron des Himmels sol verfügen.

Mir zwar wird über alle mahsse wol geschehen, aber O Teutschland, wie wil es dir ergehen? Wie wirst du dich so jämmerlich betrügen lassen von denen fremden Völkern, welcher Kundschafft und Gegenwart du so sehr liebest. Du hast schon angefangen mit ihnen Freundschafft zu machen, aber, was gilts, es wird dich in kurtzer Zeit gereuen! Du setzest eben hiedurch dein prächtiges Haubt in sehr grosse Gefahr, welches du doch über alles hättest ehren und lieben sollen. Alle deine Glieder werden nicht weniger als das Haubt müssen herhalten und von den Fremden geplaget werden. Aber, was sol ich dich viel beklagen, was sol ich deine Unsinnigkeit ferner betrauren? Gott hat diese Völker in seinem grimmigen Zorne beruffen, daß sie dir eben den Lohn sollen geben, welchen deine gottlosen und üppigen Thaten schon vorlängst haben verdienet. Ach Teutschland, es jammert mich dennoch deines bevorstehenden Elendes von Hertzen, unangesehen ich mit Schelten und Schlagen von dir bin beurlaubet worden. Aber wozu hilfft mein Klagen? Zeit ist es, daß ich nach dem Willen des Allerhöhesten

mich an den Ort der Freuden verfüge und wenn es ihm gefält, auff
eine kurze Zeit wiederum herunter komme, entweder Teutschlandes
jämmerlichen Zustand anzusehen, oder auch demselben, dafern es recht=
schaffene Reue und Busse würket, mit Raht und Trost inskünfftige
beizuspringen. (Gehet ab).

Der Ander Auffzug.

(Teutschland gehet auff in ihrem höhesten Prachte, die Trabanten und Edelleute
vor ihr her, die Wollust folget ihr auff den Fuß, nach dieser kommen vier ansehnliche
fremde Herren: Der erste von denselben ist gekleidet als ein Spanier, heisset Don An=
thonio, der ander gehet als ein Franzoß, heisset Monsieur Gaston, der dritte kommt
auffgezogen als ein Kroate, heisset Signoro Bartholomeo, und der vierte als ein
Teutscher Reuter im Koller mit rohten Atlassen Ermeln und Hosen, heisset Herr Karel.
Diese vier gehen gleichsam schmutzlend hinter ihr her, stecken bißweilen die Köpffe
zusammen und reden heimlich, hierauff kehret sich gar freundlich zu ihnen und redet
sie an:)

Teutschland. Nun seyd mir zu viel tausend Mahlen willkom=
men, ihr rechtschaffene, ehrliche Cavalliers. Ich habe schon längst ge=
wünschet die Ehre zu haben, euch sämtlich und besonders an unserem
Königl. Hofe zusehen, auff daß man euch alle selbst erwünschete Gnade
und Gutthaten dieses Ortes müchte erweisen. Aber, ich bitte euch,
saget mir doch, wie hat sich das immermehr gefüget, daß ihr vier edle
Ritter von so gar unterschiedenen Nationen eben an diesem Orte und
zwar zu einer Zeit seyd beieinander kommen?

Don Anthonio. Allerdurchleuchtigste Königinn, der hohe Ruhm,
mit welchem E. Mayt. weltbekante Tugend dieselbe gleichsam hat
überschüttet, nebenst der treflichen Grandezza Ihres Großmächtigsten
Königreiches haben mich in meiner annoch zarten Jugend auffgebracht,
daß ich mein Vatterland Sevilien verlassen, mich in Niederland und
ferner in Hochteutschland begeben, daselbst die Teutsche Sprache geler=
net, mich dabenebenst in allerhand ritterlichen Uebungen weltlich ge=
brauchet, der unzweifentlichen Zuversicht gelebend, daß ich als ein Caval=
lero von guten Qualiteten E. Mayt. dermahleinst unterthänigst würde
auffwahrten und mit der Zeit von derselben zu ansehnlichen Aemptern
und hohen Ehren könte befördert werden.

Teutschland. Aber ihr, Monsieur Gaston, erzehlet mir doch
auch mit wenigen, wie denn ihr zu dieser lieben Gesellschafft seyd
geraten?

Monsieur Gaston. Von Hertzen gern Madame! Es ist zwar dieses nicht das erste Mahl, daß ich mich dieser Orte auff halte, gleichwol hat das weltbekante Lob, welches E. Mayt. in der grossen Stadt Pariß, als auch in gantz Frankreich wird nachgeredet, verursachet, daß ich mich abermahl zu einer so höchstlöblichen Regentinn habe anhero verfüget, denn es bei uns Frantzosen ein gemeines Sprichwort ist: L'Allemannie entendu possedera la charge du magistrat. Daß nemlich das verständige Teutschland billig sol regieren. Zudeme so habe ich von Unterschiedlichen verstanden, daß bei Euer Mayt. trefliche gute Pferde, derer ich ein über alle mahssen grosser Liebhaber bin, zu finden, welche ich gerne sehen, und da es immer müglich, eines oder etliche derselben vor dankbahre Vergeltung theilhafft werden möchte.

Teutschland. An Pferden, Monsieur Gaston, soll es weder Euch noch einigem fremden Cavallier, der mich zu besuchen anhero komt, gar nicht ermangelen; sie sind alle, ja auch meine eigenen Leibrosse und besten Gutschpferde zu Eurem Dienste. Wie hat aber Euch das gute Glük hieher geführet Signoro Bartholomeo?

Signoro Bartholomeo. Ich habe mich schon lange Zeit Illustrissima Donna, ohne üppigen Ruhm zu melden, im Kriegswesen geübet, sonderlich aber gegen den Türckischen Bluthund mich tapfer lassen gebrauchen. Unterdessen hat das bekante Gerüchte von Eu. Majestät übergrossen Macht und Herligkeit mich hieher getrieben, und habe ich, als ich zu Frankfurt angelanget, daselbst in der Herberge, zur Ketten genant, den Don Anthonio, wie auch den Monsieur Gaston angetroffen, bin also in guter compagnia mit ihnen anhero gereiset, wozu mich auch dieses vornemlich bewogen, daß ich vernommen, wie daß Eu. Majst. viel herlicher schöner Gesäße, güldene und silberne Trinkgeschirre, nebenst anderen treflichen Kleinodien, Ketten, Perlen, Edelsteinen und dergleichen raren Juwelen in ihrer Macht hätte, derer etliche ich, als ein grosser Liebhaber und Verwunderer solcher schönen Sachen, zum wenigsten nur sehen, oder im Falle es immer müglich, an mich zu kauffen ein sonderbares Verlangen jederzeit getragen, zumahlen ich gute Mittel habe, solche zu bezahlen, und ja gantz kein Zweiffel, daß derselbe, so Geld hat, alles könne erlangen, nach dem wolbekanten Sprichworte: Il tutto ubbedesce al danaro.

Teutschland. Mein Signoro Bartholomeo, da soll es nicht ümme zukommen. Habet ihr zu schönen Trinkgeschirren, fremden und mit allerhand Edelgesteinen und Schmeltzwerk wol außgearbeiteten Kleinobien eine sonderbare Lust, so seyd versichert, daß ich euch damit eben so wol, als den Monsieur Gaston mit guten Pferden, und den Don Anthonio mit einem ansehnlichem Amte und Ehrenstelle werde beschenken. Aber ihr Herr Karel, Ihr seyd mir ja dieses Ortes gar ein frember Gast!

Herr Karel. Großmächtigste Königinn, eben deroselben Euer Mayt. hoher Ruhm, welcher diese meine Gesellen hat auffgemuntert, daß sie sich an deroselben Königlichen Hof begeben, hat auch mich gereitzet, daß ich meine ansehnliche Berg-Schlösser auff eine Zeit verlassen, und mich nebenst diesen Cavallieren, demnach ich sie ungefehr auff der Reise angetroffen, an E. Mayt. Hof in aller Unterthänigkeit verfüget, beides daß E. Königl. Mayt. ich gehorsahmst auffwarten, denn auch, dieweil mir bekant, daß dieselbe ein trefliches, gesundes, wolerbautes Land beherrschet, ich als E. Mayt. geringster, jedoch allergetreuester Diener unter deroselben gütigem Scepter und hochlöblicher Regierung den Rest meines Lebens glüklich müchte verschliessen.

Teutschland. Herr Karel, ihr thut recht und wol daran, daß ihr vor allen anderen Königreichen der Welt eben daß meinige zur Wohnung habet erwählet, und wahrlich, euer Vorhaben wird euch nimmermehr gereuen. Mein Land ist weit, groß, fruchtbar, wol erbauet, volkreich, und, kurtz gesaget, Teutschland fehlet nichts. Leset nur auß etliche meiner Land-Güter, welche euch vor allen anderen gefallen und lasset michs nur wissen, sie sollen euch alsobald zum Eigenthum eingeräumet werden, und ihr Don Anthonio, zweiffelt nicht, ihr sollet bald zu hohen digniteten gebracht, ihr Monsieur Gaston mit guten Pferden und ihr Signoro Bartholomaeo mit allerhand schönen Kleinodien von mir beschenket und verehret werden.

(Sie bedanken sich alle vier mit einer sehr tieffen unterthänigen Reverentz. Inmittelst öffnet sich der Schauplatz, darauff stehet eine schöne Taffel mit vergüldeten Schüsseln voller Konfekt, viel güldene und silberne Becher, Pokal und allerhand Trinkgeschirr, an der Seiten stehet ein Schenktisch, welcher übermäßig mit mancherlei kostbaren Gefässen ist geschmükket, das Gemach und die Wände mit schönen Tapezereien gezieret, etliche Stühle mit güldenen Kissen, alles auffs Prächtigste, wie man es nur immer kan haben, außgerüstet. Hierauff spricht:)

Teutschland. Ihr meine wehrte Cavallier, ich bitte euch, pardonnirt mir, dafern ich euch nicht nach euren meriten tractire, mein Wille ist gut; ich habe befohlen, dieses geringe Banketchen so lange anzurichten, biß meine Königl. Taffel fertig und ich die Herren zur Mahlzeit führen lasse. Bitte demnach, sie wollen sich unterdessen setzen und ein wenig von dem auffgetragenen Konfekt nebenst einem Trünklein

Wein verfuchen, biß wir die Abend=Taffel mit einander halten. Ey, die Herren setzen sich doch.

Monsieur Gaston. Allerdurchleuchtigste Königin, gnädigste Frau, wir bedanken uns zum allerunterthänigsten vor die hohe Königliche Gnade, welche uns ohne allen unseren Verdienst von E. Majestät wird erwiesen, welche zwar wir nimmermehr können vergelten. Wir versichern aber E. Mayt. hiemit unterthänigst, daß wir werden sterben als deroselben gehorsamste Sclaven.

Teutschland. Schweiget doch von der gar geringen Ehrbezeigung, welche euch bei dieser so schlechten Gelegenheit widerfähret, ihr meine liebe Cavallier, denn dieses erfodert ja meine Schuldigkeit; Teutschland ist verpflichtet, solche vornehme Völker und Nationen alles ihres Vermügens theilhafft zu machen. Aber wornach warten sie? Ich bitte, die Herren setzen sich nieder.

(Hie setzet sich die Königinn oben an, der Hofemeister setzet der Königinn den Don Anthonio und Signoro Bartholomeo zur Rechten, den Monsieur Gaston und Herrn Karel zur Linken. Frau Wollust stehet hinter der Königinn, hüpfet und springet. Der Hofemeister, Hof=Junkeren und andere Diener legen der Königinn und ihren Gästen Konfekt vor, schenken in die Becher, derer jeglicher einen vor sich hat; die Königinn auch ihren eigenen.)

Teutschland. Ihr ehrliche Cavallier, es ist mir mit Worten außzusprechen unmüglich, wie hertzlich lieb mir ihre sämtliche Anherokunfft und wie angenehm mir anitzo ihre süsse Gegenwart ist, wolte Gott, ich könte ihnen belieblliche Dienste lassen erweisen.

Don Anthonio. Allergnädigste Königinn, es widerfähret uns die allerhöheste Ehre der Welt, in deme wir gewürdiget werden E. Mayt. die Hände zu küssen, ja sogar an deroselben Königlichen Taffel tractiret zu werden.

Teutschland. Was saget ihr Don Anthonio? Habe ich es nicht schon da unten im Saal gedacht, daß ich entschlossen sey, euch alle mügliche Freundschafft, nicht nur bey dieser schlechten Collation, sondern so lange ich die Ehre eurer Gegenwart werde geniessen, erweisen zu lassen? Inmittelst bringe ich ihnen dieses zum freundlichen Willkommen auff die Gesundheit der gantzen Gesellschafft.

(Sie stehen alle vier auff, machen ihre tieffe Reverentz, stehen auch so lange, biß die Königinn (welche den Becher gantz außsäufft) hat getrunken, darauff setzen sie sich wieder und spricht:)

Don Anthonio: Monsieur Gaston, Ich bringe euch diesen Becher auff Gesundheit, langes Leben und alles Königl. Wolergehends von Jh. Mayt.

Monsieur Gaston. Ich bedanke mich zum allerdienstlichsten. Der allerhöheste Gott wolle J. Mayt. bei langer glüklicher Regierung und aller erwünscheter Gedeiligkeit, Friede und Wolstande gnädigst erhalten.

(Sie stehen beide auff, thut einer dem anderen Bescheid; darauff bringet es Monsiour Gaston, dem Signoro Bartholomeo und dieser es hinwieder dem Karel, biß sie endlich alle vier stehend, ein jeglicher auß seinem Becher der Königinn Gesundheit Bescheid gethan. Hierauff fangen Don Anthonio und Monsieur Gaston an, mit der Königinn freundlich zu schertzen, ihr die Hände zu küssen, und in geheim zu reden).

Teutschland. Ey, die Herren wollen sich doch setzen, sie bemühen sich gar zu sehr, nun sie setzen sich.

(Sie sitzen alle vier nieder).

Geliebet ihnen nicht ein wenich von dem vorgelegten Confekt zu versuchen? Sie nehmen doch nach ihrem gutem Gefallen. Herr Hofemeister, befehlet unsern Kammer-Musikanten, daß sie mit ihren Instrumenten alsobald fertig seyn und ein liebliches Stüklein lassen erschallen.

(Der Hofemeister gehet hin und bestellet die Musik, welche gar sanfft, damit man alles, was geredet wird, davor hören kan, muß gemachet werden. Unterdessen stehet die Wollust hinter der Königinn, hüpffet und springet, sauffet bißweilen einen Becher Wein auß, singet ein Verßlein auß einem Buhlenliede, hertzet und küsset die Edelleute und stellet sich sonst sehr leichtfertig).

Teutschland. Nun ihr brave Cavallier, ich bitte euch, seyd frölich und zwar von Hertzen. Aber, saget mir doch, wie schmekket euch dieser Wein. Ich, als die ich nicht gerne meine Hof-Keller mit schlechten Wein jährlich lasse bestellen, habe ihn von anderen fremden Herren, welche mit ihren Auffwartungen meine Person unlängst verehret, höchlich gehöret rühmen, denn er ist ein auffrichtiger Bacharacher, so gut er am Rheinstrohm mag gewachsen seyn. Oder trinken sie etwan lieber einen Klingenberger oder Nekkerwein, oder sonst einen Rinkauer? Sie forderen nur von was Art ihnen beliebet, wir haben unsere Hofhaltung reichlich damit versorgen lassen.

Don Anthonio. Gnädigste Königinn und Frau, ich meines Theils halte diesen Wein vor einen sehr guten Trunk, schmekket mir auch über die mahsse wol, aber trinket E. Mayt. keinen Spanischen Wein?

Teutschland. Ich habe mich nicht sonderlich dazu gewöhnet, weis auch nicht, ob ich ihn könne vertragen.

Don Anthonio. Warum nicht allergnädigste Königinn? Die bleiche Farbe von E. Mayt. schönstem Angesichte bezeuget es gnugsam, daß sie einen nicht sehr starken Magen hat, dannenhero ich gäntzlich davor halte, daß ein guter Trunk Spanischen Weins E. Mayt. nicht übel solte bekommen.

Teutschland. Dieses kan wol müglich seyn, dieweil ich ohne das von den Medicis offt bin berichtet worden, daß er viel besser däue als der Rheinwein.

Don Anthonio. Wann es E. Mayt. nicht zuwider, wil ich eine Flasche des allerbesten Spanischen Weins, welchen ich mit anhero gebracht habe, lassen herauff holen.

Teutschland. Dieses bin ich sehr wol zu frieden, lasset nur einen meiner Pagen hinlauffen.

Don Anthonio (zum Pagen). Ey mein Freund, thut mir doch dieses zu Gefallen und gehet zu meinem Diener und saget ihm, er solle euch die grosse Flasche Wein, auff welcher Vino di Madera geschrieben stehet, überantworten.

Page. Von Hertzen gern, Eure Excellentz.

Monsieur Gaston. Don Anthonio, der Herr rühmet seinen Spanischen Wein sehr und zwar nicht unbillich, wiewol ich ihn niemahls habe vertragen können. (Zur Königinn:)

Was hält Euer Mayestät von einem rechten guten Französischen Wein, Vin francois?

Teutschland. Dieser komt dem Rheinwein etwas näher, wiewol ich ihn dennoch nicht so gar wol kan vertragen als einen guten Nekkerwein.

Monsieur Gaston. Man hält ihn aber auch trefflich gesund, denn er machet sehr gutes Geblühte, gibt dem Angesichte eine rechte lebendige Farbe und erfreuet das Hertz über die mahssen wol. Ich habe eine Probe mit mir auß Frankreich gebracht eben derselben Art, welchen unsere Königinn über ihrer Taffel pfleget zu gebrauchen, wenn E. Mayt. gnädigst belieben möchte, denselben zu versuchen?

Teutschland. Ich bin wol zu frieden, lasset nur immer her holen, wir wollen alle guten Weine kosten und nur die besten behalten.

(Der Page komt wieder und bringet die Flasche mit dem Spanischen Wein, welche er dem Don Anthonio überliefert).

Monsieur Gaston (zum Pagen). Ach mein Page, wollet ihr euch nicht verdriessen lassen, auch von meinem Diener eine Flasche Wein, nemlich Vin francois abzufodern?

Page. Gantz gern Monsieur, er sol schleunigst anhero gebracht werden.

Herr Karel (zum Pagen). Mein, thut mir doch den Gefallen und lasset mir auch zugleich den grossen Ziegen=Käse, welchen mein Diener anhero gebracht hat, mit aufftragen.

Page. Ja Herr, er sol alsobald mitkommen.

(Don Anthonio lässet sich einen grossen güldenen Becher geben, schenket denselben voll Spanischen Wein auß seiner Flaschen, und überreichet denselben der Königinn mit grosser Höfligkeit und vielen Ceremonien).

Don Anthonio. Allerdurchleuchtigste Königinn, E. Mayt. wolle ihr gnädigst belieben lassen, diesen Spanischen Wein, welcher sonst der allerbeste Vino di Madera ist, ein wenig zu versuchen.

Teutschland. Ja Don Anthonio, wir müssen euren Landsmann zum wenigsten kosten.

(Sie setzet an und trinket).

Wahrlich mein Cavallier, dieser ist ein herrlicher Wein, ich wüste nicht, daß ich ihn jemahls besser oder lieblicher von Geschmak hätte getrunken.

(Sie setzet wiedrum an und trinket den Wein vollends gantz auß. Don Anthonio lachet heimlich und winket den anderen).

Ich werde hinführo öffter ein Trünklein Spanischen Weins zu mir nehmen.

(Der Page kömt wider, bringet zugleich den Vin Francois, wovon Monsieur Gaston auch einen Becher voll einschenket, und den grossen Käse, welchen er dem Herrn Karel überreichet).

Monsieur Gaston. Allerdurchleuchtigste Königinn, nachdeme E: Mayt. dem Don Anthonio die hohe Gnade erwiesen, daß sie seinen Spanischen Wein hat versuchet; als wil ich unterthänigst gebeten haben, sie wolle ihr nicht zuwider seyn lassen auch dieses geringe Becherlein von meinem Vin Francois gnädigst anzunehmen. Ich zweifle nicht, er sol Euer Mayt. nicht allein trefflich wol schmekken, sondern auch sehr wol bekommen.

Teutschland. Ich weiß nicht Monsieur Gaston, wie sich das schikken wil? Können sich denn die Spanischen und Französischen Weine in einem Bauche miteinander auch wol vertragen?

Monsieur Gaston. Gar wol gnädigste Königinn, und können sie sich sonderlich in Teutschland gar fein vergleichen, denn, der eine nimt seine residentz im Haubte, der ander im Magen.

Teutschland. Wolan denn, so wil ich auch ein Becherlein desselben versuchen.

(Sie trinket und spricht:)

In Warheit, dieser Vin Francois ist nicht zu verachten, wiewol er dem Spanischen an Lieblichkeit bei weitem nicht zu vergleichen, denn er bedünket mich etwas strenge zu seyn.

Herr Karel. Deme ist auch also, allergnädigste Königinn, es ist der Französische Wein nicht so gar milde; aber, wenn E. Mayt. nur ein wenig von diesem Käse, welchen ich auß meinem Vatterlande, in der kalten Küche habe mit überbracht, kostet, so wird der Französische Wein bald anders und zwar viel lieblicher schmekken, denn er kan sich mit dieser Art Käse sehr wol vertragen.

Teutschland. Das stünde leicht zu versuchen.

(Herr Karel überreichet der Königinn etliche Stükflein von diesem Käs geschnitten, welche sie gantz begierig isset und spricht:)

Teutschland. Gewißlich Herr Karel, ihr habet einen gar guten, wolschmekkenden Käse mit übergebracht; vielleicht habet ihr gewust, daß ich gerne Käse esse? Monsieur Gaston, da wil ich ein Trünklein von eurem Vin Francois in Gesundheit ihrer Königinn darauff versuchen.

(Sie trinket und spricht ferner:)

Fürwahr, dieser Wein schmekket treflich wol auff einen solchen Käse, meine Diener sollen mir denselben auffheben, denn ich werde ihn künfftig noch mehr lassen aufftragen. Aber, wie so stille ihr Herren? Ich bitte euch, seyd frölich bei dieser gar schlechten Collation, auff den Abend (geliebt es Gott) soll es besser werden.

Signoro Bartholomeo. Allergnädigste Königinn, nachdeme ich gesehen, daß gegenwärtige Cavallier ein jeglicher von den Früchten seines Landes, als Don Anthonio guten Spanischen und Monsieur Gaston von seinem Französischen Wein, Herr Karel aber einen köstlichen Käse E. Mayt. unterthänigst praesentiret haben; als kan ich nicht vorbei, dieses paar schlechter aber doch sehr wolriechender Handschuhe, welche das Gehirn sehr stärken und zu Florentz von dem besten Perfumirern gemachet sind, Euer Majestät demüthigst zu verehren, unterthänigst bittend, selbige mit Königlichen Gnaden auff und anzunehmen.

Teutschland. Wie sol ich das verstehen, ihr braven Kavalliere? Müsset ihr mich denn alle dergestalt beschenken? Fürwahr das ist zu viel! Unterdessen Signoro Bartholomeo, ihr sollet freundlich von mir bedanket seyn, wie nicht weniger die anderen lieben Kavallier vor ihre köstlichen Weine und sehr guten Käse Aber, was machen wir? Tantzen wir denn nicht einmahl bei diesem gar guten Wein, aber noch viel annehmlichern Gesellschafft?

(Zum Diener:)

Lasset die Musikanten einen Courant spielen. Kommet an Monsieur Gaston, ich weiß, daß ihr ein zierlicher Täntzer seyd, ich wil eins mit euch wagen.

(Hie wird ein Tantz gespielet. Don Anthonio tantzet mit dem Becher vorher, Monsieur Gaston folget mit der Königinn, die Wollust tantzet mit Signoro Bartholomeo, und als dieses geendet, bringet Don Anthonio dem Monsieur Gaston einen Trunk, welcher ihm Bescheid thut, der Königinn wird auch ein Becher gereichet, welchen sie austrinket. Im folgenden Tantze springet Monsieur Gaston mit dem Becher voran, diesem folget Don Anthonio mit der Königinn, Herr Karel tantzet mit der Wollust und zuletst auch mit der Königinn, nach vollendeten Täntzen spricht)

Teutschland. So! lustig ihr Herren! Ich solte bald recht frölich werden, weiß nicht, ob mir etwan der Spanische und Französische Wein dergestalt ins Gehirn steiget, oder ob es die gute Gesellschafft verursachet? Aber, ihr Herren, lasset doch die Becher frisch herum gehen, denn auff einen guten Sprung gehöret ein frischer Trunk; Herr Karel, diesen bringe ich euch auff Gesundheit eurer gnädigsten Königinn, meiner hertzwehrten Schwester und Freundinnen.

Herr Karel. Ich bedanke mich unterthänigst, der allerhöheste Gott wolle es E. Königl. Mayt. wol gesegnen.

(Teutschland trinket gantz auß und lässet Herren Karel den Becher überreichen).

Herr Karel. Monsieur Gaston, diesen Becher bringe ich euch auff Gesundheit Ih. Königl Mayt. meiner gnädigsten Frauen, der Himmel wolle sie vor allem Unfalle kräfftiglich schützen, bei langem beständigem Wolergehende fristen, und mit aller selbsterwünschter Glükseligkeit überflüssig gesegnen.

Monsieur Gaston. Der Herr aller Herren wolle seinen guten Wunsch bekräfftigen.

(Herr Karel knieet nieder, wie auch Monsieur Gaston. Herr Karel, nachdeme er den Becher außgetrunken, überreichet ihn Monsieur Gaston, der bringet ihn Don Anthonio und dieser ferner dem Signoro Bartholomeo, trinken also der Königinn Gesundheit alle Viere auf den Knieen und wird dazu geblasen; die Wollust tantzet um sie her. Unterdessen setzet sich die Königinn auff ihren Stuhl, leget den Kopf in die Hand und fähet an zu schlummeren, die vier Cavallier stehen auff, sehen sich um nach der Königinn, Don Anthonio gehet zu ihr und spricht:)

Don Anthonio. Wie denn allergnädigste Königinn, befühlet sich etwan E. Mayt. nicht allerdinges wol? Ich bitte unterthänigst, sie laſſe uns nur ſolches wiſſen, damit wir durch unſere vielleicht gar zu verdrießliche Gegenwart E. Mayt. nicht länger beſchwerlich ſeyn.

Teutſchland. Ach nein ihr Herren, ich befühle mich durchauß nicht übel, aber der Schlaf ſetzet mir dermaſſen hart zu, daß ich auch vor groſſer Müdigkeit von der Stelle nicht kan auffſtehen, ja ich kan meine Augenlider nicht mehr offen behalten.

Monsieur Gaston. Vielleicht hat E. Mayt. in der vergangenen Nacht gar wenig geruhet, können auch ſonſt andere Urſachen hinzu kommen, derowegen wollen wir E. Mayt. mit unſerer Gegenwart nicht länger moleſtiren, ſondern in Unterthänigkeit von derſelben unſeren demühtigen Abſchied nehmen, und uns inmittelſt in E. Mayt. Ball=Hauſe, im falle es derſelben nicht zuwider pour paller le temps ein wenig exerciren.

Teutſchland. Ja, gehet nur immer hin, ihr meine liebe Cavallier, gehet hin und verzeihet mir, denn der Schlaf läſſet mich kaum reden, ich wil auch all mein Geſinde von mir laſſen hinweg gehen. Ach, wie bin ich doch ſo hertzlich müde!

(Hiemit entſchläffet ſie gar feſte; die vier Cavallier machen ein wenig Reverentz, gehen von ihr herauß, und wird der innere Schauplatz, auf welchen die Königinn ruhet, hiemit geſchloſſen, die Cavallier aber bleiben vor demſelben auff der äuſſeren Bühne).

Der Dritte Auffzug.

Monsieur Gaston, Don Anthonio, Signoro Bartholomeo, Herr Karel.

Monsieur Gaston. Was dünket euch ihr Herren, haben wir das Spiel nicht artig angefangen?

Don Anthonio. Fürwahr Monsieur Gaston, es hätte kein beſſrer Anſchlag können erdacht werden. So recht! So muß man Teutſchland in den Schlaff ſauffen, denn ſonſt iſt es ſchwerlich zu zähmen.

Signoro Bartholomeo Wahrlich ihr Herren, das war ſehr klüglich bedacht, daß ihr den Spaniſchen und Franzöſiſchen Wein unter dem Banketke lieſſet auff die Taffel bringen, denn wir alle wiſſen mehr denn zu wol, daß Teutſchland gerne ſäuffet.

Monsieur Gaston. Ja wol Signoro Bartholomeo, der Wein wolte es allein nicht außgemachet haben, wenn er nicht mit anderen Sachen wäre vermiſchet und künſtlich zugerichtet geweſen.

Signoro Bartholomeo. Dieſes weiß ich vorhin wol, denn

es war ja unsere Abrede, ehe wir noch bei dem Königl. Hofe anlangeten, daß alles, was wir Teutschland wolten präsentiren, mit solchen Sachen solte zugerichtet seyn, welche den Schlaff hefftig beförderen, und sind eben die Handschuh, welche ich ihr zum letsten geschenket, mit einem sonderbaren Italiänischen Schlaff=Balsam präpariret, dessen blosser Geruch den Menschen gantz fest machet einschlaffen.

Herr Karel. Und mein grosser Ziegen=Käse ist durch und durch mit dem Opio vermischet, welches Safft eben diese Würkung hat.

Don Anthonio. Und mein Spanischer Wein war mit dem Laudano angelico vermenget, welches auch redlich machet schlaffen.

Monsieur Gaston. Und in meinem Vin Francois hatte ich die Essentiam Croci geschüttet, haben also gar nicht zu zweifflen, daß Teutschland nunmehr auff das allerhärteste schlaffe, worauff denn unser etliche schon manches Jahr mit Fleiß haben gelauret; denn, solange Teutschland wachet und ihr das Haubt richtig stehet, ihre sämtliche Glieder auch noch frisch und untereinander friedlich sind, so hält man es vor unmüglich, daß es könne bezwungen werden: nun wir aber den Handel so weit gebracht haben, das Teutschland schläfft, und diese Schlaffsucht sowohl das Haubt, als alle Glieder wird unruhig und verwirret machen, nun, hoffe ich, sol es nicht fehlen, daß wir sie unter das Joch bringen, insonderheit, wo wir dieses falles untereinander einig sind, und in diesem hochwichtigen Handel bei leibe nicht von einander setzen; solte sich aber nur einer unter uns dieses so grossen Werkes à part unterfangen, wie der Don Anthonio etwan vermeinete, daß es ihme angehen müste, würde er fürwahr weniger denn nichts außrichten.

Signoro Bartholomeo. Ihr saget die Warheit, Monsieur Gaston. Aber ihr Herren und Brüder, ein jeder gebe nun guten Raht, wie wir es ferner mit Teutschland angreiffen?

Don Anthonio. Einmal ists gewiß, daß Teutschland schläfft und zwar über alle mahssen fest. Nun wisset ihr Herren sämtlich, zu was Ende wir anhero kommen sind, daß wir nemlich das reiche, mächtige und prächtige Teutschland wegen seiner grossen Ueppigkeit, Stoltzes, Hochmuht, unmähssigen Lebens, unerhörten Leichtfertigkeit und tausend anderer Laster nach dem Willen des Allerhöchsten straffen, plünderen, berauben, zerreissen und schließlich um alle ihre zeitliche Wolfahrt bringen mügen. Begehren wir nun ihres grossen Reichthums zur Ergetzung und Belohnung unserer vielfältig angewendeten Mühe und Arbeit hinwider theilhafft zu werden, so wil ich treulich gerahten haben, daß wir

uns alsobald über sie hermachen, und in diesem harten Schlaffe er=
würgen, alsdenn können wir unseres Wunsches stündlich gewähret werden.

Monsieur Gaston. Don Anthonio, dieser Raht gefält mir
gar nicht. Mein Gutdünken wäre, daß wir sie im Schlaffe gefangen
nehmen und ihr eiserne Feßlen und Ketten anlegten, denn auff diese
Weise könten wir sehr wunderbahre Geheimnisse auß ihr bringen und
vielleicht dasjenige erfahren, welches uns nach ihrem Untergange nim=
mermehr würde kund gethan werden.

Signoro Bartholomeo. Dieses wird schwerlich angehen; wis=
set ihr nicht, was Teutschland vor eine unglaubliche Macht und Stärke
hat? Wer wil sich unterstehen, Teutschland anzugreiffen? Wer wil ihr
die Ketten anlegen? Wer wil sich erkühnen, dieser so mächtigen Kö=
niginn das Leben zu nehmen? Wir zwar sind alle viel zu schwach und
wenig, eine solche wichtige Impressa vorzunehmen und glütlich zu vol=
lenden. Dieses aber hielte ich vor das beste, daß wir, wenn sie auß=
geschlaffen, auffs neue mit ihr Mahlzeit hielten, und ihr alsdenn in
einem Trünklein Wein einen starken Gifft beibrächten, welchen zuzu=
richten meine benachbarte Welsche Landes=Leute treflich geschikket sind,
von welchen ich auch noch ein gutes Stüklein habe gelernet.

Herr Karel. Alle diese Vorschläge gefallen mir durchauß nicht;
denn, was würde uns damit geholffen seyn, wenn wir Teutschland um
das Leben brächten? Wenn Teutschland tod ist, saget an, was werden
wir vor Nutzen davon haben? Solange es aber lebet, können wir ihrer
Güter treflich geniessen. Ihr selber habt zuvor auß ihrem eignen
Munde verstanden, wie freigebig sie sich gegen uns alle wolle erzeigen.
Zudeme, so würde der an ihr begangene Mord wahrlich nicht unge=
rochen bleiben. Daß man Teutschland in gefängliche Hafft brächte,
wäre zwar wol etwas, ich frage aber nochmahls mit dem Signoro Bartholomeo, wer doch so behertzt seyn und einer solchen grossen Königinn
Fesseln und Ketten anzulegen keine Scheu tragen wolle? Ist demnach
meiner Meinung zufolge dieser der allersicherste Weg, daß wir uns zu
dem unüberwindlichen Schutzherrn und Führer aller Kriege, dem tapfe=
ren Mars verfügen, ihm unser Vorhaben zu verstehende geben und
endlich dahin vermögen, daß er mit seinen Waffen und unserer Hülffe
das trotzige Teutschland, es schlaffe oder wache, plötzlich überfalle und
mit dem Schwerdt bezwinge. Alsdenn kan uns kein Mensch einiger Un=
treu beschuldigen, vielmehr wird die gantze Welt unsere hertzhaffte Re=
solution höchlich preisen, daß wir, eine so mächtige Königinn zu be=

streiten, die Waffen in die Hand genommen, und durch dieselbe als unerschrokne mannliche Rittersleute nicht nur uns, besonderen auch allen unseren Nachkömlingen nebenst grossen Reichthum und Gütern auch einen ewigen Nahmen, (welcher von den tapffersten Helden der Welt über alles wird gesuchet) haben erworben und zuwege gebracht.

Don Anthonio. Per Dio santo, das ist ein über alle mahssen guter und nützlicher Raht; eines aber hätte ich schier vergessen, daß wir nemlich vor allen Dingen erstlich dahin trachten, daß wir Teutschland die güldene Kette, in welcher sie ein schönes Kleinod mit edlen Steinen versetzet, träget, welches Kleinod die Gelehrten Concordia heissen, und das sie gantz unüberwindlich sol machen, vom Halse reissen, denn sobald nur solches geschehen, wird es gar leicht seyn, sie zu bezwingen.

Signoro Bartholomeo. Eben dieser Meinung bin auch ich, das Kleinod muß ihr entzogen werden, wenn wir denn nur den Mars werden zum Helffer haben, wird es uns nicht schwer fallen, Teutschland zu übermeistern.

Monsieur Gaston. Ihr redet wahrlich recht, Signoro Bartholomeo, Mars kan uns Teutschland leicht helffen überwinden, insonderheit da sie nun in einem so tieffen Schlaffe sitzet, zudeme auch wir des Mars so außerkohrne gute Freunde sind. Aber wir müssen eilen, denn Eilfertigkeit per Dieu das beste thun muß bei der Sache.

Herr Karel. So recht ihr Herren, es wil dieses Werk keinen Verzug leiden; Mars sitzet schon hiebei im Quartier zur nächsten Wand, wir dürfen ihn nicht weit suchen. Drum auff, auff, daß wir nur bald eins mit ihm werden. Was gilts, das prächtige Teutschland sol uns alsdenn bald zum Raube und zur wolverdienten Beute werden.

(Sie gehen alle ab).

(Hie muß eine gute Weile mit Instrumenten gar kläglich musiciret, könte auch wol ein Warnungs Lied an Teutschland darin gesungen werden).

Der Vierdte Auffzug.

Merkurius.

Daß die Undankbarkeit ein so schändliches Laster sei, daß auch die Heiden gesaget haben, der Erdbodem ernähre kein abscheulichers Thier, als eben einen undankbaren Menschen, solches bezeuget das üppige und stoltze Teutschland mit ihrem eignem Exempel. Mit höhester Verwunderung, ja mit einer hefftigen Bestürzung habe ich vernommen, welcher gestalt diese übermühtige Königinn nach meiner und der vier alten tapferen Helden schmählichen Abfertigung, ihr allerhöhestes irdisches Gut, nemlich den edlen und wehrten Friede auß ihrem gantzen Lande hat verjaget, und dadurch alles Gedeien, ja allen Segen und Wolfahrt muhtwilliger Weise von sich gestossen, an deren statt aber mit fremden Völkern und Nationen, (welche doch meistentheils anders nichts, als ihren gäntzlichen Untergang und äusserstes Verderben suchen) Kundschafft gemacht, sie zu Gaste geladen, an ihre Königl. Tassel gesetzet, ja sich toll und voll mit ihnen gesossen. Zum allerhefftigsten aber erschrak ich, als ich eben in dieser gegenwärtigen Stunde auß dieser fremden und ungetreuen Gäste eigenem Munde vernahm (denn ich hielte mich in einem abgelegenen Winkel, woselbst ich alle ihre Rede gar leicht konte hören, verborgen) daß sie vor alle empfangene Ehre und Freundschafft das leichtgläubige Teutschland plündern, berauben, verbrennen, zerreissen, ja um alle zeitliche Wolfahrt bringen, und zu dem Ende mit dem grausamen Eisenbeisser und Menschenfresser, dem Mars, sich in Verbündnisse einlassen wolten. Endlich aber entsetzete ich mich schier biß auff den Todt, als ich mit diesen meinen Ohren anhörete, wie sich der blutbürstige Mars stündlich erbohlt, nach allem ihren Willen und Begehren mit dem sicheren Teutschlande zu handeln, und dieweil diese ihre angemahßete Freunde glaubwürdig berichteten, daß Teutschland in einen sehr harten Schlaff wäre gefallen, also baten sie diesen ihren Patronen, den Mars, daß, dieweil sie ihm schon so viele Jahre getreulich hätten gedienet, er ja nicht säumen, sondern sobald immer müglich, ja noch diese Stunde, ehe Teutschland wieder erwache, dasselbe erfüllen und begehrter mahssen tractiren wolle, welches er ihnen alsobald hat eingewilliget. Itzo sitzet dieser grausame Blutvergiesser, und trinket ein paar Pfeiffen Tabak, damit er muhtig und behertzt werde, dieses schwere Werk anzufangen, denn er weiß sehr wol, daß gar ein grosses Werk dazu gehöre, das allermächtigste Teutschland mit bewehrter Hand anzugreiffen, wobei er auch dieses zu bedenken hat, daß die vier fremde Rittersleute nicht nur ihres sonderbahren grossen Vortheils und Geniesses halber, welchen sie von Teutschland verhoffen, sondern auch in Betrachtung vieler anderen Ursachen ihme, dem Mars, ernstlich verbohten, daß er sie nicht solle erwürgen, sondern nur bezwingen und überwinden.

(Hie wird der innere Schauplatz geöffnet und sitzet Teutschland gantz allein in einem sehr tieffen Schlaffe, hat keinen Menschen üm sich, sind auch Tische, Stühle, nebenst allen anderen Sachen schon hinweggeräumet).

Aber, sihe da, ist das nicht das sichere Teutschland? Ach ja, eben sie ist es. Ach, schläffst du noch? Ach, schlummerst du noch, O du rasendes Weib? Ach, wie werden dich deine vielfältigen Feinde auß diesem harten Schlaffe auffwekken! Fürwahr, mich jammert deiner von Hertzen, und ob du mich schon nebenst denen hochgerühmten alten Helden auff das allerschimpflichste hast abgewiesen, so kan ich doch nit unterlassen, mich deiner, O du elendes und jämmerlich betrogenes Weib mitleidentlich zu erbarmen.

(Hie wird gar sanfft auf Instrumenten gespielet und nachfolgendes Lieblein von dem Merkurio fein, hell, klar und deutlich, mit sonderbarer Bewegniß seiner Geberden gesungen:*)

1.

Sichers Teutschland, schläffst du noch?
Ach wie nah ist dir dein Joch,
Das dich hart wird brükken,
Und dein Antlitz dürr und bleich,
Jämmerlich ersitkken,
Wach auff, du Teutsches Reich,
Wach auff, du Teutsches Reich!

2.

Tolles Teutschland deiner Ruh
Eilet Krieg und Auffruhr zu,
Ach, hör auff zu schlaffen,
Alle Kreaturen gleich,
Kommen, dich zu straffen,
Wach auff, du Teutsches Reich,
Wach auff, du Teutsches Reich!

3.

Volles Teutschland, grosse Noht
Wird dich martern auf den Tod,
Sichers Weib begehre,
Daß doch Gott dein Hertz erweich'
Und den Feinden wehre,
Wach auff, du Teutsches Reich,
Wach auff, du Teusches Reich!

---

*) Die ursprüngliche Composition dieses Liedes von M. Jacobi gibt die Beilage.

Aber Ach! Was hilfft doch viel singen und sagen, da gar kein Gehör ist? Das mag wol ein rechter Todesschlaff heissen. Ich wolte zwar wol näher hinzugehen und das sorglose Teutschland etwas hart rütteln und schütteln, aber ich muß mich fürchten, daß, dafern dieselbe erwachen, ich wol übel von ihr möchte empfangen werden. Zudeme muß ich mich alle Augenblikke befahren, daß mein abgesagter und geschworner Todfeind der grausame und blutdürstige Mars mir gar zu schnell auf die Hand komme, denn ich weiß, er wird sehr eilen, sein boßhaftes Vornehmen auffs allerschleunigste ins Werk zu setzen. Und was? (Hie wird gleichsam von Ferne getrummelt). Höre ich nicht schon von Ferne Mordpauten erklingen? Nein, nein, es ist nicht länger Zeit, allhier zu verharren, ich muß mich nur auß dem Staube machen, damit er seinen ersten Grimm nicht über mich außschütte, aber, Ach, du elendes Teutschland! Wehe dir! Ach du jämmerliches Teutschland! Wehe dir! (Gehet ab).

(Sobald Merkurius hinweg, kömt Mars herauß gebrauset mit einem starken Schalle der Trommlen und Trompetten, es werden zugleich unterschiedliche Büchsen und Pistolen hinter ihme loß geschossen, er hat das Maul voller Rauches vom Tabak, welchen er stark herauß bläset, hält einen blossen und blutigen Degen in der Hand und fähet an zu reden mit brüllender Stimme).

Der Fünffte Auffzug.

Mars, Teutschland, Don Anthonio, Monsieur Gaston, Signoro Bartholomeo, Herr Karel.

Mars. Erfreue dich itzt, du mein blutlekkendes Schwerdt und jauchtze mit mir von Hertzen, du Zerfleischerinn der allertapfersten Helden, denn numehr sol dein grosser Hunger und appetit, welchen du nach Menschen-Fleische trägest, bald gestillet werden. Keine angenehmere Zeitung kan mir von einigem Menschen der Welt gebracht werden, als wenn ich gantze Königreiche und Länder durch die Schärffe meines Degens sol bezwingen, denn dieses ist die höheste Ergetzligkeit meines blutsuchenden Lebens. Wollet ihr noch ein mehrers von mir wissen? Ich wolte euch gern dasselbe berichten, wenn mein grimmiger Zorn mir nur so viel Zeit und Weile wolte vergönnen. Und was ist es wol nöthig, daß ich so viel Worte oder dicentes von meiner Tapferkeit mache? Es ist ja ohne das dieser gantzen Welt wissend, daß ich meinen Magen ersättige mit dem Fleische und Gedärmen der allertapfersten Soldaten, meinen Durst lösche ich mit deroselben hitzigem Blute, meine Wollust suche ich im Feur und Rauch, meine Musik lasse ich mir auffmachen mit Feurmösern, Feldschlangen, Kartaunen und Mußquetten. Mein Bette ist von lauter Kuglen, Schrot, Schwefel und Salpeter zugerichtet, und mein rechtes Leben ist, nur alles das, was das Leben hat, zu erwürgen.

(Teutschland erwachet endlich über diesen Tumult, wische: den Schlaff auß den Augen, stehet auff von ihrem Stule und fähet folgender gestalt an zu reden:)

Teutschland. Was ist doch vor ein greulicher Lärmen und Tumult in diesem meinem Kgl. Schlosse mit Schiessen, Trummlen, Blasen und Schreien? Wer mag doch dieses Wesen wol haben angefangen? Aber schau! Was habe ich dort vor einen Gast bekommen? Ists nicht der Mars, welchen die Heyden pflagen einen Gott des Krieges zu nennen? Ja warlich, eben derselbe ist es. Was mag der wol vor Händel vorhaben? Glük zu Mars, wo kömst du bei dieser Zeit her? Dich habe ich in vielen Jahren nit gesehen.

Mars. Es ist mir leid genug Teutschland, daß du den Krieg so lange Zeit nicht gesehen hast, ich komme jetzt, meinen Tribut einzufordern.

Teutschland. Tribut? Von weme woltest du Tribut fordern?

Mars. Von dir Teutschland, fragst du noch?

Teutschland. Von mir? Bin ich dir etwas schuldig? Das ist ja fürwahr zumahlen lächerlich!

Mars. Das ist mir traun nicht lächerlich, du must mir einmahl die Zinsen mit der Haubtsumma bezahlen.

Teutschland. Mars, Ich rahte dir, daß du dein vermessenes Maul haltest, oder ich werde dich übel lassen anlauffen.

Mars. Was sagest du übermühtiges Weib? Trotzest du noch viel? Ich wil, daß du dich mir alsofort gefangen gebest.

Teutschland. Ha, solte ich Deine Gefangene seyn! Ja, ich sage, ich, welche mit ihrer Tapferkeit und Waffen der gantzen Welt bißhero ein Schrekken gewesen, solte ich mich dir ergeben? Dir meinem Vasallen? Dir meinem Sclaven? Pfui dich an.

Mars. Harre nur ein wenig, ich wil dir den Hochmuht bald verbieten, ich wil dich lehren, was Vasallen und Sclaven sind.

(Er wil mit Gewalt Hand an sie legen, Teutschland springet frisch und unerschrotten auff ihn zu, reisset ihm den Degen auß der Hand und wirfft denselben hinter sich zurükke auff die Erden.)

Teutſchland. Wie gefält bir dieſer Streich Herr Struntzer? Haſt du dich nicht tapfer gewehret? O du närriſcher Mars, bildeſt du bir wol ein, daß man Teutſchland ſo leicht könne bezwingen? Weit gefehlt!

Mars. Ach! Was hat mir dieſes verfluchte Weib in dieſer Stunde vor einen überauß groſſen Schimpff angethan? Ich ſchwöre bir bei dieſer meiner Rüſtung, daß ich denſelben nimmermehr wil ungerochen laſſen. Solteſt du ſo kühn ſeyn und mir mein ſiegreiches Schwerdt, das ſo manchen tapferen Helden, ja gantze Königreiche und Länder hat bezwungen, auß den Händen zu reiſſen? Aber, warte nur ein wenig, du muſt mir beſſer bran, was gilts, ich wil bir härter auf bie Haut greiffen.

(Er gehet abermal friſch auff ſie zu).

Teutſchland. Ja, komme nur du verrätheriſcher Bluthund, ich bin vor dir gantz unerſchrotten, nun ſolſt du erſtlich fühlen, was das unüberwindliche Teutſchland vor Kräffte hat, ja, ja, nur immer friſch heran.

(Sie fallen einander in die Arme, fahen an tapfer zu ringen, endlich ab wirfft Teutſchland den Mars unter ſich, gibt ihme rechtſchaffene Stöſſe und tritt ihn mit Füſſen. Mars fähet an auß vollem Halſe zu ſchreien:)

Mars. O helffet, Mordio, rettet, dieſes grimmige Weib wil mich ermorden. Ach, kommet mir zu Hülffe ümme Gottes willen, ehe mich dieſe Teuffelinn auff kleine Stükken reiſſet. Ach helffet! helffet! helffet!

(Hie höret man wieder Trommlen und Trempetten ſchallen, es geſchehen auch hinter dem Schauplatze etliche Schüſſe, inmittelſt ſpringen auß vier Orten die vier Cavallier, als Don Anthonio, Monſieur Gaston, Signoro Bartholomeo und Herr Karel hervor. Dieſe kommen dem Mars zu Hülffe, reiſſen Teutſchland von ihm hinweg, daß er wieder kan auffſitzen, ſie halten Teutſchland unter ſich, Mars ſchläget ſie mit Fäuſten, darauff ſchreiet)

Teutſchland. Thut gemach, ihr Herren, was habe ich mit euch zu ſchaffen? Man thue mir doch keine Gewalt und überfalle mich doch nicht ſo gar ungewarneter Sache, ſol ich mit ihnen kämpffen, ſo fangen ſie es teutſch und auffrichtig mit mir an, ich wil ihnen allen mit einander redlich Fuß halten.

Don Anthonio (ſtoſſet ſie zurükke und ſpricht:)

Ja, ja ich wil mit dir kämpffen, daß dir der Halß krachen ſol, ich wil dir meinen Spaniſchen Wein geſegnen, du verfluchte Plaudermetze.

Monſieur Gaston (gibt ihr auch einen Stoß).

Und ich meinen Vin Francois.

Herr Karel. Und ich meinen alten Ziegen-Käſe.

Signoro Bartholomeo. Und mir ſolt du die perfumirte Händſchen bezahlen.

(Sie geben ihr alle Ohrfeigen, Teutschland aber komt wiederum auff, springet zurücke und spricht:)

Teutschland. Ha ihr Cavallier, wird mir meine Gutwilligkeit dergestalt belohnet? Gedencket man auff eine solche Weise mit mir umzuspringen? Wolan, so harret nur ein wenig, ich muß mich wahrlich noch etwas besser mit euch tummlen.

(Sie gehet wiedrum frisch auff sie zu, wehret sich gegen alle Fünfe mit einer grossen Hertzhafftigkeit, also, daß sie auch allesamt weichen müssen, biß endlich Don Anthonio seinen Vortheil ersihet und im Sprunge ihr die Kette, in welcher das Kleinod Concordia hänget, vom Halse reisset, das hält er mit Freuden in die Höhe und spricht:)

Don Anthonio. Nun frisch daran ihr Brüder, ich habe das Kleinod Concordia schon hinweg, welches Teutschland bißanhero unüberwindlich hat gemachet, was gilts, wir wollen sie nun augenblicklich bezwingen?

Mars. Lustig wieder daran ihr Herren, beraubet und plündert dieses hochmühtige Weib, ich wil euch helffen als ein ehrlicher Cavallier.

(Sie fallen sie alle zugleich an: einer greiffet ihr nach der Kron, kan sie aber doch nicht gar herunter bringen, der ander bricht ihr ein Stücklein vom Scepter, der dritte reisset ihr den Flor hinweg, der vierte den Oberrock und was sie sonst nur können davon bringen. Teutschland schreiet zwar sehr um Hülffe, aber vergeblich. Endlich spricht)

Mars. Haltet ein ihr Herren, lasset uns nur dieses widerwertige Weib in mein Quartier hineinschleppen und ihr daselbst vollends alles dasjenige, was sie noch übrig an ihrem gantzen Leibe hat, abnehmen. Ich wil euch Herren allen diesen Raub schencken, dieweil ich ohnedas reich genug bin, aber den Schimpff, welchen mir dieses auffrührische Weib hat erwiesen, indeme sie sich meiner unüberwindlichen Macht hat widersetzen dörffen, wil ich, solange ein lebendiger Blutstropfen bei meinem Hertzen ist, auff das allergrausamlichste an ihr zu rächen wissen. Ich wil sie zwar nicht tödten, sondern zu ihrem Elende und stets währenden Plage immerhin leben lassen und sie ohne auffhören quälen, peinigen und martern, wozu ihr redliche Cavallier mir zweiffelsohne getreulich werdet verhelffen.

Teutschland. O Mars, handele doch nicht so gar unchristlich und tirannisch mit mir, bedencke doch nur einmahl, was Teutschland vor eine mächtige und gewaltige Königinn ist.

Mars. Was Königinn? was mächtig? was gewaltig? Du bist ein verfluchtes Weib. Kanst du nun bessere Worte geben, Teutschland? Warte nur ein wenig, ich wil dich bald andere mores lehren. Schlep=

pet sie nur immer hinein ihr Cavallier, sie sol drinnen etwas härter
von uns allen getribuliret werden.

(Sie greiffen sie alle vier gantz ungestühmlich an und schleppen sie mit Gewalt
hinein, Mars stosset hinten nach mit Schelten und Fluchen, wird also Teutschland unter dem Schalle und Gethön der Trommlen, des Blasens und des Schiessens hineinge-
führet, worauff abermahl eine traurige Instrumental-Musik, in welche jedoch fügliche
Lieder können gesungen werden, gemachet, und damit diese andere Handlung wird beschlossen).

Ende der anderen Handlung.

Des Friedewünschenden Teutschlandes
Zwischen-Spiel.

Erster Auffzug.

Monsieur Sausewind allein.

(Dieser kömt sehr a la mode, jedoch etwas Studentisch auffgezogen, sähet gar
frech und frisch halb lachend an zu reden:)

Was ist es gleichwol eine brave Sache um einen jungen Cavallier,
der was redliches hat studiret und sich auff allerlei Händel außbündig
wol verstehet? Ich zwar halte dieses vor meinen höhesten Reichthum
und Glükseligkeit, daß ich kein ungeschikter grober Idiot, sondern in
allen Sprachen, Künsten und Wissenschaften trefflich bin unterrichtet
und erfahren. Ja, sehet ihr mich noch darauff an ihr Herren? Meinet ihr vielleicht, daß ich etwan die Warheit allzu kärglich spendire
oder zu milde rede, oder meiner Wenigkeit gar zu viel Qualiteten
zuschreibe? Mit nichten. Ich bin viel ein ander Kerls, als davor ihr
mich achtet. Ich habe mich von meiner zarten Jugend befliessen, alles,
was nur ein Mensch in seinem Kopff kan erdenken, zu wissen, zu lernen und zu behalten. Da war kein Knabe in der gantzen Schule in
seinem Donat, Nomenclator und Grammatiken so fertig als ich be-
schlagen. Einen Syllogismum konte ich viel leichter daher machen, als
ein paar Schuh flikken. Eine Oration konte ich latinisando daher schneiden, wenn ich nur wolte; ja biß auff diese jetzige Stunde bin ich so
mächtig beredt, daß, wenn es mich nur gelüstet, ich die Leute alsobald
kan lachen machen, welches ich noch diesen Tag wil probiren, gestalt
es denn die Herren selber sehen und meiner jetzigen Rede gantz gerne

Beifall geben werden. Der Musik habe ich eine so treffliche Erfahrenheit, vornemlich aber bin ich ein solcher gewaltiger Künstler auff der Lauten, daß sich auch der Gautier, J. Pauli und andre weltberühmte Lautenisten selber nicht geschämet haben, biß in das siebende Jahr von mir zu lernen, und hat man offt gesehen, daß, sobald ich nur ein Conräntchen zu schlagen angefangen, die Stühle, Tische und Bänke gehüpffet und gesprungen, daher man mich auch den andern Orfeus pfleget zu nennen, dieweil auch offtermahls, wenn ich die Saiten rühre, ein gantzer Hauffe Ochsen, Esel, Säue und andere Bestien, wiewol in menschlicher Gestalt, um mich hersitzen oder stehen, gleichwie sie hiebevor um jenen alten Orfeus gethan haben.

Nächst diesem bin ich auch in der Poeterei so übertrefflich gut, daß der Franzosen Ronsard, Theophil und andere, der Italiäner Ariosto, der Latiner Virgilius und der Teutschen Opitz noch viel, viel von mir zu lernen hätten. Meine Lieder, welche ich setze, sonderlich in der Teutschen Sprache, sind dermahssen kunstreich und anmuthig, vornemlich, wenn ich sie mit meiner lieblichen Stimme zu Zeiten vermähle und die Melodeien auff dem Mandöriken dazu spiele, daß sich über die tausend Damen schon längst deßwegen in mich verliebet haben. Ja, ich bin von glaubwürdigen Leuten berichtet, daß schon bei drei und zwantzig der Allerschönsten auß lauter Liebe gegen meine brave Person jämmerlich sind gestorben und begraben, welcher Seelen der liebe Gott gnädig seyn wolle.

Ferner, so bin ich auch nicht auß der Zahl derjenigen, welche immer auff der Bährenhaut liegen und fast ihr Lebenlang nicht weiter, als etwan biß nach Sct. Jürgen, oder nach dem Ham, oder nach Altona ins Reibier, oder, da es gar weit, biß nach Steinbeke, Blankenese und dem Bilwarder kommen. Nein ihr Herren, ich habe bei dem Element die Welt ein wenig besser durchgetrampet und mancher sauberen Pfützen die Augen außgetreten. Ich habe gereiset in Frankreich, in Holstein, in Spanien, in Metlenburg, in Engeland, in Westfahlen, in Gohten und Wenden, Thüringen, Holland und Kassuben, und dieweil ich so viele Länder durchwandert, kan man leicht schliessen, daß ich auch viele und unterschiedliche Sprachen müsse verstehen, und in dieser Meinung werdet ihr wahrlich nicht betrogen. Denn, ich rede gut Barbarisch, ich rede mein Hittländisch, ich rede Marekisch, Chinesisch, Merikanisch, Novazemblisch, Japonisch, Brasilianisch, Schlavonisch, Jühtländisch, Peruanisch, Assirisch und ein wenig Eißländisch; doch ist das

Teutsche fast mein bestes, denn ich mich dessen am meisten und zwar von zarter Jugend an habe gebrauchet. Ist unterdessen jemand unter den Herren fürhanden, der alle diese obgedachte Sprachen fertig redet und verstehet, der trete nur herauff, ich wil ihme dergestalt antworten, daß er sich höchlich samt allen anwesenden Herren und Frauenzimmern darüber sol verwunderen. Ferner bin ich auch ein treflicher Mathematicus, Landmesser, Fortificator, Schantzenbauer, Wallmeister; wie ich denn des Marlois, Freitags, Treuen und anderer berühmter Mathematicorum Praeceptor etliche viel Jahr, auff mehr denn fünffzig Academien in Teutschland allein, der Moßkowitischen und Grönländischen Universiteten allhie zu geschweigen, mit grossem Ruhm und Ehren bin gewesen. Nebenst diesem verstehe ich mich auch treflich wol auff des Himmels-Lauff; ich kan Kalender machen, Nativiteten stellen, weiß zukünfftige Dinge, ich kan auch auß der Hand wahrsagen und einem Diebe gantz eigentlich auß derselben vorher verkündigen, daß er sol auffgehenket werden, sonderlich wenn Meister Jürgen ihm dieselbe schon auff dem Rükken hat zusammengebunden.

Ueber dieses alles gebe ich auch einen braven Fechter und bin in dieser Kunst dermahssen fertig, daß ich mir auch offt mit einem dikken Filtze das Angesicht lasse zubinden, und doch gleichwol meinen Widerpart kan treffen, wo man es nur begehret, es sey ein Auge, den hintersten Zahn auß dem Maule, das linke oder rechte Ohr, ja ein gewisses Hahr vom Kopffe oder auß dem Knebelbahrte, und dieses alles thu ich nur im blinden. Wie meinet ihr Herren, müsse ich wol ein Fechter seyn, wenn ich meinen Gegentheil kan vor mir sehen?

Was ich vor ein Außbund vom Bereiter bin, davon mögen diejenige Zeugnisse geben, welche mich auff des Pluvines Reitschule zu Pariß gekennet haben, woselbst ich meinen Meister weit übertroffen. Doch höre ich, der gute ehrliche Mann sey schon gestorben, deßwegen man mich auch bereits vor vielen Jahren an seine Stelle zum Königlichen Bereiter mit Fleiß hat gefordert, welches ich aber dem Könige in Frankreich dazumahlen in Gnaden abgeschlagen. Betreffend ferner das Voltesiren über die allergrösseste Elefanten, Meertatzen, Murmelthiere und Kamele, so weiß ich meinesgleichen in der gantzen Welt nicht und noch viel weniger im Tantzen, denn es mir eine gar schlechte Kunst, über die fünffzig Capriolen auff einmahl nacheinander daher zu schneiden und einen Lufft-Sprung von der Erden sechs Ellen in die Höhe zu thun, wenn ich nur den Kopff nicht an die Balken stosse, und, damit ich die Herren nicht gar zu lange auffhalte, so wird wol heut zu Tage keine einzige Kunst noch Wissenschafft zu finden seyn, in welcher ich nicht über alle mahssen excellire. Aber, ich mag mich selber nicht rühmen, dieweil es nach dem alten Sprichworte heisset, daß eigenes Lob nur stinke, darum sage ich nur kürtzlich, daß mein Haubt ein Tempel oder Wohnhauß ist aller derer Dinge, welche ein Mensch in diesem Leben kan oder mag wissen und erlernen. Nunmehr gebe ich mich gantz und gar auff allerhand trefliche Künste, als auff die Malerei, Perspectiven, Perpetuum mobile, Quadraturam Circuli und sonderlich auff das Goldmachen, welches mir so gewiß und unfehlbar muß angehen, so gewiß ich gedenke ein gantzes Fürstenthum entweder in Arabia diserta, oder auch in Nova Zembla an mich zu kauffen, und bin ich des gäntzlichen willens, sobald nur mein Lapis fertig ist, innerhalb wenig Wochen die vornehmsten Thürme dieser weltberühmten Stadt, sonderlich die Domspitze, wie auch die zu Sanct Peter und Sanct Katharinen von der Erde biß an den Knauffe gantz vergülden, oder auch wol (dafern es nicht gar zu viel kostet) mit feinem Dukaten-Golde von neuem decken zu lassen, unterdessen wollen sich die Herren nur ein wenig patientiren.

(Mars tritt allein auff, siehet annoch sehr grimmig, spatzieret an der einen Ecken des Schauplatzes auff und nieder).

Aber sihe da! Was mag doch der wol vor ein ansehnlicher Kavallier seyn? Ich wil mich hier ein wenig an die Seite stellen und anhören, was er etwan vorbringen wolle, vielleicht ist er ein Mann, von dem ich auch noch etwas sonderliches kan lernen.

Der Ander Auffzug
des Zwischen-Spieles.

Mars, Monsieur Sausewind.

Mars (annoch sehr entrüstet, spricht mit lauter Stimme:)

Phy! wie habe ich mich über diß schandlose Weib entrüstet! Kaum kan ich wieder zu meinem Odem kommen; ja, ich bin fast müde geworden, diese lose Bestie zu schlagen und zu plagen. Aber, ist das nicht schrekklich, daß Teutschland noch so eigensinnig und überauß halßstarrig ist, daß sie ihr Unrecht nicht einmal wil erkennen? Sie schläget, stösset

und beisset auch mitten in ihrem Elende von sich, als ein rasendes und
unsinniges Thier; sie schilt und fluchet mir ins Angesichte und ist biß=
weilen so trotzig, als wenn sie noch in ihrem besten Flor säße, da sie
doch kaum ein Hemd mehr über dem Leibe hat; denn die vier Kavallier,
welchen ich diese Schandbestie, das leichtfertige Teutschland, in ihre
Hände übergeben, haben sie dermaßen zugerichtet, daß sie fast keinen
Menschen mehr ähnlich siehet; gleichwol sind sie noch zu schwach, ihre
Hartnäktigkeit völlig zu dämpfen und sie zu rechter Demuht und Er=
kentnisse zu bringen, dahero ich mir habe vorgenommen, mich nach et=
lichen klugen und sinnreichen Köpfen, sonderlich aber nach ihren eige=
nen Landsleuten umzusehen, ob ich etwan derselben, wenn ich sie, die
Waffen anzunehmen erstlich habe überredet, mich nützlich könne ge=
brauchen, das verstokte Teutschland durch Hinderlist und Praktiken zu
zähmen, wenn es mir etwan mit den Waffen allein nach meinem Wunsche
nicht wolte gelingen; ich zweifle nicht, der Posse sol gar wol angehen,
in Betrachtung, daß Teutschland ihren eigenen Kindern und Unterthan=
nen nichts Böses wird zutrauen.

(Er sihet gleichsam ungefähr den Sausewind).

Aber, wer stehet dort an jener Ekken? Ich muß ihm ein wenig
näher kommen. Der ist gewißlich ein Franzose, das merke ich fast an
seinem Habit und leichtfertigen Geberden.

(Er spricht zum Sausewind:)

Bon jour monsieur, comment vous va?

Monsieur Sausewind. Je me porte bien, Dieu mercy, a
vostre commandement:

Mars. D'ou venez vous monsieur? Estes vous un François?

Monsieur Sausewind. Nonny pa Monsieur, je suis un
Alleman.

Mars. Ist der Herr ein Teutscher, ey so lasset uns doch auch
ein wenig Teutsch miteinander reden.

Sausewind. Was meinem Herren gefält, mir gilt es gleich
viel, was einer vor eine Sprache mit mir zu reden begehret, dieweil
ich sie alle verstehe.

Mars. Per Dieu, das wäre viel; so ist der Herr vor mich nicht,
denn wenn ich kein Teutsch reden könte, so wäre ich fast stumm; aber,
der Herr verzeihe mir, er wird gewißlich ein Kavallier seyn?

Sausewind. Ja, mein Herr, ich bin so ein armer, schlechter Ka=
vallier, heise sonst meinem rechten Namen nach Monsieur Sausewind.

Mars. Das ist mir in Warheit sehr lieb zu vernehmen, daß

der Herr ein Kavallier ist, aber, er sage mir doch, welcher Partei und wie lange hat er wol gedienet?

Sausewind. Um Verzeihung, mein Herr, ich bin kein Soldat, bin auch niemalen einer gewesen, gedenke auch mein Lebenlang keiner zu werden.

Mars. Monsieur, wie kan er dann ein Kavallier seyn, wenn er kein Soldat ist; jedoch saget an, was könnet ihr sonst etwan vor Künste?

Sausewind. Mein Herr, ich habe mich von meiner zarten Kindheit an, biß auff diese gegenwärtige Stunde, bloß und allein auff das Studiren geleget, und habe dadurch fast alle Sprachen, Künste und Wissenschafften erlernet, also, daß ich mich zu allerhand Bedienungen, sowol bei Fürstlichen Höfen, als anderswo nützlich kan gebrauchen lassen.

Mars. So ist der Herr ein Blakscheisser, höre ich wol? Ja, ja, die sind eben die rechten Gesellen, die können was schönes ausrichten!

Sausewind. Ey, der Herr verachte doch keine Leute, ehe und bevor er sie recht kennet; die Blakscheisser sind auch allezeit keine Narren.

Mars. Was haben sie aber vor Reputation in der Welt? Wer fürchtet sich vor ihnen? Wer gehorchet ihnen? Nur ich, der tapffere Mars und meine untergebene Generale, Obriste, Rittmeister und Haubtleute, wir führen heute zu Tage das Regiment in der Welt, wir beherrschen eigentlich die Königreiche, Fürstenthümer, Städte und Länder, wir schreiben den grossen Potentaten Gesetze vor, wir sammlen die Schätze der Welt, und lassen uns, beim Schlapperment, von keinem Schulfuchse etwas einreden.

Sausewind. Ja leider Gottes, es ist wol hoch zu beklagen und hertzlich zu bedauren, daß Kunst, Geschitligkeit, Verstand und Tugend so gar wenig wird geachtet. Aber gestrenger Herr, ich bitte unterthänig, E. Excellentz halte es mir zum besten, demnach ich vernehme, daß er der gewaltige und unüberwindliche Mars ist, so wolle er mich berichten, warum er doch die Gelahrten so gar wenig achte und seine Kriegesleute über alle andere erhebe?

Mars. Eben darum, Monsieur Sausewind, dieweil die Gelahrte insgemein armselige Tropfen sind, welche mit aller ihrer Kunst bei diesen martialischen Zeiten kaum das liebe Brod können erwerben; da ich und meine getreue Vasallen, aller Dinge, so zu Belustigung menschlichen Lebens dienen, einen Ueberfluß haben, angesehen man uns alles contribuiren muß, was wir nur wünschen und begehren.

Sausewind. Es ist in Wahrheit nicht anders beschaffen, als

wie es E. Excell. erwähnet, daß nemlich die Herren Soldaten gleichsam ohne Mühe und vielmals in den Quartieren gantz müssig liegend, reich werden, im Gegentheil, die allergelahrtesten Leute, welche Gott und der Welt so nützlich dienen können, müssen vielmals bei ihrer schweren und stets währenden Arbeit Mangel leiden und darben. Fürwahr, ich liesse mich schier selber überreden, daß ich den Schulsak hinwegwürffe und auch ein Soldat würde.

Mars. Ja, mein Kerl, das wäre wol der rechte Weg zur waren Glükseligkeit, da köntest du zu einem rechtschaffenen Mann und Kavallier werden, da du sonst mit allen deinen brodlosen Künsten dein Lebenlang ein Hümpler und Stümpler must bleiben.

Sausewind. Ja, mein allertapferster Mars, es wäre wol eine feine Sache, ein vornehmer Soldat zu werden, wenn man nicht, ehe und bevor ein guter, armer Gesell zu denen hohen chargen gelanget, so gar vielem Ungemache, Krankheiten, Ueberfällen, Hunger, Elend, ja Leibes= und Lebensgefahr unterworfen wäre. Denn, ich halte es gäntzlich davor, daß das Kriegeswesen bei weitem nicht so glükselig sey, als viele unerfahrne, liederliche Leute davon urtheilen. Mir zwar ist noch unentfallen, was die Gelahrten pflegen zu sagen: Dulce Bellum inexpertis. Wer es nie versuchet hat, der vermeinet, der Krieg sey lauter Wolleben, aber die Erfahrung bezeuget viel ein anderes.

Mars. Was sagest du, verzagter Mensch, von Gefahr und Ungemach? Es ist kein erwünscheter, glükseliger, wollüstiger und frölicher Leben unter der Sonnen, als eben das Soldaten=Leben, mahssen ich dir dessen in dieser Stunde eine augenscheinliche Probe kan vorstellen.

Sausewind. Das hätte ich fürwar wol Lust zu sehen, in Betrachtung ich biß anhero einer sehr schlechten Meinung gewesen von der jetztlebenden Kriegesleute Beschaffenheit, Zustand, Thaten, Wandel und endlichem Abscheide auß diesem in ein anderes Leben.

(Der Schauplatz öffnet sich, da sitzen ihrer vier an der Taffel, zwey spielen Piquet, die beiden anderen spielen mit Würffeln oder verkehren im Brett: es stehen etliche Beutel vor ihnen auff der Taffel, samt vielen Stapelen Thaler und anderem Gelde, mit welchem sie lustig klappern. Einer sagt: er habe 500 Dukaten gewonnen; der ander sagt: er habe 1000 Reichsthaler davon gezogen u. s. w. Nachdeme Sausewind nebenst dem Mars dieses ein wenig angesehen und betrachtet, schliesset sich der Schauplatz).

Mars. Ja, Monsieur Sausewind, wie gefällt dem Herren diese Uebung? Ist das nicht eine rechte brave Lust, wenn man bißweilen des Abends mit ein paar tausend Dukaten zu Bette geht, welche zu erwer=

ben nicht mehr Mühe haben gekostet, als nur das blosse Gewinnen und hernach die Gelder sein zu sich stecken?

Sausewind. Fürwar, großmächtigster Mars, dieses muß einen treflich sanft ankommen, wann man also ohne Arbeit kan reich werden, und zwar so plötzlich; aber, wenn man auch bißweilen eine gute Summe Geldes verlieret, ja wol gar nakkend zu Hause geht, so muß denn auch Herr Kornelius redlich turnieren.

Mars. Was verlieren? Wer achtet so viel Geldes? Eines einzigen Monats Contribution kan solches alles wieder einbringen, müssen uns doch die Bauren das Geld mit hauffen zuschleppen.

(Der Schauplatz eröffnet sich zum anderen Mal; da sitzen eben diese vier Kavallier und sauffen einander rechtschaffen auff die Haut. Ein paar setzet auff den Knieen, trinket Gesundheit, der britte stehet auff dem Tische und säufst in floribus, der vierdte singet inmittelst das Runda dinella und andere Saufflieder, haben einen Kerl mit der Leier oder sonst einen Biersiedler bey sich, sind sehr lustig und machen allerhand Possen, der Schauplatz schliesset sich).

Mars. Was hältst du denn wol von diesem frölichen Leben, Monsieur Sausewind? Gehets da nicht lustig daher? So machen wir es alle Tage von dem frühen Morgen an biß in die späte Nacht, der Halß muß stets geschmieret seyn.

Sausewind. Ich kan nicht leugnen, mein tapferer Mars, daß Soldatenleben ein recht sorgloses, freyes Leben sey. Denn, wenn Gelahrte und andere Leute sitzen und wollen sich entweder zu tode studiren, oder auch wol wegen des kümmerlichen Zustandes des allgemeinen Vatterlandes zu tode sorgen, so sind die Soldaten rechtschaffen lustig und frölich, sie doppeln und spielen, fressen und sauffen, daß es rauschet. Wer wolte sich nun wol länger mit den Büchern schleppen? Ich wil ein Kavallier werden und solte ich mich auch drüber zu tode sauffen.

Mars. So recht, Herr Sausewind, nun beginnest du endlich zu guten Gedanken zu kommen; aber, ich wil dir noch mehr Lust und Freude des edlen Soldatenlebens bei dieser Gelegenheit zeigen.

(Der Schauplatz gehet auff zum dritten Mal; da tanzet der eine Kavallier mit der Jungfrauen, der ander sitzet, hat ein Weibsbild im Arm, die übrigen beyden spielen mit anderen Damen um einen Kuß, thun heisen, heimliche Frage und dergleichen, gehet auch sonst über die mahsse freundlich und ziemlich leichtfertig daher, der Schauplatz wird geschlossen).

Sausewind. So recht! Das gehöret mit dazu, wenn keine braven Damen bei lustiger Gesellschafft sind, so achte ich kein Haar darauff. Nur Mund an Mund, nur Brust an Brust, das schaffet rechte Freud und Lust.

Mars. Ja freylich, mein redlicher Sausewind, müssen Damen dabei seyn, was wäre es sonst mit dem Kriegeswesen? An solcher Gesellschafft fehlet es den ehrlichen Soldaten nimmer. So manches neue Quartier, so manche frische Hure, wie könte ein unverehelichter Kavallier sonst in der Welt zu rechte kommen?

Sausewind. Das meine ich auch wol; fürwar es solt einer allein um der Damen willen ein Soldat werden; denn ich ein so grosser Liebhaber des Frauenzimmers bin, daß ich auch nicht einmal im Himmel zu seyn begehre, wenn ich wüste, daß keine Damen darin wären.

(Der Schauplatz öffnet sich zum vierdten Mal und stehet einer als ein General gantz prächtig bekleidet, vor welchem sich die anderen drey fast biß zur Erde neigen, und ihm die allerhöchste Ehre erweisen; hinter ihm stehet ein Bauer, hat sein Hütlein in der Hand, der Schauplatz wird geschlossen).

Sausewind. Aber, großmächtigster Mars, wer mochte doch wol der vornehmer Herr seyn, welchem die anderen solche trefliche Ehre anthäten?

Mars. Dieser Kavallier, Monsieur Sausewind, den du gleich jetzt hast gesehen, zeiget dir abermal gleichsam in einem Spiegel die übergrosse Glükseligkeit der Soldaten, denn, ob er zwar auß gar schlechtem Stande ist entsprossen, (wie denn derjenige Bauer, der mit abgezogenem Hütlein neben ihm stund, sein leiblicher Vatter gewesen), so hat er doch durch seine Tapferkeit es so hoch gebracht, daß er endlich ein grosser General worden, welcher bei dieser Zeit vornehmen Fürsten und Herren hat zu gebieten, gestalt er denn auch von denen treflichsten Leuten der Welt als ein halber Gott wird respectiret; deswegen du abermal mit mir wirst bekennen müssen, daß, wer zu hohen Dignitäten und Ehren zu kommen gedenke, der müsse nothwendig ein Soldat werden.

Sausewind. Dem ist in der Warheit nicht anders, O allertapferster Mars, ich sehe es ja vor Augen, daß die Vollkommenheit aller weltlichen Glükseligkeit bloß und allein beim Kriege bestehe. Im Kriege kan ich ohne Mühe und Arbeit reich werden. Im Kriege kan man immer lustig seyn, fressen und sauffen, huren und buben, singen und springen. Im Kriege kan man zu hohen Ehren und Respect gelangen, da einer sonst sein Lebenlang wol ein schlimmer Bärenhäuter muß bleiben. Ich wil die Bücher vor alle Teuffel hinauß werffen, und dir, O großmächtigster Mars, nachfolgen, solange ich einen warmen Blutstropfen beim Hertzen habe, und einen Degen nebenst einem paar Pistolen in der Faust kan führen. Sa, courage, vive la guerre!

Mars. Glük zu, mein redlicher Herr Sausewind, Glük und Heil zum neuen Obristen oder vielleicht gar zum General-Feldherren.

Sausewind. Ich bedanke mich unterdienstlich, großmächtigster Mars, und bitte demühtig, er wolle bei diesem neuen Stande mein grosser Beförderer seyn; ich verpflichte mich hinwider, ihm biß in den Tod getreu-redlich und unverdrossen zu dienen.

Mars. An meiner guten Gunst und Beförderung hat kein ehrlicher Kavallier zu zweifeln. Halte du dich nur in allen Occasionen, sonderlich Teutschland zu tribuliren also, wie du jetzt hast angelobet, welches du auch nochmals mit Darreichung der Hand an Eides statt wirst bekräfftigen.

Sausewind. Warum das nicht, mein tapferer Mars? Sihe da, krafft dieser Handgebung versichere ich dem allgemeinen Beherrscher der Kriege, dem unüberwindlichsten Mars, daß ich mich hinfüro als ein ehrlicher, muhtiger und rechtschaffener Soldat und Kavallier verhalten, auch ihm das halsstarrige Teutschland aller Müglichkeit nach wolle plagen helffen, solange ich lebe und die Waffen in der Faust kan führen.

Mars. So recht, mein ehrlicher Sausewind, da sehe nur zu, daß du dich brav außmontierest, gute Rüstung, Pferde und Gewehr zur Hand schaffest und dich alsdenn bei Zeiten einstellest, damit du mir das hartnättichte, verstokte Teutschland nebenst mehr anderen deinen kriegesbegierigen Landsleuten noch ferner mögest helffen tribuliren, peinigen und plagen. Ich aber gehe jetzt hin, alles dasjenige, was etwan mehr hiezu nöhtig seyn wird, mit sonderem Fleisse ferner anzustellen, nicht zweifelnd, das verruchte, gottlose Teutschland nun bald zur äußersten desperation und Verzweiflung dadurch zu bringen.

(Mars gehet allein vom Platze).

Der Dritte Auffzug
des Zwischen-Spieles.

Monsieur Sausewind, Merkurius.

Sausewind. Nun wolan, die Haut ist verkauffet. Monsieur Sausewind ist nun auch ein braver Soldat worden und hat der elenden

Blaſcheiſſerey gute Nacht gegeben. Pfui! ſchämen mag ich mich in
mein Hertz und Blut hinein, daß ich mich mit der loſen Schulfuchſerei
ſo lange Zeit geplaget und nicht ſchon vor vielen Jahren in den ritterlichen Soldaten-Orden bin getreten; aber, nun werde ich es redlich
wieder nachholen, was ich ſo lange Zeit habe verſäumet. Potz hundert tauſend Element, wie werde ich mich hinführo ſo friſch halten!
Wie tapfer werde ich nun die Bauren ſcheren und tribulieren! Ich wil
ihnen Hauß und Hof, ja das gantze Dorf zu enge machen. Es ſol
auch hinfüro kein Pfeffer-Sakk ſicher vor mir reiſen, kein Adi Laus
semper ſol von mir unberaubet, ungezwikket und ungeplakket bleiben,
Pferde und Kutſchen, Kleider und Waaren wil ich ihnen alles fein
ſäuberlich abnehmen und ihre ſammeten Höſichen unter meine Reiſe-
Mäntel laſſen füttern. Ich werde mich auch ihrenthalben ernſtlich bemühen, daß ihnen das Geld im Räntzel ja nicht verſchimmele, denn
mein Beutel muß rechtſchaffen geſpikket ſeyn. Alsdann kan ich anfangen
zu doppelen und zu ſpielen, dieweil ich ohne das in dieſer Kunſt treflich excelliere. Wie werde ich ſo manchen ſtattlichen Beutel voll Dukaten davon tragen? Dann ſol es erſt redlich an ein Sauffen gehen,
aber, da mag meines Theils einer wol ein Schelm heiſen, der ſonſt
einen naſſen Trunk in ſeinen Halß geuſſet, als den allerbeſten Rheinwein, Malvaſier und Mußkateller, und ſolte ich auch drei Dukaten
vor ein Stübichen bezahlen. Da wil ich denn, mit den vornehmſten
Kavallieren Brüderſchafft machen und ſauffen, daß mir der Halß krachet.
Ja, dann wil ich friſch anfangen zu huren und courtesiren. Par ma
foi, wo mir nur eine ſchöne Dame zu Geſichte kommet, wil ich alſobald Haken anſchlagen; denn ich ohne das bei dem Frauenzimmer ſo
beliebet bin, daß ſich offt ihrer zehen, ja wol mehr auff einmal um
mich gezanket und geriſſen haben. Potz hundert tauſend Dukaten, wie
werde ich mit ihnen umſpringen, daß ich auch gäntzlich davor halte,
ich könne alle vierzehn Tage Gevattern bitten. Wenn ich mir denn
mit tribuliren, Baurentrillen, ſpielen, ſauffen, ſcheiſſieren u. dgl. luſtigen Uebungen einen braven Namen gemachet, ſo iſt alsdenn kein Zweifel, ich werde gar leicht zu einer hohen Charge gezogen werden.

(Merkurius gehet auff).

Es hilfft ohne das im Kriege zur Beförderung am meiſten, daß
einer ſeiner ſoldatiſchen qualiteten halber Vielen bekant ſey.

Nun könte ich zwar zum Anfange wol Rittmeiſter oder Capitain
werden und eine feine Compagnie bekommen, aber die Warheit zu be-

kennen, es fält mir dieses ein wenig zu schlecht, denn, solcher Leute etliche beginnet man mit der Zeit hinter den warmen Ofen zu machen, ja man gibt wol etlichen vornehmen Gesellen Compagnien, welche ihr Lebenlang keinen toden Mann im Felde (es wäre denn am Galgen oder auff dem Rade) gesehen haben. Ist warlich ein grosses Wunder, daß man das Soldaten-Handwerk so leicht und geschwinde kan außlernen, und in einem einzigen Tage zugleich Schüler seyn, und Meister werden. Obrister-Wachtmeister oder auch Obrister-Lieutenant wäre zwar wol etwas, es wird aber auch ziemlich gemein und kan sich bißweilen ein guter Kerl und Auffschneider dazu lügen oder kauffen, welches denn eine gar geringe und schlechte Mühe ist. Ich mag so zum Anfange ein feines Regiment nehmen und Obrister werden. Mich dünket, es sol dennoch so gar übel nicht klingen, wenn man saget: Sihe, da tritt der Herr Obrister Sausewind her. Wenn ich denn nun erstlich in diesen heiligen Fastnacht-Tagen bestallter Obrister werde, (welches mir, ob ich wol niemalen eine Mußquette oder Pike getragen, ja so grosse Ehre und Ruhm gibt, als denen Haubtleuten und Rittmeistern, welche beim Schlafftrunke solche charge erlangen und mit welchen es bißweilen also ist beschaffen, daß sie gestern eine Schusteroder Schneidernadel, auch wol den Schmiedehammer, heute aber den Commando-Degen führen), so heise ich etwan gegen Ostern (si Dijs placet) General-Wachtmeister, auff Pfingsten bin ich sonder Zweifel General-Lieutenant, und gegen die Hunds-Tage, wenn die Bienen schwärmen, werde ich denn gar Feldmarschalk oder Generalissimus. Viel höher werde ich es doch wol nicht bringen.

Merkurius (stellet sich als hätte er den Sausewind zuvor nicht gesehen).

Glük zu, mein liebster Sausewind, wo hat der Herr so lange gestekket?

Sausewind (antwortet ihm das geringste nicht, kehret sich mit hönischen Augen von ihm hinweg und wil ihn nicht einmal recht ansehen).

Merkurius. Ut Vales Literatissime Domine Sausewind? Siccine avertis faciem? Quid nunc iterum meditaris novi?

Sausewind. Was plaudert doch der vor ein Zeug daher? Ich weiß den Teuffel viel, was er saget.

Merkurius. Behüte Gott, Herr Sausewind, verstehet denn der Herr kein Latein mehr? Vor diesem, als er unter meiner Auffsicht studirte, hat er ja offt und vielmals mit mir geredet.

Sausewind. Was Latein reden; wer hat mit solcher Blatscheis=
serei etwas zu schaffen?

Merkurius. Das komt mir seltzsam vor, Herr Sausewind.
Wil der Herr kein Latein mehr wissen? Hat er doch vor diesem den
besten Theil seiner Jugend in Erlernung guter Künste und Sprachen
zugebracht?

Sausewind. Ja, Künste und Sprachen wollen mir nicht viel
einbringen; es ist mir leid genug, daß ich meine gute Zeit in Erler=
nung solcher Bärenhäuter=Possen habe verschlissen.

Merkurius. Warum denn, mein Herr Sausewind, das sind ja
lauter seltzsame Reden.

Sausewind. Fraget ihr noch warum? Eben darum, dieweil sich
bei dieser Zeit ein ehrlicher, soldatischer Kavallier von Hertzen muß
schämen, wenn er in der Jugend etwas sonderliches hat studiret.

Merkurius. Ach, erbarme es Gott, daß es schon so weit in
der Welt kommen, daß man sich der rechten Weisheit, Tugend und
Geschiklichkeit muß schämen!

Sausewind. Was Tugend und Geschiklichkeit? Im Kriege hat
man sich wol um andere Sachen zu bekümmern. Sa, vive la guerre!

Merkurius. Was höre ich? Ist es wol möglich, daß mein
Sausewind, mein alter, redlicher Student ein Soldat worden?

Sausewind. Ja, freylich bin ich einer worden. Der allertapf=
erste Mars hat mich nunmehr zu seinem Gehülfen erwählet und ange=
nommen, siehet nur darauff, daß ich mich erstlich brav außmontire und
darauff nebenst etlichen anderen frischen Kavallieren hinziehe unter seinem
hochpreißlichen Commando, das hartnättichte und verstokte Teutsch=
land rechtschaffen zu martern und zu plagen; denn zu dem Ende bin
ich vornehmlich ein Kavallier worden.

Merkurius. Behüte Gott, Herr Sausewind, du bist ja ein ge=
borner Teutscher und wilt dich gleichwol erkühnen, deine eigene Kö=
niginn und Mutter zu plagen?

Sausewind. Das weiß ich selber wol, Herr Pfaffe, daß ich ein
geborner Teutscher bin, desto eher wil mir es auch gebühren, meinen
Landsleuten das Haar rechtschaffen zu rupfen. Solte ich meinen Beu=
tel nicht sowol, als ein Fremder füllen? Was haben die vier großmüh=
tigen Kavallier, als der Don Anthonio, Monsieur Gaston, Signoro Bar=
tholomeo und Herr Karel mehr vor Recht, das Teutschland zu berau=
ben, als eben ich?

Merkurius. Das weiß der allerhöchste Gott, was sie vor Recht dazu haben. Meines Thuns ist es gantz und gar nicht, von der Gerechtigkeit ihrer Sache zu disputiren, ich beklage nur von Hertzen die greulichen Mißbräuche, welche bei dem leidigen Kriegeswesen unter allen Parteien in diesen Zeiten so gar die Ueberhand genommen. Aber, mein Sausewind, ich bitte dich höchlich, sage mir doch, wer hat dich auff diesen verkehrten Sinn gebracht, daß du nunmehr gleichsam mit Gewalt ein Soldate zu werden gedenkest?

Sausewind. Das hat der allertapferste Mars und meine Courage gethan; wie denn auch, daß mir gleichsam in einem Spiegel alle die Herligkeiten, Freude und Wollust, deren man im Soldatenstande häuffig, ja täglich hat zu geniessen, von hochgedachtem Mars lebhaftig sind vor die Augen gestellet worden.

Merkurius. Ach, du elender Mensch, wie hast du dich so gar sehr lassen verblenden, daß du vermeinest, es sey im Kriege lauter nichts als Freude und Herligkeit zu finden?

Sausewind (etwas entrüstet:)
Das ist per Dieu keine Verblendung. Habe ich doch hell und klar gesehen, wie man im Kriege durch das anmuhtige Spielen kan reich und mächtig werden, wie man daselbst frisset und sauft, huret und bubet, tantzet und springet, ja endlich zu den allerhöchsten Ehren gelanget. Was wolte doch ein Mensch in dieser Welt mehr wünschen und begehren? Darum bitte ich, Merkuri, du wollest dich nur nicht bemühen, mich von meinem löblichen Vornehmen, welches du einen verkehrten Sinn nennest, abwendig zu machen. Spare diesen Wind nur, mein lieber Pfaffe, biß du auff das Höltzchen komst, alsdann hast du freye Macht zu reden, so lange und viel dir nur selber geliebet. Da kanstu es dann machen, wie etliche deiner Cammeraden zu thun pflegen, welche, wenn sie sonst nicht viel auff ihre Predigten studiret haben, einen Hauffen neuer Zeitungen und Avisen ihren Zuhörern vorschwatzen, wie viel man nemlich Städte gewonnen, was vor grosse Schlachten oder Treffen geschehen, wie viel Völker in denselben geblieben, wie viele Wagen, Pferde, Geschütze und Standarten erobert und dergleichen tausenderlei neue Mähre, und über solches Blutvergiessen können sie noch frölich seyn und jauchtzen. Wenn man aber solchen Zeitungen etwas weiter nachfraget, so ist die gantze Avisenpredigt nichts anderes, als eine dikke, feiste, wolgespikkete Lügen gewesen, und haben sich die guten Herren einen grossen Hauffen erdichteter Zo-

ten laſſen auffbinden; oder, wenn ſie von dergleichen Matery nichts
zu ſagen wiſſen, alsdann nehmen ſie bißweilen wol redliche Leute vor,
ziehen dieſelbe auß lauter privat affecten ehrenrühriger und verleum-
deriſcher Weiſe durch die Hechel, wolten ihnen gerne auß Mißgunſt,
und dieweil ſie es denſelben nit können gleich thun, einen Klik anhän-
gen, ſchreien derowegen und toben gleichſam durch ein ellenlanges Horn
oder mageren Kranichshalß ein paar gute Stunden daher, ſchlagen mit
dem Fäuſtchen auff das arme Holtz, daß es ſplittern möchte, ſpritzen
ihren Speichel etliche Ellen weit von ſich, daß er herabfält, wie der
Thau vom Hermon und geberden ſich auß lauter Rachgierigkeit und
unchriſtlichem Haſſe dermahſſen eifrig, als ob ſie lauter Jeremias
wären, da ſie doch rechte Phariſäer und Heuchler in der Haut ſind und
bleiben. Nein, Merkuri, auff dieſe Weiſe muſt du es mit Sauſewind nicht machen, das wird dir warlich nicht angehen.

Merkurius. Hilff Gott, Sauſewind, wie donnerſt du ſo hefftig?
Das war ein ſtarker Platzregen. Aber, was gehen mich ſolche närriſche
Aviſenprediger und mißgünſtige Neidhämmel, welche du gar unrecht
meine (der ich nichts, als die lautere Warheit predige) Kammeraden
nenneſt, was gehen mich, ſage ich, ſolche Verläumder und Schwätzer
an? Aber ach, mein ehemals lieber Sauſewind, haſt du denn gar kein
Gewiſſen mehr? Wie läſſeſt du dich doch den Teuffel ſo jämmerlich
betrügen! Vermeineſt du etwan, daß die Kavallier, welche dir Mars
gleichſam in einem Geſichte gezeiget hat, in Verübung ſolcher ihrer
Weltfreude und Wolluſt gen Himmel ſind gefahren?

Sauſewind. Ob eben alle Soldaten gen Himmel fahren, weiß
ich nicht, und was hat ſich auch ein Cavallier, ſo lange er noch geſund
iſt, um den Himmel groß zu bekümmern? Genug iſt es, daß ich verſichert bin, daß ſie die allerglükſeligſten Leute auff der Welt ſind und
die allerbeſten und luſtigſten Tage haben, ſo lange ſie leben.

Merkurius. Ja wol, glükſelige Leute! Gott bewahre ja alle
frommen Hertzen vor ſolcher Glükſeligkeit, über welcher ihrer viele (wiewol nicht alle) erbärmlich zu Grunde gehen. Aber was dünket dich,
Herr Sauſewind, wenn ich dir eben dieſer Kavallier klägliches Ende
und jämmerlichen Untergang könte vor die Augen ſtellen, was würdeſt
du dann wol ſagen?

Sauſewind. Wie denn, Merkuri, iſt es dieſen tapferen Kavallieren, welche mir der gewaltige Mars vor weniger Zeit hat gezeiget,
anders als wol ergangen, das wil ich ja nimmer hoffen.

Merkurius. Das solst du bald erfahren.

(Der Schauplatz öffnet sich; da stehen ihrer zwey, rauffen sich und erstechen einander, fallen beyde tod banieder, der dritte sitzet an der Taffel, hat einen lebigen Beutel vor sich liegen, samt einer Pistolen, mit welcher er sich selber erschiesset; der vierdte hat einen grossen Blok an den Füssen und ist mit starken Ketten gebunden).

Sausewind. Hilff Gott, Merkuri, was ist das vor ein Spektakul?

Merkurius. Diese sind eben die vier Kavallier, welche du zuvor hast gesehen so lustig spielen, labeten und verkehren. Sihe diese beyde, welche einander dort niederstossen, waren die allervertrautesten Dutzbrüder, indeme aber unter dem Spielen der eine den anderen hat heisen lügen, welche injuri (wie die Herren Soldaten sagen), anders nicht, als durch Blut kan außgesöhnet werden, sind sie mit ihren Degen zusammen gangen und haben einander gantz grausamer Weise niedergemacht, und also dem Teuffel zum neuen Jahr geschikket. Dieser, welcher sich selber erschossen, hat alle seine Werbgelder, auff die dreitausend Dukaten sich belauffend, schändlich verspielet, und dieweil sich der General hoch verschworen, daß er ihn, anderen dergleichen Spielern und Betrügern zum Abscheu wolte henken lassen, als ist er in Verzweiffelung gerahten und hat sich (grösseren Schimpff, seiner Meinung nach zu vermeiden), selber gantz jämmerlich erschossen. Dieser letzte aber, welcher nicht allein sein eigenes, sondern auch anderer Leute Gelder hat verspielet, ist endlich, nachdem er abgebanket und auffs Land sich niedergesetzet, seinen Gläubigern in die Hände gerahten, welche ihn mit grossen Ketten gebunden, nunmehr in einen stinkenden Thurm wollen werffen lassen, biß daß er den letzten Heller bezahlet. Sihe doch, einen solchen Außgang nimt endlich das Spielen.

(Der Schauplatz wird geschlossen).

Sausewind. Behüte mich mein Gott, Merkuri, pflegt es zuletst den Spielern so kläglich zu ergehen, so mag der Teuffel um des losen und leichtfertigen Spielens willen ein Soldate werden.

Merkurius. Ja, mein lieber Freund, es ist nicht alles Gold, was da gleisset; es schleppet der verfluchte Krieg einen so grossen Jammer mit sich, daß es mit Worten nicht kan außgesprochen werden.

(Der Schauplatz öffnet sich; da liegen drey Personen tod auff dem Stroh, ein jeglicher mit einem weissen Tuche bedekket, und stehen viele Trinkgeschirr um sie her, einer sitzet als ein Wassersüchtiger mit einem sehr dikgeschwollenen Bauche, winselt und klaget gar jämmerlich).

Sausewind. Ach, Merkuri, sage mir, was sind doch diese vor Leute, welche ich, dieweil sie mit weissen Leilachen bedekket auff der Erde

liegen, vor Todte ansehe, und, wer ist doch der vierdte mit dem erschrekklichen, grossen Bauche? Du bringest mir ja sehr klägliche Spektakel vor.
(Der Schauplatz wird geschlossen).

Merkurius. Ja freylich mügen es wol klägliche Spektakel heisen. Sihe da, diese drei sind durch ihr viehisches Sauffen erbärmlich um ihr Leben kommen. Der erste hat voller Weise den Halß gebrochen, als er eine Stiegen herunter gehen wollen. Der ander hat sich in starkem Brantewein zu tode gesoffen. Der dritte, als er beim Trunke einen unnöhtigen Hader anfing, ward mit einem Brodmesser menchelischer Weise erstochen, und sind diese drei in ihren Sünden also jämmerlich dahin gefahren. Der vierdte aber hat sich die Wassersucht an den Halß gesoffen, leidet überauß grosse Schmertzen, kan weder leben, noch sterben.

Sausewind. O du verfluchtes Sauffen! Ist das der Lohn deiner gefährlichen Wollust? Fürwar, es gereuet mich von gantzem Hertzen, daß ich um des üppigen Sauffens und schändlichen Spielens willen mich in den Soldatenstand habe begeben. Ach wie übel habe ich bei mir selber gehandelt!

Merkurius. Mein liebster Sausewind, es ist noch früh genug, daß du wieder ümmekehrst und dieses ruchlose Leben verlässest, gedenke, o Sausewind, an dein Ende; zum allermeisten aber bedenke Tag und Nacht die unendliche Ewigkeit.
(Der Schauplatz öffnet sich; Einer hat sich selber erhänget, ein anderer hat sein Angesicht voller Pflaster, auch die Schenkel und Arm mit vielen Tüchern verbunden, der dritte lauffet vor mit einem grausamen Geschrey und wird von einem andern mit einer Pistolen erschossen).

Sausewind. Was sehe ich abermal vor erschrekkliche Greuel, o Merkuri? Das Hertz im Leibe solte einem davor erzittern, ich weiß fürwar selber kaum, was ich sehe.

Merkurius. Freylich mag ein christliches Hertz erzittern, wenn es die wunderbaren Gerichte Gottes und dessen unaußbleibliche Strafen betrachtet. Diese, welche du, bei gegenwärtigem erbärmlichen Zustande vor Augen sihest, sind eben die vier höflichen Courtisanen und Auffwärter des Frauenzimmers, welche sich hiebevor mit den Damen so lustig gemachet haben. Dieser, welchen du dort siehest hängen, ist von einer Weibesperson, welche er mehr als seine eigene Seele hat geliebet, untreulich verlassen worden, worüber er in eine solche erschreckliche Verzweiffelung und Melancholey gerahten, daß er sich selber hat erhenket.

Jener dort mit den Pflastern und Tüchern, hat sich so lange mit den Huren geschleppet, daß er darüber die edle Franzosen Kranckheit an den Halß gekrigt, und nunmehr nichts anders ist als ein lebendiges Aaß. Der dritte aber, welcher vorläufft, ist bei eines anderen Weibe im Ehebruch ergriffen und drüber erschossen, der Thäter aber von des Entleibeten Bruder wieder erstochen worden.

Sausewind. Behüte Gott, was Unglük und Elend komt von Hurerei und Unzucht her? Nein, nein, davor wil ich tausendtmal lieber in einem ruhsahmen Stande das trokne Brod essen, als meinen armen Leib und Seele solcher äussersten Gefahr unterwerffen, keine Damen müsten mir so lieb seyn, daß ich ihrenthalben ein solches zeitliches und hernachfolgendes ewiges Elend solte zugewarten haben.

(Der Schauplatz öffnet sich; da stehet an dem Tische ein General mit abgezogenem Wamse. Ein anderer Kriegesbedienter eilet auff ihn zu mit einer Partisanen oder Hellebarten, setzet ihm dieselbe auff die Brust, etliche andere stehen mit blossen Schwerdtern um ihn her und geben ihm vollends den Rest; der General fällt nieder mit einem grausamen Geschrei).

Sausewind. Abermal ein neuer Auffzug, und zwar ein solcher, der anders nichts als Mord und Todschlag vorstellet; sage mir doch Merkuri, wer ist dieser?

Merkurius. O Sausewind, da sihest du, wie die grosse Herligkeit der Welt gleichsam im Augenblikke verschwindet. Dieser war ein mächtiger und prächtiger General, wie denn fast einen dergleichen, aber vielleicht nicht eben denselben der Mars hiebevor in grosser Pracht dich hat sehen lassen; und zwar, eben dieser ist es, der den Königen ein Schrekken und den Fürsten Angst und Furcht mit seiner Gegenwart und unvergleichlichen Macht pflag einzujagen. Ja, dieser machte alle Städte und Länder zittern, sobald er nur herannahete. Aber, da wird er nun gantz unversehener Weise jämmerlich erstochen und damit hat alle seine Pracht und Herligkeit ein Ende. Sic transit gloria mundi. Was dünket dich, Herr Sausewind, hättest du wol noch Lust, ein vornehmer General zu werden?

Sausewind. Ach, Merkuri, ich habe so viel gesehn, daß mir nunmehr von Hertzen ekkelt. Ach du grausamer, feur- und bluttriefender Krieg, was richtest du unzählig viel Elend und Jammer an unter den Menschen-Kindern? Nein, Merkuri, ich bin gantz einer anderen Meinung worden und dancke dir von Grund meiner Seelen, daß du mich wieder auff den rechten Weg gebracht hast. Ach, ach! **Nulla salus bello, pacem te poscimus omnes.**

Hinweg, verfluchter Krieg, mir kanst du nicht gefallen.
Kom, tausend schöner Fried, ich liebe dich ob allen.
Kom, honigsüsser Fried! Hinweg, verfluchter Krieg!
Ein ruhigs Leben geht weit über Krieg und Sieg.

Merkurius. Gott sey hochgelobet, mein Freund, der dir die Augen des Verstandes hat eröffnet, daß du nunmehr kanst erkennen, was vor ein gar grosser Unterschied zwischen Licht und Finsterniß, zwischen Tag und Nacht, Leben und Tod, Friede und Krieg ist. Danke du nun diesem liebreichen Gott von gantzem Hertzen, daß er dich bei diesem verruchten Leben nicht hat wollen verderben lassen, befleissige dich hinfüro der waren Gottesfurcht und entschlage dich aller weltlichen Eitelkeiten, vor allen Dingen, hertzwehrter Freund, bedenke mit höhestem Fleisse, wie kurtz und flüchtig dieses elende Leben sei, und daß wir alle, Hohe und Niedrige, Reiche und Arme, Gelahrte und Ungelahrte auß dieser kaum augenblikklichen Zeit müssen hinwandern in die lange Ewigkeit.

Sausewind. Von Hertzen gern, Merkuri, wil ich deiner treuen Ermahnung folgen und die unchristlichen Thaten des blutbürstigen Mars biß in den Abgrund der Höllen verfluchen; er spiele, hure und bube, so lange er wil, ich aber Merkuri, wil dir anhangen und deinem göttlichen Befehl biß in meine Grube nachkommen.

Merkurius. Dazu wolle dir die Barmhertzigkeit Gottes gnädiglich verhelffen; folge mir derowegen nach, dieweil meines Bleibens allhie nicht länger ist, denn ich kan nicht unterlassen, das unglükselige Teutschland ferner zu suchen, ob ich ihr noch etwan mit Raht oder Hülffe, derer sie denn höchlich benöthiget, ersprießlich beyspringen könte.

(Sie gehen ab).

Ende des Zwischenspiels.

Des Friedewünschenden Teutschlandes
Dritte Handlung.
Erster Auffzug.
Teutschland.

(Teutschland gehet auff in der Gestalt eines armen, elenden Bettelweibes, mit alten, zerrissenen Lumpen bekleidet, sie steuret sich an einem Stekken, trägt einen Bettelsak am Halse, fähet an mit sehr kläglicher Stimme folgender Gestalt zu reden:)

O Wehe und aber Wehe mir armen unglükseligem Weibe! Ist

auch ein Schmertz unter dem Himmel, der meinen Schmertzen zu vergleichen? Ist auch einiger Jammer, ist einiges Unglük unter der Sonnen, das so schwer wieget als das meinige? Ist auch wol ein Elend so groß, das von dem meinigen nicht weit übertroffen wird? Ach! Ach! Ich bin das allergeplagteste, das zerrissene, das beraubete, das geplünderte, das verbrante, das außgemergelte, das biß auff den Grund verderbte Teutschland! O wehe mir armseligen Weibe! Ich war biß an die Sterne erhoben, nunmehr aber bin ich schier biß in die unterste Hölle gestürtzet. Ich war die allergroßmächtigste Königinn der gantzen Welt, nunmehr aber bin ich zu einer Sclavinn, ja zur elendesten Bettlerinn worden. Ich hatte Reichthum die Fülle, nun bin ich fast gantz und gar außgeleeret und in die äusserste Armuht versetzet. Ich war mit einer solchen unvergleichlichen Schönheit begabet, daß sich alle Welt an mir vergaffte, nunmehr aber bin ich so häßlich und abscheulich geworden, daß auch die Geringsten auff Erden, ja meine eigenen Kinder einen Greuel und Ekkel an mir haben. Meine Glükseligkeit war durch alle Theile der gantzen Welt berühmet, nun ist kein Winkel mehr zu finden, da man nicht von meinem Elende und überauß grossen Unglükseligkeit weiß zu singen und zu sagen. Ach! wie habe ich bei mir selber doch so gar thöricht gehandelt, wie übel habe ich gethan, daß ich derjenigen Freundschafft gesuchet, welche mich aller meiner zeitlichen Wolfahrt so grausamlich haben beraubet! Ach, wie grimmig und hart haben mir die vier fremden Kavallier, welche ich doch bester mahssen bewirthet und tractieret, in kurtzer Zeit mit Rauffen und Schlagen zugesetzet, sonderlich nachdeme sie sich mit dem erschrekklichen Bluthunde, dem Mars, in vertrauliche Bündnisse eingelassen! Ich meine ja, sie haben mir alle genossene Freundschafft bezahlet, so gar, daß sie mir auch keinen einzigen gantzen Rok, ja kaum das Hembde am Leibe übrig gelassen! Ach, wie bin ich von ihnen geschlagen, verwundet, zerprügelt, mit Füssen getreten und schier aller meiner Güter beraubet! Ja, der grausame Mars ist nicht damit erfättiget gewesen, daß er so unmenschlich mit mir elendem Weibe umgesprungen und durch die vier fremden Kavalliere biß auff den Tod zermartern, schlagen, plagen und berauben lassen; nein, er mußte mich armselige Königinn (ach ja, gewesene Königinn!) in noch mehr und grösser Elend und Unglük stürtzen. Denn, nachdeme er mich lange genug hat gequälet, sihe, da sind noch zwei Weibsbilder (welche sich vor des Mars Schwestern außgeben, auch von ihme und anderen vor solche gehalten werden, berer eine Frau

Pest, die andere Frau Hunger wird genennet) dazu kommen. Was nun diese beiden Weiber mir armen, kranken und verwundeten Teutschlande vor ein Elend haben zugerichtet, solches ist meiner schwachen Zungen außzureden unmüglich. Und welcher Redner kan gnugsam erzehlen, was ich armes Teutschland nicht nur vom Kriege, sondern auch von Hunger und Pest habe außgestanden und erlitten? Diese beiden nun folgen dem Mars, ihrem Bruder, auff dem Fusse nach, und muß ich Unglükselige mich befahren, ob zwar nit vielmehr als ein wenig Odem in mir übrig ist, daß doch der grausame Mars, nebenst obgedachten seinen beiden Schwestern, dennoch nicht ablassen werden, mich ferner zu martern und zu plagen. Ach! Ach! Wenn ich mich meiner vorigen Herligkeit ein wenig nur erinnere, möchte mir ja das Hertz im Leibe vor grossem Leide zerspringen. Ach, wie war ich eine so glükselige, reiche und mächtige Königinn! Ihr, ihr, die ihr mich in meiner vorigen Glükseligkeit habet gesehen und gekennet, ihr, ihr könnet mir dessen überflüssige Zeugnisse geben. Alle Welt liebte mich, alle Welt ehrte mich, alle Welt fürchtete mich, Armuht und Dienstbarkeit war viel weiter von mir als der Himmel von der Erden ist. Aber!

(Hie wird abermal getrummlet, geblasen und geschossen. Mars gehet gantz prächtig auff, ihme folgen seine beide Schwestern Hunger und Pest. Der Hunger ist mit einem langen schwartzen, die Pest aber mit einem biß auff die Füsse hängenden weissen Tuche bedekt, hinter diesen dreien gehet der Tod mit seiner Sensen. Teutschland erschrikt hefftig hierüber und schreiet mit lauter Stimme:)

O ihr Berge, fallet über mich! O ihr Hügel, bedekket mich! O wehe, wehe, wehe!

Der Ander Auffzug.

Mars, Hunger, Pest, Tod, Teutschland lieget an der Ekken.

(NB. Hie kan der Mars auff einem Triumph=Wagen etliche Kronen, Scepter, Waffen, Schlösser, Thürme, güldenen und silbernen Raub samt mehreren dergleichen Sachen hinter sich her schleppen lassen, darauff fähet trotzig an zu reden:)

Mars. Sehet da, ihr meine hochgeliebten Schwestern, die vielfältigen Siege und Ueberwindungen eures triumphirenden Bruders, des kriegerischen Mars, welches unaußsprechliche Tapfferkeit nunmehr fast den grössesten Theil der Welt unter seine Macht und Beherrschung gebracht hat. Kein Königreich unter dem Himmel ist vor meinen siegreichen Waffen befreiet geblieben; alle haben sie mir endlich müssen zu

Fusse fallen und mein grimmiges Joch auff sich nehmen, nur das einzige, verstokte, hartnäkkichte Teutschland hat mir biß auff das alleräusserste widerstrebet und sich dermahssen gewehret, daß biß auff diese gegenwärtige Stunde ich sie noch nicht vollentömlich habe untertretten können. Zwar führe ich der anderen von mir bezwungenen Länder Kronen, Scepter und Waffen gleichsam zum Triumph mit mir umher, aller Welt zum Schrekken und Zagen; aber die ihrige kan ich dergestalt noch nicht sehen lassen, wiewol ich verhoffe, auch derselben nun bald ein vollkomener Besitzer zu werden. Zu dem Ende habe ich dieses hochmühtige Teutschland durch die vier wolbekanten Kavalliere, am allermeisten aber durch ihre eigenen Unterthanen dermahssen lassen schlagen, plagen, martern, dehnen, quählen und zerreissen, daß sie kaum Odem kan schöpfen, wie es denn auch schwerlich so viel übrig hat behalten, womit sie ihren zerschlagenen und verwundeten Leib kan bedekken.

Teutschland. Ach ja! leider mehr als allzu war!

Mars. Aber, ich vernehme dennoch von denen vier Kavallieren, als auch von ihren eigenen Unterthanen, daß Teutschland bei weitem noch nicht gar sey außgesogen, sondern viele ansehnliche Schätze und gemünzte Gelder (welcher Gepräge denen Wappen der grossen Reichssonderlich aber derer an der See und vornehmen Flüssen gelegenen Handelsstädte nicht gar unähnlich seyn sollen) bei diesen meinen langwierigen Kriegs-troublen sol vergraben haben, von welchen sie aber das allergeringste nichts bekennen wil, derowegen ich nun gänztlich bei mir beschlossen, dieses halßstarrige Weib durch Hülffe dieser meiner beiden Schwestern, des Hungers und der Pest, auff ein neues anzugreiffen und Teutschland dermahssen zu peinigen, daß sie endlich Alles, sonderlich aber, wo sie den Rest ihres Reichthums und unzähligen Güter hin vergraben habe, sol an den Tag geben. Aber sagt mir, ihr meine liebe Schwesteren, wollet ihr mir auch in diesem Handel treulich und ernstlich beistehen?

Pest. Ja freylich, vielgeliebter Herr Bruder, wil ich dir meines theils rechtschaffene Hülffe leisten, denn das erfordert ja die schwesterliche Liebe, zudeme ist dir auch nicht unbewust, daß ich dir insgemein aller Orten pflege zu folgen, warum solte ich denn eben auff dieses mal von dir absetzen?

Teutschland. O Wehe mir, Wehe mir!

Mars. Ja, meine liebe Schwester, dieses kan nicht geleugnet werden; denn wenn ich mich habe müde gekrieget und mein Arm matt ist von Metzlen und Schlachten der Menschen, so pflegest du an meine Stelle zu treten und oftermalen mehr Leute durch dein unsichtbares, als ich durch mein sichtbares Schwerdt dahin zu rassen. Aber, sage mir doch, meine liebe Schwester Hunger, wie wilt denn du bey diesem Werke dich verhalten?

Hunger. Ich, Bruder Mars? Was solte ich anders thun, als dir getreulich folgen? Hast du Teutschland eine Zeitlang hefftig geplaget, ich wil es noch zehnmal mehr plagen. Du zwar hilffst durch deine Waffen den Leuten plötzlich von der Welt, ich aber pflege sie fein mählich und langsam zu ertöden, damit ihre Pein um so viel grösser und schwerer seyn müge. Ja, ich lasse sie vor ihrem Ende vielmals gantz rasend und unsinnig werden, und ob ich dich zwar nicht allezeit begleite, wie denn auch unsre Schwester Pest nicht zu thun pfleget, so nehme ich doch jederzeit mein Quartier an eben denselben Orten, auß welchen du vor meiner Ankunfft bist hinweggezogen; denn, wo der Krieg herauhgehet, da gehet der Hunger wieder ein. Unterdessen wil ich dir das ungehorsame Teutschland tapfer tribuliren helffen.

Teutschland. O Wehe, Wehe, Wehe mir!

Mars. So recht, meine vielgeliebten Schwestern, so wollen wir endlich die rebellische Königinn bezwingen; sie sol bekennen, oder auch auff Stükke von uns zerrissen werden. Aber sihe da, was sehe ich in jener Ekke so gar zusammengekrümmet liegen? Ist das nicht Teutschland? Hat sichs nicht in diesen dunklen Winkel verstekket, zweiffelsohne der Meinung, daß man sie daselbst sobald nicht sol finden? Ja warlich, es ist niemand anders, als eben diese hartnäkkichte, ruchlose Verächterin meiner kriegerischen Majestät. Horch, du schnödes Weib, sage an, war hast du hie zu schaffen?

Teutschland. Ach Mars, hörest du denn noch nicht auff, mich unglükseligstes, elendestes Weib zu jagen und zu plagen? Ach erbarme dich doch einmal über mich!

Mars. Was sagst du, Bestie, von Erbarmen? Solte ich mich deiner erbarmen? Wer hat doch sein Lebtage gehöret, daß beim Kriege Mitleiden und Erbarmung zu finden? Ich frage dich nochmalen, was du dieser Orten zu schaffen oder verloren habest?

Teutschland. Ach, du unversöhnlicher Mars, deine Grausamkeit hat mich an diesen Ort getrieben! Denn, nachdeme du samt deinen unbarmhertzigen Mitgehülffen mich aller meiner Lebensmittel hast beraubet, bin ich gezwungen worden, allhier in der Frembde ein Stükklein

Brod zu erbetteln, gestalt denn solches in diesem meinem Bettelsacke
annoch ist zu finden.

Mars. Was magst du unverschämtes Weib dich viel über meine
Grausamkeit beklagen? Wäre ich anfänglich nur etwas schärffer mit
dir verfahren, vielleicht hättest du alsdann bessere Worte zu geben ge=
lernet, ob du dich gleich jetzo so sehr beschwerest, daß du dein Brod
müssest erbetteln. Und, was ist es denn endlich mehr? Es haben ja
vor diesem auch wol andere Königinnen gebettelt, ist also Teutschland
die erste nicht.

Teutschland. O Wehe mir! Wehe mir! das ist vor mich wol
ein elender Trost!

Mars. Ja, was meinest du wol, Teutschland, solte ich dich noch
viel trösten? Vermeinestu etwan, daß du deinen Herrn Pfaffen, den
Schwätzer Merkurium bei dir habest, der dir auß der Bibel ein hauffen
Zeuges daher plaudert? Nein, Teutschland, das ist keine Soldatenma=
nier; Kinder und alte Weiber mügen behten, einem martialischen Kaval=
lier stehet kein Ding so wol an als rechtschaffen fluchen und sakramen=
tiren. Aber, sage mir du Vermaledeiete, wohin hast du deine übrigen
Schätze vergraben?

Teutschland. Ach Mars, was vor Schätze? Ich weiß ja von
keinen Schätzen.

Mars. Weissest du von keinen Schätzen? Meinest du etwan,
daß ich toll oder blind sey, oder daß ich mich wie ein Kind von dir
wolle überreden lassen, als wäre dein sämtliches Vermögen schon gänz=
lich erschöpfet? Nein, Teutschland, das verstehe ich viel besser.

Teutschland. Ach, Mars, erzeige dich doch nicht so grimmig
gegen mir armen Weibe! Wohin wolte ich doch Schätze vergraben ha=
ben, es müchte denn in die Tieffe des unergründlichen Meeres seyn,
worauß sie ja schwerlich wieder zu erheben?

Pest. O Teutschland, wie bistu doch so gar obstinat? Bekenne
nur, was mein Bruder von dir zu wissen begehrt, wo nicht, so werden
wir dich fürwar auffs Neue sehr hart angreiffen.

Teutschland. Ach, was sol ich armseliges Weib doch bekennen?
Teutschland hat ja nichts mehr übrig behalten, als ihr elendes Leben.

Hunger. Hörestu nicht Teutschland, mein Bruder Mars wil
wissen, wohin du deine übrigen Schätze habest verstekket. Sage es doch
frey herauß, dafern du anders gedenkest, dein Leben zu erhalten.

Teutschland. Wie kan oder mag ich doch etwas bekennen, das

ich selber nicht weiß? Ach Gott, wollet ihr denn nicht einmal auffhö=
ren, mich zu plagen!

Mars. Was? Auffhören? Nun wollen wir erstlich recht anfan=
gen, dich hartnäktichtes, auffrührerisches und verstokftes Weib auff das
alleräraste, wie wir es nur immer können erdencken, zu tribuliren. Ich
sage nochmalen, bekenne, wohin du deinen übrigen Vorraht hast
verstekket?

Teutschland. Ach Mars, quäle mich doch nicht länger, bedenke
es doch nur ein wenig, daß du ein geborner Teutscher, mein Unter=
sasse, Lehn= und Landsmann bist, wie magst du doch gegen deine eigene
Königinn so unmenschlich tyrannisiren?

Mars (wird hefftig enthrüstet).

Was sagst du, Schandbestie, von tyrannisiren? Heran, ihr meine
Schwestern, und zerpeitschet mir dieses ruchloses Weib ohne einiges
Mitleiden von dem Haubtscheitel biß auff die Fußsohlen, daß nichts
Gesundes an ihrem gantzen Leibe bleibe. Was gilts, sie sol uns endlich
die rechte Warheit bekennen?

(Die beyden Weiber, Hunger und Pest treten gantz grimmig herzu, schlagen tap=
fer mit ihren Peitschen, (welche von breiten Bändern oder ledernen Riemen gemachet
sind), auff das jämmerliche Teutschland, rufen immer fort:)

Bekenne, bekenne du alte Donnerhere, oder du solt und must von
unseren Händen sterben.

Teutschland (auff der Erde liegend).

Sterben? Ach ja, von Hertzen gern wil ich sterben, ich kan und
weiß euch ja nichts zu bekennen. Ach, nehmet mir doch nur mein Leben!

Mars. Höret nur auff ihr meine Schwestern. Dieses rebellische
Weib ist weder durch Schläge noch Streiche gar nicht zu zähmen.
Teutschland fraget nach keiner Strafe, weder Pest noch Hunger kan
sie bezwingen. Ey wolan, so sol denn endlich mein rechtmässiger Eif=
fer ihr das hochmühtige Hertz brechen und sie mit Ach und Wehe von
der Welt räumen. Du Boßhaffte wünschest zu sterben? Sihe, da hast
du nun, was du so hertzlich begehrest.

(Mars schiesset auff sie mit einer Pistolen, daß Teutschland, als wenn es gantz
und gar tod wäre, liegen bleibet, und sich nichts mehr reget).

So muß man die halßstarrigen auffrührerischen Köpfe und hart=
nättichten Sinnen zähmen.

Pest. Ja, Bruder Mars, du hast ihr recht gethan, denn nach
meinen Schlägen fragte Teutschland doch sehr wenig.

Hunger. Und ich, ob ich ihr gleich viel grössere Pein und Marter angeleget als meine Schwester, die Pest, gethan hat, so bin ich dennoch viel zu schwach gewesen, ihr trotziges Gemühte zu bezwingen, weßwegen dieses äusserste Mittel vor die Hand zu nehmen auch mir das rahtsamste gedäucht hat.

Mars (bedenket sich ein wenig).

Es ist wol nicht ohne, ihr meine lieben Schwestern, daß man die Rebellen auff diese Weise zum allerbesten kan bezwingen, denn ein toder Hund beisset hinfuhro nicht mehr. Gleichwol möchte ich wünschen, daß ich Teutschland mit diesem Schusse nicht ertödet hätte.

Pest. Warum das, Herr Bruder?

Mars (kratzt den Kopf).

Ey, nun erinnere ich mich erstlich, daß ich denen vier Kavallieren, welche mich als ihren General in Bestallung haben angenommen, gar ernstlich und auff Glauben versprochen, daß ich zwar Teutschland auff das alleräusserste tribuliren und plagen, aber nicht gar erwürgen wolte, dieweil, wenn Teutschland tod, sie alsdenn ein sehr hohes Interesse daran würden verlieren, auch ihrer annoch übrigen Habe und Güter nicht theilhafftig werden könten. Ich fürchte fürwar, daß sie deswegen eine schwere Action mit mir anfangen werden.

Hunger. Ja, warlich, Bruder Mars, dieses könte leichtlich geschehen, ich erinnere mich itzo selber, daß sie durchauß nicht wolten, daß Teutschland gar ümmekommen solte.

Teutschland (beginnet sich ein wenig zu regen).

Aber, sehet doch ümme Gottes willen, Teutschland reget sich noch ein wenig, ich glaube fürwar, es lebe noch.

Pest (ziehet Teutschland herum auff die andere Seite und spricht:)

In der Warheit Bruder, Teutschland lebet, der Schuß ist ihr nicht ins Hertz, sondern nur durch die Schultern gangen.

Mars. Was saget ihr, Schwestern? Lebet Teutschland noch? Das ist mir von gantzen Hertzen lieb. Aber die Schüsse pflegen dennoch bißweilen gefährlich zu seyn und kan leicht der kalte Brand oder ein anderes dergleichen Accident dazu schlagen, derowegen erachte ich es vor hochnöhtig, daß wir uns nach einem erfahrnen Wundartzte, der zugleich äusserliche und innerliche Gebrechen weiß zu heilen, ümmesehen, daß derselbe ihr den Schaden schleunigst verbinde, und sobald es immer müglich, wiederum heile, damit, wenn Teutschland zu voriger Gesundheit gelanget, wir auff das Neue ihr zusetzen, ja sie mit aller-

hand Martern, so nur immer zu erdenken müglich sind, quälen und
plagen und durch dieses gestrenge Mittel alles dasjenige, was wir zu
wissen begehren, endlich erforschen, und zu sonderbarem unserem Nutzen
und Ersprießligkeit solches anwenden mügen.

Pest. Du redest Recht, vielgeliebter Bruder, wir müssen uns bei
Zeiten nach einem geschikten Feldscherer ümmesehen, damit der Schade
nicht versäumet werde.

Mars (bedenket sich ein wenig).

Halt, halt, ich weiß schon einen treflichen erfahrnen Meister; er
ist von Geburt ein Italiäner, der heisset Ratio Status und wohnet
derselbe nicht gar weit von meinem Quartier, den wil ich alsobald
heraußschikken, daß er das verwundete Teutschland verbinde und soviel
müglich, wiederum heile. Folget mir nur schleunigst nach, damit ja Alles
zeitig genug bestellet werde.

(Sie gehen ab; hie wird sehr kläglich, aber doch gar sanft musiciret).

Der Dritte Auffzug.

Teutschland, Meister Ratio Status, der Feldscherer.

(Teutschland ein wenig von der Erde sich erhebend, fähet an mit kümmerlicher
Stimme sich folgender Gestalt zu beklagen:)

Es halten zwar die blöden Menschenkinder davor, daß nichts grau=
sameres, noch erschrekklichers seyn könne, als der Tod an ihm selber,
und nächst diesem die Furcht des Todes. Ich übelgeplagtes Weib aber
glaube festiglich, daß kein grösserer Jammer werde gefunden, als wenn
ein Mensch, der den Tod so viel tausendtmal wünschet oder begehret,
desselben nicht kan noch mag theilhafft werden. O, wie süß und an=
genehm solte mir Elenden der Tod seyn! Nun aber, so lange ich noch
lebe, sterbe ich nit ein= sondern tausendtmal des Todes und zwar das=
selbe täglich. Ich hätte ja wol gehoffet, es solte mir der grausame
Menschenfresser Mars mit diesem letzten Schuß den Beschluß meines
traurigen Lebens haben gegeben, angesehen ich schon hiebevor etliche
hundert Wunden von ihm empfangen; aber, er hat mir, meinem
Wunsche nach, nicht das Hertz, sondern nur die Schultern getroffen;
jedoch kan es gar leicht geschehen, dieweil ich ohne das gleichsam mit
dem Tode ringe, daß eine andere gefährliche Krankheit zu diesem Scha=
den schlage, die mich armes, zermartertes, verwundetes und beraubetes

Teutschland vollends auffreibe und einmal von allem Jammer und
Elende erlöse, welches denn ich Armselige von Grund meiner Seelen
wil gewünschet haben.

Teutschland (fällt gleichsam in einer schweren Unmacht abermal als tob
zur Erden).

Meister Ratio Status (gehet auff wie ein Quakfalber oder Feldscherer,
ziemlich gravitetisch außstaffiret. Er träget seine Wundartz=Lade unter dem Arm, hält
in der Hand ein paar Gläser, Büchsen mit Salben, allerhand Instrumente und dero=
gleichen. Er kan ihm auch durch einen Diener etliche Sachen nachtragen lassen, fähet
an gantz hochmüthig zu reden:)

Sintemal, dieweil und nachdem es des Durchleuchtigsten Krie=
ges=Helden, des Großmächtigsten Mars Excellentz gnädigst hat gefallen,
mich als einen sehr treflichen Chyrurgus, Medicus, Ophtalmicum, Ly-
tholomum, Hochfürstl. privilegirten wolerfahrnen Leib= und Wundartz=
ten gantz schleunigst herauß zu commandiren, daß ich das von ihm
couragieuser Weise verwundete und geschossene Teutschland gebühr=
licher mahssen solle emplastriren; als wil ich solchem seinem Begehren
zur günstigen Folge mich alsobald dazu prepariren und die verwun=
dete Dame bester mahssen, das ist: gründlich, künstlich und ohne einige
Schmertzen curiren und heilen. Aber, ich sehe ja keine ansehnliche
Weibesperson hieselbst, mahssen J. Excell. daß sie dergestalt beschaffen,
mich selber haben berichtet. (Er siehet sich ein wenig ümer). Ich wil ja nicht
hoffen, daß es jener Bettelsak sey, welcher dort im Kothe außgestrecket
lieget; es scheinet gleichwol, als wenn selbiges Weib an unterschiedenen
Orten ihres Leibes gantz hefftig sey verwundet. (Er kehret oder nahet sich
zu ihr). Glük zu, Mutter, wie gehts? Wie zum Teuffel hast du dich
so im Blute herum gewältzet?

Teutschland. Ach, mein Freund, ich bin ein armes, elendes
und hochbetrübtes Weib. Mars hat mich dermahssen jämmerlich zuge=
richtet, daß ich auch fast keinem Menschen mehr ähnlich bin.

Meister Ratio Status. Hat Mars das gethan? So bist du
Teutschland, höre ich wol?

Teutschland. Ach ja! Gewesen! Ach leider!

Meister Ratio Status. Sey gutes Muhtes Teutschland, ich
bin zu dem Ende zu dir geschicket, daß ich deine Wunden bester mahs=
sen sol heilen, welches zu praestiren ich viel geschikter bin, als der
Theophrastus Paracelsus Bombastus von Hohenhaim mit allen seinen
Jüngern und Nachfolgern, es mögen gleich innerliche oder äusserliche

Schäden seyn. Man muß aber den Dingen sein bei Zeiten vorzukommen wissen, dieweil es nach dem bekanten Verß heiset:

Principibus obsta sero, medicina patrata
Cum mala per longas confarafere foras.

Teutschland. Ja ja, mein Freund, ihr schwatzet mir so etwas daher von euren Chyrurgischen Künsten, welchem allen ich doch sehr wenig traue. Aber saget mir, wie heiset doch euer Name?

Meister Ratio Status. Ich heise der edle, veste, großachtbare, hochgelahrte auch hocherfahrne Meister, Doctor Ratio Status, Chyrurgus, Lythotomus, Hernieticus, Ophtalmicus, Empiricus, Theophrasticus, Galenicus, Magicus, hoch und viel approbirter Leib= und Wundartzt, imo plus si vellerem, ja, so heise ich!

Teutschland. Seyd ihr Ratio Status? Ach Gott, was sol man doch von euch Gutes hoffen? Aber sagt mir, Herr Dokter, wer hat euch zu mir geschikket?

Meister Ratio Status. Das hat der grosse Kavallier Mars gethan.

Teutschland. Mars? Mein abgesagter Todfeind? Ach, war es nicht genug, daß er vor seine Person nebenst seinen mordgierigen Schwestern mich so greulich plagte, muste Ratio Status auch noch erstlich dazu kommen?

Meister Ratio Status. Wie redestu närrisches Weib? Hörestu nicht, daß ich um deines Besten willen bin anhero geschikket, deine fast unzählichen Wunden mit meinem Emplastribus, Catapotijs Clystirijs, Cataplasmatijs Elinctoribus, masticatoribus, gargarismatijs, pontionibus, pilulibus, Electuaribus und anderen dergleichen, Galenischen, Hermetischen und Magischen medicamentibus, glüklich, als ein kunstreicher Meister zu heilen.

Teutschland. Ach, wo findet sich doch ein solcher Meister, der Teutschlands Gebrechen bei dieser Zeit auß dem Grunde kan heilen?

Meister Ratio Status. Ich, ich bin derselbe Mann, ich Ratio Status kan die Kunst, ich weiß Raht in der Noht, vor die morbum, vor den Tod. Aber, halt still Teutschland, da muß ich dir erstlich etliche heilsame Pflaster auff die äusserlichen Wunden legen, und dir hernach die innerlichen Schäden mit etlichen köstlichen Tränken oder portionibus wieder zu recht bringen.

Teutschland. Ach, sagt mir Meister Ratio Status, was gebrauchet ihr doch denn vor Pflaster, mit welchen ihr meine blutigen, ja nunmehr schier eiternden Wunde zu heilen vermeinet?

Meister Ratio Status. Da habe ich erstlich das starke Emplastrum Ligae, welches treflich wol bindet und in solchen Schäden sehr bewähret ist.

Teutschland. Ach, mein lieber Meister, lasset mir nur dieses Pflaster von den Wunden, das Emplastrum Ligae habe ich nimmer können vertragen.

Meister Ratio Status. Was dünket dich denn bei dem Emplastro Unionis, welches nur gar ein wenig zusammenhält, und demnach nicht so gar stark ist, als das vorige.

Teutschland. O schweiget doch auch von diesem, mein lieber Meister, ich habe es schon vor vielen Jahren gebrauchet und mich treflich übel darnach befunden.

Meister Ratio Status. Ja, Teutschland, wilt du denn keines von diesen beyden gebrauchen, so wil ich dir das Emplastrum Neutralitatis zurichten, da wirst du dich ja nicht übel nach befühlen.

Teutschland. Ja, daß es Gott erbarm! Solte ich mich bei diesem Pflaster wol befinden? Die Neutralität ist mir bißweilen eine solche schädliche Salbe gewesen, daß sie mir auch manches schönes Glied an meinem ehemals herlichen Leibe auff das äusserste hat verderbet.

Meister Ratio Status. Was sol ich denn mit dir anfangen Teutschland? Du bist über alle mahsse eigensinnig. Du begehrest deine äusserlichen Wunden weder mit der Ligá, noch der Union, noch auch der Neutralität zu salben. Wie? Wenn ich dir denn etwan das Emplastrum Confoederationis cum exteris hätte auffgeleget?

Teutschland. O weg, weg mit deme! Was dieses vor ein beissendes Pflaster sey, habe ich mit meinem grössesten Schaden schon längst erfahren

Meister Ratio Status. Du must dennoch etwas gebrauchen, dafern dir deine Gesundheit vollenkömlich sol restituiret werden. Dieweil ich aber verstehe, daß du vor allen äusserlichen Mitteln einen so gar grossen Abscheu hast, so wil ich dir lieber eine Portion oder Tränklein zurichten, welches dir verhoffentlich nicht übel wird bekommen.

Teutschland. Ja, wenn ich versichert wäre, daß es helffen wolte.

Meister Ratio Status. Wie solte es nicht helffen? Sihe, da habe ich ein Tränklein, das heisset Simulatio, solches darffst du nur fein kalt zu dir nehmen, was gilts, es sol deine innerlichen Schäden bald heilen.

Teutschland. Ja wol! Simulatio wird bei mir nichts außrichten, denn dieser Trank in Teutschland sehr wenig Kräffte hat, ich glaube aber wol, daß er in Italien, Frankreich und anderen Ländern viele grosse Dinge verrichtet.

Meister Ratio Status. Dieses alles leugne ich zwar nicht. Meine Landsleute, die Italiäner, befinden sich traun sehr wol bei der Simulation, deinem harten teutschen Magen aber mag es wol etwas zu schwach seyn. Wie dünket dich aber, wenn du etwan die Dissimulation dazu nehmest?

Teutschland. Ach, was plagst du mich doch viel mit deinen Tränken? Eines nützet eben so viel als das andere. Alle diese Artzneyen können Teutschland weniger als nichts helffen. Darum bitte ich, mein Ratio Status, bemühe dich meinenthalben nur gar nicht. Ich begehre von allen deinen Artzneyen keine einzige zu gebrauchen.

Meister Ratio Status. Wie? Du bist mir auch wol ein rechter närrischer Kopf. Kan ich dir denn gar nichts zu Danke machen? Sol ich denn also ohne einige Verrichtung wieder davon gehen? Wie werde ich das vor meinem Principalen, dem großmächtigsten Mars, können verantworten? Ich bitte dich, Teutschland, gebrauche doch nur ein einziges meiner medicamenten, damit ich gleichwol könne beweisen, daß ich dir meinen guten Raht gern und willig habe mitgetheilet.

Teutschland. Ach du höhester Gott, wie plagestu mich doch? Bin ich denn vorhin nit elend genug? was sol es denn endlich seyn?

Meister Ratio Status. Höre, Teutschland, demnach du weder Pflaster noch Tränke zu deinen sowol äusser- als innerlichen Schaden wilt gebrauchen, so verschlukke doch nur etliche wenige Pillulen, welche von sonderbarer grosser Würkung werden gehalten.

Teutschland. Was sind es endlich vor Pillulen und wie heisen sie denn?

Meister Ratio Status. Es sind Pillulae Hypocriticae, welche beides von Geistlichen und Weltlichen hoch werden gerühmet; ich wil sie dir in einem gebratenen Apfel hinunter zu essen darreichen.

Teutschland. Wie, saget ihr Meister, heisen diese Pillulen?

Meister Ratio Status. Sie heisen eigentlich Pillulae Hypocriticae.

Teutschland. Pillulae Hypocriticae? ich meinete warlich Anfangs, daß ihr Pillulae Hypochondriacae gesaget hättet, die möchten vielleicht zur Vertreibung meiner überaus grossen Melancholey und Hertzens-Traurigkeit etwas nützen. Aber, wie ich verstehe, so sind es

Pillulae Hypocriticae. Aber, saget mir Meister Ratio Status, heisen dieselben nicht in meiner, das ist, der rechten Teutschen Sprache, **Heuchelpillen?**

Meister Ratio Status. Ja Teutschland, eben dieselben sind es, und ist der Heuchelpillen Würkung so treflich, daß sie mit keinem Golde zu bezahlen. Sihe da, ich habe sie dir schon in einen Apfel verstekket, denselben iß nur geschwinde und laß dir diese köstliche Artzney wol bekommen.

Teutschland. Auff euer Wort Herr Doktor, wil ich den Apfel geniessen, es mag mir so viel nützen als es wil und kan, angesehen ich ohne das kaum mehr lebe, ich muß dennoch erfahren, wie Teutschland die Heuchelpillen wollen bekommen.

Meister Ratio Status. Ohne allen Zweifel sehr wol. Was gilts, ob sie nicht bald treflich sollen würken? Aber, ich wil unterdessen meinen Abscheid nehmen, und meine anderen Patienten, deren sehr viel an der Lust-Seuche, Frantz seinen Hosen, am Magen-Zipperlein, Zahnschnuppen, Gold-Sucht, Diebes-Fieber, Huren-Pest und anderen mehr gefährlichen Krankheiten danieder liegen, besuchen. Immittelst, Teutschland, gehabe dich wol. Die Bezahlung vor die gereichten Artzneien, wil ich von meinem Principal und grossen Patron, dem Mars, zu fordern wissen.

Teutschland. Wol, wol Meister, gehet nur immer hin, ich habe euch ohnedas keinen einzigen Heller zu geben.

Meister Ratio Status (gehet ab und Teutschland verzehrt den Apfel gar geschwind).

Der Vierdte Auffzug.

Teutschland, Friede, Merkurius.

Teutschland. Nun wolan, diese Pillen sind verschlukket, Gott gebe, wie sie mir auch werden bekommen. Ich habe in Warheit eine sehr gefährliche Sache gewaget; denn, bin ich nicht ein schwaches, krankes, zerschlagenes und verwundetes Weibesbild und unterstehe mich nichts desto minder, so vielerley Leibes- und Gemühtes-Gebrechen endlich mit Heuchelpillen zu vertreiben? Das mag wol ein seltzames Beginnen heisen! Aber, ich fühle schon, wie sie anfahen zu würken, sie zerreissen mir den Leib, den Magen, das Eingeweide und alle Ge-

bärme dermahssen greulich, daß ich fast vor Angst nicht weiß, wohin
ich mich sol wenden. O Ratio Status, du ehrloser Landbetrüger,
was hast du mir vor eine gifftige Artzney in den Leib geschwätzet?
Ja wahrlich, es muß wol ein strenges Gifft seyn, es wäre sonst un=
müglich, daß sie mich so häfftig quählen könten. Ach Ratio Status,
wie wird mir doch so grausam wehe nach deinen verfluchten Heuchel=
pillen, das Hertze wil mir schier gar in Stükken zerbrechen.

Teutschland (wil sich gern erbrechen, rültzet mit dem Halse, ächtzet und thut
sonst sehr übel).

Ach! nun muß ich endlich gar erstikken und verderben, der kalte
Schweiß bricht mir schon auß, Hören und Sehen vergehet mir, ach die
verfluchten Heuchelpillen!

Teutschland (erbricht sich abermal heisslig, wird endlich gantz stille, lieget,
als wenn es nun gäntzlich wäre erstorben).

Friede. Es ist nunmehr eine geraume Zeit verflossen, daß ich
mich das letste mal auff dem sündhafften Erdboden, wo lauter Unge=
rechtigkeit und gottloses Leben wohnet, sonderlich aber bey dem damals
glükseligen, reichen und ruhigen Teutschlande habe finden lassen. Aber,
ach, was klägliche Zeitung habe ich von dem erbärmlichen Zustande
dieser so grossen Königinn vernommen! Ja, solte es wol müglich sein,
daß eine solche mächtige Fürstinn fast aller ihrer Güter, Kleider, Gel=
des und Kleinoder beraubet, dazu verhönet und geschmählet, zerschlagen
und verwundet, ja sogar biß auff den Tod verletzet, in armen Bettlers=
Lumpen solte umher kriechen und bei Jedermänniglich so gar unwehrt
seyn, daß auch nunmehr die Buben auff der Gassen ihrer spotten? O
Teutschland, Teutschland, wohin ist es doch mit dir gerahten? Das
heisset: Jage den edlen Friede von dir, verspotte die alte Teutsche
Redligkeit, setze dein Vertrauen auff frembde Völker und laß dich die
schändliche Wollust einzig und allein führen und regieren. Aber, was
sehe ich dort an jener Etken liegen? Es scheinet fast, als wenn es ein
Mensch wäre (gehet näher hinzu). Ja warlich, es ist ein Mensch. Hilff
ewiger Gott, die ist erbärmlich zugerichtet, die sihet jämmerlich auß.

(Sie ergreiffet Teutschland bei der Achsel, rüttelt und schüttelt sie, sprechend:)

Wer bist du Weib?

Teutschland. Eine elende, hochbetrübte Kreatur.

Friede. Sage an, was fehlet dir denn?

Teutschland. Friede.

Friede. Ja liebes Weib, ich bin der Friede, aber ich frage, was
dir mangle?

Teutschland. Friede.

Friede. Ja, ja, meine Freundinn, ich heisse der Friede, aber wornach seufftzest du doch so gar ängstiglich?

Teutschland. Ach, nach dem lieben Friede!

Friede. Ich bitte dich armes Weib, sage mir nur deinen Namen, wer bist du?

Teutschland. Ach! Ach! Ach! Ich bin Teutschland, Teutschland ja gewesen!

Friede (entsetzet sich hefftig:)

Bist du Teutschland? O du barmhertziger Gott, wer hat dich so erbärmlich zugerichtet, wer hat dich doch so jämmerlich zerschlagen?

Teutschland (richtet ihr Haubt ein wenig auff).

Ach! Das haben meine Freunde und Feinde, ja meine eigenen Kinder, Unterthanen, Knechte und Landsleute gethan. Aber wer bist du, die du so freundlich mit mir redest?

Friede. Ich bin der Friede. Wie, Teutschland? kennestu mich denn gar nicht mehr?

Teutschland (kriechet auff Händen und Füssen herzu, wil den Frieden umfangen).

Ach du allerwehrteste Freundinn meiner Seelen, sey mir zu hundert tausendt malen wilkommen, o du edler, o du süsser, o du güldner Friede!

Friede (springt schleunig zurücke und spricht:)

Enthalte dich noch ein wenig, du übel zugerichtetes Teutschland, es ist noch viel zu frühe, den Frieden dergestalt zu umfangen.

Teutschland. Ach, du theurer Friede, warum mag ich dich nicht umfangen?

Friede. Nein, Teutschland, der Allerhöchste Gott hat mich zwar hergesendet, dir in deinem jetzigen hochbetrübten Zustande einen gnädigen Blik zu ertheilen, mit nichten aber meine beständige Wohnung bei dir zu nehmen, angesehen ich annoch nicht kan wissen, wenn meine rechte Zeit und Stunde werde kommen.

Teutschland. Ach, Friede, du allerhöchester Schatz auff Erden, dein blosses Zusprechen beginnet mir warlich schon neue Kräffte zu ertheilen. Ach, dein göttliches Angesicht erquikket mir in meiner grossen Schwachheit Hertz, Seele und Leben.

Friede. Ja Teutschland, kanst du nun mit der Zeit erkennen, was vor ein edler, ja himmlischer Schatz der liebe Friede sey?

Teutschland. Ach ja, wie solte ich Unglükselige das nicht erkennen können? Ich habe es ja nunmehr mit meinem unüberwindlichen Schaden allzuwol gelernet. Ach, möchte ich dich nur einmal wieder ergreiffen und umhalsen!

(Merkurius tritt auff).

Ach, ach Friede, du allerwehrteste Vergnügligkeit meines Hertzens, möchtest du doch ewig wiederum bei mir wohnen!

Friede. Nein, Teutschland, du must dich noch eine Zeitlang enthalten, denn ich sol und darff dem Willen Gottes, meines Herrn, nicht widerstreben. Aber sihe, da kömt unser Merkurius, was mag uns der gutes Neues bringen?

Merkurius. Nunmehr halte ich, werde ich den begehrten Ort fast erreichet haben, denn ungefähr in dieser Gegend, (wie man mich hat berichtet) sol sich das elende Teutschland auffhalten. Aber, was sehe ich? Stehet nicht da der Friede? Ja, sie ist es, denn vor wenig Tagen hat ihr die göttliche Barmhertzigkeit einen Befehl ertheilet, daß sie sich von dem Friedenthron des Himmels hinunter auff das Erdreich verfügen und dem hochgeplagten Teutschlande einen frölichen Gnadenblik sol ertheilen. Ich muß hin zu ihr gehen. Glük zu, hertzliebste Schwester, bist du schon hie?

Friede. Sey mir von gantzem Hertzen willkommen, Merkuri, mein liebster Bruder, hie stehe ich bereits und rede mit dem elenden und erbärmlich zerschlagenen Teutschlande.

Merkurius (erschrickt:) Was sagestu Friede, ist das Teutschland? Ist das die mächtigste Königinn, vor welcher alle Welt sich muste fürchten? Ist das die Bezwingerinn so vieler tapferen Völker? Die Beherscherinn so grosser und fruchtbarer Länder? Die Besitzerinn solcher unermäßlichen Schätze? Die Erfinderinn so vieler herlichen Künste und Wissenschafften? Ist das Teutschland? Ach Gott, wie ist doch so gar nichts Beständiges auff dem Erdboden! Wie kan sich doch alles so plötzlich und wunderlich verkehren!

Friede. Ja freylich, liebster Merkuri, mag man sich über solche erschrekliche Veränderung dieser hochmächtigsten Königinn gräßlich verwundern. Wer solte es wol jemals gedacht haben, daß es mit dem prächtigen Teutschlande endlich dahin würde gerahten?

Merkurius. Du sagest warlich recht, lieber Friede, aber ich kome eben zu gelegener Zeit, dieweil auch ich durch himmlischen Befehl bin anhero gesendet, Teutschland den göttlichen Willen vorzutragen.

Teutſchland. Ach Merkuri, bringe mir doch einmal gute und frölige Bohtſchafft, denn der Traurigen habe ich leider ohne das genug.

Merkurius. Ja, Teutſchland, es dienet warlich alles zu deinem eigenen Beſten.

Teutſchland. O wolte, wolte Gott, daß ich doch einmal auß dieſem grauſamen Elende würde erlöſet!

Merkurius. Das kan und wird zu ſeiner Zeit wol geſchehen, Teutſchland, du muſt dich aber erſtlich zu rechtſchaffener warer Buſſe bereiten.

Teutſchland. Ach Merkuri, ſol ich noch härter büſſen, als ich nunmehr faſt gantzer dreiſſig Jahr her gethan habe?

Merkurius. Eben das iſt es Teutſchland, was ich ſage. Du biſt annoch biß auff dieſe gegenwärtige Stunde hartnäkkicht und verſtokket, du begehreſt dein Unrecht noch nicht einmal zu erkennen, deine tödlichen Krankheiten Leibes und der Seele wilt du mit Heucheley heilen, welches doch nichts anders iſt, als ein brennendes Feuer mit Oel und Schwefel dämpfen wollen. Du beklageſt dich zwar ohne Unterlaß über die vielfältigen Strafen, die dich von Tage zu Tage ſo grauſamlich überfallen; aber von denen erſchrekklichen Sünden und deiner übermachten Boßheit, damit du dieſe Züchtigung verurſachet und dir ſelber muhtwilliger Weiſe ſolche auff den Halß gezogen, wilt du gar nichts wiſſen, was iſt es denn Wunder, daß der Mars ſamt ſeinen beyden Schweſtern, dem Hunger und der Peſt biß auff dieſen Tag nicht auffhören dich jämmerlich zu quälen und zu martern.

Teutſchland. Ach Merkuri, gib mir doch einen einzigen guten Raht, wie das Werk recht anzugreiffen, damit ich endlich von dieſem unaußſprechlichen Jammer müge erlöſet werden.

Merkurius. Ja, Teutſchland, daſſelbe thu ich hertzlich gern, denn ſolches erfordert mein Amt und Gebühr, wolte Gott, ich könte dein hartes Hertz nur dergeſtalt erweichen, daß du dein Unrecht erkennen und durch ernſtliche Reu und Leid über deine unzählichen begangenen Miſſethaten, zu deinem Gott und Schöpfer dich wiederum wenden wolteſt. Sihe, Teutſchland, da ſtehet der edle Friede, welchen der allergütigſte Gott vom Himmel hat geſendet, dir in deinen höheſten Nöhten einen Freuden=Blik zu geben, dabei wil er nun erkennen, ob du ſolche hohe Gnade auch mit einem demühtigen und dankbaren Hertzen annehmen und dich dermaſſen bußfertig wolleſt erzeigen, daß die göttliche Barmhertzigkeit ferner würde bewogen, den güldenen Frieden dir völlig wiederum zu schenken und dich seiner süssen Früchte, nach so vielen ausgestandenen Trübsalen hinführo geniessen zu lassen. Dieweil du aber leider bleibest, die du jederzeit bist gewesen, nemlich ein hartnäkkiges, verstokktes und boßhafftes Weib, welches zwar den Frieden gern bei sich behalten, aber jedoch dabei in ihren gewöhnlichen Untugenden und sündhafftem Leben wil verharren; sihe, so hat mich Gott, der aller Menschen zeitliche und ewige Wolfahrt so hertzlich suchet, jetzt abermal zu dir geschikket, und lässet dir andeuten, daß im falle du nit ernstliche, warhaffte und rechtschaffene Busse wirkest, dieser des wehrten Friedens Gnaden-Blik urplötzlich von dir genommen und du mit noch viel grösserem Trübsal und Elende, als dir jemalen ist wiederfahren, häuffig sollest überschüttet und biß auff den tiefesten Abgrund verderbet werden. Hiernach, Teutschland, solst du dich zu richten wissen.

Teutschland. O wehe, wehe, Merkuri, das ist eine sehr harte Bohtschafft.

Friede. Nein, Teutschland, es ist eine gnädige Bohtschafft, Gott erbeut sich alles Guten gegen dir, wenn du dir nur selber deine eigene Wolfahrt wilt etwas angelegen seyn lassen.

Teutschland. Ach lieber, sagt mir es doch denn, wie sol ich es ferner anfangen?

Friede. Busse, Busse solt und must du thun im Sakke und in der Aschen, dafern du meiner erfreulichen Gegenwart zu geniessen begehrest.

Teutschland. Ach, daß es Gott erbarm, sol ich denn noch mehr büssen! Wisset ihr denn nicht, daß meine Länder verheeret und verzehret, daß meine beste Mannschafft erwürget, daß Weiber und Jungfrauen geschändet, die kleinen Kinderlein mit Füssen getreten, Städte, Fletken und Dörffer verbrennet, viel Millionen, reiche und arme, kleine und grosse, junge und alte meiner Unterthanen durch Schwerdt, Pest und Hunger auffgerieben und schlüßlich ich armes Weib dergestalt bin zugerichtet, daß ich fast keinem Menschen mehr ähnlich sehe. Ach, frage ich abermal, sol ich denn noch härter büssen? Das ist ja gar zu elend!

Merkurius. Und eben darum solt du Busse thun, liebes Teutschland, dieweil du bißhero noch nit hast erkennen wollen, daß dir die Strafen billig sind widerfahren. Wer, meinest du aber, daß derjenige sey, welcher dich solcher gestalt hat heimgesuchet und gezüchtiget?

Teutschland. Wer solte es anders viel seyn, lieber Merkuri, als eben diejenigen fremden Völker, welche ich gehauset und geherberget,

gespeiset, gekleidet und ernähret und dadurch sehr vertrauliche Freund=
schafft mit ihnen gemachet habe, wozu gleichwol meine eigenen Unter=
thanen und Landsassen weidlich geholffen; denn, ist nicht Mars mein
Vasall, ja schier mein Leibeigener, und eben dieser hat nebenst seinen
Untergebenen mich zum allerhefftigsten geplaget.

Friede. O Teutschland, du irrest sehr weit, indeme du nemlich
auff die Instrumental oder Werkzeugs Ursachen allein sihest, und da=
bei nicht bedenkest, daß alle deine wolverdienten Strafen von der gestren=
gen Gerechtigkeit Gottes herrühren. Bilde dir ja nicht ein, Teutsch=
land, daß diese fremden Völker auß eigener Bewegniß dich dermahssen
übel haben zerhandelt. Gott hat sie zu diesem seinem Zornwerke beruf=
sen. Gott hat es ihnen befohlen: Ziehet auß euren Ländern und Herr=
schafften, plaget Teutschland, schlaget Teutschland, verwundet Teutschland,
beraubet Teutschland! Sind demnach diese fremden Völker in dir nichts
anders als vollziehende Werkzeuge des feurigen Zornes Gottes gewe=
sen, darum, wenn du diesen außländischen Nationen und nicht dir
selber und deiner Boßheit die Schuld deiner außgestandenen Trübsale
auß Ungedult zumissest, so murrest du in diesem Falle wider deinen
Gott, du mißhandelst wider diejenigen, welche dich auff desselben Befehl
billig gezüchtiget, ja du redest wider dich selber und dein eigenes Ge=
wissen und bist in Warheit denen Hunden gleich, welche denjenigen
lassen fahren, welcher nach ihnen geworssen, und wollen immittelst
ihren Zorn an dem leblosen Steine außwetzen.

Merkurius. Ach ja, liebe Schwester Friede, du redest die rechte
teutsche Warheit, welcher kein vernünftiger Mensch mit gutem Fuge
kan widersprechen. Dein Leben, O Teutschland, welches auch der blinden
Heiden Leben an Gottlosigkeit und verruchter Boßheit weit, weit hat
übertroffen, ist die einzige Ursache, daß alle diese Strafen über dich
sind gekommen. Bedenke doch nur, wie du alle teutsche Ehr und Red=
ligkeit gleichsam mit Gewalt von dir gestossen und dich mit lauter
neuen politischen Strichen, falschen, unteutschen und unverantwortlichen
Griffen hast beholffen. Erwege nur bey dir selber, wie stolz und üp=
pig du dich erwiesen, daß du auch die alten Teutschen, um das Vatter=
land wolverdienten Helden mit Schmäheworten von dir getrieben, und,
als ich dir deine Untugenden nur ein wenig vorhielte, hast du mich,
der ich doch ein Diener, Mundbohte und Abgesandter des allerhöhesten
Gottes bin, mit Fluchen und Schelten hinweggejagt. Den edlen Friede,
die Mutter aller Glükseligkeit, hast du muhtwilliger, ja gantz freuent=

licher Weise von dir gestossen und von der verfluchten Wollust zu Verbringung aller Schand und Laster dich anreitzen und verführen lassen. Du, du hast deine eigene Teutsche Heldensprache, welche an reiner Vollkommenheit, Majestät und Pracht, Zierde und Lieblichkeit ihresgleichen unter der Sonnen nicht findet, (wie solches etliche deiner getreuen, fruchtbringenden und dannenhero ewigen Lobes würdigen Kinder und Helden nicht nur erkennet, sondern auch in ihren herlichen Schrifften und Büchern zu voller Genüge erwiesen) gantz spöttlich gehalten, ja gegen die anderen Flikfsprachen, welche kaum tauglich sind ihr das Wasser zu reichen, gantz liederlich verachtet, und also dich selber zu einer schändlichen Sclavinn dero außländischen Sprachen gemachet. Die alten Teutschen Sitten und Gebräuche, den alten ehrbaren Habit und Kleidung hast du mit grossem Ekel verworffen und anders nichts, als was fremd, neu und à la mode heisset, sehen, wissen und hören wollen, und, daß ich es kurz mache, du hast nur bloß und allein dahin getrachtet, daß du deinem üppigen Fleische gütlich thun und solches in allen Lustbarkeiten der Welt, wie die Sau im Koht wälzen mögtest. Was wunder ist es denn nun, daß der gerechte Gott in seinem Zorne diese fremden Völker samt dem blutbürstigen Mars, und desselben beiden Schwestern, dem Hunger und der Pest, dir auff den Halß hat geschikket, dieweil deine gottlosen Thaten keine andere Belohnung verdienet haben.

Friede. Ja, Teutschland, so gehet es, wenn man seines lieben und getreuen Gottes so gar vergisset und sein Hertz bloß und allein an das Zeitliche hänget. So gehet es, Teutschland, wenn man die Diener Gottes und ihre getreuen Warnungen gantz und gar weder hören noch wissen will, sondern dieselben um der Warheit willen schilt und schmähet, plaget und verjaget, wie du selber diesem getreuen Prediger Merturio gethan hast. Ja, so gehet es, Teutschland, wenn man seinen Leib zum Sclaven der verfluchten Wollust machet und dadurch allen Segen und Wolfahrt, alle Friede und Ruhe von sich hinweg treibet, derowegen, O Teutschland, Teutschland, erkenne deine Boßheit, und suche durch ware Reue und Busse bei der unendlichen Barmhertzigkeit Gottes gnädige Verzeihung deiner so vielfältigen Sünden.

Teutschland (etlicher maßen zur Erkentniß kommend, fället gantz demühtig nieder auff ihre Knie und fähet an mit kläglicher Stimme und sehr jämmerlichen Geberden folgender Gestalt zu reden:)

Ach ich armes, elendes und hochbetrübtes Weib, nunmehr erkenne ich erstlich meine überauß grosse Unwürdigkeit. Ach, wie habe ich so bößlich bißhero gelebet, so übel gehandelt, so schändlich gehauset, so vielfältig gesündiget und den allergerechtesten Gott durch solchen meinen unchristlichen Wandel zu billigem Zorn erreget. Ach, meiner Sünde ist mehr, als des Sandes am Meer; wie eine schwere Last sind sie mir zu schwer worden; ich eitere und stinke vor meiner Boßheit; ich bin nicht wehrt, daß ich ein Mensch, geschweige denn ein Kind Gottes sol heisen; ach Gott, sey mir armen, elenden, hochbetrübten Sünderinn gnädig und barmhertzig.

Merkurius. O Teutschland, das waren etlicher mahßen bemühtige und bußfertige Worte einer leidtragenden Sünderinn, wolte Gott, daß sie dir nur recht von Hertzen gehen möchten.

Friede. Ja warlich, Teutschland, dieses Lied gehet auß einem viel anderen Ton, als der gewesen, welchen du bißhero gehalten. Denn ware Reu über die begangenen Missethaten, nebenst einem rechtschaffenen Vertrauen zu der Barmhertzigkeit Gottes und dem ernstlichen Vorsatze, hinführo einen neuen, Gott wolgefälligen Wandel zu führen, vermag allein den zornigen Gott wieder zu erweichen, denn ein betrübtes und zerknirschtes Hertz wird Gott nicht verachten.

Teutschland. Ach, ihr meine allerliebsten Freunde, helffet mir doch von Hertzen beten, denn ich erkenne jetzt meine Missethat, ich weiß, wie gar übel ich gehandelt und wie billig ich alle diese Strafen habe verdienet. Ach Gott, du bist und bleibest gerecht, ich aber muß mich schämen. Ach Herr, verleihe mir doch einmal wieder den wehrten Friede auß lauter Gnade und vätterlicher Barmhertzigkeit.

Merkurius. So, Teutschland, so must du es anfangen, wenn du Vergebung deiner Sünde und Wiederbringung des edlen Friedens bei Gott zu erhalten gedenkest. Aber liebste Schwester Friede, demnach sich es ansehen läst, als wenn Teutschland nunmehr auff einem guten Wege sey und sich durch ware Busse zu Gott wolle kehren, thun wir nicht besser, daß wir sie selber in diesem ihrem träglichen Stande vor den Thron des allerhöchsten Gottes führen, auff daß sie daselbst um Wiederschenkung deiner süssen Person demühtiglichst anhalte?

Friede. Ja, Merkuri, wenn es dir so gefällig, wollen wir sie vor das Angesichte des allerheiligsten Gottes bringen, ob sie etwan wiederum Gnade daselbst erlangen möchte.

Teutschland. Ach ja, ihr meine allerliebsten und getreuesten Freunde, ich bitte euch um Gottes und seiner unermäßlichen Barm=

hertzigkeit willen, unterlasset ja nicht, mich bald, bald dahin zu führen; denn mir gar zu sehr nach dir, o du wehrter Friede, verlanget.

Merkurius. Gantz gern, Teutschland, wollen wir dir hierinne dienen; aber meine vielgeliebte Schwester Friede, hieltest du es nicht vor rahtsam, daß du ein wenig vor uns wärest hinauff gefahren und daselbst angezeiget hättest, daß Teutschland nebenst mir fürhanden wäre, damit sie desto kühnlicher vor das allerheiligste Angesichte Gottes dörffte treten?

Friede. Dieses wil ich hertzlich gern außrichten; ich wil mich augenblitlich erheben und für den Thron des Allerhöchsten schwingen, gestalt denn, daß ich solches thun solte, von dem Herren der Heerscharen mir gantz ernstlich ist anbefohlen. Unterdessen du, Teutschland, bereite dich nur alsobald, deine allerunterthänigste Bitte vor der Majestät Gottes abzulegen, du wirst gewißlich ungetröstet nicht von hinnen scheiden.

Friede (gehet ab und fähret gen Himmel).

Merkurius. Nun Teutschland, nun ist es hohe Zeit, daß du dein inniglisches Gebet mit Thränen außschüttest und in warer Demuht des Hertzens zu deinem Gotte dich wendest, ob du noch etwan Gnade wiedrum erlangen und endlich möchtest erhöret werden.

Teutschland. Ach ja, Merkuri, ich wil als eine arme bußfertige Sünderinn zu der Barmhertzigkeit Gottes unaußhörlich schreyen. Stehe du mir in diesem hohen Werke als ein getreuer Prediger und Diener Gottes ernstlich bei und hilff mir von gantzer Seele beten.

Merkurius und Teutschland (verfügen sich miteinander nach dem Himmel).

Der Fünffte und Letzte Auffzug.

Friede, Gott, Merkurius, Teutschland, Gerechtigkeit, Liebe, Hoffnung.

(Der Himmel öffnet sich, in demselben sitzet Gott in seiner Herligkeit und klarem Lichte, so schön und prächtig man solches mit Fackeln und Feuerspiegeln zwischen denen Wolken immer kan abbilden; die heil. Engel stehen um ihn her, mancherley musikalische Instrumente und Bücher in den Händen haltend. Vor dem Throne Gottes stehet der Friede, hinter demselben die Hoffnung, zu seiner rechten Seite die Liebe, zu seiner Linken die Gerechtigkeit und was etwan mehr vor göttliche Eigenschafften dieses Ortes füglich beizuordnen sich wil schicken; sobald solches Teutschland ersiehet, fället es nebenst dem Merkurio auff die Kniee, hebet ihre Hände und Augen gen Himmel und sähet darauff an zu reden:)

Friede. Allerheiligster Gott, barmhertzigster Vatter, vor deiner göttlichen Majestät herlichstem Angesichte erscheinet gegenwärtig das arme, elende, betrübte, geplünderte, geplagte und verjagte Teutschland, demühtigst bittend, du wollest ihr gnädigst vergönnen, ihre Noht und Anliegen deiner heiligen Majestät persönlich vorzutragen und deine so unaußsprechliche Güte ümme würkliche Hülffe unterthänigst anzuruffen.

Gott. Ja, liebe Tochter, deiner Bitte und Begehren wil ich zu diesem mal gnädigst stattgeben, und hierinnen vielmehr auff meine grundlose Barmhertzigkeit und deine Würdigkeit, als des gottlosen Teutschlandes bißanhero boßhafft geführtes Leben und Wandel sehen. Zwar, ihr Gebet ist mir biß auff diese gegenwärtige Stunde ein rechter Greuel gewesen, dieweil ihre Hände voll Blut und all ihr Thun lauter Sünde und Schande war; jedennoch wil ich auff deine Vorbitte ihr Anbringen geduldig vernehmen.

Merkurius. Nun, Teutschland, nun ist es hohe Zeit, daß du dein Gebet mit rechtschaffener Reu und Busse begleitet, vor dem Angesichte des allerheiligsten Gottes außschüttest.

Teutschland. O du heiliger, gerechter und barmhertziger Gott, ewiger himmlischer Vatter, ich armes, elendes, hochbedrängtes Teutschland erscheine vor deinem allerheiligsten Angesichte mit einem reuenden, zerbrochnen, zerknirschten Hertzen und zerschlagenem Gemühte und bekenne dir meine Missethat, welche so groß ist, daß sie die Wolken übersteiget. Ach, Herr! ich habe gesündiget, ja ich habe gesündiget und mißhandelt, indeme auß meinem gottlosen Hertzen, gleich als auß einem Brunnen, durch alle meine Länder, Völker und Unterthanen hervorgequollen Verachtung deines heiligen Wortes, Lästerung, Hoffahrt, Lügen, eigne Liebe und Ehre, Ungehorsam, Feindschafft, Zorn, Rachgier, Ungedult, Unzucht, Ungerechtigkeit, Geiz, allerlei böse Lüste und tausend andere Sünden. Ach, Herr! ich bin ein Greuel in allem meinem Thun und Wesen, alle meine Gerechtigkeit ist wie ein unflätiges Kleid! Ach, Herr! ich habe die grossen Wolthaten, welche du mir, dem undankbahren Teutschlande, so überflüssig hast erzeiget, auff das Schändlichste mißbrauchet, ja mit allen meinen Gliedern und Kräfften Leibes und der Seele habe ich dir widerstrebet, mit Leib und Seele habe ich der Sünde und dem Teuffel gedienet und habe damit deinen Zorn und Strafe billig über mich erreget. Daher hast du mich sündliches Teutschland nun biß in das dreissigste Jahr billig heimgesuchet mit erschrecklichen Kriegen und Blutvergiessen, mit greulicher Verheer- und Verderbung so vieler schönen Lande und Leute, mit Hungersnoth und theurer Zeit, mit Pestilentz und anderen Krankheiten, du hast mich mit Feuer und Wasser gestrafet und mich zum Scheusal gemachet allen Völkern auff Erden, daß die Fremden meiner lachen und die mir feind sind, ihren Spott mit mir treiben, ja es ist des Würgens und Mordens noch kein Ende biß auff diese gegenwärtige Stunde; der blutdürstige Mars setzet mir an allen Orten und Enden gantz grimmig zu und lässet keinen einzigen Tag ab, mich zu schlagen und zu plagen. Nun Herr, du grosser und erschrecklicher Gott, du bist gerecht und alle deine Gerichte sind gerecht, ich aber muß mich schämen von Hertzen. Aber du, Herr, bist auch ja gnädig und barmhertzig, du kanst nicht immer hadern, noch ewiglich Zorn behalten, darum gehe nicht mit mir, deiner Magd, ins Gerichte, handle nicht mit mir armen Teutschlande nach meinen Sünden und vergelte mir ja nicht nach meiner Missethat. Ach, du Stiffter des Friedens, gib mir doch einmal wieder den güldenen Friede, wie lange sol ich noch mein Trauerliedlein unter denen mordgierigen Waffen singen? Laß doch dermaleinst wiederum bei mir einziehen den hocherwünschten Frieden! Ach, du barmhertziger Gott, erhöre doch die sehnliche Bitte des höchstgeplagten Teutschlandes und schenke mir nur einmal wieder den alleredelsten Friede. Ach, du liebreicher Gott, Friede, Friede sey mit mir, Friede, Friede sey bei meinen Angehörigen, Friede, Friede sey in meinen Ländern und Städten, Friede, Friede sey in meinen Kirchen und Rahthäusern, Friede, Friede sey unter meinen Fürsten und Unterthanen, Friede, Friede sey unter Geistlichen und Weltlichen, Friede, Friede sey unter Jungen und Alten, Friede, Friede sey bei allen Menschen. Ach, du gnädiger Gott, erhöre doch mich armes Teutschland, erhöre das Friedewünschende, das Friedeseuffzende, das Friedebittende Teutschland, und schenke mir auß lauterer Gnade wieder deinen lieblichen süssen Friede, so wil ich deinen hochheiligen Namen mit Hertzen und Mund rühmen, loben und preisen hier in der Zeit und dort hernach in der unendlichen Ewigkeit, Amen. Ach liebster Herr und Vatter, hilff mir um deines allerheiligsten und theuresten Namens willen. Amen, Amen.

Gerechtigkeit. Es hat die allerheiligste göttliche Majestät nach ihrer unwandelbaren Gerechtigkeit das Bitten und Flehen des mit höchster

Billigkeit gestraften Teutschlandes angehöret und vernommen. Und zwar soltest du, O gottloses Teutschland, in Betrachtung der überhäuffeten Sünde, damit du das allerheiligste Wesen so schrekklich hast erzürnet und beleidiget, dich scheuen und schämen, vor diesem himmlischen Throne deines Schöpfers zu erscheinen, angesehen deine Busse nicht auß einer freywilligen Erkentniß deiner so vielfältigen Sünden, sondern auß der Noht und dem Elende, welches dich billig hat getroffen, herrühret. Ja, Teutschland, wenn Noht und Anfechtung fürhanden ist, so ruffest du ängstiglich und weil du gezüchtiget wirst, schreiest du zu Gott, da du doch vorhin nicht einmal an Behten gedacht hast. Ich heise und bin die strenge Gerechtigkeit Gottes, welche das Schwerdt nicht umsonst füh=ret. Ich bin feind allen Uebelthätern, wer böse ist, bleibet nicht vor mir. Weissest du nicht, Teutschland, daß der Zorn Gottes ein bren=nendes Feuer ist, welcher alles verzehret und biß in die unterste Hölle brennet. Verfluchet müssest du seyn mit allen deinen Angehörigen, die=weil du nicht gethan hast nach den Worten, welche dir der Herr, dein Gott, hat geboten. Du halßstarriges Teutschland, du sage ich, hast dich weder durch Warnung noch Strafe wollen erweichen lassen, daß du dich von deinen bösen sündlichen Wegen zu dem Herrn, deinem Gotte, hättest bekehret. Nun kommest du endlich mit deiner Heuchelbusse auff=gezogen und begehrest des Allerhöchsten Gnade, welcher du dich doch gantz und gar unwürdig gemachet hast. Wer sol oder kan hinfort dir leichtfertigem Weibe Glauben zustellen, die du so manches mal Besse=rung deines sündhafften Lebens hast angelobet und deine Zusage doch niemals hast gehalten? Pakke dich hinweg, du gottloses Teutschland, ehe dich der gerechte Gott in seinem billigen Eiffer und Zorn mit Don=ner und Blitz vom Himmel verzehre.

(Hie wird auß den Wolken, auff welchen die Gerechtigkeit stehet, mit Feuerpfei=len, Rakketen und dergleichen Sachen herunter geschossen, imgleichen höret man unter dem Reden, welches die Gerechtigkeit hält, wie auch nach demselben ein hartes Don=nern).

Teutschland (zittert und zaget, schläget die Hände von sich und schreiet:)

O wehe mir, wehe mir, ich vergehe. O ihr Berge fallet über mich, O ihr Hügel bedekket mich vor dem Zorne des grossen Gottes! O wehe mir, wehe mir, ich muß vergehen!

Merkurius. O du süsse Liebe Gottes, du Brunnquell aller Barmhertzigkeit, nim du dich doch des elenden und schier gantz verzag=ten Teutschlandes mit Gnaden wiederum an und besänfftige doch durch eine hertzbrechende Vorbitte deiner holdseligen Lippen den gerechten Zorn Gottes, denn wo du, o allerwehrteste Liebe nicht ins Mittel trittst, so ist es mit Teutschland gantz verloren.

Liebe (kehret sich mit anmuhtigen Geberden zu Gott).

O du gnädiger, barmhertziger Gott, gütiger Vatter, ich erkenne und bekenne zwar, daß du ein gerechter, eifriger und zorniger, aber doch auch danebenst ein gnädiger, sanftmühtiger und liebreicher Gott bist, dessen Gnade und Warheit waltet biß in Ewigkeit. Du erbarmest dich ja der elenden Menschen, wie sich ein Vatter über seine Kinder pfleget zu erbarmen. Herr, du weist ja, daß sie deine Geschöpfe sind. Ach, sihe doch an mit den Augen deiner unermäßlichen Barmhertzigkeit dieses elende jämmerliche Weib, das äusserst gequählte und biß auff den Tod geplagte Teutschland. Sey ihr gnädig, o Herre Gott, sey ihr gnädig in dieser ihrer grossen Noht. Ach, du liebreicher Vatter, du sanftmühtiger Gott, dein Hertz brennet ja vor lauter Liebe, du kanst und wilst ja nicht ewiglich zürnen; du betrübest zwar, aber du erfreuest auch wieder, du tödest wol, aber du machest auch wiederum lebendig, du führest in die Hölle, aber bald wieder herauß. In Erwägung dieses alles wollest du, o gütiger Vater, dem elenden Teutschlande einmal wiederum Gnade erzeigen, und sie mit dem allerhöhesten irdischen Gute, dem güldenen Friede, dermaleinst wiederum beseligen. Ach, du gnädiger und barmhertziger Gott, es scheinet ja, daß Teutschland auß einem recht reuenden und zerknirschten Hertzen um den wehrten Friede bittet, zudeme auch deine unermeßliche Liebe und Barmhertzigkeit, welche ewiglich wäret, redet dem armen Teutschlande das Wort, du wollest dich ihrer um dein selbst willen auß lauter Gnaden erbarmen, und dieses ihr flehentliches Gebet vätterlich erhören. Und, dieweil du, allerheiligster Gott und grosser Himmelskönig, von Engeln und Menschen ewig wilst seyn gerühmet und gepriesen; ey wolan denn, ihr himmlischen Frohngeisterlein, die ihr zu seinem Dienste bereit stehet, ersuchet den barmhertzigen Gott und Vatter, im Namen und von wegen dieser höchst geängsteten und auff das äusserste verderbten Königinn mit einem geistreichen Liede, daß er das nunmehr schier mit dem Tode ringende Teutschland mit unserer hertzwehrten Schwester, dem lieben Friede, auß Gnaden wolle beschenken, ob wir etwan könten oder möchten von ihm erhöret werden. Singet derowegen alle und spielet dem Herrn mit Freuden.

(Alsobald fahen die Engel, welche hie und da zwischen den gemachten Wolken in grosser Klarheit sitzen, an zu singen und zu spielen: Verleih uns Frieden gnädiglich u. s. w., wie dasselbe Herr Schütze oder Herr Schoop in die Melodieen haben versetzet. Teutschland und Merkurius liegen entzwischen noch immer auff den Knieen, hören sehr andächtig zu mit auffgehabenen Augen und Händen gen Himmel, und muß dieses sonderlich sehr ernsthafft, beweglich und prächtig gemachet werden. Nach vollendeter Musik fähet starck an zu reden).

Gott. Nun, Liebe, du außerwählte Tochter meines Hertzen, du hast meine Gerechtigkeit schier überwunden, deine und dieser meiner lieben hl. Engel im Namen des elenden Teutschlandes vorgebrachte Bitte, daß ich nemlich um mein selbst willen dieser elenden Königinn mich wiederum erbarmen müge, hat mir mein Hertz etlicher mahssen erweichet, daß ich nicht eilen werde, Teutschland gantz und gar zu verderben, dafern sich's nur von gantzem Hertzen, von gantzer Seele und von allen Kräfften zu mir wird kehren. Nu was sol ich auß dir machen, Teutschland? Sol ich dich wie die erste Welt im Wasser, oder wie Sodom und Gomorra im Feuer lassen untergehen? Zwar du hast dieses, ja viel ein härters schon längst verdienet; aber mein Hertz ist anderen Sinnes, ja es bricht mir gleichsam, daß ich mich deiner etlicher mahssen muß erbarmen. Du, Teutschland, begehrest den wehrten Friede, welchen du durch dein ruchloses Leben selber hast von dir hinweg getrieben; du sprichst, es sey dir solches alles von Hertzen leid. Wolan, Teutschland, daß dieses in der That und Warheit sich also verhalte, solches must du mit Besserung deines bißhero böhlich geführten Lebens würcklich beweisen. Es ist aber, O Teutschland, noch eine gar geringe Anzeigung rechtschaffener, warer Busse bei dir zu spüren, daher ich denn auch den gebetenen Friede an und vor sich selber noch so bald nicht kan geben. Es ist traun kein Geringes, warum du bittest, ein gar Schlechtes aber, daß du gegen dieses Grosse leistest. Damit du aber dennoch sehen mügest, wie liebreich mein Hertz gegen dir sey, wolan, so wil ich dir immittelst die Hoffnung des wehrten Friedens zukommen lassen. Wirst du nun in ernstlicher Bereuung deiner so vielfältigen Laster beständig fortfahren, dich meiner unermäßlichen Gnade getrösten, ein neues, mir wolgefälliges Leben anfangen, den Glauben und ein gutes Gewissen behalten, so sol alsdenn der Friede auch selber folgen, und dich mit tausendtfältigem Segen wieder erquikken. Du weist ja, Teutschland, was vor wichtige Rahtschläge wegen Wiederbringung des edlen Friedens in Westphalen bei diesen Zeiten obhanden sind, welche dafern (wie man vorgibt) sie zu meiner Ehre und des allgemeinen Vatterlandes ersprießlichem Nutzen sind gemeinet, ihre glükliche Endschafft durch mich werden erreichen. So fahre nun hin, o Hoffnung, du vielgeliebte Himmelstochter, und tröste das langgeplagte Teutschland mit deiner angenehmen Gegenwart, erfreue sie nun in etwas wieder, nachdeme sie so lange Unglük hat erlitten und bedekke inmittelst ihre Blösse mit dem Mantel meiner Gnade und Barmhertzigkeit.

Hoffnung (fähret herunter und wirfft Teutschland einen schönen seidenen Mantel über den Leib, stellet sich ihr zur Rechten).

Und du, Teutschland, vergiß ja nicht, was der Herr, dein Gott, Guts an dir gethan hat; vor allen Dingen nim daßjenige wol zu Hertzen, was heute diesen Tag zu Beförderung deiner zeitlichen und ewigen Wolfahrt ist geredet. Ueber alles ermahne ich dich: Lasse ab vom Bösen und thue Gutes, suche ferner den Frieden und jage ihm nach, halte Tag und Nacht an mit Behten und Flehen, bedenke offt die Ewigkeit, sei gedultig im Creutze und Trübsal, vertraue Gott und hoffe auff ihn, denn

Hoffnung lässet Teutschland nimmermehr zu Schanden werden.

Merkurius. O der grossen Gnade! O der vätterlichen Güte! O der göttlichen Barmhertzigkeit! Willkommen zu hunderttausend Malen
Du süsse Hoffnung des allerwehrtesten Friedens.

Merkurius (umfähet die Hoffnung dasselbe thut auch Teutschland mit innerlicher Begierde).

Sihe da Teutschland, was grosser Liebe dein himmlischer Vatter dir erzeiget, wie reichlich er dich beschenket, wie gnädig er dich beseliget, wie trefflich er dich verehret. O du angenehme Hoffnung, wie hertzlich erquikkest du das lang geplagte Teutschland! Ach, du Hoffnung des Friedens, wie bist du doch so süß und angenehm! Ach, laß Teutschland nimmermehr zu Schanden werden. Nun wolan, Teutschland, nachdeme der allergütigste Gott deine Blösse mit seinem Gnaden=Mantel hat bedekket und dir die Hoffnung des Fridens auß lauter Güte geschenket und verliehen, so laß uns solche unaußsprechliche Barmhertzigkeit unsers Gottes miteinander preißen, und mit Hertzen und Munde lobsingen seinem heiligen Namen.

Teutschland (niederknieend, hebet ihre Hände und Augen zu Gott und spricht mit einer lauten und lebendigen Stimme dreimal:)

Lob, Ehr und Preiß sey dir gesagt,
Von mir der armen teutschen Magd,
Ach, mein Gott, lasse mich
Doch nicht von deinem Gnadenthron
Verstossen bleiben ewiglich!

(Hierauff kan dieser Vers in die Musik versetzet, oder: Herr Gott, wir loben dich, oder ein anderer schöner Lob=Psalm mit Stimmen und Instrumenten von den Engeln und anderen verborgenen Musikanten auff das Freudenreichste gemachet und also das gantze Stükk anmuthig und beweglich beschlossen werden).

Johann Risten
Friedejauchzendes Teutschland.

Personen dieses Schauspiels:

Die Warheit.
Wühterich.
Geistlicher.
Weltlicher.
Bürger.
Teutschland.
Waremund.
Hoffnung.
Friede.
Drei singende Engel oder Knaben.
Mars.
Junker Reinhard.
Sausewind.

Das Gerüchte.
Wolraht.
Staatsmann.
Mißtrauen.
Oßmann.
Chaw.
Iberus.
Batavia mit ihren sieben Töchtern.
Degenwehrt.
Römischer Kayser. ⎫
König in Frankreich. ⎬ Diese drey allerhöchsten Personen reden nichts.
Königinn in Schweden. ⎭
Vulkan.

Personen des Zwischenspiels:

Degenwehrt, Obrister.
Drewes Kikintlag, ⎫
Beneke Dudeldei, ⎬ zwei Bauren.
Hans Hun, Korporal.
Göbbeke, Drewesens Weib.

Sausewind.
Junker Reinhart.
Bullerbrook, Sausewinds Junge.
Rosemund, die schöne Schäferin, des Sausewinds Liebste.

Das walte Gott!

Die Vorrede

dieses Schau- und Freudenspiels wird gehalten von einem Weibes=
bilde, welches geheisen:
Die Warheit.

Was gedenket und urtheilet ihr doch wol, hochwehrte, vielgeehrte und von mir, ohne einiges Ansehen der Personen, sonders geliebte Zu= hörer, oder vielmehr Zuschauer, daß ich unansehnliches, schlechtgeklei= detes, armes Weibesbild so kühnlich, ja so frisch und freudig, vor einer so grossen Menge allerhand Standes=Personen, am heutigen Tage darff erscheinen, den Anfang dieses itzt bestimmten neuen Schau= und Freu= denspieles zu machen? Und, was meinet ihr wol, wer ich sey, die ich für allen meinen Spielgenossen zum allerersten auff diesem Schauplatz mich lasse sehen, vielleicht auch von Manchen öffentlich verhöhnen und auslachen? Glaubt mir sicherlich, ihr theils vernünftige, theils vor= witzige Zuschauer, daß ich mich selber zum Höhesten verwundere dieses meines schier unglaublichen Unterfangens, daß ich, nachdem mir sehr wol wissend, welcher Gestalt ich von aller Welt auff das äusserste werde gehasset und verfolget, mich gleichwol einem so gewaltigen Hauffen Volkes freymüthig darf für die Augen stellen! Ey, ey, bin ich doch ein rechter Spott der Leute und Verachtung des Volkes! Und, was leben doch für Menschenkinder unter dem Himmel, die mich nicht anfeinden und hassen? Sehr wenige, ja wol gar keine werden derselben gefunden. Ist doch kein Ort in der Welt mehr, woselbst ich mit Frieden wohnen könte! Die Gotteshäuser, welche ja billich Freystätte und sichere Plätze für alle, sonderlich die tugendhaften Menschen seyn solten, sind mir zu meinem Auffenthalte sehr gefährlich, und will man mich auch in den Kirchen fast gar nicht mehr leiden. Komme ich nach Hofe, so sihet man daselbst den schwartzen Teuffel auß der Höllen lieber, als mich, und zwar, so habe ich mich der Allerhöhesten Ungnade nicht etwan nur von den Hofedienern, sondern auch wol von den Fürsten selbst zu befahren; es wil mich der Höheste so wenig als der Geringste daselbst wissen, und wenn man mir noch große Gunst erweiset, so lässet man mich mit Hunden hetzen und über Halß und Kopf vom Hofe hinweg jagen. Spatzire ich ferner nach den Rahtshäußern der Reichs=, Kauff= und Handelsstätte, so bin ich daselbst eben so willkommen, als ich zuvor bey Hofe gewesen. Man empfähet mich an solchen Oertern so freundlich, als der Bauer einen Dieb im Kohlgarten oder auff dem Kornboden, und wann man gar höflich mit mir will umgehen, so fraget man mich, wer mich an diese Oerter zu kommen beseliget, und ob ich etwan Lust habe, mich eine Zeitlang unter die Erde stecken zu lassen oder sonst einen von Stein gemauerten Rock anzuziehen? Verfüge ich mich hin zu den Kauffleuten, Handwerkern, Schiffleuten, Akkersgesellen, Taglöhnern, und was sonst mehr für mancherley Standes=Menschen in der Welt leben mögen, so werde ich von Allen und einem Jedweden besonders dermahssen gehasset und angeseindet, daß ich nirgends mehr weiß zu bleiben. Muß mich also auff das allererbärmlichste von der gantzen Welt, sonderlich aber von den meisten Kriegsleuten (die mich schon längst des Landes verwiesen, und auß ihrer Gesellschafft gebannet haben), plagen und biß auff den Tod verfolgen lassen. Nun werdet ihr, meine hochgeehrten Zuhörer, zweifelsfrey bey euch selber gedenken, vielleicht auch wol einer zum anderen sagen: Das muß wol ein gar elendes, betrübtes Weib seyn, welche in der gantzen Welt keine bleibende Stätte hat! Sie wird es aber auch vielleicht darnach machen, und ihren Wandel und Leben also anstellen, daß kein Mensch ihr hold sein, noch in guter Vertraulichkeit mit ihr ümmegehen kan. Aber nein, ihr lieben Leute, mir widerfähret dieses Falles das höheste Unrecht, ich habe niemalen einigen Menschen auch nur die allergeringeste Unbilligkeit zugefüget. Und, ich bitte euch, saget mir, welchen unter euch habe ich jemalen beleidiget? Ich weiß gewiß, keinen, und nichts desto weniger bin ich gnugsam versichert, daß kein einziger Mensch unter diesem gantzen Hauffen zu finden, der mir von rechtem Hertzen hold oder günstig sei. Ja, wenn ich meinem Gebrauch nach etwas offenhertzig mit euch reden solte, so würde ich gar leicht einem Jedweden unter euch mit dem geringsten Worte erzürnen; denn ich mehr als zu wol weiß, wie daß ihr meine Reden gar nicht könnet leiden; wie würde ich mich denn einiger Freundschafft von euch gegen mir zu versehen haben? Ich spühre aber an euren heimlichen Unterredungen und auffmerkenden Geberden, daß euch gar sehr verlanget zu wissen, wer ich denn endlich sey, und was ich verhasstetes Weib eigentlich für ein Ampt und Namen führe? So wisset denn, ihr meine sonders geliebten Zuschauer, daß mein Vatterland oder Heimaht nicht ist von dieser Welt, weiß auch von keinen leiblichen Eltern allhie zu sagen: sondern, meine Geburt=Statt ist der Himmel, in welchem der allerhöchste Gott wohnet, welcher auch mein allerliebster Herr und Vatter ist, und werde ich in reiner teutscher Sprache die Warheit genennet; die Warheit, sage ich, welche von dem heiligsten Gott so hertzlich geliebet, von der grundbösen Welt aber so gar erschrekklich wird angefeindet, geneidet, gehasset, geplaget und verfolget.

Kennet ihr mich denn nun endlich, hochgeehrte, liebe Zuhörer? Ich halte ja, ihr müsset mich, die Warheit, ja kennen, dafern ihr mich anderst nur kennen wollet. Habe ich euch aber zu Anfange meiner Rede nicht recht gesagt, daß man mich unglükseliges Weib, nemlich die Warheit, nirgends wolle leiden? Fraget nur euer eigen Gewissen, ob ihr demjenigen wol günstig seyd, welcher euch die Warheit unter die Nase reibet? Ja wol, was gilts, ob ihr nicht auff gut Pilatisch sagen werdet: was ist Warheit? Hinweg mit der Warheit? Wer die Lauten der Warheit schlägt und ein recht klingendes Stükk darauff spielet, dem sol man das Saitenspiel auf dem Kopfe zertrümmern. Pakke dich, Warheit!

Ob ich nun zwar wol weiß, daß diesem nicht anders ist, als wie ich gleich itzt davon geredet habe, so muß euch doch die Warheit etliche Sachen verkündigen oder anmelden, welche vielen von Hertzen lieb, vielen vielleicht nicht wenig Leid seyn werden. So merket denn nun auff, ihr teutschen Zuhörer, ich wil es gar kurz machen, denn ich spühre schon, daß ich von etlichen sehr scheel werde angesehen, und diesem nach meines Bleibens hieselbst nicht lange seyn wird; wiewol ich es mit euch allen, ja auch mit einem Jedweden insonderheit, auß dem Grunde meines Hertzen gut meine. Wolan denn, so höret mir zu und nehmet itzt wol in acht, alles, was euch die Warheit zu verstehen gibt.

Teutschland, ach ja, Teutschland, das herlichste Kaiserthum der Welt, ist nunmehr auff den Grund außgemergelt, verheeret und verderbet; diß bezeuget die Warheit! Der grimmige Mars oder der verfluchte Krieg ist die allerschrekklichste Strafe und abscheulichste Plage, mit welcher Gott die übermachte Boßheit und unzählichen Sünden des unbußfertigen Teutschlandes nunmehr gantzer dreissig Jahre hat heimgesuchet; diß saget die Warheit!

Gott, der da überreich ist von Gnade und Barmhertzigkeit, hat endlich durch so viele heisse Seufftzer und Zähren frommer, und mit unnachlässigen Behten anhaltender Christen, am allermeisten der jungen Kinder und Säuglinge sein zorniges Hertz lassen erweichen, daß er nunmehr das höchstbedrängte und in den letzten Zügen liegende Teutschland mit dem alleredelsten Frieden wiederum beseliget, und nach so vielem außgestandenem grossen Jammer und Elende hat erfreuet; das saget euch die Warheit!

Ob aber erwählter honigsüsser Friede beständig in Teutschland verbleiben, und viele Jahre seine Wohnung darin wird bevestigen, das kan man euch in der Warheit nicht sagen.

So seyd denn nun emsig, auffmertig und andächtig zu hören und zu sehen, was euch in diesem Schauspiele sol fürgestellet werden; lasset euch dasselbe, als eine liebe Tochter der himmlischen Warheit, in eure gute Gunst befohlen seyn, urtheilet nach der Billigkeit und Warheit von demselben, gebrauchts es zu eurem Nutzen, fürnemlich aber zur Besserung eures bößlich geführten Lebens und Wandels, und haltet euch versichert, daß eure hieselbst angewendete Zeit, Mühe und Kosten euch nimmermehr werde gereuen.

Bleibet Gott und der Warheit befohlen!

Der Ersten Handlung
Erster Auffzug.

(Es tritt auff ein wilder Mann, gantz rauh gekleidet und grimmigen Ansehens, treibet für ihm her an einer grossen Ketten zusammen geschlossen drey Personen, deren die erste wie ein Geistlicher, die andre wie ein vornehmer Weltmann, die dritte wie ein Burger oder Ackersmann bekleidet daher gehet, mit gar traurigen und wehmühtigen Geberden. — Der wilde Mann, Namens Wühterich, ruffet ihnen zu mit nachfolgenden harten Dräuworten:)

Wühterich. Immer fort, immer fort, ihr Hunde, wisset ihr denn nicht, daß ihr noch einen ziemlichen Weg für euch habet? Muß ich denn ohn Unterlaß auff euch zuschlagen (er peitschet sie um die Lenden) und euch mit der Peitschen die Faulheit vertreiben? Fort, fort sage ich, ihr nichtswürdigen Creaturen!

Geistlicher. Ach, Wühterich, wie magst du doch so grausamlich mit uns umgehen! Wie lange wirst du uns noch so jämmerlich herum schleppen! Gedenkest du denn nicht einmal, daß wir Menschen, theils auch hohen und vornehmen Standes Leute sind?

Wühterich. Was herumschleppen? Was Menschen? Was vornehmen Standes seyn? Mich wundert, daß ihr euch noch mit dem geringsten Worte über mich möget beklagen. Ihr wisset ja, daß ihr diese und noch viel gröffere Strafen schon längst habt verdienet; was dörffet ihr dann doch viel murren? O daß ich nur die Macht hätte, ich wolte euch auff Stükken zerreissen!

Weltlicher. O der viehischen Unbarmherzigkeit! O der erschrekklichen Tyranney! Ist es nicht genug Wühterich, daß du deine unaußsprechliche Grausamkeit nun fast dreissig ganzer Jahre an uns Unglükseligen hast erwiesen, und mit einer solchen Hefftigkeit auf uns arme Teutsche zugeschlagen, daß wir auch nunmehr fast keinen Schritt können weiter setzen? Ach, wie weit gedenkestu uns denn noch in diesen Ketten und Banden zu treiben? Wann wird man uns einmal frey, loß und ledig lassen?

Wühterich. Ja wol, frey lassen! machet euch nur keine Gedanken von der Freyheit. Ihr könnet ja nicht eher frey werden, biß ich euch, meinem empfangenen Befehle zufolge, in den Abgrund des Verderbens gestürzet, und das Garauß mit euch habe gespielet.

Bürger. O wehe, wehe uns, wenn es noch ein solches klägliches Ende mit uns nehmen würde! Solte das der Außgang seyn unseres dreissigjährigen Elendes? Das wollen wir ja nimmermehr hoffen.

Wühterich. Ihr möget hoffen oder nicht, so bleibet es doch dabei, daß ich meines gebietenden Herrn, des großmächtigsten und unüberwindlichen Kriegshelden Mars ernstlichen Befehl exequiren, und euch so lange muß herum treiben, biß ihr ganz und gar abgemattet, auff das äusserste verderbet, vernichtet, ja dem Koht auff der Gassen gleich seyd gemacht. Verstehet ihr diese teutsche Sprache wol?

Geistlicher. O Wühterich, Wühterich, wie bist du doch deinem Herrn, dem Mars, in Verübung aller unmenschlichen Thaten so gar ähnlich? Gedenkest du denn nicht, daß der gerechte Gott dich deßwegen dermaleins hart wieder strafen werde?

Wühterich. Daß mein Herr, der tapfere Mars, eure allgemeine

Mutter, das gottlose Teutschland, und ich, als ein getreuer Diener meines Herren, euch derosselben gantz gleiche, sehr ungerahtene Kinder um viele Jahre hero gar härtiglich gestrafet, auch noch ferner strafen und plagen werden, das wissen wir beyderseits, daß aber auch ein Gott seyn solte, der ihn und mich hinwieder strafen würde, dasselbige glauben wir nicht, und woher wolte doch die Gewalt kommen, die mich und meinen Herrn könte stürtzen, und euch verfluchte Leute auß unserer Hand erretten? Wir haben uns für keiner irdischen noch himmlischen Gewalt zu fürchten.

Weltlicher. O Wühterich, du redest erschrekkliche, ja gottes= lästerliche Worte! Wir müssen dennoch in unserm Elende, als gebohrne Teutsche, frey sprechen, dieweil wir ja ohne das unauffhörlich geschla= gen und geplaget werden; darum höre doch unsere Worte: Wenn gleich du und dein tyrannischer Mars sich für keinen Menschen scheuet, so sollet und müsset ihr doch gleichwol euch für dem fürchten, der im Himmel sitzet, und die Macht und Gewalt hat, Leib und Seele zugleich in die Hölle zu stürtzen.

Wühterich (schlägt mit der Geissel auff sie zu:) Wer hat euch Hunden das Hertz gegeben, mir zu widerbellen? was Himmel? was Hölle? wir glauben von dem einen soviel, als von dem anderen; das wissen wir aber wol, daß wir Teutschland mit ihren Kindern rechtschaffen müssen martern und plagen, und da will ich meines theils nicht auffhören, so lange ich noch eine Hand kan rühren.

Bürger. Ach Wühterich, Wühterich, hast du denn so grosse Lust, uns alle Tage, ja schier alle Stunden so grausamlich zu ängstigen, so unmenschlich zu schlagen, und so grimmiglich zu quälen?

Wühterich. Fraget ihr Bösewichter noch, ob ich Lust dazu habe? Ja freylich ist es meine höchste Lust, wenn ich über euch hart= näkkische, boßhaffte Teutsche meinen Grimm überflüssig mag außschütten, ja biß auff den Tod euch martern und plagen; und fürwar, wenn mein Herr, der unüberwindliche Mars, es mir nur wolte vergönnen, ich wolte euch viel übeler zurichten, als der ärgste Henkersbube unter der Sonnen thun solte. Seyd versichert, ich wolte euch die Haut abschin= den, und mir dieselbe bei Stükken auff der Rosler lassen braten; eure Hertzen, Lungen und Lebern wolte ich klein hakken, und mir damit meine Torten lassen anfüllen; euer Fleisch solte von mir gekochet, und eure Adern anstatt eines Zugemüses dabey auffgetragen, und also mit Lust von mir verzehret werden. Eure Häubter wolte ich in Pasteten

setzen, und dieselben mit eurem eigenen Blute und Gehirn lassen zu=
richten; auß euren Knochen wolte ich selber das Mark saugen; euer
verfluchtes Junggeweide aber und Gedärmer meinen Hunden zu fressen
geben, und dieses solte mir das lustigste Banket sein vor allen, welche
ich die gantze Zeit meines Lebens habe gehalten.

Geistlicher. O des grausamen Banketes! O der nie erhörten
Wühterey! Ja Wühterich, ist das dein Wunsch? Begehrest du noch
grimmiger mit uns umzugehen, als du bißhero gethan hast? Woltest
du dergestalt die redlichen Teutschen tractiren? Das mag ja den höch=
sten Gott in seinem Himmelreich erbarmen! (Sie heulen alle drey).

Wühterich. Was sol das weibische Klagen und Heulen bedeu=
ten? Du Pfaffe, du Kavallier, du Hauswirth, ich schwöre euch bei dem
bluttriefenden Schwerdt meines unüberwindlichsten Gebieters und Kriegs=
helden, des Mars, daferne ihr nicht ablasset, diese rechtmäßigen Stra=
fen und Plagen, mit welchen ihr werdet angesehen, zu beweinen, daß
ich dieselben diesen Augenblik wil verdoppeln, ja euch zehnmal härter
peitschen; denn ich will kurtzum, daß ihr mir gehorchet in allen dem=
jenigen, was ich euch, krafft meiner inhabenden Gewalt, anbefehle.

Weltlicher. Ach Wühterich, was sollen wir denn endlich thun?
Was begehrest du doch ferner von uns? Wir sind ja arme, elende,
gefangene und gebundene Leute; ich meine, wir haben ja bißher alles,
alles thun, und nach deiner Pfeiffe oder vielmehr Peitsche redlich
tantzen müssen.

Wühterich. Wie denn, ihr Hunde, fragt ihr noch, was ihr
thun sollet? Ich befehle euch ernstlich hiermit, daß ihr mir unverzüg=
lich ein Lied singet. Machet euch bereit, oder meine Peitsche wird sich
tapfer lassen gebrauchen.

Geistlicher. O wehe uns armseligen, elenden Leuten. Wie kön=
nen wir doch in unserm unaufhörlichen Jammer frölich seyn, und in
unserm Heulen singen? O Wühterich, wer könte nun singen?

Wühterich (schlägt abermal mit der Geissel auff sie zu und spricht:) Ihr
halßstarrige, muthwillige Buben, wollet ihr euch unterstehen, meinen
Befehl zu verachten? Da müste euch ja angst und bang für werden.
Geschwinde lasset mich ein Lied hören, oder ich will euch mit Füssen
auff die Hälße treten, geschwinde machet fort!

Alle Drey. Ach schone doch, Wühterich, schone doch; wir wissen
ja nicht, was für ein Lied wir sollen singen; ach sey doch gnädig!

Wühterich. Singet, ihr verfluchten Hunde, singet das erste

Lied, das euch nur vorkommt, das beste, es gilt mir alles gleich; ihr höret ja wol, daß ich meine Lust daran haben wil, daß ihr mir unter der Peitsche auch zu zeiten eins singet. Bei frölichem Muhte ist es keine Kunst, ein Lied hören zu lassen.

(Hie fahen sie alle brey, oder auch wol nur einer an, folgendes Lied fein beweglich und mit deutlichen Worten zu singen:)

1.

*) Himmel, laß doch unser Klagen
Steigen auff in dein Gezelt
Und vernimm die schweren Plagen,
Welche Mars uns hat bestelt.
Wühterich führt uns gefangen,
Wühterich, der wilde Mann,
Friede, Friede, komm heran,
Und erfüll uns diß Verlangen!

2.

Müssen denn die Gotteshäuser
Samt den Schulen ledig stehn?
Muß ein Priester, muß ein Greiser
Für den Thüren bettlen gehn?
Muß der wilde Mars denn prangen
Mit der Kirchen Hab und Schatz?
Komm, O Fried, einst auf den Platz,
Und erfüll uns diß Verlangen!

3.

Ach, wie werden unsre Fürsten
Durch den Krieg herunter bracht!
Solt uns nicht nach Friede dürsten,
Weil der Krieg uns arm gemacht?
Krieger gleichen sich den Schlangen,
Welcher Stechen tödlich ist.
Komm, O Fried, in schneller Frist,
Und erfüll uns diß Verlangen!

4.

Aller Handel ist zu Lande,
Auch zur See schier abgethan,
Trügen, Lügen, Spott und Schande
Herrschen itzt auf unserm Plan;
Gut und Nahrung ist vergangen,
Alles raubt man mit Gewalt,
Friede, Friede, komm itzt bald,
Und erfüll uns diß Verlangen!

---

*) Die Composition zu diesem und den folgenden Liedern befindet sich im Anhange.

5.
Laß denn, Himmel, unsre Klagen
Steigen auf in dein Gezelt
Und vernimm die schweren Plagen,
Welche Mars uns hat bestelt.
Steure dem, der uns gefangen,
Der die teutschen Stände plagt.
Komm, O Friede, schönste Magd,
Und erfüll uns diß Verlangen.

Der Ersten Handlung
Anderer Auffzug.

(Teutschland in Gestalt einer ansehnlichen leidtragenden Königinn, schwartz bekleidet, gehet auff mit Waremund, einem gleichfalls ansehnlichen und auff gar altfränkische Art bekleideten Priester. Wühterich stehet unterdessen mit seinen drey Gefangenen auff einer Ekken des Schauplatzes).

Teutschland. Mit überauß grossem Mitleiden, hertzliebster Waremund, haben wir hinter jenen Bäumen angehöret ein erbärmliches Klagelied absingen, welches Liedes Inhalt ein sehnliches Verlangen nach dem alleredelsten Friede, der uns nunmehr eine so geraume Zeit hat verlassen, gnungsam zu verstehen gibt. Sage mir aber, mein getreuester Waremund, was doch dieses immermehr für Leute seyn mügen, welche, ihrem Klagen nach, so viele unmenschliche Grausamkeiten müssen erleiden, und deßwegen die Wiederbringung des edlen Friedens so hertzlich wünschen und begehren?

Waremund. Ohne allen Zweifel sind diese, O allergnädigste Königinn, eben deine eigenen teutschen Untersassen, und so viel ich auß dem jetzt angehörten Gesange merken können, so sind es die drey Haubtstände deines großmächtigsten Reiches, als der Geistliche, Weltliche, und Haußstand, welche sich gleich itzt sehr schmertzlich haben beklaget, daß die Diener Gottes, Lehrer und Prediger, wie denn auch Fürsten, Obrigkeiten und Regenten, benebenst den Bürgern, Handelsleuten, Handwerkern, Akkersleuten und anderen Landsassen von des blutdürstigen Mars lieben getreuen, dem Wühterich, äußerst verfolget, geschlagen und geplaget, ja biß auff den Grund verderbet werden.

(Unterdessen, daß Teutschland und Waremund miteinander reden, tritt Wühterich ein wenig von dem Spielplatze; als aber Waremund hat außge=

redet, da fahen die drey Gefangenen den letzten Satz ihres Liedes wiederum an zu singen:)

> Laß, O Himmel, unser Klagen
> Steigen auff in dein Gezelt
> Und vernimm die schweren Plagen,
> Welche Mars uns hat bestellt.
> Steure dem, der uns gefangen,
> Der die Teutschen Stände plagt,
> Komm, O Friede, schönste Magd,
> Und erfüll uns diß Verlangen!

Teutſchland. Ach Waremund, ſind dieſe nicht meine lieben, getreuen Unterthanen? Sehe ich nicht in dieſem elenden Jammerſpiegel die traurige Beſchaffenheit meiner untergebenen Lehrer und Prediger, Fürſten und Edelleute, Bürger und Bauren? Ach, des elenden Zuſtandes!

Waremund. Freilich ja, gnädigſte Königinn, ſind es Eurer Majeſtät hochbetrübte Unterthanen, welche der unverſöhnliche Mars durch dieſen grauſamen Wühterich ſchon dreiſſig gantzer Jahre dermahſſen erbärmlich hat jagen, ſchlagen und plagen laſſen.

Die drey Gefangenen (zugleich auff ihren Knieen liegend:) Ach Mutter Teutſchland, allerliebſte Mutter Teutſchland, erbarme dich über deine elenden Kinder, und hilff uns doch dermaleinſt aus dieſem übergroſſen Drangſale!

Teutſchland. O ihr meine liebe Unterthanen, O ihr meine hertzwehrten Kinder und Stände, wie hertzlich gerne wolte ich euch nicht allein mit tröſtlichen Worten, ſondern auch mit der That ſelber behülfflich ſeyn! Mein treues Mutterhertz bricht mir ſchier in meinem Leibe, daß ich euch in ſolchem Elende und groſſer Kümmerniß für meinen Augen muß ſehen! Ach aber, mein Unglük iſt ſo groß, daß ich noch zur Zeit mir ſelber nicht weiß zu rahten. Hilfſt euch Gott nicht, ſo weiß ich in Warheit euch nicht zu helffen. Der Himmel wolle ſich über euch in Gnaden erbarmen.

Die drey Gefangenen. O Mutter Teutſchland, du groſſe Königinn, müſſen wir denn itzo ſo gar troſtlos von dir ſcheiden? Iſt es immer menſchlich und müglich, ſo hilff uns doch bald, und wende dein liebes Mutterhertz ja nicht von uns. Ach, leiſte uns kräftigen Beiſtand, ehe und bevor der grimmige Wühterich (deſſen Wiederkunft wir alle Augenblike erwarten) unſere Marter wiederhole, und uns gar in den Abgrund des Verderbens ſtürtze.

Waremund. Nun, nun, ihr lieben Teutſchen, ich bitte und ermahne euch gantz fleiſſig, ſtellet doch euer Hertz in Ruhe und ſeyd eine kleine Zeit zufrieden; betet und seufftzet auß einem bußfertigen Gemühte zu dem, der im Himmel sitzet, und glaubet nur sicherlich, daß alsdann die Hülffe und eure Erlösung nicht lange mehr auffen bleiben werden.

Der Geistliche. Ach! das helffe uns die Barmhertzigkeit des grossen Gottes. Der Himmel sey und bleibe uns allen gnädig!

Die anderen beiden Gefangenen. Amen, Amen, Amen.

Wüthterich (komt gleich schnaubend und brüllend wieder herfür, hält eine rauchende Tabakpfeiffe im Maule und ruffet mit lauter Stimme:) Was habt ihr Bestien allhie viel zu klagen und zu schreien? Was wünschet ihr untereinander? Was ruffet ihr Amen, Amen. Aber sihe da, ich halte es gäntzlich dafür, ihr habt euch mit diesen schönen paar Volkes in meinem Abwesen unterredet? Ei, der feinen Gesellschafft! Ei, des anmuhtigen Gespräches! Hätte ich Zeit, ich wolte der alten Donnerkatzen mit ihrem Pfaffen den Dank mit der Peitschen dafür bringen. Aber ich muß euch das Gelag zerstören, und einen andern Tantz mit euch anfangen. (Er schlägt auff die Gefangenen tapfer wiederum loß:) Fort, fort, ihr Hunde, geschwinde trollet euch wieder fort, oder ich werde euch allen die Hälße brechen.

Die Gefangenen (ruffen mit kläglicher Stimme:) Ach Mutter Teutschland, Mutter Teutschland, dem höhesten Gott zu hunderttausendtmalen befohlen, der wolle sich unser aller in Gnaden erbarmen! Ach Mutter Teutschland! Mutter Teutschland! (Teutschland und Waremund stehen und seufftzen, ringen die Hände, und thun über die maßse kläglich, unterdessen ruffet:)

Wühterich. Ja, Mutter Teutschland, warum nicht: Mutter Frankreich oder Mutter Engelland? Seyd ihr Teutsche, so muß ich euch um soviel fleissiger peitschen, Teutschen, peitschen, Teutschen, peitschen, Teutschen, peitschen, fort, fort, ihr Hunde, fort! (Er gehet ab mit seinen Gefangenen).

Der Ersten Handlung
Dritter Auffzug.

Teutschland. Waremund.

Teutschland. Ach, daß es Gott in seinem hohen Himmel erbarme! Ist es nicht schon mehr denn zu viel, daß der grausame, blutdürftige Mars mich unglükselige Königinn nunmehr eine so lange geraume Zeit nach seinem eigenen Lust und Gefallen hat geplaget, ja mir so viel Hertzeleid zugefüget, daß keines Redners Zunge so fertig, kein Dichter so sinnreich, kein Schreiber so geschwind, der es mit Worten, oder auch nur auff dem Papier, der Welt könte fürstellen, und muß ich noch dazu für meinen Augen sehen, welcher gestalt des grimmigen Mars lieber getreuer, der gottlose Wühterich, meine armen Stände und Unterthanen alle Stunden und Augenblike so jämmerlich zermartert, peitschet und schläget, daß auch an seiner übermachten Tyranney ein mehrers nicht fehlet, als daß er ihnen nur nicht die Haut über die Ohren ziehet, und also das Garauß mit ihnen spielet. Da muß der Geistliche leiden, da muß der Weltliche herhalten, da muß der gemeine Unterthan diesem grausamen Höllteuffel unter den Füssen liegen, und sie alle müssen mehr außstehen, als schier in menschlichen Kräfften und Vermögen zu finden.

Waremund. Ich bekenne es, großmächtigste Königinn, daß mir, sowol deiner armen Unterthanen und sämtlichen Stände, als auch dein eigenes schweres Unglük über die maße sehr zu Hertzen gehet, und wünsche uns allerseits von dem allerhöchsten Gott, Hülffe, Linderung, und völlige Errettung. Aber eines bitte ich, allergnädigste Königinn, E. Majest. bedenke es nur, wie oft ich ihr gesagt, auch noch diese Stunde sage, es köne und müge ja nicht anderst seyn; der gerechte Gott werde dazu genöthiget und gezwungen, daß er die Teutschen Stände durch den wilden Wühterich dermaßen hefftig lässet angreiffen und heimsuchen. Sie glaube nur sicherlich, wären nicht so grosse und vielfältige Sünden, so folgten auch nicht so grosse und vielfältige Plagen.

Teutschland. Gar gerne bekenne ich zwar, mein Waremund, daß meine Untersassen diese schweren Strafen mit ihren unzählichen Sünden wol verdienet haben; daß aber gar kein Unterschied, so wenig unter den Strafen, als den Personen, welche gestrafet werden, wird gehalten, und dieser Wühterich gantz frey und ungehindert, sowol Geistliche als Weltliche, sowol hohes als niedrigen Standes Personen mag schlagen und plagen, dasselbe bedünkt mich gar zu viel zu seyn; es solte doch billich einer und der ander, in Betrachtung seiner Beschaffenheit, nur in etwas übersehen und verschonet werden.

Waremund. Großmächtigste Königinn, eben hierin bestehet die Gerechtigkeit der Strafen Gottes, indeme keine Person wird angesehen, sondern wer Unrecht thut und böse ist, der erleidet billich, was seine

Werke verdienet haben. Es ist ja kein einziger Stand unter Euer Majestät Botmässigkeit, der sich für den andern könte rechtfertigen. Nicht rede ich solches nur bloß hin, ich kan und will es auch sonnenklar beweisen, wenn ich nur die Gnade noch habe, daß Euere Majestät ihren getreuesten Diener kürtzlich will hören.

Teutschland. Ja, Waremund, die Rede sey dir erlaubt. Unterrichte mich nur kühnlich von der itzigen Beschaffenheit meiner Unterthanen, ich will dich zu diesem male gedultig hören.

Waremund. Allergnädigste Königinn und Frau, ich bedanke mich unterthänigst, daß mir frey zu sprechen wird vergünnet. Ich soll und muß die Warheit reden; mein Name heisset Waremund, nicht Lügenmund, mein Ampt und Gewissen treiben, ja nöthigen und zwingen mich, daß ich die offenbaren Mängel für strafbar ausschreien, das Finstere Schwartz, und die Laster Untugend muß nennen. Mit hertzlichem Mitleiden hat Euere Majestät gleich jetzt angesehen, welcher Gestalt der unbarmhertzige Wütherich die drey Haubtstände ihres großmächtigsten Reiches, wie das unvernünftige Viehe für sich hergetrieben, gegeisselt und geschlagen. Ich bekenne es, dieses grausame Verfahren hat uns fast die Thränen auß den Augen getrieben. Was wollen wir aber viel sagen, und womit wollen wir diese Leute entschuldigen? Ich spreche nochmalen: Sie leiden, was ihre Thaten wehrt sind. Wolte jemand gedenken: Ey, man solte doch billich der Geistlichen verschonen, dieser Stand sey ja von Anfang der Welt her in sonderen Ehren und Würden auch so gar bey den Heyden, ja wilden barbarischen Völkern gehalten, es sey gleichwol gar zu grob und viel, daß man diese guten Herren, als Gottes Haußhalter und Gesalbte so unmenschlich behandelt; sie beraubet, schläget, verwundet, ja wol gar um Leib und Leben bringet! Aber nein, Teutschland, in Ansehen ihrer Verdienste geschiehet ihnen gar nicht zu viel, wiewol ich es nicht kan läugnen, daß offtmalen der Unschuldige mit den Schuldigen muß leiden.

Bedenke es nur Teutschland, was du in diesen letzten fünftzig Jahren, sonderlich aber in der Zeit des dreissigjährigen Kriegs, für Geistliche unter dir gehabt, was für seltzame Geschöpfe (etliche Fromme und Gottselige ausgenommen), du bey diesen elenden, wunderlichen Läufften habest ernähret! Sie zwar solten ihre untergebenen Schäflein zur Sanftmuht, Demuht und Friedfertigkeit ermahnen und anreitzen; so sind sie leider eben diejenigen, welche sich selber auff das äußerste untereinander bestreiten; sie sind es, die einander verdammen, verketzern, ja gar dem Teuffel übergeben, und also viel weniger, als deine weltlichen Fürsten, Friede untereinander zu erhalten, und christliches teutsches Vertrauen nach so langwierigem Zanken unter sich zu stifften, oder wiederzubringen begehren. Sol der allerhöchste Gott Teutschland mit dem edelsten Frieden begaben, welchen diese zanksüchtigen Leute mit Händen und Füssen von sich stossen? Soll er denjenigen Ruhe verleihen, welche ihre höchste Lust daran haben, daß sie mit ihren Nebenchristen und Brüdern in steter Unruhe und ärgerlicher Verwirrung mögen leben? Mit was Augen und Hertzen mögen sie doch wol ansehen, lesen und betrachten die güldenen Worte ihres Seligmachers, wenn er allen Menschen, zuforderst aber seinen Dienern, so ernstlich zurusset: Lernet von mir, denn ich bin sanftmühtig und von Hertzen demühtig. Selig sind die Sanftmühtigen, sie werden das Erdreich besitzen!

Wer darff sich hie noch viel verwundern, daß denjenigen, welche abgesagte Feinde sind aller Liebe und Sanftmuht, das Erdreich, oder ihr Land und Sand, zum wenigsten das Einkommen von denselbigen, wird hinweg genommen? Ja, Teutschland, unter deinen Geistlichen sind sehr viele schändliche Geitzhälße und eigennützige Mammons=Diener. Gold ist ihr Gott, und treibet ein Theil unter ihnen einen ja so gewinnsüchtigen Wucher, als etwan die ärgsten Juden, oder gewissenlose Kaufleute und Wechsler thun mögen. Ich kenne ferner etliche unter ihnen, welche so abscheulich fluchen und Gott lästern, daß sie es auch einem ruchlosen Landsknechte, der zwantzig Jahre zu Felde gelegen, damit wol bevor thun, und dieses lassen sie offt auch an den Sonn= und Feiertagen, wann sie nemlich mit ihren Pfarrkindern im Wirthshauße unten und oben liegen, selbigen frey lustig auff die Haut sauffen, ja sich wol frisch mit ihnen herum schlagen, am allermeisten von sich hören; da solte einer schwören, daß solche ruchlose Gesellen viel ehender Fechter, als Geistliche wären. Ich wil hier nicht sagen, wie ein grosser Theil unter ihnen sich gar wenig um die Erbauung der Kirchen Gottes, Fortpflanzung des Christenthumes, und ihrer so theuer anvertrauten Schäfelein Seligkeit bekümmert. Ihrer viele werffen die Bücher gar hinter die Bant, spotten anderer, die nächst fleissiger Beobachtung ihres Hirtenampts eiferig bemühet sind, in guten Künsten und allerhand nützlichen Sprachen etwas zu erlernen, und die Welt mit erbaulichen Büchern zu versorgen. Dagegen ihre Lust ist, wenn sie nur ihren gewinnsüchtigen Vortheil wol in acht nehmen, die zeitliche Nahrung suchen, den Akkerbau befördern, der Viehzucht obliegen, ja sich nirgends, als um Welt und Geld, um den Halß und Bauch mögen bekümmern.

Wenn denn, O Teutschland, schier der grösseste Theil deiner Geistlichkeit wenig nach Gott fraget, ja sich fast gar nichts bemühet, desselbigen heiligen Namens Ehre und ihrer anvertrauten Schäflein Seligkeit ernstlich zu befördern, was ists denn wunder, daß sie dem Mars eben so wol als andre Stände zur Beute worden, und von demselbigen der grausamen Züchtigung des unmenschlichen Wühterichs sind untergeben worden?

Teutschland. Ach, Waremund, Waremund, du führest ja deinen rechten Namen; ich erkenne, daß deine Rede ohne Heucheley ist, du liebest die Warheit von Hertzen, wie du mir denn das ungeistliche Leben meiner also genannten Geistlichen dermahßen deutlich hast fürgestellet, daß ich nunmehr gäntzlich dafür halte, es sey der Gerechtigkeit Gottes gleichsam unmöglich gewesen, ihrem unchristlichen Wandel und ärgerlichem Leben länger zuzusehen, ja daß mit höchster Billigkeit, sowol Grosse, als Kleine, sowol Hohe als Niedrige, sowol Gelehrte als Ungelehrte, durch den Wühterich deßwegen zerschlagen, geplaget, und härtiglich gestrafet werden. Ach, aber des grossen Elendes!

Waremund. Sey zufrieden, großmächtigste Königinn, und laß dich von den Schmertzen nicht so gäntzlich überwinden; murre nicht wider die Gerechtigkeit des Höhesten, sondern gib ihme die Ehre, und erkenne ferner die Billigkeit der Strafen, mit welchen er deine Untersassen biß anhero hat gezüchtiget. Laß dir weiter von mir mit wenigen zu Gemühte führen, wie übel auch viel deiner Fürsten, fürnemlich deroselbigen Bediente, Amptleute und Gewaltige bißhero haben gehauset, so wirstu selber urtheilen, daß sie nicht weniger als die Geistlichen strafwürdig, und dahero billich des Wühterichs grausamer Tyranney untergeben, und zu Sclaven des unersättlichen, grausamen Mars sind gemachet worden.

Teutschland. Ja, ja, fahre nur immer fort, mein Waremund, in deiner angefangenen Rede, ich will selbige mit grosser Gedult ferner anhören.

Waremund. Daß deine Fürsten, allergnädigste Königinn, in ihrem Leben und Wandel die Gebühr nicht allezeit in acht nehmen, darüber zwar hat man sich eben nicht so sonderlich zu verwundern. Wenn ein Fürst ein unordentliches Leben und Regiment führet, so ist vielmals seine übele Erziehung schuld daran, denn wozu man in der Jugend wird gewöhnet, dabey verbleibet man gemeiniglich im Alter. Hierzu komt ihre grosse Freyheit, welche ihnen fast unzähliche Mittel an die Hand gibt, bißweilen Unrecht zu thun, den Wollüsten nachzuhängen, und sonst vielfältig zu sündigen, und welches noch das allerärgste ist, so wil sich fast niemand lassen finden, der ihnen die Warheit auffrichtig zu verstehen gebe, oder sie nur erinnerte, worinnen sie etwan gefehlet, und in welchen Stükken sie die Gebühr und das Ampt eines christlichen Fürsten übergangen hätten. Da ist leider fast kein einziger an ihren Höfen, der das Maul auffthun, des Fürsten Mängel berühren, und sich dadurch einen ungnädigen Herrn zu machen begehret. So lange sich nun keiner herfür thut, der der Katzen die Schellen anzuhängen, und den hohen Häubtern ihre Gebrechen zu zeigen bemühet ist, so lange scheinet es unmüglich zu seyn, daß die Fürsten ihr Regiment gebührlich anstellen, und dasselbe zu Beförderung der Ehre Gottes, Auffnehmen ihrer Unterthanen, und ihrer selbst eigenen Wolfahrt solten führen und verwalten. Sonst wird kein verständiger Mensch können läugnen, daß unter deinen Fürsten, O du großmächtiges Teutschland, noch dermahßen tapfere, vernünfftige, gelehrte, erfahrne, tugendhaffte und fruchtbringende Helden jederzeit gelebt haben, auch noch biß auff diese gegenwärtige Stunde gefunden werden, daß kein Volk der Welt, es mag auch heisen wie es immer wolle, mit ihnen zu vergleichen.

Teutschland. Es ist mir von Hertzen lieb, O du mein getreuester Waremund, daß ich ein so herliches Zeugnisse, von den unvergleichlichen Eigenschafften etlicher meiner Fürsten und Gewaltigen auß deinem eigenen Bekentnisse mag anhören und vernehmen. Sage mir aber, woran fehlet es denn doch, daß es gleichwol im weltlichen Stande so gar übel daher gehet, und derselbe so hefftig wird gestrafet?

Waremund. Ich habe es bereits gesaget, großmächtigste Königinn, sage es auch noch, daß die Fürsten, dieweil sie Menschen sind wie andere, nicht alles wissen noch erfahren, viel weniger selber oder persönlich alles außrichten und verwalten können. Dahero werden sie gezwungen, durch ihre Räthe, Amptleute, Richter und andere dergleichen Bediente ihre Länder und Unterthanen regieren zu lassen. Da findet sich nun leider der rechte Mangel, daß die Diener insgemein so übel sind beschaffen, daß die Unterthanen von ihnen anders nichts, als lauter Böses lernen, folgends auch dasselbe außzüben und zu Werke richten können.

Ein gottloser und boßhaffter Fürst, der fromme und tugendhaffte Räthe und Diener hat, ist seinen Landen und Unterthanen bey weitem nicht so schädlich, als ein guter und tugendliebender Fürst, der mit gottlosen, eigennützigen und lasterhafften Räthen und Dienern ist umgeben. Es ist und bleibet ja die Gottesfurcht die rechte Quelle, Mutter und Geberin aller anderen Tugenden, folgends auch aller darauß entspriessenden Wolfahrt und Glükseligkeiten. Wo nun aber keine Gottesfurcht zu finden, da stehen alle Laster in ihrem vollen Wachsthum. Nun bitte ich, O Teutschland, du wollest dir doch nur deine fürnehmste Hof= und Weltleute ein wenig vorstellen, so wirst du klärlich befinden, daß der grösseste Hauffe unter ihnen (ich sage, der grössseste Hauffe, nicht alle, denn mir auch in Warheit recht gottesfürchtige Hofeleute bekant sind), so wenig glaubet, daß ein Gott, Teuffel, Himmel, Hölle, und nach diesem ein anders und ewiges Leben fürhanden sey, daß sie auch mit denjenigen, welche, in Betrachtung dieses gerne als Christen wollen leben, nur ihren Spott und Kurtzweil treiben, ja wol öffentlich dörffen herauß sagen: Es sey unmüglich, daß einer zugleich ein guter Christ und ein verständiger Hof= und Weltmann seyn köne; ein rechtschaffener Politicus oder Staatsmann müsse sich um die Pfaffenhändel und die Bibel nicht eben bekümmern, im Falle er bedacht sey, seinen Stand, Ehre und Güter hoch zu bringen.

Nun sind aber eben diese ansehnlichen, prächtigen und weitschauenden Hof= und Weltleute diejenigen, welche nicht allein anstatt ihrer Fürsten für ihre Person weit und breit das Regiment führen, sondern auch denen sämtlichen Ländern, Städten, Flekken und Dörffern, unterschiedliche Befehlshaber, Amptleute, Richter, Verwalter, Schreiber, Vögte u. dgl. müssen vorstellen. Weil es denn hiemit also beschaffen, so ist es ja gantz und gar kein Wunder, daß es hin und wieder in Teutschland so viele gottlose Ampt= und Befehlichsleute giebet, dieweil sie offtmalen von solchen Häubtern werden bestellet und eingesetzet, die wol selber nicht glauben, daß ein Gott sey, und dahero, wenn sie unrecht handeln, sich so wenig ein Gewissen darüber machen, daß sie sich vielmehr ihrer Spitzfindigkeit erfreuen und darüber lachen. Da urtheile nun selber, großmächtigstes Teutschland, was die Unterthanen von dergleichen Amptleuten gutes lernen sollen. Es werden grosse Fürsten und Herren recht und wol genennet Hüter oder Beschützer der beiden göttlichen Gesetztafeln. Dieweil sie aber nicht allenthalben gegenwärtig seyn können, sitzen die Richter, Amptleute, Vögte u. dgl. Befehlshaber an ihrer Stelle.

Aber mein Gott, mit was Gewissen sitzet mancher daselbst. Wie elendiglich beschützet er die beyden göttlichen Gesetztafeln? Die Flucher und Lästerer des heiligen göttlichen Namens sollen nicht ungestrafet bleiben! Ja wol! Der Amptmann, Richter, Vogt, Schreiber, oder wie er sonst mag heisen, ist selber der grösseste Flucher, den man hören mag, wie kan denn die Gotteslästerung unter den andern gemeinen Leuten daselbst abgethan und gebührlich bestrafet werden?

Die Sabbather und andere Feiertage sollen nach dem ernstlichen Befehle Gottes geheiliget, Gottes Wort an denselben fleissig gehöret und betrachtet, nüchtern und mässig gelebet und der lieben Armuht alle Gunst und Barmhertzigkeit erwiesen werden. Wie kömt es aber, daß die Unterthanen in Beachtung dieses Gebots so treflich faul und nachlässig sind, daß auch kein Tag schnöder gehalten noch schändlicher wird entheiliget, als eben der Sabbath und andere Feiertage?

Eben daher kömt es, daß der Richter selber für, unter und nach der Predigt in öffentlichen Wirthshäusern, beim Bier, Wein und Brantwein sitzet, sich toll und voll säuffet, und wenn er denn gleich einmal auß der Schenke zur Kirche eintritt, nichts anderes thut, als daß er sich in seinem Stuhle ordentlich zur Ruhe begibt, und den Rausch gar gemählich und fein außschläft, ja dabei schnarchet, daß es offt durch die gantze Kirche erschallet. Da gedenke einer, was für schöne Exempel die Unterthanen von solcher Obrigkeit nehmen, und wie jämmerlich sie sich an solchen in ihrem Leben und Wandel müssen ärgern?

Eben daher, sage ich, komt auch das unchristliche Leben der Unterthanen, fürnemlich an den Sonn- und Feiertagen, daß der Schreiber oder Vogt unter dem Gottesdienste spatziren fähret, oder auff die Jagd reitet, oder sonst seine Lust und Kurtzweil suchet. Eben daher komt es, daß der Amptmann, Vogt, Verwalter, Richter, Schreiber, auff sein gut epicurisch lebet, in Jahr und Tag, ja wol in etlichen Jahren sich zu keiner Beicht oder Abendmal lässet finden. Solten es denn seine untergebenen Leute besser machen? Unser Erlöser hat uns Friede und Einigkeit zum allerfleissigsten anbefohlen, auch allen Obrigkeiten ernstlich auferleget, daß sie die streitigen Parteien unverzüglich miteinander vergleichen, und alle Mittel, so zu christlicher Versöhnung dienlich sind, sollen herfür suchen. Wie wird aber solchem ernstlichen Befehle Gottes von vielen Amptleuten nachgelebet?

Hegen und führen sie nicht selber allerhand schwere Streitigkeiten?

Halten sie die Parteien nicht auff von einer Wochen, von einem Monat, von einem Jahre zum andern, und dasselbe fürnemlich ümme ihres schändlichen Eigennutzes willen? Unterdessen gehen die armen Leute in ihrem unversöhnlichen Hasse und Bitterkeit dahin, finden sich weder zur Beicht noch zum hl. Abendmal, und fahren darüber vielmals gantz zum Teuffel.

Ach Gott, wie schwer, schwer haben dieses unsere Regenten zu verantworten! Ja, liebes Teutschland, deiner Fürsten bestelte Amptleute und Bediente solten alle Dieberey, Finantzerei, Wucher und dergleichen lose Sünde ernstlich strafen. Aber mit was Gewissen können viele unter ihnen dasselbe thun? Sind sie doch theils selber die allergrössesten Wucherer, Schinder und Baurenplager, welche auff zweien Füssen gehen mügen, als die mit List und Gewalt alles zu sich reissen, was ihnen nur mag werden! Sie sind ja verpflichtet, aller Unzucht, soviel immer müglich, zu steuren und zu wehren, keine öffentlichen Huren zu leiden, noch denselben Unterschleiff zu geben. Da findet sich aber gerade das Widerspiel. Man gestattet hin und wider öffentliche Hurhäußer, man nimmt Geld von den unzüchtigsten Bälgen und lässet sie ein solches Leben führen, daß der Himmel darüber möchte erzittern; ja viele Amptleute halten selber Concubinen und leichtfertige Huren bei sich in ihren Häußern, begehren sich nicht einmal zu verehelichen, zeugen mit ihren Schandmetzen ein Kind nach dem anderen, und geben den Unterthanen ein so greuliches Aergerniß, daß sich die Erde aufthun, und solche boßhafte Verführer des armen unverständigen Volkes möchte verschlingen. In Betrachtung dieses alles, sage ich kühnlich herauß, daß es gantz närrisch gethan sey, wenn man sich über das gottlose Leben und den unchristlichen Wandel der Unterthanen itziger Zeit so hoch und viel beklaget. Wären die Aempter an allen Orten mit gottesfürchtigen, frommen und ehrlichen Leuten bestellet, welche um die Beförderung der Ehre göttliches Namens und Erhaltung der lieben Gerechtigkeit ernstlich eifferten, so würde es auch wol anders daher gehen und dem epicurischen Wesen in Teutschland bald gesteuret werden. Es kan ja nichts thörichters in der Welt sein, als daß man klaget, es sey kein Recht oder Gerechtigkeit im Lande mehr zu finden. Ei Lieber, woher kommt das? Eben daher kommt es, daß man Leute zu Richtern, Vögten, Amptleuten hinsetzet, die ja so wenig wissen, was recht oder unrecht ist, so wenig ein Blinder die Farben kan unterscheiden. Sol derjenige in allerhand schweren und verwirreten Sachen ein gerechtes Urtheil sprechen oder fällen, der kaum lesen oder seinen Namen kan schreiben.

Man sihet ja heute zu Tage fast gantz und gar nicht mehr auff Kunst und Geschiklichkeit, oder daß man gelehrte Leute für andern befördere. Wenn einer nur gute Freunde und Gönner bey Hofe hat, oder kan ein ansehnliches Stükke Geldes spendiren, oder weiß tapfer zu fuchsschwäntzen, oder kan brav sauffen, Gott gebe, er sey ein Stallknecht oder Lakey, oder sonst ein gemeiner Stiefelputzer bei Hofe, so wird er bald zu Würden und Aemptern befördert, welche zu bedienen er doch eben so geschikt ist, als der Esel die Laute zu schlagen. Zu Zeiten machen die grossen Welt- und Hofleute auch wol eine abgebrante Kriegsgurgel, oder soldatischen Auffschneider zu einem Richter, Amptmann, Vogt oder Verwalter, welcher denn treflich wol geschikt ist, die armen Unterthanen biß auff die Knochen zu schinden, dieweil er in der Zeit seiner Kriegsbestallung das Baurenplagen gründlich hat gelernet, und mit höchstem Fleisse zu seinem sonderbaren Nutzen in den Quartiren außgeübet. O solche Leute machen hernachmals zur Friedenszeit trefliche christliche Unterthanen!

So richte nun selber, großmächtiges Teutschland, ob diejenigen, welche solche gottlose, ungeschikte, ungelehrte, eigennützige und lasterhaffte Leute zu Aemptern befördern, und denselben so viele Menschen zu regieren untergeben, dasselbige nicht gar hoch und schwer für Gott im Himmel und ihren Lands-Fürsten auff Erden zu verantworten haben, und ob nicht sie und ihre Geschöpfe oder Schoßkinder, die untüchtigen Amptleute und gewissenlosen Bedienten, die rechten und eigentlichen Ursachen sind des lästerlichen Lebens und falschen Christenthums, das in allen Ländern des weiten und breiten Teutschlands, bis auff diese Stunde, von den allgemeinen Unterthanen wird geführet und betrieben?

Teutschland. Ach Waremund, Waremund, ich muß es bekennen, daß alles, was du mir in deiner wolgemeinten Rede jetzund hast zu Gemühte geführet, im Werke und der That sich also verhalte; ich kan und mag wider die Warheit nicht streiten. Es ist freilich die Schuld meinen Fürsten, sonderlich aber derselben fürnehmen Bedienten, wenn sie dergleichen gottlose, untüchtige Amptleute bestellen, zuzumessen, daß dannenhero meine Unterthanen und Teutschen Kinder bißher so schändlich haben gelebet, und ihnen diese schweren Strafen dadurch auff den Halß gezogen; wenn gleich du, mein Waremund, und andere deinesgleichen getreue Prediger und eifrige Seelenhirten, sich noch so hoch und viel bemühen, die Unterthanen zu einem andern, Gott wolgefälligen Leben zu bringen, und auff den rechten Weg zu führen, so werden sie doch weniger als nichts außrichten, dafern ihnen von den Weltlichen die hülflliche Hand nicht wird geboten, also, daß die Schuldigen gestrafet, die Frommen aber beschützet werden. Wehe, wehe aber meinen unchristlichen Amptleuten in alle Ewigkeit!

Waremund. Ja, großmächtigste Königinn, verstehest du nun mit der Zeit, warum sowol der weltliche als geistliche Stand dem Wüterich in Ketten und Banden sey übergeben, und auß was Urfachen sie von demselben so jämmerlich geschlagen und gehandelt werden? Ich meine ja, du wirst dich nun besser in ihr grosses Elend können schikken. Daß aber der Haußstand, als Bürger und Bauren, unter diesem grimmigen Thiere es nicht erträglicher, sondern offtmals viel ärger als Geistliche und Weltliche haben, und unaußsprechliche Trangsalen außstehen müssen, darüber darff man sich gantz und gar nicht verwundern. Denn was, so wol auff dem Lande, in Fletken und Dörffern, als in den grossen Reichs-, See-, Kauff- und Handels-Städten, für unzähliche Greuel werden getrieben, das fället meiner Zungen außzusprechen unmüglich. Es ist die Abgötterey, Fluchen, Schwören und Lästerung des heiligen Namens Gottes, die Verachtung göttlichen heil. Wortes und der Sakramenten, Ungehorsam, Hurerey und Unzucht, Geitz, Betrügerey, Wucher, Haß, Neid, Lügen, Rachgier und tausendt andere Laster, dermaßen gemein bei Bürgern und Bauren, Kauf- und Handwerksleuten, Taglöhnern und Bettlern, daß es groß Wunder ist, daß die Gerechtigkeit Gottes diese schönen fruchtbaren Länder nicht eben wie Sodom und Gomorra, durch einen feurigen Schwefelregen vom Himmel herab vertilget, und die grossen Städte, wie Jerusalem, Babylon, Tyrus und Sydon in den Staub leget und zu Grunde auß verderbet; ist demnach fürwar wol ein treflicher Beweisthum der unaußsprechlichen Langmuht unseres Gottes, daß ihrer noch so viel biß auff gegenwärtigen Tag fast gantz und gar unbeschädiget sind überblieben, ja daß noch etliche Städte sich bey ziemlichen Zustande und Wolergehen befinden.

(Hie wird hinter dem Auffzuge Lärm geblasen, die Trommel gerühret, und etliche mal stark geschossen, worüber Teutschland hefftig erschrikt, und gantz bestürtzet anfähet zu ruffen:)

Teutschland. O wehe, wehe mir unglükseligen Königinn! Ach, mein Gott, soll die mir unlängst verliehene kleine Ruhe und Verschnauffung von dem verderblichen Kriegswesen, sobald ihre Endschafft erreichen? O wehe, wehe mir! Mein abgejagter Feind, der blutdürstige

Mars, wird warhasstig wiederum fürhanden seyn; ich höre schon sein grimmiges Rasen und Blasen.

Waremund. Allergnädigste Königinn, Eure Majestät wolle doch nicht gar zu sehr über diesen, ihr vielleicht eine Zeitlang hero ungewöhnlichen Lärmen erschrekken. Gott lebet noch, der wird sie samt allen ihren Untersassen mächtig zu schützen, und von der Grausamkeit ihrer Feinde zu rechter Zeit wol zu befreien wissen.

Teutschland. Ja, mein allerliebster Waremund, du, oder kein Mensch auff dieser gantzen Welt kan zur Gnüge verstehen das grosse Elend und den unaußsprechlichen Jammer, den ich unglükseligste Königinn nunmehr fast dreissig gantzer Jahre habe erlitten und außgestanden. O wehe, wehe mir! Der unersättliche Mars ist zweifelsfrey in dieser Gegend wiederum vorhanden.

(Teutschland fällt in Ohnmacht und sinket in den Armen des Waremundes [der sie zu halten begehret], gantz und gar zur Erden).

Waremund (mit kläglicher Stimme:) Wie denn, großmächtigste Königinn? Wie, unüberwindliches Teutschland, wilt du mir denn unter meinen Händen tod bleiben? Fürchtest du, allertapferste Heldinn, diejenigen so hefftig, von welches Ueberwindung du mehrmalen so manchen herlichen Siegespracht hast erobert und davon getragen? Ermuntere dich, Teutschland, und erquikke dein geängstetes Hertz mit der glükseligsten Hoffnung des allersüssesten Friedens. Eröffne deine hell leuchtenden Augen doch wieder, und lasse alle Welt deine Großmühtigkeit sehen und spüren.

Der Ersten Handlung
Vierdter Auffzug.

Hoffnung, Waremund, Teutschland, der Friede mit den singenden Kindern.

Hoffnung (erscheinet in gewöhnlicher Weiber-Kleidung, mit freudigem Gesichte und annehmlichen Geberden, redet den Waremund an mit folgenden Worten:) Glük zu, mein getreuer Freund Waremund, du würdiger Knecht des Allerhöchsten! Ich habe nicht unterlassen wollen, nachdeme ich dein Winseln und Klagen von weitem erhöret, mich zu dir zu nahen, ob ich dir etwan mit meiner Gegenwart behülfflich seyn könte.

Waremund. O du süsse, O du angenehme Hoffnung, sey mir zu hundert tausendtmalen willkommen! Zu einer rechten erwünscheten Zeit sehe ich dich an diesem Orte; gelobet sey Gott, der dich hieher zu mir hat gesendet, in meiner grossen Trübsal mich zu erquikken.

Hoffnung. Wie sol ich das verstehen, Waremund, daß ich dieses Weibesbild, welches, dem Ansehen nach, schon tod ist, in deinen Armen, dich aber so von Hertzen darob bekümmert und betrübet befinde?

Waremund. Ach, Hoffnung, habe ich nicht grosse Ursache mich ängstlich zu bekümmern, in Betrachtung unsere allergnädigste Königinn, das großmächtigste Teutschland, auß übermässiger Furcht für der abermaligen urplötzlichen Ankunfft ihres grausamen Feindes, des grimmigen Landverwüsters Mars, mir schier unter den Händen wil sterben und dahin gehen?

Hoffnung. Was sagest du, Waremund, ist das Teutschland, die zwar grosse, aber auff das äusserste geplagte, unglükselige Königinn? Sol ich dieselbige abermal in solchem betrübten Zustande finden?

Waremund. Ja freylich, ist es diese gewaltige Königinn. (Er schüttelt Teutschland auffs Neue sehr hart). Auf, auf, allergnädigste Königinn, ermuntere dich, Teutschland, und laß diese neue Todesangst dein edles Hertz doch nicht gar zubrechen. Hie findet sich die Hoffnung, eine von deinen allergetreuesten Freundinnen und Dienerinnen, eine Einwohnerinn des unermäßlichen Himmels, selbige begehret anders nichts, als dir in deiner Trübseligkeit allen möglichen Raht, Hülffe und Beystand zu erzeigen.

Hoffnung. Ach ja, Teutschland, du allerberühmteste Königinn der Welt, fasse doch ein Hertz, kome doch wieder zu dir selber, und verzage nicht in deinem Unglüke. Wie, Teutschland, kennest du mich nicht? Mich, deine allergetreueste Freundinn? Ich bin die Hoffnung. Ja, die allerglükseligste Hoffnung bin ich, welche nimmermehr lässet zu Schanden werden diejenigen, welche Gott vertrauen.

Teutschland (schläget die Augen gar kläglich auff, und spricht mit halbgebrochener Stimme:) Ach Gott, wo bin ich? wie ist mir doch geschehen? ist Mars schon fürhanden?

Waremund: Nein, allergnädigste Königinn, Mars hat sich noch zur Zeit nicht wieder sehen lassen, Eure Majestät befindet sich in Gesellschaft ihrer außerwählten Freundinnen, der Hoffnung und ihres getreuesten Dieners Waremunds. Sie bekümmere sich nur gar nicht, es wird, ob Gott will, alles gut werden.

Teutſchland (ſtehet wieder auff und umhalſet die Hoffnung gantz begierlich, alſo ſprechend:) O du edle Freundinn meiner Seelen, wie hertzlich hat mich die bloſſe Erinnerung deines ſüſſen Namens erquittet. Ach, wie bin ich doch für dieſem ſo wol vergnüget und höchlich erfreuet von dir geſchieden!

Hoffnung. Ja, großmächtigſtes Teutſchland, eben mit einer ſolchen, ja noch wol gröſſern Freudigkeit hoffe ich auch dieſes mal, dich von mir zu laſſen; dir wird ja annoch wol wiſſend ſeyn, was dir von der Hoffnung des allerſüſſeſten Friedens ſchon für einer geraumen Zeit iſt verſprochen?

Teutſchland. Ja wol, Frieden, liebe Tochter! Haſt du denn nicht vernommen, wie grauſamlich mein abgeſagter Feind, der blutbürſtige Mars, wiederum anfähet zu wühten und zu toben?

Hoffnung. Stelle dich doch zur Ruhe, mein allerliebſtes Teutſchland, Mars wird hinfüro mit ſeinem Wühten wenig außrichten; es iſt ihm ſchon vom Himmel ſein Ziel geſtekket, welches er nicht kan übergehen. Sein Toben rühret anders nirgend von her, als daß ihm durch das Gerüchte von Herannahung des alleredelſten Friedens eine gewaltige Angſt und groſſer Schrekken iſt eingejaget worden; denn, wenn er nur den Frieden höret nennen, ſo will der Menſchenwürger gar auß der Haut fahren.

Teutſchland. Ach, Hoffnung, wehrte Hoffnung, wolte Gott, daß das Gerüchte des ankommenden vielverhofften Friedens eine ſolche Gewißheit mit ſich brächte, als ich ein ſehnliches Verlangen trage, deſſen unaußſprechliche Süſſigkeit einmal wiederum zu ſchmekken; aber, aber, ob man ſchon viele Jahre davon hat geſagt, iſt doch leider bißhero gar nichts erfolget!

Hoffnung. Zweiſle nur nicht, großmächtiges Teutſchland, dein Friede wird kommen und nicht auſſen bleiben; Gottes Zorn währet einen Augenblik; denn er hat Luſt zum Leben, und dieſer grundgütige Gott will dich nach ſo vielen außgeſtandenen ſchweren Anfechtungen wiederum mit Gnaden erfreuen.

Waremund. Großmächtigſte Königinn, habe ich Eurer Majeſtät dieſes nicht offt vorher geſaget? Habe ich ſie nicht offt und vielmals mit der unermäßlichen Barmhertzigkeit Gottes getröſtet? Ich glaube ſicherlich, es wird ſich der edle Frieden nun bald wiederum zu uns nahen.

Teutſchland. O Waremund, Gott gebe ja, daß dein Mund zu dieſem male ebenſo war rede, wie ich ihn ſonſt jederzeit befunden. Was ſol ich aber viel ſagen? Mein Glaube iſt dermahſſen ſchwach, daß mir dieses hochgewünschete Versprechen gar schwerlich wil zu Hertzen gehen. Ach Hoffnung, daß ich doch den Tag bald erleben möchte.

Hoffnung. Habe ich dir nicht gesagt, großmächtigstes Teutschland, du soltest nur nicht zweifeln? Bald, bald, ja noch diese Stunde sol dir ein erwünscheter Friedensblik erscheinen; glaube nur meinen Worten.

Teutschland. Was sagst du, Hoffnung, solte mir der Friede erscheinen?

Hoffnung. Ein Friedensblik, Teutschland, ja ein Friedensblik sage ich, wird sich gleich itzt vor dir sehen lassen, und bald darauf wird sich der edle Friede selber vollenkömlich wiederum zu dir wenden.

Teutschland. Das walte der grosse Gott des Friedens, der mich auß aller Trübsal des Krieges durch seinen gewaltigen Arm weiß zu erretten, und nach so vielen außgestandenen Müheseligkeiten wiederum mit süsser Ruhe zu erfüllen.

Waremund. O Hoffnung, dieses dein güldenes Versprechen lasse der gütige Himmel erfüllet werden. Amen! Amen!

(Hierauf öffnet sich der innerste Schauplatz, in selbigem stehet gleich von weitem der Friede, in weisser Seide gar köstlich bekleidet, eine güldene Krone auff dem Haubte tragend; in der einen Hand einen Oelzweig, in der anderen ein Fruchthorn (cornu copiae) haltend, auch sonst mit güldenen Ketten und Kleinodien herlich gezieret. Es muß aber der Ort mit vielen Lichtern und Lampen hellglänzend gemacht werden. Um den Frieden her stehen etliche gantz weißbekleidete, auff dem Haubte bekräntzete, und in Händen Oel= und Palmzweige tragende Kinder. Selbige erheben ihre Stimme gantz freudig, und singen alle, oder, nachdeme es der Schauspieler gut befindet, nur eines, folgendes Lied, wozu sein heimlich und sanft, [damit man die Worte desto eigentlicher hören kan] auff einer Klavicimbel oder Laute muß gespielet werden.

Hoffnungs=Lied,
(so von den Kindern, welche um den edlen Frieden herstehen, freudig wird gesungen).

1.

Teutschland, grosse Königinn,
   Du schönstes Wunderwerk der Erden,
Steh' auff, leg' alles Trauren hin,
   Dir soll und muß geholffen werden;
Bald trennen wir die Kriegesstrit
Und zeigen dir den Friedensblik!

2.

Erkenne nur, was Waremund
   Auß reinem Hertzen hat gesprochen
Das Büchsen machet dich gesund,
   Durch Büchsen wird der Zorn gebrochen.
Bald trennen wir die Kriegesstrit
Und zeigen dir den Friedensblik!

3.

Frisch auff, das Wetter ist vorbey,
Das Donnerschaur ist übergangen;
O Königinn, bald wirstu frey,
Bald sehen wir dich herrlich prangen,
Bald trennen wir die Kriegesstrikk
Und zeigen dir den Friedensblik!

4.

Was Hoffnung dir hat vorgesagt,
Sol in der That erfüllet werden;
Du bist schon lang genug geplagt;
Hinweg, ihr grimmigen Beschwerden!
Bald trennen wir die Kriegesstrikk
Und zeigen dir den Friedensblik.

5.

Schau hie das allerschönste Bild
Des Friedens, welchen wir umringen;
Des Friedens, der so süss und mild,
Des Friedens, welchen wir besingen.
Itzt trennen wir die Kriegesstrikk
Und zeigen dir den Friedensblik.

6.

Was gilts, der tolle Mars muß fort.
Frau Friede wird in Teutschland kommen;
Sie stehet schon an diesem Ort
Und zeiget sich zu Trost den Frommen.
Hinweg, hinweg ihr Kriegesstrikk,
Hie stehet schon der Friedensblik!

Teutschland. Ach Hoffnung, allerliebste Schwester, ach Waremund, mein getreuester Freund, wie hertzlich werde ich durch diesen allersüssesten Friedensblik erquikket. Dieses Trostlied ist kräfftig genug, auch die allerbetrübtesten Seelen zu erfreuen. Ach, möchte ich nur auff meinen Knieen hinzukriechen, dem edelsten Frieden die Hände zu küssen, und für diese so hoch- und längsterwünschete Vertröstung Lob und Dank zu sagen.

Hoffnung. Sey zufrieden, großmächtigste Königinn; die von Gott bestimte Zeit wird bald heran kommen, in welcher der güldene Friede vollenkömlich sich wieder anhero wenden, und bey dir wird finden lassen. (Hie wird an einer Seiten des Spielplatzes hinter dem Vorhange geschossen, getrummlet und geblasen). Aber, was höre ich dort für einen Lärmen? Ich dörffte schwören, es sey niemand anders als der grimmige Mars.

Teutschland. Fürwar, der wird es seyn. Ach! lasset uns schleunig von hinnen fliehen. (Sie gehen eiligst ab und wird der innerste Schauplatz geschlossen).

Der Ersten Handlung
Fünffter Auffzug.

(Mars kombt auf den Platz mit Schiessen, Trommlen, Lärmen, Blasen, Schreien u. dgl. Er ist gantz gewappnet; führet ein blosses und blutiges Schwerdt in der Hand; mit ihme kommen Junker Reinhart und Monsieur Sausewind; darnach kombt das Gerüchte in Gestalt eines Weibesbildes mit Flügeln; hat ein Kleid an, das voller Zungen; sie bläset auff einer Trompete).

Mars. Blitz, Donner, Hagel, Blut, Feuer und Waffen solen das unselige, widerspenstige Teutschland noch zu Grunde und Trümmern schlagen, ja gäntzlich verheeren und verzehren, nachdeme ich einmal meinen Fuß wieder auff ihren Boden gesetzet und die anderen europäischen Länder auff eine kleine Zeit habe verlassen. Aber, sage an, mein lieber, getreuer Junker Reinhart, wie haben dir meine Affaires, welche ich eine Zeitlang her durch gantz Europen schier getrieben, sonderlich aber die letzte doch gefallen?

Junker Reinhart. Ueber alle mahsse wol, großmächtigster und unüberwindlichster Herr Generalissime. Es dünket mich, daß, seithero ich dem allertapfersten Mars aufgewartet, ich in dem Thron der allervollkommensten Glückseligkeit bin gesessen.

Mars. So recht, Junker Reinhart, du redest wie ein kriegesverständiger Kavallier von meinen geführten Actionen sol urtheilen. Aber, sage mir mein Freund, wie sind dir meine Kriegesproceduren in Frankreich angestanden?

Junker Reinhart. O Mars, du theures Heldenblut, du gewaltigster Kämpfer auff Erden, ich schwöre bey der Stärke deines unüberwindlichen Armes, daß ich gäntzlich dafür halte, es köne kein lustigerer Krieg unter dem Himmel geführet werden, als eben der Frantzösische; es ist mir in Warheit derselbe vorkomen als eine rechte Olla podrida, dieweil es in demselben so gar artig alles durcheinander ist gehakket. Ein Theil in Frankreich ist Königisch, das ander Theil Condeisch, das dritte Parlamentisch, das vierdte Spanisch, das fünffte Lottringisch, das sechste Macerinisch), das siebende, ich weiß nicht was. Es verdreust mich, daß wir nicht noch länger in selbigem Lande haben mögen bleiben, und die Parmasoische Kavallier helffen tod schlagen und ruiniren.

Mars. Sey nur zufrieden, Junker Reinhart, ich muß Teutschland erstlich fertig machen, darnach wollen wir die à la mode messiours bald wieder finden. Aber was sagt denn unser Monsieur Sausewind? Wie hat demselben unser weltberühmter Krieg in Engelland gefallen?

Sausewind. Höchlich wundert es mich, allertapferster Mars, daß ein solcher Held, mich, seinen unterthänigsten Sclaven, darum mag fragen. Hat nicht Sausewind die gröffeste Vergnüglichkeit an selbigen Orten genossen, welche ihme eine edle und tapfere Seele mag wünschen? Ich meine ja, daß ich Lust und Freude daran hatte, wenn ich bald in Engelland, bald in Schottland, bald in Irland mit meinem muhtigen Pferde im Blute der Erschlagenen offt eine gantze Stunde müde herumschwimmen konte; da es denn recht kurtzweilig war anzusehen, wie die todten Körper bey tausendten, etliche gantz, etliche halb auff und nieder flossen; mit welchem anmuhtigen Soldaten-Spectacul ich meine lustrende Augen vielmals gar frölich pflag zu weiden.

Mars. So recht, so muß ein rechtschaffener Soldat seine beste Lust und Kurtzweil im Blute der Erschlagenen suchen und finden!

Junker Reinhart. Ja, großmächtigster Mars, es war dem Herrn Sausewind nicht eben um das im Blut schwimmen zu thun, sondern das schöne und anmuhtige englische Frauenzimmer, das hat unserem Courtisanen so wol gefallen, daß er sich treflich gerne daselbst noch eine Zeitlang hätte aufgehalten.

Sausewind. Zwar läugnen kan ich es nicht, mein lieber Junker Reinhart, daß ich die engelischen Damen zu caressiren mir äufferstes Fleisses habe angelegen seyn lassen. Aber sie waren auch gar zu liebreich; man konte es ihnen nicht versagen, und wer möchte das nicht? sprach der Abt von Posen.

Mars. Ja, ja, Sausewind, war das die rechte Ursache, daß du so gerne länger in Engelland wärest geblieben? Wisse aber, daß solches meine Gelegenheit dieses mal nicht leiden wolte? Aber von solchen Weiberhändeln jetzt zu reden, hab ich gantz und gar keine Lust. Saget mir aber ferner, meine lieben Getreuen, wie haben euch doch meine Kriegs-actiones in Polen gefallen? Ging es da nicht rechtschaffen brav daher?

Junker Reinhart. Fürwar, da schur es Kappen, da theilete man extraordinari stattliche Puffe aus. Da ließ der unüberwindlichste Mars seine Tapferkeit, Mannheit und Erfahrenheit dermahßen klärlich sehen und spüren, daß, wenn ich noch daran gedenke, das Hertze mir darob vor Freuden aus dem Leibe wil springen.

Sansewind. Ja, bei dem Element, da haben wir uns herum getummelt, daß Himmel und Erde erzitterten. Ich glaube nicht, daß durch gantz Teutschland in zehen Jahren soviel Ochsen werden geschlachtet, als daselbst Türken, Tartern, Kosakken, und wie das Teufelsgeschmeiß mehr heißet, von uns sind niedergemachet, und dem Pluto zum Opfer hingeschikket worden? Ich hatte allein für meine Person dreymal hundert tausend Ohren von den Tartern an eine Schnur gezogen, welche ich zum Beweise mit heraußbringen wolte; denn es sonst die Leute in Teutschland schwerlich solten glauben, daß wir des Lumpengesindels so viel niedergemetzelt. Es sind mir aber alle diese Ohren in einer Nacht von den Katzen, (welche dieselbe zweifelsfrey für Schweinsohren im Finstern haben angesehen) in der letzten Herberge aufgefreßen und verzehret worden.

Junker Reinhart. Ey, das ist Jammer und Schade, man hätte noch manches gutes Essen von diesen Tartar-Ohren könen zurichten. Ey, daß die Mäuse die losen Katzen wieder freßen mügen; das gebe Gott. Doch hin, ist hin!

Mars. Was wir für unvergleichliche Heldenthaten in erwähntem Königreiche haben verrichtet, das bezeugen die gewaltigen, von uns daselbst gehaltenen Schlachten und erlangten Siege meiner Polen; und hält man es gantz und gar nicht nöthig, solches mit Tartern- und Kosakken-Ohren zu beweisen. Aber, ihr meine lieben Getreuen, es wil nunmehr hoch vonnöthen seyn, daß wir Frankreich, Kathalonien, Engelland, Niederland, Polen, Kandia, Türkey, Portugal, und wo wir sonst ungläubliche Thaten haben außgerichtet, eine zeitlang in Ruhe und zufrieden laßen, und muß sich wieder an Teutschland (welches nunmehr eine geraume Zeit die übermenschliche Macht unsers siegreichen Armes nicht sonderlich gefühlet) machen, und in demselben rechtschaffen wühten und toben, alles mit Raub, Mord, Blut, Feuer und Brand erfüllen, ja das gantze Land um-, und das Oberste unterkehren. Nun frisch daran, meine Brüder, Teutschland muß nun endlich der Rest werden gegeben.

Junker Reinhart. So recht, großmächtigster Mars, das sind

Heldenworte; da spielet der Teuffel mit. Wir wollen Teutschland brem=
sen, die gantze Welt sol davon zu sagen wissen.

Sausewind. Tsa, tsa, tsa, das ist mein rechtes Leben! Nun
werde ich eine Zeitlang die teutschen schönen Damen entretiniren! O
Krieg, du süsses Freudenleben, dir wil ich ewig mich ergeben. Tsa, tsa,
nur frisch auff, Teutschland fort.

Das Gerüchte (hat ein Frauenkleid an, welches voller Zungen gemahlet; es
ist auch beflügelt, hält in der einen Hand eine Trompete, kömt gar schnell und gleich=
sam fliegend auff den Schauplatz, stosset etliche, und zwar zum wenigsten dreymal in
die Trompete; so offt es nun geblasen, ruffet es folgende Reimen mit lauter Stimme auß:)

Der Friede kömt schon schleichen,
zu dir O Teutsches Land,
und Mars, der muß abweichen
gar bald mit Spott und Schand.

(Wenn sie dieses also etliche mal außgeblasen und außgeruffen, fliehet sie gleich=
sam geschwinde wieder davon; unterdessen stehet Mars mit Junker Reinhart und
Sausewind hefftig bestürtzet).

Mars. Was zum tausend Henker ist das für eine unverhoffte
Zeitung, welche das lügenhaffte Gerüchte für unseren Augen und Ohren,
ihr meine allergetreuesten Freunde, außruffet und außbläset?

Junker Reinhart. Held der Helden, ja du großmühtigster
Printz aller wolversuchten Kämpfer, entsetze dich nur nicht für dieser
hochschädlichen Relation. Ich halte diese Zeitung für lautere grobe, er=
dichtete, schändliche Lügen; kein Mensch wird den Tag erleben, daß
den Teutschen der längst verjagte Friede wieder gegeben werde. Vive
la guerre!

Sausewind. Was Friede, was Friede? Ich wolte lieber einen
Finger auß der Hand missen, als erfahren, daß diese Zeitung war
wäre. Nein, nein, Teutschland muß noch besser daran, wir wollen ihm
die Friedens=Artikul mit der Spünte vom Degen auffsetzen, und bey
weitem nicht ihre Städte und Festungen, sondern vollends ihre Beutel
evacuiren oder lebig machen.

Mars. Ja, Sausewind, nach meinem Kopfe solte es auch gantz
und gar nicht anderst gehen; ich kan aber nicht wissen, was etwan
Zeit unsers Abwesens mag vergelauffen seyn. Der Teufel mag ja
die teutschen Stände nicht etwan haben geritten, daß sie, wie sie denn
schon in meiner Gegenwart den Anfang dazu gemachet, sich bemühet,
den Friede wieder ins Land zu bringen.

Junker Reinhart. Großmächtigster, unüberwindlichster Printz,
mein Raht wäre, daß wir uns je eher, je lieber, wegen dieses hochim-

portirlichen Werkes erkundigten, damit im Falle etwan neue Raht=
schläge des Friedens obhanden, wir dieselben bey Zeiten könten ümme=
stossen und zunichte machen.

Sausewind. Eben dasselbe ist auch meine Meinung; der aller=
durchleuchtigste Mars wird die lumpen Friedens=Tractaten leicht zu
hintertreiben und den edlen Krieg fortzusetzen wissen.

Mars. Gar recht, gar recht, ihr meine Lieben, wir wollen bald,
bald erfahren, wie die Sachen stehen. Lasset uns nur weiter forteilen.
Aber Blitz, Hagel, Donner, Feuer und Blut sol dem widerspenstigen,
boßhafften Teutschlande noch auff den Kopf kommen; das wil ich ihr
bey meinem scharffschneidenden Schwerdt, ja bey dem Donnern und
Brausen meiner feuerspeienden Karthaunen, Mörser und Feldschlangen
zugeschworen haben. Nun tja, tja, tja, immer fort! (Sie gehen ab
mit Schiessen, Pauken und Lärmenblasen).

Ende der ersten Handlung.
(Hier wird musicirt).

Des Friedejauchzenden Teutschlandes
Erstes Zwischen=Spiel.

(Degenwehrt, ein versuchter, gelehrter, verständiger und muhtiger Soldat
komt erstlich auff den Schauplatz, bald nach ihme zween Bauren, als: Drewes Ki=
tintlag und Beneke Dudelbey; nach ihnen komt der Korporal Hans Hum
mit Drewes seinem Weibe, Göbeke genant; die tantzen miteinander. Inmittelst
tritt der ergrimmte Sausewind auff den Platz, und lauffen die andern alle davon,
außgenommen Degenwehrt, mit welchem Sausewind etwas weniges redet, und
plötzlich wiederum abtritt, worauff Junker Reinhart komt, welchem Degenwehrt
die fürtreflichen Eigenschafften des Sausewindes beschreibet und erzehlet).

Degenwehrt. So gehts! Ein Tag folget dem andern, und die
liebe Zeit laufft dahin, ehe und bevor wir Menschen es selber recht
vernehmen oder glauben könen. Ich habe mich schon sechzehen gantzer
Jahre beym Kriegeswesen auffgehalten, in welcher Zeit ich manchen
sauren, auch wol manchen guten Tag zum End gebracht; viel gesehen,
viel gehört und erfahren, bin aber nunmehr des Soldaten=Lebens so
müde, als hätte ichs mit Löffeln gessen; wünsche demnach von Hertzen,
daß ich einmal möge zur Ruhe kommen, und der Süssigkeit des hoch=
verlangten, lieben Friedens würklich geniessen; zu welches Wieder=

bringung gleichwol bey dieser Zeit dem schier gar zu Grunde gerichte=
ten, krafftlosen Teutschlande sehr gute Hoffnung wird gemachet; wie
denn auch viel hundert tausendt Seelen auß innerster Begierde ihrer
Hertzen täglich darnach seufftzen. Ich zwar höre hin und wider davon
murmeln, daß der längest gesuchte Friedenßschluß nunmehr gefunden,
und ehest öffentlich sol außgeruffen, ja der gantzen Welt kund gemachet
werden. Mich sol aber zum höchsten wunderen, was doch unser Ober=
ster Feldherr, der blutbürstige Mars (mit welchem ich nebenst vielen
anderen rittermäßigen Personen neulich auß Frankreich wieder in
Teutschland bin angelanget) zu diesem Friedenshandel werde sagen?
Ich zwar halte mich versichert, daß er sich über dieser Zeitung zum
allerhefftigsten entrüsten, und seinem alten Gebrauche nach mit Fluchen,
Schelten, Donnern, Schreien und Dreuen sich demselbigen äusserst wi=
dersetzen werde. Aber, was wird er endlich damit außrichten? Ich sage
weniger denn nichts. Eine unaußsprechliche Thorheit ist es, dem im
Himmel gemachten göttlichen Rahtschlusse widerstreben wollen. Es muß
doch gehen, wie es dem Allerhöhesten wolgefält, und wünsche ich noch=
malen von Hertzen, daß wir des hochtheuren, güldenen Friedens schon
völlig möchten geniessen. Es hat sich schon vorgedachter unser Gene=
ral=Feldherr, der kriegesbegierige Mars, aller guten Gunst, wie auch
stattlicher Beförderung gegen mir erboten. Ich mag aber solcher seiner
Beförderung nicht abwarten, habe auch keine Lust, dieselbige anzuneh=
men; es pfleget offt mißlich mit derselbigen herzugehen, und gedeiet
dieselbe manchem ehrlichen Manne zu seinem zeitlichen und ewigen
Verderben. Ich zwar danke meinem Gott, daß ich in meiner Jugend
so viel gelernet, daß ich auch ausserhalb Kriegesdienstes ehrlich leben,
und mich zu andern nützlichen Verrichtungen in wolbestalten Regimen=
tern rühmlich kan gebrauchen lassen; deßwegen ich auch bey Herantre=
tung des lieben, güldenen Friedens, den mühseligen Kriegsharnisch
gäntzlich abzulegen, und den edlen Schulsak (in welchem, ungeachtet
aller Spötter, Großsprecher und Auffschneider Beschimpffung, unauß=
sprechliche Schätze verborgen liegen) wieder herfür zu langen, gantz
und gar kein Bedenken trage. Komme nur bald, edler Friede, und er=
fülle mein Verlangen.

(Hie kommen auff den Platz zween Bauren, der einer heisset Drewes Kikint=
lag, der andere Beneke Dubeldei; dieser spielt auff einer Sackpfeiffe oder Schal=
mey, oder Leire, oder was man dergleichen bäurischer Instrumente eins zum besten kan
haben, jener aber, nemlich Drewes Kikintlag, singet darein folgendes Lieblein,
wobey er zugleich tantzet und springet:)

Lied des ersten Zwischen=Spiels,

(welches von den Bauren wird gesungen, gespielet und getantzet).

1.

Juchhei, juchhei, juch, wat geit id lustig the,
 wann ich so wat schlenter
 heam Marketenter,
Und versupe Hot und Schoo,
 Da süllt mi de Panssen,
So kan il braaf dansen, ja dansen, ja dansen.

2.

Lüstig, lüstig, lüstig Peele, leve Broer,
 laht din Ding ins klingen,
Kikintlag stal singen,
 wo he sinen Fenker schoer,
 als he Gobken Wise
Führig wul toh live, toh live, to live.

3.

Kikint, Kikint, Kikintlag schnect ehm ein Galt,
 Achter in den Köller,
 Hei, reep unse Möller:
Drewes, worüm deist du dat?
 Wo wart he die Hüden
Tarver webber brüen? Ja brüden, ja brüden!

4.

Ne du, Ne du, Ne du Deef, da heft neen Noth,
 Buren und Soldaten
 dat sünd gode Maaten, dat sünd Kammeraten.
Wat? Min Fenker ist ein Blokt:
 he stal mit mi supen,
Ebder sik verkrupen, verkrupen, verkrupen.

Degenwehrt. Das mag mir wol ein schöner Gesang seyn, aus welchem gleichwol zu muhtmahssen, daß diese Bauren mit den Soldaten in gar guter Vertraulig̈keit leben; ist wol ein grosses Wunder, daß bey diesen elenden Krieges=Zeiten, die viel geplagten Landleute sich noch so frölich können erzeigen! Ich muß gleichwol ein wenig mit ihnen reden, um zu vernehmen, auß was Ursachen sie sich mit Singen und Spielen so lustig machen? (Er spricht zu den Bauren:) Glük zu, meine Freunde, was habt doch ihr heute gutes getrunken, daß ihr so frölich seyd?

Drewes Kikintlag. Ja, Dank hebbet, gere usk Gott! Wat skulwe veele drunken hebben, als wor einen goien Söep Beer, ein Kän=

neken Brännewin und ein paar Stige Pipen Tobak, und worumme skul we nich lustig wesen? He jy Fründ? id düret jo man use leve Dage. Juch, korasie, herum und umme.

Degenwehrt. Mein Freund, ihr scheinet wol ein lustiger Kompan zu seyn; aber saget mir doch, wer hat das schöne Lied gemachet, welches ihr gleich jetzt in die Leire oder Sakpfeiffe habt gesungen?

Drewes Wenn jy id jo gerne weten wilt Junker, so hefft id düsse redlike Kerl, de min Raber und min Vadder ist, Beneke Dudelbei gemaket, ja Herr Junker, wat dünket uk dar wol bi, kan id nich passeren?

Degenwehrt. Ja freilich kan es wol passiren; es muß dieser euer Nachbar wol kein gemeiner Mann seyn, dieweil er solche trefliche, schöne Lieder weiß zu dichten.

Drewes. Ja, wat skult nicht ein braaf Kerl wesen? Dat lövet man Junker, Darmen heft he im Koppe, he iß in userm Dorpe use bestellende Lülkenspeler, he is use Lyrendreier, he is use Finkenfanger, he iß use Putzenmaker, he is use Vördantzer, he is use Rimer, he is use Limer, he is use Ledermaker, und wenn die Stadtlüe herut kahmet, und höret sinen künstigen und kortzwiligen Schnak an, und dat he so rimen und limen kan, so segge se, dat he ook een Paut iß, dat verstah wi nu her im Dorpe, so even nicht, wat dat vor Tüg is, man dat segge it juw, Junker, wenn he und sin Mahte, Peter Loikam, tohope im Kroge sitten, so hebbet se vaken solken Jacht, und drivet sülke Putzen, dat man sik dar tohandes dul mag aver lachen, ja id sind mi Gäste, Junker, sünderlik düsse Kumpen, Beneke, de kan leeder maken, wen he man wil.

Degenwehrt. Nun, das muß ich sagen, so viel Künste hätte ich hinter diesem euerem Nachbaren mit keinem Knebelspiesse gesucht; aber saget mir, ihr guten Leute, wie tönet ihr euch doch bey diesen elenden Zeiten, da ihr annoch unter dem schweren Contributions-Joche, und so vielen anderen harten Krieges-Bedrükkungen sitzet, gleichwol mit singen und springen so frölich und lustig erzeigen?

Beneke. Schnik, schnak, schyht, scheet, wat hebben wie usk üm den Krieg to schehren? Krieg hen, Krieg her, wenn wi in uses Krögers, Peter Langwammes, sinem Huse man frisk wat toh supen hebbet, so mag id gahn als id geid, ein Skelm de dar nich alle Dage lustig und goier Dinge mit ist.

Degenwehrt. Ohne allen Zweifel erzeiget ihr lieben Leute euch deßwegen so frölich, weil ihr vernemmen, welcher gestalt, durch sonder-

bare göttliche Verleihung, Gnade und Barmhertzigkeit, dem landverderb=
lichen Kriegeswesen nun bald wird seine Endschafft gegeben, und der
güldene Friede dem hochbedrängten Teutschlande ehester Tage herwieder
gebracht werden?

Drewes. Wat schnakke in dar Munsör? skolt Freede weren?
Dat wul jo wol den Düvel hebben! (Er stehet bestürtzet).

Degenwehrt. Freylich, mein lieber Freund, wird es, ob Gott
will, bald, bald in unserm Teutschlande Friede werden.

Beneke. Dar behöde uß jo de leive Gott vör; ja, so möchte
wie seggen, dat wi uße goien Dage alle habt hadden.

Degenwehrt. Wie so, mein guter Mann? Wünschet ihr denn
nicht von Hertzen, daß ihr bald, bald mit dem güldenen Frieden müget
beseliget, und das außgemergelte Teutschland dermaleins wiederum er=
quikket werden. Das kömt mir fürwar wunderlich vor!

Beneke. Neen, Junker, dat höre jy so wol, twul leeverst dat ik
ein Schelm were, alß dat ik dat wünschen schulle, dat it Frede würde.

Drewes. Dat segge ik bim Elemente ak, min leve Beneke=Vad=
der, welker Düvel wull jit uppet nie van ußen Papen und Beamten
alle Dage wat wedder scheeren unne brüden laten?

Degenwehrt. Ey, behüte mich der höheste Gott, was höre
ich? Wollet ihr elenden Leute noch lieber unter den hefftigen Krieges=
pressuren leben, als unter eurer ordentlichen Obrigkeit in gutem Glüke,
erwünschtem Frieden und stiller Ruhe sitzen?

Drewes. Is dat ok wol fragens wehrt, Junker? Jy möhtet
(mit Verlöf) ja wol een dummen Düvel wesen, dat jy dat nicht ver=
stahn könet. Im Kriege hebt jbt de framen Hußlüe dusendmal beter,
als wenn jbt Frede is, dat si wi nu eene tydlang wol wiß worden.

Degenwehrt. Habet ihr bessere Sache zu Krieges= als Frie=
denszeiten? Ich sage noch einmal, daß ich gar nicht verstehe, wie das
könte zugehen.

Drewes. Hört Munsör, wen jy id nich webtet, so mutt ik id
juw seggen: Nu id Krieg is, und dat uße Ovrigkeit uß nichts toh be=
fehlen heft, de Kriegers uß Dot so rechte veel nich mehr toh brüen
und tho scheren fahtet, wen wie man dem Böversten und den anderen
Affencerders uße Tribnergelder tideg genog bethalen, so möge wie
dohn allent, watt wi willt; dar möge wi so wol des Sondages und hil=
lige Dages, als des Warkeldages mit Wagen und Pagen, Ossen und
Töten, Junges und Deerenß warken und arbeiden, könt ok alle de

Fyrdage, ahne grohte Versümnisse hüpsken, in den Krog gahen und den
heelen Dag lüstig herüm teeren, tovören müste wie vaken des Schöndage
Morgens twe heele Stünde in der Karken sitten, datt eenen de Ribben
im Live weh deden, nu günne wi usem Kröger Peter Langwamß dat
Geld, unde supen dar erst een good Oeselken Branwin vör in de Pansse,
dar kan man den ein Satt vul Spek und Kohl up uht freten, dat ee=
nen de Buk davan quäbbelt. Und wen wi usk den glit mit Kannen
und Schrifhölteren im Kroge dicht wat herümmerkihlet, dat vaken een
grohst Poo! Blodeß üner dem Diske steit, so dröse wie daar nich strats
Bröcke vorgesen, alse wi eer Dages in fredens tiden dohn müsten. Use
olde Ovrigkeit heft nu Gott lof so veel Macht nich, dat se eenen lah=
men Hund uht den Aven künne locken, und use Pape heft ook dat
Harte nicht, dat he esk dat ringeste Wohrt tho wedderen segt, und wat
heft he ook veel tho seggen? Maket he doch averlank sülvest rechtscha=
pen lüstig mede, und plegt mannigen leven Dag mit dem Feneker,
Schreianten, Kapperal, der Sülverngarse, de in usem Dörpe ligt, und
wo de Skrubberß allmehr hehtet, bim Marketenter, edder ook bi usem
Kröger Lankwamß tho sitten, unde süpt, dat he börnsen und kameren
vul speit, all bu busend kranket, Junker, wat plegt id dar braaf heer to
gahn, sünnerk wen ick und Beneke Vadder mit siner Lyren so Dag und
Naht lüstig mit herbör davet, singet und springet.

Degenwehrt (halb lachend:) Warlich, ihr guten Leute, wie ich
höre, so kans nicht wol fehlen; ihr müsset bey diesen Kriegeszeiten ein
recht säuberliches Leben führen.

Beneke. Ik meene man, Junker, wie föhret ein suvrik Leven,
dat id einem Minsken im Harten mag lüsten. Averst, dat segge if inw,
Vadder Drewes heft id noch nich inß half vertellet, wo wi dörgaht. O
wat plegge wie eine brave Jacht mit den Wisern und den Derenß toh
hebben, sünnerken wen se mit usk im Kroge sitter un lahtet dat Hän=
neken üm den Kopgahn, und singet den: Laht Talken frie gahn, laht
Trinen frie grynen, laht Listen frie krießten. Ja, so meene it, spele
wie erst Pulter alarm, dat öhnen de Rötke aver den Kop tohope schlaht,
den so heet id, stroh vor dat Gatt, Meken dat bi, und worüm skul wie
ook mit dem Wisertüge nich wat jagt und kortzwil hebben, man darf
dar io nene Bröke vör gesen, plegen unß doch de Soldaten bi unsen
Wiseren sülke putzen ook wol süm tiden toh maken?

Degenwehrt. Ach Gott, wie führet ihr Leute ein Leben! Kaum
kan ich es glauben, daß euch der edle Friede, dessen ihr euch selber so=

gar unwürdig machet, so bald sol wieder gegeben werden. Aber, meine Freunde, saget mir einmal, woher nehmet ihr doch die Mittel, welche ihr in solcher Leichtfertigkeit und üppigem Leben, mit huren und buben, fressen und sauffen verzehret?

Drewes. Wo, jy sid wol ein rechter dummer Düvel, Junker, dat jy dat nicht wehtet! Staat dar nene Böme nog im Holte, de wi daal hoven und naar Stadt föhren köhnet? It hebbe vaken in eener Wekn so veel Holt afhaktet und vertöst, daer it een half Jahr die Contributie von geven könen. Thodeme stulle wi nicht so brade wat stehlen könen alß de Soldaten? Ja, ja, Munsör, wie hebbet dat Münsend ja so fix lehret, alß de besten Musketererß, wie drojet jo man aver lank uppem Passe, in der Buskasie, este oof im Graben liggen, unde luhren up, wen ner so vörnehme Affencorders, Kooplüde unde anner reisend Volk vör aver thüt, wanne du krantt, wo plegge wi dar mankt toh hagelen, dat je byr Sören eder bym Wagen dahl ligget, alß de Flegen eder Scheiggen, dar make wi den friske Bühte und lahtet ehnen nicht eenen Faden an öhrem helen Live, und seht, Hunne und Bösse möhtet ook jo wat toh frehten hebben, und welker Düvel wehtet den, este id Buhren ebder Soldaten dahn hebben? Tohdehm ook, staat dar nicht een hupen Herrenhüser, Amtstaven und der geliken Gebüwe lebdig, dar men de Finster, Müersteene, Hauensteene, Dehlen, Balken, Jserwark, und wat süß noch nagelfast ist, licht uhtbrkten, na der Stadt föhren und darsülvest vor half Geld kan vortöpen? O dar hebbe wi Huhslüde maningen stolten Dahler von maket! In Summiß Summarium, wi möget dohn, watt wi wilt, wie möget den Drooß bi Tünnen eder bi Küfen vollflöken, wie möget usk schlaan und haartagen, dat id man een lust ist, wie möget mit den Wisern und den Dereeß nebden und baven liggen, wi möget nehmen, wor wat tho trigen is, dar darf usk neen Düvel een Wort van seggen, wen wi man tho seet, dat de Böversten eere Tribuergeld und wat tho freten und wat tho supen kriget, so geiv id im Kriege dusendmal behter her, alß do id noch Frede waß. Neen, neen Junker, wil jy use Fründ wesen, so last den nien Frede vanner Näsen.

Bencke. Dat seg gik ook, Vadder Drewes; it wul leverst, dat se alltohmalen de Knüvel weg hahlen, de dar do helpet, datt id Freede skul werden. Neen, neen, laht id dar man bi bliven, alß id all mannig leve Jahr her wesen ist; use Oevrigkeit skul usk, went Frede würde, wol uppet nie watt toh brüden und toh scheren fahten.

Degenwehrt. O der grossen Blindheit, welche euch armseligen Leuten den Verstand so gar hat verfinstert und hinweg genommen, daß ihr auch Lust habet eure eigene zeitliche, ja auch ewige Wolfahrt muht= williger weise zu verhindern. Nun ihr ein wenig Linderung fühlet, indeme ihr unter der Contribution lebet, bei welcher steten Erlegung der Krieg nicht mehr so gar hefftig in Teutschland wird geführet, be= gehret ihr nicht einmal den unermäßlichen Schatz des Friedens zu er= langen, ja ihr wünschet vielmehr unter dem grausamen, verderblichen Kriegeswesen beständig zu verbleiben, und zwar dasselbe einzig und allein darum, daß ihr nur euer gottloses, epicurisches Leben beharrlich fort treiben, und euch in allerley Sünden und Schanden, wie die Säue im Schlamm, wälzen müget. Sind diese nicht schöne Früchtlein des teutschen Krieges zu nennen? Ach Gott, erbarme dich über die grosse Sicherheit der menschlichen Hertzen!

(Unterdessen Herr Degenwehrt also redet, stehen die Bauren und sauffen einander auß einer grossen, hölzernen Kannen lustig zu, trinken auch Tobak bey einer Lunten. Indeme komt ein Soldat oder Korperal herauß springen, führet des Dre= wes Kilintlag Frau bey der Hand, herzet und küsset sie, hüpfet und tanzet mit ihr herum und machet allerhand seltzame leichtfertige Possen; dieses ersihet Drewes, der ruffst mit lauter Stimme:)

Drewes. Wo nu tohm Henker, Kappral, wo geit dat toh? wo daase jy nich aniers mit minem Wife? Weht jy nich, vat se wat goo des boon sta! Mag dat nich ein betirig ringer wesen? Jk löve, dat jy dul este vul sid!

Hans Hun. Wie nan zum Zeufel, Herr Wirtz, mag ich eure Frau und meine Leibste nicht einmal kützen? dar skal sie nicht von ster= ben; sol sie ein Kintz haben, wer weiß, wer der Vatzer darzu ist?

Drewes. Vaer toh wesen? Dat haep if jo wol, dat if dat bin; twul sur de störten krankheit hebben. Segge du dar man de Warheit van min leve Göbbeke Wif, bin ikker nich Varrtoh und skal dat Kind ool nich lif haftichen uht sehn alß it doh? hee du?

Göbbeke. Wo skult annerß uht sehn, min harten truten Dre= wes Vaer, jy sünd jo min rechte echte Gaade, und jy hebt of jo tein= mal mehr, alß die Kapparal bi mif schlappen, dat weet jy of jo sülst wol?

Drewes. Ja, wo skul if dat nicht wehten? Darmit isset den jo nu klar, und dat if de rechte lifhafftige Vaer thom Kinne bin, nich so Munsör Kappral?

Hans Hun. O ja, mein lieber Herr Wirtz, das Kintz sol eur, die Frau sol mein sein, so war ich Hans Hun heiße; ist das nicht so recht, Wöbbeke, dar seibed ihr ja alle beid zemit zufriedzen?

Drewes. Ik wehter bal den Düvel van, wol heer een den anneren wat brüet, wat dünkter dik hier bi, Beneke Babber?

Beneke. Schnik, schnak, ich deuke id iß so wol like veel, wem dat Kind tho höret, und, süe dar Drewes, du darfst den Kappral so man toh Babberen bidden, so is he wedder brüet, he mußt dick so noch wol euen halfen Dahler baren Geld geven.

Hans Hun. Bei Gott, das is war, so bin ich redlich wieder geschoren; nu Drewes, dat geiht frisch auff die neue Gefaterschaft hin; da muß ich mit deiner und meiner Frauen noch einmal auff dansen; eu Beneke, lase binen Dudelbei ins klingen, ich muß einmal krabandi spielen: Juch holla, krabandi, krabandi, krabandi!

(Hans Hun tantzet mit Wöbbeken, Beneke spielet darzu, und Drewes singet folgendes Lied, die Kanne immer in die Höhe haltend:)

Anderes Lied
des ersten Zwischen=Spiels,
(welches von den Bauren wird gespielet, getantzet und gesungen).

1.

So geid eb frist toh, so geit eb frist toh,
Versup' ik die Föite, so hold' ik be Schoo.
  Hei lustig trassibi,
  De Bütte vul Tibi,
Dit moht ik in mine Pansen begraven,
So kan ik van Harten recht singen und daven.
  Krabandi!

2.

Springt lüstig boch sort, springt lüstig boch sort,
Spring Jachim, spring Tonnies, spring Sineen,
  Spring Kohrt,
  Spring Mewes, spring Bente,
  Spring Göbke, spring Leenke,
Springt dat jück be Buut rechtschapen mocht beven,
Krabandi, krabandi, so möchte wie leven!
  Krabandi!

3.

Nu pipe dat Wif, nu pipe dat Wif,
Min frünblike Schwager, so krig it neen Kief,
  Lat flegen, laht ruschen,
  Ik moht einmahl tuschen u. s. w.

(Indeme der Bauer diesen letzten Satz singet, die anderen aber frisch darnach
tantzen und spielen, da komt Sausewind herauß, gantz hefftig ergrimmet und halb
rasend, gibt Feur mit einer Pistolen, worüber die gantze Gesellschafft sehr erschrikt,
also, daß der Corporal, Weib und Bauren davon lauffen. Herr Degenwehrt bleibt
auff einer Ecken gar alleine stehen, um zu sehen, was der erzürnte Sausewind
machen will, der läufft mit entblößetem Degen ruffend:)

Sausewind. Pfui, pfui, wie verdreust mich es doch von Grund
meiner Seelen, daß mir der leichtfertige Vogel, der ohnmächtige laus
semper, der nichtswürdige Junker von der Ellen, so liederlich ent-
wischet ist; ich schwöre ihm bey den diamantinen Augen meiner unvergleichlichen Göttinnen Rosemund, daß, wenn ich ihn hätte ertappet,
ich wolte ihm die Spitze meines Degens im Hertzen abgebrochen, und
mit der Pistol den Kopf auff kleine Stükken haben zerschmettert. Ach,
allersüsseste Rosemund, wie hastu es doch über dein liebreiches Hertz
könen bringen, einen solchen elenden Bärenhäuter Audientz zu ertheilen? Ach Rosemund! Rosemund!

Degenwehrt. Glük zu, mein Herr Sausewind, was ist doch
dem Herren widerfahren, daß er so gar schelig und unmühtig ist?

Sausewind (noch gar erzürnet). Ey, was solte mir widerfahren
seyn? Ich wolte, daß mich der Herr ungemolestiret liesse; der Kopf steht
mir gleich itzt nicht darnach, daß ich mit dem einem oder anderen viel
parlirens solte machen. Zudeme: Tua quod nihil refert, perconctari
desinas, man lasse mich unperturbiret.

Degenwehrt. Eine schlechte Höfligkeit von einem solchen grossen Kavallier, als der Herr seyn wil! Wenn ich dasjenige nicht sol
wissen, was ihme angelegen, so darff er es ja nur mit Güte von sich
sagen, und was habe ich auch seines Schnarchens viel nöhtig? Doch
solchen Leuten, die unter dem Huthe nicht wol verwahret sind, muß
man offt viel Dinges zu gute halten.

Sausewind. Ma foy, Monsieur, wenn ich nicht gleich itzt
müste weiter gehen, denjenigen Ehrendieb, der mir meine Seele zu
stehlen sich hat unterstanden, mit diesen meinen ritterlichen Armen zu
züchtigen, ich wolte ihme bald sagen, was das heise, einem vaillanten
Cavallier etwas zu gute halten, aber mein rechtmäßiger Eiffer zwin-
get mich, den Räuber meines Lebens zu suchen; immittelst adieu, und
er versichere sich, daß ich Sausewind heise (gehet zornig ab).

Degenwehrt. Ist das nicht lächerlich, daß dieser elende Phantast so viel Pochens und Prahlens daher machet, und ist doch das aller-

verzagteſte Geſchöpfe, das unter dem Himmel kan gefunden werden!
(Junker Reinhart gehet auff). Was mag doch dem Leimſtängeler dißmal
im Kopfe liegen? Ich dörffte ſchier ſchwören, daß er auffs Neue wiede=
rum ſey verliebet. Aber, ſihe da, ſein Kammerad, Junker Reinhart!
Wo mag doch der hingedenken? (Er rufft ihm zu:) Wo hinauß, wo hinauß,
Junker Reinhart?

Junker Reinhart. Ihme zu dienen, mein hochgeehrter Herr
Obriſter, ich wolte gerne zu meinem Kammeraden Monsieur Sauſewind
gehen, denn derſelbe in einer angelegenen Sache meines Beyſtandes
begehret.

Degenwehrt. Ja, Monsieur Sauſewind, der iſt gleich dieſe
Stunde allhier fürüber gangen, der Kopf war ihme über alle mahſſe
närriſch; er ſagte ja von Degenſpitzen im Hertzen abzubrechen, von
Köpfen zu zerſchmettern; wer nun derſelbe eigentlich ſeyn möchte, welchen
er dergeſtalt bräuete zu züchtigen, kan ich noch zur Zeit nicht wiſſen.

Junker Reinhart. Eben dieſer Sache halber gehe ich gleich
itzt zu ihme; er hat mich zu ſeinen Secunden erfordert, angeſehen er
bedacht iſt, ein groſſes Unrecht, das man ihme hat erwieſen, zu re=
vengiren.

Degenwehrt. Wer iſt aber derjenige, der ihn ſo hoch belei=
diget, und wodurch iſt doch der gute Sauſewind ſo bald in den Har=
niſch gejagt worden?

Junker Reinhart. Dieſes wil ich meinem hochgeehrten Herrn
Obriſten kürtzlich erzehlen: Sauſewind hat wiederum eine neue Liebſte,
weiß nicht, ob es die ſechſte oder ſiebende Roſemund iſt; von Geſchlechte
und Herkommen iſt ſie eines Altflikkers oder Schuplätzers Tochter; in
ſeinem Sinne aber hält er gäntzlich dafür, ſie ſey von lauter Fürſten
und Grafen entſproſſen; ihre Handthierung iſt, daß ſie den Schiff=
oder Bohtsleuten die Hember wäſchet, und ſolchem Völklein bißweilen
auch ſonſt andere Liebesdienſte erweiſet, wiewol er vorgibt, daß ſie zu
Hauße nichts anders thue, als Bücher leſen, Bücher ſchreiben, Lieder
machen, Gedichte auffſetzen; auſſerhalb Hauſes aber fahre ſie zu Win=
terszeiten in Schlitten und Karreten, des Sommers in Luſtſchiffen auff
den anmuthigſten Seen und Flüſſen ſpatziren, und halte ſich weit präch=
tiger, als viele andere reiche und fürnehme Prinzeſſinnen. In dieſe
gute Wäſcherinn nun iſt unſer Ritter ſehr hefftig verliebet; es hat ſich
aber vorgeſtriges Tages zugetragen, daß, wie er gantz unverſehener
Weiſe zu ſeiner Göttinnen in ihren Keller kommen, (denn ihre Wohn=

statt hat sie unter eines fürnehmen Bürgers Haußge) deroselben unterthänigst auffzuwarten, er einen Ladenjungen bey ihr gefunden, der sie freundlich in den Armen gehalten, und aufs beste er nur gekönt, hat gehertzet und geküsset, worüber denn unser Sausewind dergestalt ist entrüstet worden, daß, wenn ihme der Ladenjunge nicht wäre entsprungen, er demselben eine rechtschaffene, gute Ohrfeige hätte zugestellet. Dieweil aber mehrgedachter unser Herr Sausewind ungerevengiret nicht zu leben begehret, als hat er vielerwähnten Ladenjungen lassen vor die Klinge forderen, der sich auch resolviret hat, ihme zu komen; und demnach zu befahren, daß derselbe noch wol etliche mehr von seiner Burß mit sich bringen werde, so hat Herr Sausewind von mir, als seinem itzigen Kammeraden freundlichst begehret, daß ich ihm eine Secunde geben, und mich dieser Sache ernstlich mit wolle annehmen, welches zu thun ich ihm auch gestriges Tages mündlich habe versprochen.

Degenwehrt. Das habe ich ja leicht können gedenken, daß der Narrenkopf abermal verliebt wäre, und zwar in eine solche, dergleichen er unterschiedliche für diesem gehabt, welche gleichwol in seinem Sinne lauter Prinzessinnen, Gräfinnen oder zum wenigsten Freifräulein müssen heisen, unangesehen sie entweder gar nicht in der Welt zu finden, oder doch zum höhesten nur armselige Waschmägde, Mistthämmele und Küchenratzen sind. Wundert mich demnach von euch sehr hoch, Junker Reinhart, daß ihr, der ihr doch sonst fast allenthalben in der Welt, sonderlich aber bei Hofe in gar guten Ansehen und Ruf seyd, euch des Sausewindes seiner groben Narrenspossen möget theilhaft machen, wodurch ihr endlich nohtwendig nebenst ihm in die äusserste Verachtung müsset gerahten.

Junker Reinhart. Ich bekenne es, hochgeneigter Herr Obrister, daß die Ehre, welche ich von seiner Conversation habe, schlecht genug ist; daß ich aber gleichwol zu Zeiten mit ihme ümme gehe, thue ich einzig und allein darum, daß ich nur etwas Lust und Kurtzweil mit ihme köne machen. So weiß auch ja mein Herr wol, daß ich ihn nur eine gar kurtze Zeit habe gekennet, nemlich diejenige Zeit, so er in Frankreich hat zugebracht, welche sich gleichwol nicht einmal drey gantzer Monate beläuft, wiewol er sonst viel von Frankreich pfleget zu prahlen, worinnen er doch kein gantzes Viertheil Jahres hat gelebet, wie er denn auch nicht fünff Worte Frantzösisch recht weiß zu reden.

Degenwehrt. War ist es, Herr Reinhart, es ist noch nicht so gar lange, daß ihr diesen verliebten Narren habt gekennet; ihr wisset auch noch zur Zeit nicht recht, was hinter ihm stecket; ich aber kenne ihn so gründlich, daß ich mich gäntzlich versichert halte, es lebe kein Mensch unter der Sonnen, der seine Beschaffenheiten eigentlicher, als eben ich köne oder wisse zu beschreiben, denn ich schon über die sechs= zehen Jahre seine närrischen Händel und Verrichtungen habe gesehen und erfahren.

Junker Reinhart. Könte ich die Ehre haben, hochgebietender Herr Obrister, etwas weiteren Bericht von vielgedachten unseres Sause= windes fürtreflichen Qualitäten zu vernehmen, solte es mir gar sehr lieb seyn, denn ich gerne wissen möchte, ob er denn ein solcher gelehr= ter, verständiger, geschikter Kavallier sey, als er von sich selber pflegt zu rühmen.

Degenwehrt. Ich diene euch dieses Falles gerne, mein Herr Reinhart, und berichte euch demnach kürtzlich, daß dieser unser Sause= wind so voller Eitelkeiten stecket, daß es groß Wunder ist, wie es doch müglich, daß er für seinen eingebildeten Stolz und Ehrgeitz nicht gar von einander berstet. Der hofärtige Phantast schämet sich seines Her= kommens, seiner Eltern und Verwandten, bißweilen verläugnet oder ändert er den Nahmen seines Geschlechtes, wie er denn einsmalen mit einem Edelmann (seinem Fürgeben nach) beym Trunke Brüderschafft gemachet, und alsofort desselbigen Zunahmen an sich genommen. Als ihme nun nach der Zeit verweißlich ward fürgehalten, er wäre ja von keinem adelichen Geschlecht entsprossen, könte auch nimmermehr bewei= sen, daß ihm der römische Kaiser den Adel, Schild und Helm hätte gegeben, warum er denn diesen Nahmen angenommen? gab er gantz ernstlich zur Antwort: dieweil ihn dieser Edelmann für seinen Dutz= bruder erkennete, als wolte er sich auch desselben Zunahmens hinfüro gebrauchen, und damit er ja den Geck rechtschaffen sehen liesse, so hat er für sich selber ein Wappen erdacht, fast wie jenes Bauren Sohn in Holland, der ihm auch selber ein Wappen gab, welches er in vier Felder hatte abgetheilet, und Löwen, Greiffen, Adler und Elephanten hinein gesetzet, ja sogar das güldene Fließ unten daran gehänget, und sich hernach gerühmet, daß es seine eigene Erfindung wäre. Eben also hat es auch unser Herr Sausewind gemachet, indem er auß seinem eig= nen Eulen= oder Taubengehirne ein neues Wappen erdichtet, und einen offenen Helm darauff zu setzen sich selber erlaubet. Bey diesen uner= hörten Eitelkeiten hat er es nicht lassen bewenden, sondern noch ferner fürgeben, er seye auch ein Ritter; hat sich durch öffentlichen Druck in

seinen Büchern (welche er von andern außzuschreiben, und hernach für
seine Arbeit außzugeben, sehr geschiket ist) Equitem strenuum et no-
bilissimum, einen hochedlen und gestrengen Ritter selber genennet, kan
aber kein Mensch erfahren, wer ihn doch zum Ritter habe geschlagen,
ob es etwan der König in China, oder der grosse Mogul, oder der in
Japan gethan habe, denn in der Christenheit weiß traun Niemand von
solchem seinem Ritterorden zu sagen, als er allein; wie er sich denn
auch selber gar hochmühtige Vers und Gedichte zu ehren pflegt zu
machen, und hernach Nahmen darunter setzet solcher Leute, welche viel=
leicht niemals in dieser Welt sind gesehen worden.

Junker Reinhart. Ey behüte mich mein Gott, Herr Obrister,
was höre ich doch von diesem Grillenfänger wunderliche Händel; ich
habe vermeinet, daß der Kerl vielleicht was sonderliches hätte studiret;
auß meines Herren Obristen Relation aber vernehme ich, daß in der
Welt kein grösserer Phantast, als er sey zu finden.

Degenwehrt. Dieses ist noch nichts, was ich euch von ihme
habe erzehlet; hätte ich Zeit, ihr soltet Wunder über Wunder hören,
von seinem unaußsprechlichen Ehrgeitze und selbst eingebildeter Geschik=
lichkeit, ja auch von seiner Dummkühnheit, angesehen er sich nicht
scheuet, anderer gelehrten Leute Arbeit für seine eigene außzugeben;
darff wol, wenn ein anderer ehrlicher Mann, auß gewissen, ihme ab=
sonderlich bekanten Ursachen, ein Büchlein ohne Vorsetzung seines Nah=
mens, in offenen Druck herauß gibet, seinen Sausewindes Nahmen da=
für setzen, oder in Kupfer stechen lassen, mahssen ich solches mit mei=
nem eigenen kan beweisen. Ferner so rühmet er sich auch unterschiedlicher
Sprachen, Wissenschafft, und kan nährlich verständlich Teutsch reden,
ja, wenn er das Außschreiben nicht gelernet hätte, so wäre er der
elendeste Hympler unter dem Himmel. Was sol ich aber von seinen
erdichteten oder im Traume abgebildeten Schäferinnen, in welche er sich
fast alle Tage auffs Neue verliebet, viel sagen? Da wäre allein ein
gantzes Buch von zu schreiben. Man findet zwar auch unter gelehrten
Leuten und berühmten Poeten etliche, welche allerhand erdichtete Nah=
men den Schäferinnen kunstzierlich auffzuführen und deroselben lobwür=
dige herrliche Eigenschafften gar artig zu beschreiben sich haben belieben
lassen; aber so närrisch sind sie nit, daß sie dieselben in der Warheit
für fürstliche, gräfliche und andere hohen Standes Personen erkennen,
oder außgeben, ja sich öffentlich rühmen solten, daß sie von denselbigen
hertzinniglich geliebet, mit beweglichen Schreiben ersuchet, und mit her=

lichen Geschenken würden beseliget. Dieser unser Sausewind aber, aller Haasen Großvatter, bildet ihm solche Personen für, die niemals in dieser Welt gewesen, auch in Ewigkeit nicht darein kommen werden. Die eine nennet er Liebewitz, die andere Perlestirn, die dritte Rosemund, und wie die Waschmägde alle mehr heisen, welches man zwar alles könte hingehen lassen, wenn er nur nicht so dummkühn wäre, und sich unterstünde die Leute zu überreden, es wären diese Nymphen warhafftig lauter hohe Standes-Personen, hätten übertreflich wol studiret, schrieben allerhand anmuhtige Gedichte (welches zu beglauben er selber bißweilen etwas machet, und unter diesen erdichteten Nahmen lässet herauß kommen). Sie hielten sich gar prächtig, führen in stattlichen Carreten, hielten ihre Diener, Pagen und Laqueien, wolten aber noch zur Zeit sich niemand anders, als ihme alleine zu erkennen geben, demnach sie sich so gar hefftig in ihn hätten verliebet. Es sind fürnehme und verständige Leute gewesen, welche, nachdeme sie diesem seinem Vorgeben anfänglich Glauben zugestellet, nach der Hand aber demselbigen ernstlich nachgeforschet, zuletzt klärlich haben befunden, daß alles schändlich von ihme erdichtet und erlogen. Wenn er nun deßwegen zur Rede gestellet worden, hat er berichtet, daß die von ihme besagten und gepriesenen fürnehmen Weibespersonen zwar in der Welt und seine Liebsten gewesen; aber unlängst zu seinem grossen Hertzleid verstorben wären, womit er dann eine Lügen durch die andere hat abgeleget und zum Theil beschlossen. Sonsten bildet er sich festiglichen ein, sobald nur ein Weibsbild ihn einmal ersihet, müsse sie sich augenbliklich in ihn verlieben, gestalt er denn mir selber einsmalen hat erzehlet, daß er auff einer Reise, welche zu thun er fürhabens wäre, die Hofstadt einer fürnehmen Fürstinnen (welcher Herr dazumal noch lebete) nothwendig auff diesesmal müste vorbey gehen, also, daß er seinen unterthänigsten Gruß bey derselben nicht könte ablegen, dieweil er eigentlich wüste, daß hochgedachte Fürstinn gar zu sehr in ihn verliebet wäre. Und als ich ihn ferner befragte: ob er denn mit hochbemeldter Fürstinn vor diesem geredet, und solcher ihrer Liebe war genommen hätte? gab er mir zur Antwort: daß er zwar noch zur Zeit nicht mit ihr geredet hätte, dieses aber wäre gar gewiß, daß sie ihn einsmalen von ferne im Garten hätte ersehen, da denn diese überauß schöne Fürstinn, nachdem sie von dem Gärtner (von welchem er auch diese Nachricht hätte) verstanden, daß er der Herr Sausewind wäre, gar freundlich hätte gelachet, worauß er bald vermerket, daß sie schon hefftig gegen ihn wäre

verliebet. Sind mir aber das nicht schöne Possen, dergleichen mir fast
doch unzählich von ihme wissend sind? Unlängst hat er gar hoch be=
theuret, daß ihm zween trefliche Heyrathen vorstünden: eine zwar mit
einer adelichen Damen, derer Brautschatz sich auff vier Tonnen Goldes
beliesse; die andere wäre fürstlichen Standes, würde ihme aber nicht
vielmehr, als nur eine Tonne Goldes zubringen. Jedoch hätte er zu
dieser letzten, als einem überauß schönen Fräulein die beste Lust, wäre
ihme auch mehr an dem hohen fürstlichen Ehrenstande, als dem gar
grossen Reichthume gelegen. In Summa, ich solte nun bald sehen,
(sagte er mir unter die Augen) wie er mit sechs Pferden fahren, einen
Hauffen Diener und Lakqueien halten, ja dermahssen stattlich wolte
auffgezogen kommen, daß ich mit Verwunderung würde sagen: ist das
unser Herr Sausewind! Denn, sprach er, der eine Fürst begehret mich
für seinen Residenten zu bestellen, der ander wil mich für einen ge=
heimen Raht, der dritte zu seinem Cantzler annehmen; weiß bald sel=
ber nicht, welchem unter ihnen ich am ersten sol zu Willen werden.
Ey, gedachte ich bey mir selbst, du elender Dorffteuffel, woltest du
fürstliche Personen heyrahten, und ist wol keine Kuchen=Magd, die dein
begehret; woltest du ein fürstlicher Resident oder Raht werden, und bist
nicht tüchtig, der geringste Schulmeister zu seyn? Woltest du mit Kar=
reten fahren, Pagen und Lakqueien halten, und hast nicht so viel Mit=
tel, daß du einem einzigen Jungen kanst zu fressen geben? Du magst
wol der grössesste Auffschneider heisen, der im gantzen Römischen Reiche
zu finden!

Junker Reinhart. Fürwar, hochgeehrter Herr Obrister, ich
muß mich schier zu Tode verwundern, über dieses Menschen erschrekk=
liche Lügen, am allermeisten aber, über seine unverschämte Stirne,
daß er verständigen Leuten, die Gehirn im Kopfe haben, solche un=
gläubliche Sachen, ja rechte Kinderpossen mag fürbringen?

Degenwehrt. Und eben das ist es auch, das mich so hefftig
auff ihn verdreust, worzu noch dieses komt, daß er gelehrte, fürtref=
liche und berühmte Leute, ja solche Männer, denen er die Schuhe zu
putzen nicht einmal würdig ist, hinter ihrem Rukken verleumderischer
Weise schmähet und beschimpfet, welche ihme doch manches mal das
Wort geredet, ja zu der Zeit, als er recht natürlich wie ein Bettler
und Landstreicher zu ihnen kommen, alle Liebe und Freundschafft haben
erwiesen. Ich schwöre es ihm aber bey meiner Ehre, daß, im Falle
ich erfahre, daß er redliche Leute hinfüro nur mit dem geringsten

Worte, heimlich oder öffentlich zu schmähen oder zu beschimpfen sich wird unterstehen, ich sein gantzes Leben und die darin geführten unerhörten, mir wol bewusten Händelchen, erschrekklichen Lügen und grobe Unwissenheit, in einem öffentlichen Buch, der Teutsche Auffschneider genannt, der gantzen ehrbaren Welt dergestalt wil kundt machen, auch das grösseste Theil derselben, mit seinen gar vielen und andern eigenhändigen Briefen so klärlich beweisen, daß auch die Kinder auff der Gassen davon sollen zu sagen wissen, und er für einen viel grössern Phantasten, als der Spanische Don Chichote, oder der Frantzösische Berger Extravagant, zu teutsch, der närrische Schäfer, sol gehalten, und durch unser gantzes Teutsches Reich außgeruffen werden.

Junker Reinhart. Warlich, mein Herr Obrister, dieses Verfahren wäre auch des ungestreiften Haasen rechter Lohn, und kann ich nicht vorbey, ihm mit dem ehesten einen artigen Possen zu machen, dessen denn mein Herr Obrister genug wird zu lachen haben.

Degenwehrt. Wolan, Junker Reinhart, thut euer bestes, es sol mir nicht zuwider seyn; Narren muß man mit Kolben lausen; vielleicht möchte der Phantaste klug, und zu besseren Gedanken dadurch gebracht werden. Ich muß mich aber hinein machen, um zu sehen, wie doch unser Feldherr Mars seine Sachen ferner anstellen, und was es endlich mit dem Friedensschlusse für einen Außgang werde nehmen.

Junker Reinhart. Wol, Herr Obrister, eben das bin ich auch zu thun gesinnet, und erkenne ich mich verpflichtet, unserem gebietenden Herrn Generalissimo unterthänigst aufzuwarten, wie ich denn auch versichert bin, daß derselbe nach unserer beiderseits Ankunft ein sonderlichs Verlangen wird haben und tragen.

(Sie gehen beede ab, und wird darauff die Musik, so gut man sie immer kan haben, angestellet).

Ende der ersten Handlung.

Des Friedewünschenden Teutschlandes
Anderer Handlung
Erster Auffzug.

(Waremund in langen, geistlichen Kleidern, Wolraht, als ein Königlicher oder Fürstlicher Raht; nach ihnen kömt Mars, und mit demselben Staatsmann).

Waremund. Ist es gläublich und müglich, Wolraht, mein Freund, daß sich Mars so gar eisserig bemühet, den verfluchten Krieg fortzuſetzen, und den herannahenden edlen Frieden in Teutſchland zu verhindern?

Wolraht. Es iſt leider mehr denn allzu war, mein hochgeliebter Herr Waremund, daß der ruchloſe Mars ſich kein Ding unter der Sonnen ſo fleiſſig und ernſtlich angelegen ſeyn läſſet, als wie er ſeine blutigen Kriege an allen Orten der Welt, ſonderlich aber in Teutſchland beſtändig erhalten, und unſere allerliebſte Königinn ferner auff das äuſſerſte plagen, ja biß auff den Grund möge verderben.

Waremund. An ſeinem guten Willen habe ich niemalen gezweifelt, was er aber für Mittel habe, den ſo nahe herangebrachten Frieden zu hintertreiben und wiederum rükſtellig zu machen, ſolches würde ich vielleicht ſchwerlich können errahten.

Wolraht. Freilich, Herr Waremund, kan es derjenige, deme ſeine Anſchläge unbewuſt ſind, nicht leichtlich errahten; ich aber habe ſein jetziges Vorhaben (ihme zwar gantz und gar unwiſſend) auß ſeinem eigenen Munde gehöret und verſtanden.

Waremund. Ey Lieber, er laſſe mich auch doch etwas davon vernehmen, in Betrachtung wir dieſes Orts ja gantz allein ſind, zudeme auch wir beide, ich zwar als ein Geiſtlicher und Kirchen=, der Herr aber als ein Weltlicher und Hofraht, eine Königinn, nemlich das großmächtigſte Teutſchland, mit redlichem Gemühte bedienen.

Wolraht. Er redet dieſes Falles die Warheit, mein liebſter Herr, und ſehe ich keine Urſache, warum ich dieſe Geheimniſſe (welche ich an einem verborgenen Orte von ihnen unvermerket, mit Verwunderung angehöret), für dem Herren ſolte verſchwiegen halten. Mag er demnach wiſſen, daß vielgedachter blutdürſtiger Mars den groſſen Verkehrer und Verderber aller guten Regimenter und Herrſchafften, den leichtfertigen, verfluchten Staatsmann, welchen die Lateiner Ratio Status heiſen, zu ſeinem geheimeſten Raht nunmehr hat angenommen und beſtellet; da habe ich nun Wunder über Wunder gehöret, was ihm derſelbe für liſtige, gefährliche und hochſchädliche Anſchläge gegeben, unter welchen auch dieſer geweſen, daß er eine gantz neue Rüſtung, Waffen und Schwerdt ſolte machen laſſen; darauff müſten mit groſſen güldenen Buchſtaben nur dieſe zwoene, weitausſehenden Wörter ſtehen, nemlich Religion auff der rechten, und Freyheit oder Libertas auff der linken Seiten, und hat ihm der Staatsmann verſichert, daß, wenn er ſothane Rüſtung mit beſagten beeden Wörtern (welche gar ſtark und unaußlöſchlich in dieſelbe müſten gegraben oder vielmehr geätzet werden) nur stets über dem Leibe tragen, und selbige zu rechter Zeit den Teutschen in die Augen würde schimmern lassen, sie alsdenn keinen Frieden begehren, sondern den Krieg noch viele Jahre allerseits fortzusetzen von Hertzen wünschen und suchen würden. Sehr viel andere Rahtschläge hat mehr besagter Staatsmann dazumal dem Eisenfresser Mars mitgetheilet, welche ich dem Herrn instünftige offenbaren werde; zu diesem male erwarte ich nur besagten Mars Anherokunft, denn er dem Staatsmann versprochen, bald an diesem Orte zu erscheinen, um ferner von ihme zu vernehmen, auff was Art und Weise der aufwachsende Friede zu unterdrütken und das halbtode Teutschland durch die kriegerischen Waffen instünftige zu quälen, ja gar unter die Erde zu bringen.

Waremund. O des hinterlistigen Achitophels! des durchtriebenen Weltfuchses! des unglüksuchenden Staatsmanns! Hat er denn noch nicht lange genug die Religion und Freyheit zum Dekmantel aller geführten Kriege, und in demselben so vieler begangenen gefährlichen Boßheiten öffentlich mißbrauchet? Sol man dieselbige nun noch endlich auff die Rüstungen und Waffen schreiben? Aber was hilfft es? Seine betrügliche List und listige Betrüglichkeit ist nicht auszugründen (Mars und Staatsmann gehen auff) und kann ich leicht erachten, daß er dem Mars noch viele andere Anschläge von weit höherer Beschaffenheit an die Hand habe gegeben. Nun Gott wird ihn stürtzen.

Wolraht. Dem ist nicht anders; aber stille, stille, laßt uns eilig etwas an die Seite treten, sie sind schon da; wir wollen uns ein wenig in diese Ekke verbergen, um zu hören, was der Staatsmann doch noch weiter für Praktiquen dem Mars an die Hand geben werde?

Mars. Sehr angenehm ist mir's, mein vielgeliebter Staatsmann, daß du mir den sonderbaren Gefallen erweisen und deinem Versprechen zufolge dieses Ortes hast erscheinen wollen, mich ferner zu unterrichten, auf was Art und Weise, die in Westphalen neuangestellten Friedenstractate zu hintertreiben, und meine bißhero fast durch die gantze Welt berühmten und ritterlich geführten Kriegs=actiones wider Teutschland weiter fortzusetzen seyen?

Staatsmann. Gnädigster Herr, daß ich in Unterthänigkeit anhero komme, Euer Erzellentz ferner beyrähtig zu seyn, wie und welcher gestalt der Teutsche Krieg in gutem Vigor möge erhalten werden, solches erfordert meine Schuldigkeit, und hat mir Euer Erzellentz in diesen und anderen ihren affairen kühnlich zu commendiren.

Mars. Wir bedanken uns dieser Offerten halber gnädigst, und werden es mit hoher Gunstbezeigung gegen deiner Person (als durch welcher Zuthun und Zurahten alle Kriege dieser Zeit klüglich und nützlich müssen geführet werden), Zeit unsers Lebens hinwieder zu demeriren, uns äusserstes Fleisses angelegen seyn lassen. Aber, sage mir, mein getreuester Staatsmann, wie gefält dir diese neue Rüstung? Ist sie auch recht nach deinem Sinne zugerichtet, und mit den beyden herlichen Scheinwörtern der Religion und der Freyheit sattsam verwahret und zur Genüge versehen?

Staatsmann. Allerunüberwindlichster Mars, soviel die neugemachte Rüstung betrifft, so muß ich in Warheit bekennen, daß selbige dermahssen fleissig ist außgearbeitet und zugerichtet, daß ich nicht sehe, auff was Art oder Weise selbige zu verbessern; ich habe aber dem Handel etwas reiflicher nachgedacht, und befinde, daß es mit sothaner Rüstung allein (wiewol dieselbige biß anhero an theils Orten hochnöhtig gewesen, bey vielen auch noch biß auff diese gegenwärtige Stunde ein trefliches Ansehen hat) bei den nunmehr schlauen und mehrentheils hochverständigen Teutschen dahin noch nicht kan gebracht werden, daß sie den blutigen Krieg in ihren Ländern zu continuiren sich solten überreden lassen. Mein gnädigster Herr, dieses wil es ihm allein nit thun; Staatsmann muß auch noch auf andre Griffe bedacht seyn. Er muß andere Mittel hervor suchen, krafft welcher Euer Excellenz rühmliches Vorhaben könte effectuiret und in's Werk gerichtet werden.

Mars. Mein Staatsmann, ich habe dieser meiner mit Religion und Freyheit außgezierten Rüstung gar ein grosses zugeschrieben; verspüre aber auß deinen Discursen, daß du noch andere und vielleicht wichtigere Consilia führest; ersuche dich demnach gnädigst, du wollest mir selbige offenhertzig communiciren.

Staatsmann. Gnädigster Herr, es ist nicht ohne, daß ich mit vielen andern und höhern Consiliis ümme gehe, als man insgemein durch gantz Teutschland sich einbildet oder davon gläubet, derer etliche und zwar die weniger gefährlichen, ich Euer Excellenz mündlich zu eröffnen gantz und gar kein Bedenken trage; die geheimeren aber und mehr angelegeneren wil ich derselbigen mit dem allerehesten schrifftlich zustellen, zumalen dieselbige ihrer Weitläufftigkeit halber besser auß dem Papier, als der Rede könen vernommen werden; immittelst werde ich es versuchen, sie alle dergestalt anzubringen, daß Euer Excellenz rühmliches Propos seinen gewünschten Zweck möge erreichen.

Mars. Wolan denn, mein Freund, so offenbare mir doch nur etwas, auff daß ich mein feuerbrennendes, kriegwünschendes Hertz und Gemühte nur ein wenig contentire; denn ich nicht ehender kan ruhen, biß ich einige Mittel sehe, durch welche der Krieg in Teutschland eifferigster mahßen töne und möge fortgesetzet werden.

Staatsmann. Es ist unstreitig, allertapferster Mars, daß ich, der so weltberühmte Staatsmann, an allen Höfen der gantzen Christenheit in hohen Respect und Ansehen bin; sonderlich aber habe ich mich eine Zeit her bey den mächtigsten Fürsten in Teutschland dermahßen angenehm und bekant gemacht, daß ich nicht zweifele, daß sie meine Rahtschläge nicht allein gut heißen, sondern auch denselbigen zu folgen kein Bedenken werden tragen. Es ist zwar in der Warheit also beschaffen, daß sie fast alle ein hertzliches Verlangen nach dem Frieden tragen, und schier anders nichts als Friede, Friede, auß vollem Halße schreien. Aber da muß man ihnen mit scheinbaren Argumenten und Gründen fleißigst remonstriren, daß ihnen nichts schädlichers, nichts nachtheiligers, ja auch nichts schimpflichers, als eben der Friede; im Gegentheil nichts zuträglichers, als die Fortsetzung oder Continuirung des Krieges köne begegnen oder widerfahren; insonderheit erachte ich es für hochnöhtig, daß man die kriegenden Partheien überrede, man müsse den Krieg so lange mit allem Ernst und Eiffer handhaben, biß daß ein Theil das andere gäntzlich zu grunde gerichtet, und über dasselbe so wol zu seinem höhesten Nutzen, als auch ewig währendem Ruhme herlich triumphiret habe.

Mars. Ich schwöre bey allen höllischen Furien, mein getreuester Staatsmann, daß dieser Anschlag sehr gut; scheinet auch, daß derselbe von dir gar leicht köne practisiret werden.

Staatsmann. Daran zweifele ich zum wenigsten; Eure Excellentz aber höre mich nur ferner. Man muß der Sache noch etwas näher treten. Es ist außer Zweifel, daß bey Herwiederbringung des Friedens alle Teutschen Stände auch eine überauß grosse Summa Geldes werden zusammen bringen, und zu Erstattung der unglänblichen Kriegeskosten contribuiren müssen. Da wil ich nun vorgedachten Ständen, Fürsten und Reichsstädten zu Gemühte führen, wie daß es ihnen unmüglich fallen werde, dergleichen Summa Pfenningen von ihren, nunmehr biß auff den äussersten Grad außgemergelten Unterthanen zu extorquiren. Es hat der Krieg den allergrößesten Reichthum von Teutschland consumiret und hinweg genommen, und der bevorstehende

Friede fol nun den Reſt nachhohlen? So wird endlich den ſämtlichen
Inwohnern gar nichts übrig bleiben; denn nichts von nichts abgezo=
gen, bleibet nichts. Dagegen, wenn ſie den Krieg ernſtlich fortſetzen,
ſo wird es an Gelde nicht leicht mangeln. Hat Teutſchland nunmehr
gantzer dreiſſig Jahre dem großmächtigſten Mars contribuiren könen,
was ſolte daran fehlen, daß es ſolche Contributiones zum wenigſten
nicht ſo lang continuirte, biß daß eine Theil das andere vollenkömlich
zu Grunde gerichtet und ſich über gantz Teutſchland zum Herren und
Meiſter gemacht hätte? Was gilts, gnädigſter Herr, ob nicht bey
ponderirung dieſes raiſonablen Schluſſes die Friedewünſchenden Teut=
ſchen gar bald andere Gedanken werden faſſen?

  Mars. Ich kan deine Scharffſinnigkeit und hohen Verſtand
nicht genugſam erheben, O du mein getreueſter Staatsmann; ich bitte
dich, fahre fort, deine Anſchläge, welche du zu Fortſetzung des Krieges
haſt erſonnen, mir ferner zu eröffnen.

  Staatsmann. Ob wol die Zeit gar kurtz, meine An= und
Rahtſchläge aber eine Eilfertigkeit und unnachläſſige Resolution erfor=
dern, ſo muß ich jedoch Euer Excellentz billich in Unterthänigkeit
gehorchen. Mag ſie demnach wiſſen, daß ich ferner mit nachdenklichen
und durchbringenden Worten die Teutſchen Stände werde erinnern, wie
daß an Wiederbringung des Friedens, der gäntzliche Ruin und das
äuſſerſte Verderb vieler tauſend hochverdienter Soldaten hänge. Dieſe,
Euer Excellentz wolgezogenen Kinder, welche theils auß hohem und
edelen, theils auß ſchlechtem und geringen Stande ſind entſproſſen,
haben gröſſerentheils anderes nichts gelernet, als ihre Nahrung mit
dem Degen ſuchen und ihres Lebens Unterhalt im Kriege erwerben.
Was ſage ich aber von der gemeinen Burß? Laſſet uns ſo viele hohe
Officirer und tapfere Helden betrachten, die nunmehr gewohnet ſind,
ſowol im Felde, als in den Guarniſonen ſich auf das delicateſte
tractiren zu laſſen, wie denn ihre ſchwere Travaillen ſolches auch
ſehr wol verdienen; wenn nun aber Friede wird, wer wil ihnen als=
denn dergleichen etwas bringen? Unterdeſſen müſſen ſolche vornehme
Kavallier gleichwol leben und ſich mit Eſſen, Trinken, Pferden, Klei=
dung und Dienern ihrem Stande gemäß verhalten; da muß man nun
ferner den Teutſchen Ständen remonſtriren, wie gefährlich und be=
ſchwerlich es ihren ſämtlichen Ländern und Herrſchafften, ja dem
gantzen Reiche fallen würde, wenn ſo viele hohe und fürnehme Offi=
cirer, ihrer Chargen enturlaubet, aller Lebensmittel beraubet, dabe=

nebenſt auch ſo viel tauſendt gemeiner Soldaten gäntzlich ſolten caſſiret, und ſie ſowol als ihre Officirer äuſſerſt disgouſtiret werden. Es bedenkens doch nur die Teutſchen Fürſten und Stände, was endlich ſothane Officirer ſolten anfangen und beginnen? Des Bettlens müſſen ſie ſich ja ſchämen, und das Arbeiten wird ihnen auch nicht wol anſtehen. Solten ſie denn Gaſtwirthe oder Krüger geben, welche den reiſenden Leuten die Pferde füttern und den Gäſten zu Tiſche dienen? Das ſtehet für ſolche fürnehme Kavallier ja gar ſchimpflich, noch viel ſchimpflicher aber, wenn ſie ſich für Schäfer=, Kühe= oder Schweinehirten müſten beſtellen oder gebrauchen laſſen, welches doch endlich mit manchem wird geſchehen müſſen. Ja, wie leicht könten die gemeinen Soldaten einen neuen gefährlichen Aufruhr oder Lärmen in Teutſchland anrichten, alles hinweg nehmen, brennen und rauben, was ſie nur für ſich finden, wenn ſie hinführo nicht mehr zu leben haben? Derowegen ſol und muß Teutſchland alle ſeine Wolfahrt und Glükſeligkeit einig und alleine in den Waffen ſuchen. Krieg iſt für Teutſchland das allerbeſte, und wil ich nach allem meinem Vermögen dazu helffen und rahten, daß der Friede auff ewig müge verjaget und auß Teutſchland gäntzlich baniſiret werden.

Mars. O des hochvernünftigen Staatsmannes! O des unvergleichlichen Rahtgebers! O des unübertreflichen Soldatenfreundes! Wie kan ich doch dein wolmeinendes Hertz gnugſam erheben? (Frau Mißtrauen gehet auff). Aber ſage mir, mein allerliebſter Freund, haſt du auch etwan noch andere Vorſchläge mehr, derer du dich in Fortſetzung meiner kriegeriſchen Actionen künftiger Zeit nützlich vermeineſt zu bedienen?

Staatsmann. Freylich habe ich derſelben noch mehr, und zwar, ſo beſtehen dieſelben nicht in bloſen Worten, Rahtſchlägen und Ueberredungen, ſondern in der Thätligkeit ſelber; zu welchem Ende ich drey unterſchiedliche Perſonen habe anhero citiret, welche fürtrefliche instrumenta ſeyn werden, entweder unſer Teutſchland aufs Neue mit einem grauſamen Kriege zu überfallen und zu verwikkeln, oder ja zum wenigſten die Einführung des Friedens zu verhindern; geſtalt denn Euer Excellentz von ihnen ſelber ſolches vernehmen werden, wenn ſie ſich nur eine kleine Zeit wollen gedulden.

Mars. Von Hertzen gerne, mein lieber Staatsmann, ich wil gar wol ſo lange patienz tragen. (Er ſihet Frau Mißtrauen). Aber was ſehe ich da für ein wunderſeltzames Weib mit zweien Angeſichtern? Die komt ja leidend fremd auffgezogen!

Staatsmann. Gnädigster Herr, dieses Weibesbild heiset Fräulein Mißtrauen: die Frantzosen nennen sie Madame Diffidence; sie ist eine von den dreyen Personen, welche ich anhero gefordert, vermittelst ihrer den Krieg in Teutschland unauffhörlich fortzusetzen; wir wollen alsobald mit ihr anfangen zu reden.

Der Anderen Handlung
Zweiter Auffzug.

Mars, Staatsmann, Madame Mißtrauen; hernach kommen **Osmann,** der Türke, und **Cham,** der Tartar.

Mars. Glük zu, Madame, ihrer Ankunft halber bin ich zum theil erfreuet, zum theil aber verwundert, angesehen ich vom Herrn Staatsmann vernommen, daß sie zu Fortsetzung unserer remarquablen Kriege in Teutschland sich nebenst uns bestes Fleisses wolle gebrauchen lassen.

F. Mißtrauen. Ja, großmächtigster Mars, Euer Excellentz zu dienen, befinde ich mich jederzeit so schuldig, als willig; bin auch zu dem Ende auff des Herrn Staatsmannes, als meines nahen Blutsverwandten vielfältiges Ansuchen gerne erschienen; man lasse sich nur herauß, was man von mir begehret?

Staatsmann. Madame Diffidence, sie weiß ja gar wol, welcher gestalt gegenwärtiger unüberwindlichster Mars, mein gnädigster Herr, nunmehr fast dreissig gantzer Jahre das Regiment in Teutschland geführet, und seine unvergleichliche Tapferkeit dergestalt darinnen hat sehen lassen, daß schier alle Welt davon weiß zu singen und zu sagen. Nun wird aber von vielen Orten die eigentliche Zeitung eingebracht, als wären die sämtlichen Teutschen Stände ernstlich bemühet, die ewige Feindinn des allertapfersten Mars, den Frieden sage ich, ja eben den uns hochschädlichen Frieden zu reduciren, und zum äussersten Ruin und Verderb so vieler tausend hertzhafter Soldaten mit grosser Begierde wiederum auff- und anzunehmen. Dieses schädliche Vorhaben nun zu hintertreiben, wenden wir billig allen unsern Fleiß, Kunst und Geschiklichkeit an, und gebrauchen uns sowol des Fuchßbalges, als der Löwen-Haut; bald müssen wir uns der hinterlistigen Betrüglichkeit, und bald darauff öffentlicher Gewalt bedienen; weßwegen wir euch, Madame, anhero fordern lassen, daß sie uns doch in diesem rühmlichen Vorhaben behülfflich seyn, fürnemlich aber den Saamen des Mißtrauens in die Hertzen der Teutschen Fürsten und Stände außstreuen wolle; welches denn ein sehr kräfftiges Mittel seyn wird, den bevorstehenden und schier halbbeschlossenen Friede schleunigst zu vernichten.

Mars. Nunmehr erfahre ich es in der Warheit, mein allerliebster Staatsmann, daß du es treulich und auffrichtig mit mir meynest; ja nun merke ich erstlich, zu was Ende du gegenwärtige Madame Diffidence hast lassen anhero kommen? Aber, sie sage mir, mein Fräulein, was ist sie wol bedacht, bey diesem Handel fürzunehmen?

F. Mißtrauen. Gnädigster Herr, was solte ich viel anders fürnehmen, als was gleich itzt Herr Staatsmann hat erwähnet? Eben dieses ist auch meine Meynung, man müsse in die sämtlichen Teutschen Stände ein solches Mißtrauen pflantzen, daß sie alles dasjenige, was bißhero in der langwierigen, kostbaren Friedenshandlung vorgangen, für lauter ungegründete, vergebliche Worte oder vielmehr hochschädliche Vorschläge, durch welche das eine Theil das andere zu hinterlisten gedenket, halten, ja vestiglich gläuben, es köne anderst kein Friede, als zu ihrem äusersten Verderben gemachet oder beschlossen werden.

Staatsmann. So recht, mein allerliebstes Fräulein, so recht; das ist auch mein sentiment, und muß sie für allen Dingen erstlich dieses wol in acht nehmen, daß sie den Teutschen Ständen den Unterscheid der Religionen und so vieler darauß herrührenden inconvenientien fleissig einpredige; da muß man sie mit einer sonderbaren Spitzfündigkeit überreden, es sey nicht möglich, daß ware Einigkeit bey so unterschiedlichen Glaubensbekenntnissen unter ihnen köne erhalten werden; denn Christus und Belial, Licht und Finsterniß, Warheit und Lügen werden sich nimmer zusammen reimen. Das allerbeste Mittel sey, man setze den Krieg so lange mit beständigem Eiffer fort, biß das eine Theil gäntzlich sey unterdrücket und vertilget worden.

F. Mißtrauen. Ob zwar, vielgeehrter Herr Staatsmann, der Unterscheid der Religionen kein schlechtes Mißtrauen in den Gemühtern der kriegenden Theile gebiehret, ich auch dannenhero nicht unterlassen werde, diesen Punkt den sämtlichen Ständen, so viel nur immer müglich, einzublasen, so erachte ich doch auch für hochnöhtig, daß man einem jedweden Fürsten und Herrn, ja auch einer jeglichen Stadt, und so gar unzählich vielen Privatpersonen ihr sonderbares interesse, die zeitlichen Güter betreffend, mit beweglichen Gründen vorhalte, und ihnen listiger Weise zu Gemühte führe, was sie bey Wiederbringung des Friedens für einen unglaublichen Schaden zu gewärtigen haben; denn da wird man erstlich recht um das Meum und Tuum spielen; ja, da wird mancher mit grosser Betrübnisse, zu seinem äussersten Verderb wieder müssen herauß geben, was er schon so viele Jahre geruhiglich hat possidiret und besessen; da wird mancher in's Fäustlein lachen, wenn er nur sihet, wie sein Nachbar die schönsten Herrschaften, adelichen Sitze, Häußer, Landgüter, ja wol gantze Städte und Länder wieder muß quittiren; und hat doch kein anderer keine Versicherung, ob er auch noch die, durch den Friedensschluß ihme zugeeigneten Güter insküntig werde behalten. Warlich, Euer Excellenz gläuben mir, das Mein und Dein sind die allerkräfftigsten Mittel, wodurch das Mißtrauen in den Hertzen der Teutschen Stände kan gepflantzet, sementiret, und vermittelst desselben der schon für Augen schwebende Friede schleunigst wieder zurükke getrieben werden. (Osmann, der Türk, gehet auff in türkischer Kleidung und Rüstung).

Mars. Es ist freylich mehr denn allzuwar, daß die Teutschen Herren und Stände diejenigen Herrschaften und Güter, welche sie von so langen Zeiten her besessen, mit höhestem Unwillen wiederum werden abtretten, worauß denn folgen muß, daß sie den ihnen bishero nützlichen Krieg mit dem bevorstehenden hochschädlichen Frieden gantz ungern werden vertauschen; bitte demnach sehr freundlich, Madame Diffidence wolle bey denen Teutschen Ständen allen müglichen Fleiß anwenden, daß ja der eine gegen dem anderen in das höheste Mißtrauen gesetzet, die Continuirung des Krieges behauptet, und die neue Friedenshoffnung gäntzlich müge vernichtet werden. Aber sihe da, ist das nicht mein Osmann, der weltzwingende Türke, mein allergetreuester Mignon? Was wird derselbe Gutes bringen?

Staatsmann. Eben derselbige Osmann ist es, gnädigster Herr, und wolle sich Eure Excellenz über seiner Ankunft nur nicht verwundern; ich habe ihn lassen anhero forderen, in Betrachtung er ein gar fürnehmes Wertzeug ist, wodurch unser Fürhaben glüklich kan ins Werk gerichtet werden.

Osmann. Glük zu, dem allerunüberwindlichsten Kriegeshelden Mars, meinem höchstgeehrten Vatter, meinem fürtrefflichen Lehrmeister, Feld=Obristen und gewaltigsten Patronen.

Mars. Glük zu, dem tapferen Fürsten Osmann, unserem liebsten

Freunde und getreuesten Diener. O wie sehe ich dich itzt zu rechter und bequemer Zeit anhero kommen!

Osmann. Dem allermächtigsten Kriegeshaubte dieser grossen Welt alle angenehmen Dienste zu erweisen, sol mir die höheste Lust und grösseste Ehre seyn, und schwöre ich dem Mars bey meinem Mahomet, daß ich tausendtmal lieber sterben, als meinen Säbel wil müssig liegen und im Frieden lassen verrosten.

Staatsmann. Es zweifelt weder der großmächtigste Mars, noch auch einiger anderer Kavallier an des Sultan Osmanns weltberühmten Tapferkeit; aber, O Osmann, Osmann, der großmächtigste Mars ist bey dieser Zeit deiner getreuen Dienste sehr höchlich benöhtiget!

Mars. Ja, mein redlicher Osmann, kanst du nun etwas sonderliches außrichten zu meinem Besten, so wil ich dich rühmen, so lange ich dieses Schwerdt der gantzen Welt zum Schrekken werde führen. (Der Tartar Cham tritt auff in seinem tartarischen Habit mit Flitzschbogen und Pfeilen).

Osmann. Wie Mars? Kan denn in einem solchen großmächtigen Hertzen, wie das seinige ist, wol einiger Zweifel hafften, sowol wegen meines guten Willens, ihme zu dienen, als auch des Vermögens, das begehrte courageux zu vollenbringen?

Mars. Ich zweifele gantz und gar nicht daran. Aber sehet da! Ein neuer und zwar sehr fleissiger Held in unserer Kriegesschule! Tartar Cham komt auch uns heimzusuchen; warlich mein Cham, du bist uns von Hertzen willkommen.

Cham. Großmächtigster Mars, Herr und Vatter aller Tartarischen Kayser und Myrsen, daß deine Hoheit mich, deinen leibeigenen Diener und Vasallen, durch gegenwärtigen Staatsmann hat lassen anhero forderen, solches empfinde ich als ein sonderbares Zeichen deiner Wolgewogenheit, und daferne man mir etwas zu befehlen hat, bin ich bereit, solches nach allem meinem Vermügen schleunigst in's Werk zu stellen.

Staatsmann. Ja, tapferer Tartar Cham, der unüberwindliche Mars begehret sowol von dir, als dem Türken Osmann, daß ihr euch in einer, uns allen hochangelegenen Sache getreulichst wolet gebrauchen lassen, und zwar so muß euch hiemit nohtwendig ohne einige Weitläufftigkeit vermeldet werden, welcher gestalt das mächtigste unter allen christlichen Königreichen, nemlich Teutschland, sich des langen und bey dreissig Jahren hero geführten schweren Krieges gäntzlich zu entschütten, das ihr durch den gewaltigen Mars aufgelegte Joch von sich zu werffen, und unsere allerärgste Feindinn, nemlich den Frieden bey sich zu haben und zu behalten gantz inbrünstig begehret; welches aber zu verhindern ihr beyde, als unseres Beherrschers und Gebieters, des großmächtigsten Mars, getreueste Diener und Kriegesvasallen, alle Mittel werdet herfür zu suchen wissen.

Osmann. Was sagstu Staatsmann? Wil der Römische Kayser, das treflichste Haubt der gantzen Christenheit, und die Teutschen Fürsten Frieden in ihren Ländern stifften?

Cham. Was? Wollen die Teutschen unsern Mars verstossen, und an dessen Statt den Friede auff- und annehmen? Das sey ferne. Welcher Teuffel auß der Höllen hat diesen Vorschlag erdacht oder zum erstemal herfür gesuchet?

Mars. Ja, ihr meine getreuen Untersassen, deme ist nicht anders; das grosse Teutschland schreiet nichts, als Friede, Friede, Friede! Was wil auß diesem Handel endlich werden?

Osmann. Bey dem heiligen Haubte des Mahomets, ich erschrekke von Hertzen, ja die Haut erschüttert mir, daß ich hören muß, es sol der Friede in Teutschland herwieder gebracht werden; hat Teutschland Friede, so werden wir mit aller unsrer Macht demselben hinfüro gar wenig können schaden; ja ich fürchte sehr, daß alle meine Mühe, welche ich bißhero angewendet, das Königreich Kandia, und durch dasselbe folgends viele andere mehr, sonderlich aber Teutschland zu erobern, gantz und gar vergebens sey. Ach, ach, ich kenne die Teutschen Helden allzuwol; wehe uns, wo wir diesen Adlern in die Klauen gerahten!

Cham. Wie nu zum 100,000 Teuffel, Bruder Osmann, wie stellest du dich so weibisch und verzagt? Lebt denn nicht unser Vatter Mars noch, und hat derselbe nicht Mittel genug, nebenst uns den Frieden auß der Welt zu jagen und den uns angenehmen Krieg in alle ewige Ewigkeit fortzusetzen? Zudeme, so weiß ja Staatsmann noch andere Anschläge genug den Frieden zu verhindern und den großmächtigsten Mars bey seinem Ansehen zu erhalten.

Staatsmann. Das war recht und wol geredet, Tartar Cham; du hast ein Manneshertz, wiewol ich auch am Türken Osmann nicht zweifele. Ich habe einen gar guten Muht, unser Vorhaben glüklich hinauß zu führen; denn sehet, dieses Fräulein Mißtrauen wird die Hertzen der Teutschen Fürsten und anderer Stände dergestalt einnehmen, daß keiner zuletzt des Friedens wird begehren, und, dafern ja noch etliche nach dem Frieden würden schreien, so must immittelst du, großmächtigster Weltbeherrscher Oſmann, deinen Krieg wider die Venetianer auff das eiſſerigſte forttreiben; ja du muſt auch ferner deine Leute in Ungarn dahin halten, daß ſie den Chriſten, ſonderlich aber den Teutſchen nirgends Friede laſſen; ſie müſſen ihnen täglich einfallen, ſie müſſen unnachläſſig ſtreiffen, rauben und brennen, biß gar auff Oeſterreich, Böhmen, Schleſien, Steiermark, Krain, und noch andere, dieſen Herrſchafften nahe gelegene oder anzräntzende Oerter. Ferner muſt du durch etliche, dem Teutſchen Kayſer zugehörige Länder, für dein Volk freien Paß oder Durchzug begehren, und wenn dir ſolches wird geweigert, denſelben mit Gewalt nehmen; ja du muſt allerhand Gelegenheit herfür ſuchen, daß du den Teutſchen in die Haare kommen und ſie der Hoffnung des ſo vielbegehrten Friedens gäntzlich mügeſt berauben.

Oſmann. Großmächtigſter Mars, alles was Staatsmann zu dieſem male in deinem Nahmen, von mir begehret, wil ich dermaſſen treulich und fleiſſig außrichten, daß alle Welt müge erkennen und urtheilen, daß ich aller Teutſchen abgeſagter Feind und dein getreueſter Diener leben und ſterben wolle. Was? ſolte Teutſchland Friede haben? In Ewigkeit nicht! Ich wil den Teutſchen ein neuer Teuffel, ja mehr denn 1000 Teuffel ſeyn; ich wil ihre Gewaltigen, ihre Fürſten und Obrigkeiten ſchlachten, wie das Maſtvieche; ich wil ihre Weiber und Jungfrauen meinen Löwen und Hunden zu zerreiſſen fürwerffen. Ich wil ihre kleinen Kinder und Säuglinge mit Pferden zertretten; ich wil ihre noch übrigen groſſen Städte der Erden gleich machen, alles mit Feuer verbrennen und durch gantz Teutſchland dergeſtalt hauſen, daß die gantze Welt für meinen Waffen ſol zittern und erſchrecken.

Mars. So recht, mein getreuſter Oßmann, du haſt in meiner Kriegesſchule ſo wol und fleiſſig ſtudiret, daß ich dir für vielen anderen ein ſonderbares wolverdientes Lob muß geben.

Staatsmann. Ja, großmächtigſter Mars, Oſmann iſt in Warheit hoch zu rühmen. Was ſolte aber dem Tartar Cham fehlen? Meinet Euer Excellentz nicht, daß er zum Kriege wider die Teutſchen ja ſo hurtig ſey als jener?

Cham. Was? ſolte ich nicht ja ſo wol ein getreuer Diener des Mars, als mein Vetter Sultan Oſmann ſeyn? Das müſte mich, bey dem Mahomet, ewig verdrieſſen!

Staatsmann. Habe ich es doch ſchon geſaget, du tapferer Tartar Cham, daß an deinem Heldenmuhte im wenigsten sey zu zweifeln; dieses aber muß ich dich wolmeinentlich erinneren, daß du in deinem angefangenen Kriege wider die Polen, gleich wie Osmann wider die Venetianer und Ungarn, ernstlich fortfahrest, und allen müglichen Fleiß anwendest, daß du mit Hülffe des Osmanns dieses Königreich unter deine Gewalt bringest. Wenn du nun solches glüklich hast außgerichtet, so kanst du mit gar geringer und leichter Mühe auch Teutschland überfallen, ja dann kanst du in Böhmen, Schlesien, Preussen, Pommern und anderen, dem Königreiche Polen nahe gelegenen Ländern leicht einbrechen, und folgends gantz Teutschland erobern. Was gilt's, es sol sich alsdenn der Friede so wenig in Teutschland als in Frankreich, Kandien, und mehr dergleichen Oertern lassen finden.

Cham. Herauß, du mein blutsprützender Säbel, (er ziehet vom Leder), herauß, du Menschenzerfleischer! Wehe dir, Teutschland, wann ich erstlich über dich kome! Wie wil ich deine junge Mannschaft zerknirschen, wie man die reiffen Trauben pfleget zu keltern. Du Teutsches Fleisch, solest mir hinfüro meine Malzeiten bestellen; das Blut deiner Jünglinge und Jungfrauen sol mir der allersüsseste Wein und das angenehmste Getränk seyn; meinen Rossen wil ich mit Menschen lassen streuen; das Mark auß den Knochen deiner zarten Kinder sol mir anstatt des Schmaltzes und der Butter seyn; ja Menschengehirn wil ich für Reiß essen; gantze Ströhme von Blut wil ich in Teutschland vergiessen; man sol wolkenhohe Berge von Menschen-Knochen darin finden; ich wil mein Feldläger mit lauter Todenschädlen und Gebeinen der erschlagenen Teutschen lassen ummauren, und auff eine solche Art wil ich den Friede nicht allein aus Teutschland, sondern aus der gantzen weiten Welt jagen, bannen und vertreiben.

Mars. Das mögen mir ja hertzbewegende, kühne Verheissungen seyn, welche einen tapferen Helden erstlich recht munter und freudig können machen! O Osmann, du behertzter Türke, und du unverzagter edler Cham, ihr seyd es, welche auff hochvernünftiges Zurahten meines vielgeliebten Staatsmannes die Ehre meiner Waffen zu befördern, und den verfluchten Frieden auß dem Teutschen Reiche zu verjagen tüchtig werdet befunden. Euch beyden und dem Fräulein Mißtrauen befehle ich nochmalen meine Wolfahrt, und schwöre euch bey meinen hellgläntzenden Waffen, daß ich solche eure getreuen Dienstleistungen mit höhester Gnade und Gutthaten zu erkennen, mir die gantze Zeit meines Lebens wil angelegen seyn lassen.

Osmann. Allerunüberwindlichster Mars, hie stehe ich und bin bereit in's Feld zu gehen, so bald es dir nur wird belieben, deinen gehorsamsten Diener solches zu befehlen.

Cham. Und eben ich erwarte nichts anderes, als daß zum Auffbruche ein Zeichen gegeben, und meine sieghafften Tartaren wider das Teutsche Königreich angeführet und ihnen alle desselben Länder zur Beute mögen außgetheilet werden.

F. Mißtrauen. Thut euer bestes, ihr tapfern Helden, und haltet euch versichert, daß das Mißtrauen und der Argwohn, welchen ich in die Hertzen der Teutschen Fürsten und Stände zu pflantzen bedacht bin, zu Hintertreibung des Friedens so treflich viel sol nützen, daß der großmächtigste Mars mir nicht weniger als euch für eure tapferen Dienste deßwegen alle Gnade zu erzeigen, sich jederzeit obligat wird befinden.

Mars. Sie lasse nur an ihrem Fleisse nichts erwinden, Madame Diffidence; ich schwöre euch nochmalen, daß ich alle zu meinem Nutzen und Verjagung des Friedens angewendeten Dienste mit Ehren, Dank und Gnade überflüssig zu erkennen nicht unterlassen wolle.

Staatsmann. Wolan denn, die Gloke ist gegossen, und der Raht beschlossen, und weil das lange Warten sehr gefährlich, so lasset uns alle eiligst aufbrechen und von hinnen ziehen, unser Vorhaben in's Werk zu richten. Auff, auff, und lasset uns den Handel nur frisch anfangen, und glüklich zum Ende führen!

(Fräul. Mißtrauen gehet voran, ihr folgen Staatsmann in der Mitte, zur Rechten Osmann, zur Linten Cham; die blasen alle drey ein jedweder in ein Horn, hinter ihnen komt Mars, der gehet ab mit grossem Pracht und stoltzen Geberden).

Der Anderen Handlung
Dritter Auffzug.

Waremund, Wolraht; darauff kömt der **Engel** und tröstet sie mit dem Gesange.

Waremund. Hilff du allerhöchster Gott, was für greuliche Händel, was für gefährliche Anschläge, ja was für erschreckliche Dräuungen haben wir in dieser Stunde mit unseren Ohren angehöret! Was dünket ihme, Herr Wolraht, könte auch wol etwas ärgers wider das allgemeine Vatterland erdacht werden?

Wolraht. Ich fühle annoch, mein liebster Herr Waremund, wie daß mir alle meine Gebeine zittern; ja mein Hertz springet mir annoch für grosser Angst, wenn ich die abscheulichen Rahtschläge, welche wider unsere allergnädigste Königinn, das edelste Teutschland, sind angesponnen, bey mir betrachte. O Staatsmann, du rechtes Kind des Teuffels, was richtest du doch in der Welt für ein grosses Elend an! Wie wird dich der gerechte Gott vom Himmel noch dafür strafen!

Waremund. Ja, mein lieber Freund, daß dieser Staatsmann dem Gerichte Gottes nicht werde entlauffen, dessen sind wir gnugsam versichert; unterdessen aber muß unser armes Teutschland leiden, und scheinet fast, als würde es nicht so leicht, wie sich gar viel Leute wol einbilden, mit dem lieben Friede werden beseliget.

Wolraht. Eben der Meynung bin auch ich, daß nemlich der unselige Krieg viel eifferiger als zuvor in Teutschland wird getrieben werden, im Falle die von uns angehörten schädlichen Rahtschläge einen guten Fortgang gewinnen. Und wer kan sich doch über des listigen Staatsmannes nachdenkliche Zufälle gnugsam verwundern?

Waremund. Ja freylich ist der hinterlistige Bube aller Schalkheit voll. Es sehe einer nur die neue Rüstung an, welche er dem Mars hat zurichten und mit dem Nahmen der Religion und Freyheit bezeichnen lassen, den längst gesuchten Friedensschluß dadurch zu verhindern.

Wolraht. Sehr klüglich handelte meines Bedünkens der Staatsmann als ein rechter Weltbetrüger, daß er dem Mars nur etliche seiner Anschläge, die nicht eben von gar zu hoher Wichtigkeit, mündlich offenbarete, die geheimsten Sachen aber ihme schrifftlich zu übergeben sich verpflichtete. Diese folgende Erfindung aber hat ihme ohne allen Zweifel der schwartze Teuffel in den Sinn gegeben, daß er nemlich den Teutschen Fürsten und Ständen wil rahten, sie sollen sich ehender nicht zum Frieden bequemen, biß das eine Theil das andere völlig habe zu Grunde gerichtet und verderbet.

Waremund. Es ist freylich diese Erfindung vom Teuffel; aber noch viel ärger ist dieses, daß er die Teutschen zu überreden gedenket, wenn der Friede werde auff= und angenommen, alsdenn mancher seine Herrschafften, Wohnungen und Güter wiederum heraußgeben müsse; denn der lose Bube weiß, daß die Menschen insgemein so sind be=

schaffen, daß sie dasjenige, was sie im ruhigen Besitz eine Zeit lang gehabt haben, sehr ungern wieder von sich lassen.

Wolraht. Was wollen wir aber von dem Fräulein Diffidence oder Mißtrauen sagen? Ist der Argwohn und das Mißtrauen unter den Teutschen Fürsten und Ständen nicht schon groß genug, daß diese Teuffelsbrut auch noch darzu kommen, und Oel zum Feuer muß giessen? O, des leichtfertigen Staatsmannes, der dieses verfluchte Weib gleichsam auß der Höllen gebracht und zu des höchstbedrängten Teutschlandes äusserstem Verderb hat anhero geführt.

Waremund. Es ist schrefflich, wenn man diese in dem feurigen Abgrunde zweifelsohn ausgebrüteten Rahtschläge etwas fleissiger bey sich betrachtet; das allergreulichste aber, welches ich gehöret, und worüber ich zum hefftigsten bin bestürtzet worden, ist das verzweifelte Vornehmen, daß Mars unsere großmächtigste Königinn, das unübertrefliche Teutschland, gantz und gar in den Staub zu legen, sich endlich mit Türken und Tartarn in Bündnuß hat eingelassen. Ach Gott, des tyrannischen Osmanns, wie auch des grimmigen Chams abscheuliche Dräuworte schweben mir noch dergestalt für Augen, daß ich mich näherlich kan enthalten, viele heisse Thränen zu vergiessen!

Wolraht. Ach ja, mein getrenster Freund Waremund, ohne Seufftzen und Thränen kan ich diesen erschrekklichen Handel eben so wenig als er selber nachdenken; ich fürchte gar sehr, wenn wir diese elende Zeitung unserer gnädigsten Königinn hinterbringen, sie werde für Angst den Geist aufgeben. O Teutschland, du arbeitseliges Teutschland!

Waremund. O wir unglükseligen Teutschen! Sol und muß denn der grausame Mars mit so vielen fremden und einheimischen Völkern unser stetswährender Henker und Peiniger seyn und bleiben?

Wolraht. O wir elenden Teutschen! Muß denn der gott- und gewissenlose Staatsmann, so vieler unzählicher Trübsale Anfang und Ende seyn?

Waremund. O, wir offtbetrogenen Teutschen! Muß denn der verfluchte Argwohn und das verdammte Mißtrauen, den honigsüssen, güldenen Frieden zurukke, ja gantz und gar von unsern Gräntzen treiben?

Wolraht. O, wir hochgeplagten Teutschen! Sollen und müssen wir denn noch endlich mit unseren Weibern und Kindern, Hab und Gütern den allergrausamsten Türken und Tartaren zum Raube und zur Beute werden? Ach Gott, ach Gott, unser Elende ist ja gar zu groß!

(Indeme sie also erbärmlich winseln, heulen, die Hände zusammen schlagen, und sich fast gar verzweifelt anstellen, eröffnet sich gleichsam eine Wolke in der Höhe des Schauplatzes, auff welcher sich ein schöner Engel zeiget, der folgendes Trostlied singet, dessen Melodey auch gar sanft hinter dem Auffzuge mit Instrumenten wird gespielet).

Trostlied eines Engels,
(welches er in einer Wolken sitzend, gar lieblich singet mit nachfolgenden Worten:)

1.

Ihr Anschläg' Herr, vernichte doch,
Zerbrich das schwere Krieges=Joch,
Gib Teutschland wied'rum sich're Ruh'
Und deck' es bald mit Segen zu.

2.

Ermuntr're dich, O Königinn,
Dir bleibt der Friede zum Gewinn,
Es trifft dich nicht der falsche Raht,
Den Staatsmann dir geschmiedet hat.

3.

Gott hält der Fürsten Hertz und Muht
In seiner Hand, macht alles gut,
Er stifftet selbst Vertrauligkeit
In dieser hochbetrübten Zeit.

4.

Laß Mars in vollem Sause geh'n,
Laß alle Türken für dir steh'n,
Laß auch die Tartarn rüsten sich,
Dein Gott hilfft dennoch gnädiglich.

5.

Hinweg du Furcht, hinweg du Schmertz,
Ergreiff', O Teutschland, jetzt ein Hertz!
Die Ketten schleppet Mars herfür,
Dein Friede steht schon für der Thür.

(Die Wolke schliesset sich; oder da man keine Wolken kan haben, also daß der Engel nur bloß auff den Schauplatz kommt, und sich etwan an die eine Seite stellet, so muß derselbe nach außgesungenem Liede gleichsam verschwinden, das Lied aber auff einem Zettel geschrieben, wird vom Engel auff die Schaubühne geworffen, und von Waremund frölich aufgehoben. Worauff Waremund und Wolraht scheinen gleichsam gantz neugeboren zu seyn, erzeigen sich in Geberden sehr freudig und spricht:)

Waremund. Nun müssen wir ja beyderseits auffrichtig be=
kräfftigen, daß es tausendtmal war sey, was die heilige Schrifft von
den Kindern Gottes lehret: daß sie der grundgütige Vatter im Him=
mel zu Zeiten zwar wol versuchet, aber nicht über ihr Vermögen. Er
lässet nach dem Regen die liebe Sonne wieder scheinen, und nach dem
Heulen und Weinen überschüttet er uns mit Freuden.

Wolraht. Ach ja, mein getreuester Freund Waremund, haben
wir das nicht diese Stunde an uns selber erfahren? O wie tröstlich,
ja wie sehr kräfftig war dieser himmlische Gesang, mit welchem der
Engel Gottes uns, die wir für grosser Hertzens=Angst biß auff den
Tod waren geschlagen und abgemattet, wiederum hat auffgerichtet und
erquikket. Nunmehr zweifele ich gantz und gar nicht, der Allerhöheste
werde das langgeplagte Teutschland nun bald, bald mit einem sicheren,
gewissen und beständigen Frieden erfreuen.

Waremund. Dieser Tag ist ein Tag sehr guter Bohtschafft, da
wir solche erwünschte Zeitungen von dem göttlichen Abgesandten haben
erfahren, welche mit keinen Schätzen dieser Welt zu bezahlen. O, wie
werden wir unsere allergnädigste Königinn durch Anzeigung derselbigen
so gar höchlich erfreuen!

Wolraht. Das bin ich versichert, wenn Teutschland dieses hö=
ren wird, es sol ihr Geist gleichsam auff's Neue wieder zu ihr kom=
men. Darum ehrwürdiger Herr Waremund, lasset uns auff seyn,
daß wir unserer gnädigsten Königinn diese längst erwünschte fröliche
Zeitung bald mögen überbringen.

Waremund. Wolan denn, so laßt uns gehen, daß wir nicht
allein dasjenige, was wir gesehen und gehöret, erzehlen, sondern auch
den allerhöchsten Gott für seine unaußsprechliche Gnade und Wolthaten
Lob, Ehre und Preiß sagen.

(Sie gehen ab, und wird ein fröliches Stükke musiciret).

Der Anderen Handlung
Vierdter Auffzug.

Teutschland, Waremund, Wolraht.

Teutschland. Auff so viel Angst und Weh',
Auff so viel bitt're Schmertzen
Erwart' ich dennoch Trost und Hülff in meinem Hertzen.
Es saget mir's mein Sinn, der Friede sey nicht weit;
Steh' auff, O Gott, steh' auff, zu helffen mir bereit!

Ja, du mein Gott und getreuer Vatter, du weissest es, daß ich bir, als einem heiligen und gerechten Gott, meine vielfältig begangenen Sünden und Missethaten auß dem innersten Grund meines Hertzens gebeichtet und bekennet, mit vielen Thränen sie bereuet, und von gantzer Seelen habe verfluchet; zweifele demnach gantz und gar nicht, du werdest nunmehr mein gnädiger Gott und Vatter seyn, meine vielfältig begangenen Sünden nach deiner grossen Barmhertzigkeit dämpfen, und alle meine Missethaten in die Tiefe des Meeres werffen. Ach, du mildreicher Gott, dessen Güte unaussprechlich ist, verleihe mir deine himmlische Gnade, daß Teutschland hinfüro allen Sünden und Lastern von gantzer Seelen feind seyn, und ein frommes, christliches, heiliges, dir wolgefälliges Leben möge führen, (Waremund und Wolraht gehen auff). So wil ich dich loben, rühmen und preißen hier in der Zeit und dort in der unendlichen Ewigkeit, Amen. Hilff Herr Jesu, Amen!

Waremund. Allergnädigste Königinn, der grosse Gott vom Himmel sey und bleibe Euer Majestät Schutz und Schirm, und schenke derselben auß lauter Gnaden den längst erwunschenen Frieden.

Wolraht. Der Himmel bestätige diesen Wunsch, und lasse es Euer Majestät hier zeitlich und dort ewig wol ergehen.

Teutschland. Ihr meine lieben Getreuen, das Gute, welches ihr mir so hertzlich wünschet, kan allein der geben, der selbst die Liebe und Güte ist; immittelst nehme ich sothanen euern Wunsch an mit sonderbaren Gnaden und Freuden. Aber sagt mir, was haben wir nunmehr für Zeitung von Herannahung des güldenen Friedens?

Waremund. Großmächtigste Königinn, Euerer Majestät können ich und Herr Wolraht nicht bergen, wie daß wir an diesem Tage sehr greuliche und erschrekliche Dinge gehört, welche alle dahin gerichtet waren, daß man Eure Majestät zu Grunde verderben, durch Argwohn und Mißtrauen die Fürsten und Stände an einander hetzen, Türken und Tartarn zu gäntzlicher Verwüstung des edelsten Teutschlandes aufbringen, und endlich den Garauß damit spielen möchte.

Teutschland. O wehe mir allerunglükseligsten Königinn, kan ich denn meines Elendes gar kein Ziel noch Ende erreichen? Ich verhoffte nun endlich mit Friede und Ruhe beseligt zu werden, aber da scheinet es, daß Himmel und Erde zu meinem Unglüke und Verderb sich wider mich verschworen, und mich allen Tyrannen zum Raube übergeben haben.

Wolraht. Eure Majestät betrübe sich nur nicht so gar hefftig, wir haben schon einen andern und zwar sehr kräfftigen Trost vom Himmel erhalten, welcher Eure Majestät gnugsam versichert, daß alle die, von dem gewissenlosen Staatsmanne außgesonnenen gefährlichen Anschläge sollen zu nichte, und wir nun bald, bald, mit dem aller= süssesten Friede erfreuet werden.

Teutschland. Sind diese Anschläge vom Staatsmanne herkom= men? O mein lieber Wolraht, der ist ein über alle mahsse listiger Fuchß; aber was vermag seine Arglistigkeit wider die göttliche Vor= sehung? Was Gott wil, muß doch endlich geschehen, und wenn sich auch Staatsmann mit allen Teuffeln dawider setzete.

Waremund. Ja, gnädigste Königinn, ein solches vestes Ver= trauen trage auch ich zu dem allerhöchsten Gott und bekräfftiget mich in solchem meinem Glauben der herliche Trost=Gesang, des uns kurtz hernach erschienenen Engels, dessen Abschrifft ich Eurer Majestät un= terthänigst hiermit überreiche. (Er gibt ihr das himmlische Trostlied, Teutsch= land lieset es mit sonderem Fleisse und Ernst, und spricht freudig:)

Teutschland. Hochgelobet sey Gott, der das Elend seiner hoch= betrübten, verlassenen Magd so gnädig hat angesehen; ja, der nach so vielen außgestandenen erschrekklichen Plagen, mich endlich mit Frieden und Freuden wil erfüllen. Verleihe mir doch, O du getreuer Him= lischer Vatter, deine göttliche Gnade, daß ich hinfüro ein recht christ= liches und dir wohlgefälliges Leben führe; ja, daß alle meine Teutschen dir dienen mögen in Heiligkeit und Gerechtigkeit, Amen. Hilff uns, Herr Jesu Christe, Amen!

Waremund. Es ist, großmächtigste Königinn, dieses alles sehr wol gethan, und hat Gott an den demühtigen, bußfertigen und zer= schlagenen Hertzen sein sonderbares, gnädiges Gefallen; dahin aber müssen wir für allen Dingen trachten, daß ein anderes und besseres Christenthum unter uns Teutschen künftiger Zeit angerichtet, sonderlich aber, daß den sämtlichen Kirchen und Gemeinden solche Prediger wer= den vorgestellet, die bloß und allein auff Gottes Ehre und ihrer an= vertrauten Schäflein Seelen=Heil und ewige Wolfahrt ihr Absehen haben. Denn, wozu nützen doch solche Prediger, die nichts anders können, als fort und fort zanken, schelten, verketzern, verdammen, neue Zei= tungen predigen, den Aristotelem erklären, ja bißweilen auß demsel= ben der gantzen Gemeine (darunter doch viel züchtige Jungfrauen, junge Knaben und Mägdelein sich befinden) die Lehre von Erzeugung des Menschen, wie derselbe auß Vermischung beyderley Saamen her=

komme, und was dergleichen saubere Discursen mehr sind, (wodurch) unschuldige Hertzen und Ohren hefftig geärgert, ja junge Mägdelein verschmitzter als alte erfahrene Wehemütter werden) mit einer sonderlichen angemahsseten Klugheit öffentlich auff den Kantzlen vortragen. Ich sage in Warheit, allergnädigste Königinn, wenn es bey solchen und dergleichen Predigten, wie auch bey dem unzeitigen zanken, schelten, richten, verketzern, verdammen solte verbleiben, theils die Lehrer auch in ihrem ruchlosen, ärgerlichem Leben würden fortfahren, und hinfüro, wie rechtschaffenen Seelenhirten zustehet, sich nicht bezeigen, so werden wir des güldenen Friedens, wenn uns gleich derselbe vom Himmel wird gegeben, nicht zu geniessen haben.

Teutschland. Mein getreuester Waremund, ich erkenne sehr wol, wie hoch und viel meine Kirchen (die sich auff so viel tausend erstrekken) einer guten Aenderung und Besserung sind benöhtiget, ich wil gerne das meinige thun, du und andere meiner getreuen Diener werden es an ihrem Fleisse auch nicht ermanglen lassen, und alsdenn wird der höheste Gott seinen Segen und Gedeihen dazu geben.

Wolraht. Großmächtigste Königinn, was mein würdiger Freund, Herr Waremund, wegen Verbesserung vieler Mißbräuche, welche sowol bey den Kirchen, als derosselben Dienern an den meisten Orten eures Königreiches sich ereignen, wolmeintlich hat erinnert, das muß Euer Majestät auch wegen derer, im weltlichen und Regimentsstande lebenden Personen unterthänigst von mir zu Gemühte geführet werden. Denn, gleichwie die Kirche Gottes nicht fleissig, noch nützlich wird erbauet, wenn sie nicht von tauglichen Personen wird bedienet, also werden auch die Unterthanen weder christlich noch ehrlich ihr Leben anstellen und führen, wenn sie nicht von gottesfürchtigen, verständigen und auffrichtigen Leuten werden regieret und zu allem Guten angewiesen; wird demnach Eure Majestät dahin mit gantzem Ernste sehen und trachten, daß ihre Fürsten Gott über alles fürchten und die Gerechtigkeit lieb haben, derosselben Diener, Rähte, Kantzler, Amptleute, Schreiber, Voigte, Richter, Verwalter, und wie sie mehr Nahmen mögen haben, keine Gottesverächter, Sabbatsspötter, Flucher, Säuffer, Haderkatzen, Wucherer, Schinder, Hurer, nichtswissende Idioten, ungelehrte, grobe Gesellen und dergleichen nichtswürdige Leute erfunden werden, daß auch die übermachte Gottlosigkeit und Boßheit in grossen und kleinen Städten abgeschaffet, und die Rahthäuser mit tüchtigen, Gott und der Tugend ergebenen Leuten bestellet, und alles unordent-

liche Weſen, ſo viel in dieſer menſchlichen Schwachheit immer müg=
lich, hinweg gethan werde.

(Herr Degenwehrt gehet auff, gar ſtattlich als ein Geſandter bekleidet).

Teutſchland. Herr Wolraht, ich erkenne euer auffrichtiges, tu=
gendliebendes Hertz gar wol, weiß auch, daß die Regierung in Teutſch=
land ſo gar übel iſt beſtellet, daß Gott in ſeinem Reiche ſich darüber
mag erbarmen; verſichert euch aber, daß ich, daſern uns der getreue
Gott den allerſüſſeſten Frieden wird günnen, alle meine Kräffte und
Vermügen wil anwenden, daß es ſowol mit den Regiments= als Kirchen=
ſachen zu einem viel beſſeren Stande ſol gebracht werden. Aber, wen
ſehe ich dort? Iſt es nicht der verſtändige, tapfere und gelehrte Obriſte
Degenwehrt, welcher mich neulich, als er ſich bey unſerem königlichen
Hofe eingeſtellet, mit ſeinen hochvernünftigen Unterredungen über die
mahſſe ſehr hat beluſtiget?

Wolraht. Ja, gnädigſte Königinn und Frau, eben derſelbige
fürtrefliche Rittersmann iſt es.

(Degenwehrt kommet näher herzu, erzeiget der Königinn in aller Unterthä=
nigkeit die geziemende Ehrerbietung, alſo redene:)

Degenwehrt. Durchleuchtigſte, großmächtigſte Königinn, aller=
gnädigſte Frau, die durchleuchtige Prinzeſſinn Batavia, Eurer Maje=
ſtät gehorſamſte Frau Tochter, läſſet Euer Majeſtät ihre unterthänigen,
kindlichen Dienſte vermelden und durch meine Wenigkeit gehorſamſt
andeuten, welcher Geſtalt, nachdeme es dem allerhöheſten Gott gefallen,
ihre Perſon, auch ſämtliche ſchöne Kinder und niederteutſchen Herrſchaff=
ten nach vollenführetem 70 jährigen blutigen Kriege, durch Vermitte=
lung des edlen Friedens, mit dem großmächtigſten Könige Ibero in
gute Vertrauligkeit, Sicherheit und Ruhe zu ſetzen, ſie nicht unterlaſſen
wollen, ihrer höchſtgeehrten Frau Mutter unterthänigſt aufzuwarten
und dieſelbe, wenn es Euer Majeſtät alſo gnädigſt beliebete, noch dieſe
Stunde mit einem hertzerquikkenden Frieden= und Freudenblikke zu
verehren.

Teutſchland. Was ſaget ihr, Herr Degenwehrt? Unſere Toch=
ter Batavia? Iſt der Streit zwiſchen ihr und dem gewaltigen Könige
Ibero nunmehr gäntzlich beygelegt, und iſt ſie unſerem Pallaſte ſo
nahe, daß wir ſie noch dieſe Stunde ſehen könen?

Degenwehrt. Ja, gnädigſte Königinn, die Prinzeſſinn Batavia
iſt nicht allein perſönlich für der Mauren ihres königlichen Pallaſtes,
ſondern wird auch von dem großmächtigſten Könige Ibero begleitet,

und von sieben fürtreflichen Nymphen, ihren Fräulein Töchtern, sehr lieblich und freundlich bedienet.

Teutschland. Ist es müglich, mein Freund, daß unsere Tochter die Prinzessinn Batavia, in Gesellschafft eines so grossen Königes, uns in diesem annoch trübseligen Zustande wil besuchen?

Degenwehrt. Eure Königl. Majestät versichere ich hiemit bey meinem Leben, daß beyde durchleuchtige Personen, König Iberus und die Prinzessinn Batavia, durch den Friede, welcher sie beyde durch göttlicher Gnade Verleihung nunmehr in eine grosse Vertrauligkeit glüklich hat gesetzet, an diesen Ort und zu Euer Majestät sind geführet worden.

Teutschland. Ey, Herr Degenwehrt, die Zeitung, welche ihr uns zu diesem male bringet, ist fast gar zu gut. Aber werde ich denn auch den Frieden, ach den alleredelsten, ach den allerlieblichsten, ach den allersüssesten Frieden bey ihnen finden?

Degenwehrt. Ja, gnädigste Königinn, ich berichte Eure Majestät die Warheit, der Friede gehet in der Mitte, und führet den König Iberum und die Prinzessinn Batavia an ihren Händen mit ihrem allerseits grossem Vergnügen.

Teutschland. Eiligst, eiligst machet alle Thüren und Thore auff, damit ich diejenigen Personen gegenwärtig sehen müge, nach welcher Ankunft mir von Grund meiner Seele hat verlanget.

Der Anderen Handlung
Fünffter Auffzug.

(Hie wird der innere Schauplatz gantz eröffnet; da stehen erstlich sieben sehr schön außgeputzete Weibesbilder, bedeuten die sieben vereinigten Länder oder Provintzen in den Niederlanden; sie haben alle musikalische Instrumente und spielen gar lieblich; hinter ihnen stehet der Friede gantz weiß und schön bekleidet, hat zur Rechten den König Iberum, zur Linken die Prinzeß Batavien an den Händen gefasset; sie stehen gantz still zwischen vielen Lichtern, und wird diß folgende Lied in die sanfftspielenden Instrumenta gesungen, wobey zu merken, daß der eine Verß mit lauter Instrumenten, der ander mit Stimmen eines üm das ander kan gesungen und gespielet werden. Jedoch stehet dieses alles zu des Schauspielers gutem Belieben:)

Friedens- und Freudenlied,

(welches von den sieben Nymphen oder Töchtern der Prinzeſſinn Batavia
wird geſpielet und geſungen).

1.

Batavia, du Heldenkind,
  Kom, deine Mutter zu begrüſſen,
Prinzeſſinn, eile doch geſchwind',
  Ihr groſſes Hertzleid zu verſüſſen,
Du lebeſt itzt in Fried' und Ruh',
Gott helffe Teutſchland auch dazu!

2.

Iberus, deine groſſe Macht
  Iſt zwar durch alle Welt erſchollen,
Und gleichwol haſt du dich bedacht
  So, daß du Friede machen wollen;
Batavia, lebt itzt in Ruh',
Gott helffe Teutſchland auch dazu!

3.

Die Mutter hat zwar lange Zeit
  In ihren Gräntzen Krieg geführet,
Noch länger hat der ſchwere Streit
  Die Tochter und ihr Volk berühret;
Nun aber hat ſie Fried' und Ruh',
Gott helffe Teutſchland auch dazu!

4.

Batavia, die kleine Welt
  Läßt ſich in ihrem Glantz itzt ſchauen,
Ein Siegespracht iſt ihr beſtelt,
  An welchem Kunſt und Waffen bauen;
So recht! Nun hat ſie Fried' und Ruh',
Gott helffe Teutſchland auch dazu!

5.

Friſch auff, erhebet Hertz und Mund!
  Friſch auff und laßt die Saiten klingen!
O Teutſches Reich, itzt kömt die Stund',
  In welcher wir dir Frieden bringen,
Batavia lebt gantz in Ruh',
Gott helffe Teutſchland auch dazu!

(Sobald die Muſik auffhöret, theilen ſich die ſieben Provintzen oder Weibesbilder in der Mitte von einander, und nahet ſich der Friede mit dem Könige Ibero
und der Prinzeſſinn Batavia; Teutſchland tritt mit ihren Leuten auch näher,
und fahet mit freudiger Stimme folgender maſſen an zu reden:)

Teutschland. Prinzessinn Batavia, hertzallerliebste Tochter, es müsse dieser Tag, an welchem ich euch sehe in so grosser Herlichkeit, voller Ehre und Freude, durch den allersüssesten Frieden mit dem großmächtigsten Könige Ibero, in eine vollenkomene Freundschafft und Vertrauligkeit endlich gebracht, ewig seyn gesegnet. Ja, gesegnet sey die Stunde, in welcher diese liebwehrte Gesellschafft bey mir ist angelanget, und mich, das ehemalen allerglükseligste, nunmehr aber hochbedrängte Teutschland so herlich und hertzlich erquikket.

Batavia. Durchleuchtigste Frau Mutter, gnädigste Königinn, vergünnet eurer nunmehr glükseligen Tochter, daß sie in Demuht mag küssen die Hände ihrer unglükseligen Frau Mutter, welcher ich von Hertzen wünsche, daß sie von gegenwärtiger meiner Begleiterinn, dem edlen Frieden, dergestalt müge heimgesuchet und mit einer solchen beständigen Gegenwart erfreuet werden, als mir, fast über aller Menschen Hoffen und Gedanken, ist wiederfahren.

Teutschland. Der allerhöheste Gott wolle diesen theuren Wunsch erfüllen, Prinzessin Batavia, und mir auß lauter Gnaden das geben, was er euch gegünnet; was er aber euch gegeben, das wolle er unverrükkt biß an der Welt Ende bey euch erhalten; doch fürchte ich gar sehr, daß ich dieses letzte vergeblich wünsche. Eure Liebe aber, großmächtigster König Iberus, wil ich zum allerfreundlichsten ersuchet haben; sie wolle mir brüderlich zu gute halten, daß ich, indeme ich die Prinzessinn Batavien auß mütterlicher Zuneigung zum allererstem empfangen, und wilkommen geheisen, das Ziel der Höflichkeit gegen euer Liebe zu diesem male habe überschritten.

Iberus. Durchleuchtigste Königinn, hochgeliebte Frau Schwester, wie hoch und sehr eine vernünftige Mutter sich über das Wolergehen ihrer Kinder erfreuet, solches ist mir unverborgen. Ich bin nicht zu dem Ende auff dieses mal anhero kommen, daß ich mit sonderem Prachte von Teutschland wolte empfangen werden; vielmehr habe ich einer solchen großmächtigen Königinn, welcher der unersättliche Mars mit nicht weniger Grausamkeit, als mir und ihrer Tochter Batavien schon viele Jahre hat zugesetzet, zur sonderbaren Lust und Ergetzlichkeit wollen zeigen, welcher gestalt ich mit mehrgedachter Prinzessinn Batavien nunmehr in gar guter und nachbarlicher Vertrauligkeit lebe.

Teutschland. Ist es denn wol müglich, Batavia, daß der blutige Krieg, der zwischen euch und dem Könige Ibero viel länger hat gebauret, als Menschen könen gedenken, nunmehr gäntzlich ist aufgehoben, und ihr auß solchen abgesagten Feinden vertraute Freunde worden?

Batavia. Ja, allergnädigste Frau Mutter, eben dieses edelste Weibesbild, (sie zeiget auff den Friede) der allersüssseste Friede ist es, welches alle unsere Streitigkeiten vermittelt und uns beiderseits in gegenwärtigen ruhigen Stand hat versetzet.

Teutschland. Der Himmel kröne dich mit ewiger Ehre und Herlichkeit, O du höhestes von allen irdischen Gütern, welche den Menschenkindern sind gegeben, du von mir hochverlangter Friede. Ach, ach, wann werde auch ich deine beständige Gegenwart sehen, und derselben wirklich geniesen?

Friede. Wolte Gott, unüberwindliches Teutschland, daß ich gleich diese Stunde bey deiner Majestät und allen derselben Unterthanen mich vollenkömlich einstellen und Befehl ertheilen mechte, daß der grimmige Mars gefangen, gebunden, und endlich auff ewig auß deinen schönen Ländern bannisiret und verwiesen würde; mir wil aber nicht gebühren, solches, ehe es mir die göttliche Weißheit und Barmhertzigkeit zulässet, in das Werk zu stellen.

Teutschland. Du wirst gleichwol, hocherwünschter Friede, nicht gar lange mehr von mir bleiben, denn mein Verlangen nach dir so groß ist, daß es mit menschlicher Zunge nicht außzusprechen.

Friede. Gedulte dich, großmächtigste Königinn, nur noch eine gar kleine und geringe Zeit; bald, bald werde ich mit einer vollkomenen Macht erscheinen, und das Wühten des grausamen Mars dergestalt bey dir zähmen, daß sich die gantze Welt darüber sol verwundern.

(Hie wird der letzte Satz auß dem vorhergehenden Liede: Frisch auff, erhebet Hertz und Mund u. s. w. von den sieben Nymphen noch einmal freudig gesungen und gespielet).

Teutschland. Diese Nymphen sind eure Töchter, Prinzessinn Batavia?

Batavia. Ja, gnädigste Frau Mutter, es sind meine sieben Töchter, welche zwar anfänglich gar zart und unansehnlich waren, nunmehr aber sind sie mit der Zeit dermaßen groß und fürtreflich worden, daß auch die allermächtigsten Kayser und Könige der Welt um ihre Freundschafft sich bewerben.

Teutschland. Das höre ich gar gerne; sie gefallen mir selber über alle mahssen wol, und ob ich zwar für diesem ihrer aller Nah=

men sehr wol gewust, so hat doch meine außgestandene grosse Trübseligkeit das Gedächtniß mir dergestalt geschwächet, daß ich sie schier gantz wiederum habe vergessen.

Batavia. Es ist gläublich, allergnädigste Frau Mutter, daß meiner vielgeliebten Kinder Nahmen euer Majestät auß dem Gedächtnisse entfallen; ich wil sie aber gerne mit wenigen wiederum andeuten: Die erste und älteste heiset Holland, die folgende Seeland, die dritte Frießland, die vierdte Utrecht, die fünffte Gelderland, die sechste Overyssel, die siebendte Grönningerland.

Teutschland. Gar recht, meine liebste Batavia, nun erinnere ich mich wieder ihrer, mir hiebevor wolbewuster Nahmen. Dieser jungen Prinzeßinnen Halbschwestern aber befinden sich zum Theil unter eurer Liebe, Gehorsam und Auffsicht, König Iberus, worunter auch gegenwärtige sieben für Alters gewesen?

Iberus. Ja, großmächtigste Königinn, eure Lieben haben dieses alles gar recht und wol behalten, und zwar, ich habe grosse Ursache, mich hertzlich zu erfreuen, daß der langwierige Streit, und, allem menschlichen Ansehende nach, gantz unversöhnliche Haß und Zwietracht, welcher zwischen den zehen Prinzeßinnen meines Theils, und den sieben gegenwärtigen der Fürstinnen Batavien Töchtern, durch unser beider Zuthun so viele Jahre hero hat gedauret, und in welcher Zeit so unglaublich viel Blut vergossen worden, endlich so glüflich ist beygelegt und ich mit der Batavien durch sonderbaren Fleiß und Würkung des alleredelsten Friedens nunmehr gäntzlich bin verglichen worden.

Teutschland (zu dem Friede). O du allerseligste Tochter des gütigen Himmels, du außerwählter Schatz auff Erden, du wehrter und süssester Friede, was richtest du doch für herliche und unvergleichliche Dinge auß unter den Menschenkindern! Ach Friede, Friede, komme bald auch zu mir, und lasse mich, wie diese meine Tochter, die Prinzeßinn Batavia, nunmehr durch göttliche Verleihung thut, deiner unschätzbaren Früchte geniesen.

(Hie wird abermal der letzte Satz auß dem vorhergehenden Liede: Frisch auff, erhebet Hertz und Mund, von den sieben Nymphen gespielet und gesungen).

Iberus. Eure Liebe sey getrost, durchleuchtigste Schwester Teutschland, eben dieser Friede, welcher meine zehen Töchter guten theiles, wie auch die Prinzeßinn Batavien mit ihren gegenwärtigen sieben Kindern so höchlich hat erfreuet und beseliget, wird auch das großmächtigste Teutschland wiederum in Ruhe setzen, und den blutdürftigen Mars, der leider zwischen mir und König Gallen annoch viele grausame Händel machet, und meine Kinder hin und wieder beunruhiget, mit allen seinen Helffers-Helfferen zum Land außjagen, dessen wolle sie sich nur versichern.

Batavia. Durchleuchtigste Frau Mutter, gnädigste Königinn, Eure Majestät sehe doch nur auff mich; eben der Gott, der mir geholffen, und mir so wunderbarlich meine Freyheit hat bestättiget, wird auch Eure Majestät auß allem Elende erretten und zu gewünscheter Herlichkeit wiederum kommen lassen.

Friede. Ja, Teutschland, glaube nur mir und ihnen sicherlich; es heißet Amen, Ja, Ja, und das sol geschehen.

Teutschland. Wolan denn, so wil ich hierauff alles Trauren lassen schwinden, meinem Gott vertrauen und der Zeit erwarten, da du, meine allerliebste Freundinn, mein angefochtenes Reich wiederum heimsuchest und den grimmigen Mars bezwingest. Eure Liebe aber, großmächtigster König Iberns, und meine Hertzens-Tochter Batavia wil ich zum allerfreundlichsten gebeten haben, sie wollen sich belieben lassen, mit mir hinein zu gehen, damit wir dem grossen Gott des Friedens ein gefäliges Opfer darstellen, und seinen heiligen Nahmen für alle unzählich erwiesenen Gutthaten von gantzem Hertzen loben, rühmen und preißen.

(Sie gehen alle ab, und wird der Schauplatz geschlossen, worauff folget eine sehr freudige und lustige Musik).

Ende der anderen Handlung.

Des Friedejauchzenden Teutschlandes
Anderes oder Zweites Zwischen-Spiel.

(Sausewind tritt auff, träget den Arm in einer Binde, der Kopf und das Antlitz sind ihm mit unterschiedlichen Pflastern beleget, hinter ihm gehet sein neuer Junge oder Kammerdiener Bullerbrock, nicht viel besser als ein Bettelbube bekleidet; der muß hernach singen; nach ihnen kommet Junker Reinhart mit Rosemund, die machen Sausewind zum Schäfer; endlich kommen Drewes Kikintlach und Beneke Dubelbey, die jagen Sausewind als einen Schafdieb vom Platze).

Sausewind. Nun muß ich Unglükseliger bekennen, daß der alten Römer wolbekantes Sprichwort, Audaces fortuna juvat, das

Glük stehet den tapferen Helden bey, schändlich sei erstunken und erlogen. Mein eigenes Exempel bezeuget jetzund das Widerspiel; wer ist jemalen im Felde behertzter, in Belagerungen muhtiger, und in offenen Feldschlachten kühner und freudiger als ich erfunden, und nichts desto weniger habe ich zu diesem male müssen erfahren, daß, wenn einem das Glük zuwider ist, so helffe weder Tapferkeit noch Muhtigkeit, noch Freudigkeit noch Kühnheit, noch Fertigkeit, noch Geschwindigkeit. Ja, was sage ich? War ich nicht geresolviret, den Cavallier von der Wagschalen da, den bärenhäuterischen Ladenjungen da, den Cujon da, den Poltron da, den Hundesnasen da, den Schabehals da, den Galgvogel da, wegen der mir von demselbigen erwiesenen grossen Bravade, wie einen Hund niederzustossen und meine großmühtigen Hände in seinem Blute zu waschen? Aber sihe, was verhenget mein Unglüke nicht: denn, indeme ich mich fertig mache, mein Wams abziehe, und in was für eine Positur ich mich legen wolle, bey mir selbst versuche, da benebenst der Ankunft meines vermeinten getreuen Cammeraden, des Junker Reinharts, als meiner Secunden mit hefftigem Verlangen erwarte; sihe, da komt der ehrvergessene Dieb, der leichtfertige Ladenjunge mit noch andern breien auserlesenen Galgenschwengeln seiner Art, diese vier ehrlichen Vögel überfallen mich unglütseligen Cavallier, nicht mit Degen oder Pistolen, wie meiner hochadeligen Reputation wol angestanden wäre, sondern mit grossen, starken Hagedornen, prügeln und zerbläuen meinen ritterlichen Sausewind dergestalt jämmerlich, daß ich schwerlich ein Glied am Leibe mehr rühren, sonderlich aber dieses linken Armes mich fast gar nicht kan gebrauchen, und glaube ich sicherlich, es hätten die ehrvergessenen Schelme und Böswichter mich gar zu tode geprügelt, wenn ich nicht durch die unversehene, aber fast zu späte Ankunft meines Cammeraden, Junker Reinharts, etlicher mahssen entsetzet, und diese verbitterten Kramerburß von mir abzulassen wären gezwungen worden. Nun, wer weiß, auff was Art ich mich noch an ihnen revengire? Schenke ich ihnen dieses, so sol man Monsieur Sausewind hinfüro für keinen ehrlichen Cavallier halten. Unterdessen habe ich mir fürgenomen, inskünftige allezeit einen eigenen Diener zu unterhalten, und denselben mir, als einem ansehnlichen Rittersmann, mit geziemender Ehrerbietung folgen zu lassen; es ist gleichwol noch etwas besser, einen getreuen Menschen, als gar niemand zu seinem Schutze bey sich führen; stehet auch nobel und reputirlich. Aber mein getreuer Diener Bullerbrot, was vermeinestu? Woltest du deinem Herrn in seiner Noht auch wol redlich beystehen?

Bullerbrok. Ich Junker? Ja, wer if man solte, ich bin ein recht zoller Zeuffel; ihr kennet mich noch nicht halb recht; ich habe wol eher sieben auff einen Schlag geschlagen (ad Spectat:) Flegen, meine ich.

Sausewind. Ja, solche Leute sind meine rechten Burße, verzagte Männer kan ich durch mein Blut nicht leiden. Wiltu mein Diener seyn, so must du ein Hertz haben, so groß als ein Ochse; aber mein tapferer Diener Bullerbrok, sage mir ferner: kanst du auch wol schweigen?

Bullerbrok. Ja, gestrenger Junker, ich verschweige alles, was ich nicht weiß, und glaubet mir Junker, dasjenige, was mir in geheim wird vertrauet, davon solen wol keine fremden Leute wissen zu sagen, die etwan ausgenomen, so sich in der Badstuben, auff der Börse, in den Mühlen, wie auch in den Schenk- und Wirthshäußern befinden; O Herr, ich kan elementisch wol schweigen!

Sausewind. Das gefält mir über die mahsse wol, und ist eine sehr grosse Tugend an einem getreuen Diener; ich muß dich aber weiter fragen, kanst du auch wol hungern und fasten?

Bullerbrok. O ja, gnädiger Junker, wenn ich des Tages meine vier Mahlzeiten gethan, so kan ich so wol fasten und hungern, als der beste Kapuziener-Münch; ich kan mich zum Frühstüke mit einer kleinen Rinde Brods, worunter etwan 3 Pfund Kromen verborgen, und einem Knöchlein auß einem Ochsenbraten, da etwan nur ein paar Pfund Fleisch anhenken, noch ziemlicher mahßen behelffen, und dem Trunke thue ich auch nicht gar viel; es vergehet mancher Tag, daß ich nicht zwo oder drey Stübichen Bier in meinen Leib kriege, (mit dem Wein bin ich nicht sonderlich bekant). Mein Herr, ich kan fasten, trotz dem besten Einsiedler.

Sausewind. In Warheit, mein neuer Diener Bullerbrok, du hast recht gute Qualitäten an dir; du bist tapfer und behertzt, du kanst wol schweigen, du kanst wol Hunger und Durst leiden, aber eines muß ich noch von dir wissen: kanst du auch wol singen?

Bullerbrok. Singen, Junker? Ja, da weiß ich meinen Meister nicht mit. Ich kan singen, daß die Leute, die es hören, sich für Freuden darüber beseichen. Euer Gnaden sol noch Wunder vernehmen?

Sausewind. Das gefält mir über die mahßen wol, mein allerliebster Bullerbrok, denn ein solcher fürnehmer Cavallier, wie ich bin, hat treflich gerne auch solche Diener um sich, welche schönen Damen zu Ehren und Gefallen ein wolgesetztes Liedichen lassen erschallen; wo hast du aber die Kunst gelernet?

Bullerbrok. Ehrwürdiger Junker, ich habe mich eine geraume Zeit bey dem Herren Kapellmeister zu Schilde, hernach auch bey deme zu Scheppenstät auffgehalten, und von denselbigen weltberühmten Kapellmeistern bin ich in dieser Kunst so treflich wol unterwiesen, daß es zu schrekflich ist. Ja Mousieur, ich kan auch nach den Noten singen.

Sausewind. Ey, was ist mir das eine angenehme Zeitung zu hören! Fürwar Bullerbrok, ich muß deine Kunst probieren. Sihe, hinter diesen Mauren wohnet die überirdische Rosemund, die Perle der allervollkommensten Damen, der unvergleichliche Außzug des Himmels, die einzige Zierde und Krone meines verliebten Hertzens, ja diese ist die Rosemund, welcher zu gefallen ich die allerschrekflichsten Ebenteuer außstehe, die grössesten Thaten begehe, und die gantze Welt mir dem höhesten Ruhm, wegen meiner vielen erhaltenen Siege, über alle Helden zu geben, anreitze und bewege; ja, eben diese ist die diamantine Rosemund, welcher ich in einem einzigen Viertheil Jahre so viel Liebesbriefe und Lieder habe zugefertigt, daß ich darüber zwey gantzer Ohmen Dinte, und etliche fünfftzig Rieß Papier verschrieben. Ach ja, mein getreuester Diener, auß übermähssiger Liebe gegen dieser allersüssesten Mensch=Göttinnen, habe ich neulich den grausamen Kampf mit den vier Ladenjungens gehalten, da ich denn, meine ewigwährende Treue gegen sie zu beweisen, unzählich viel Stösse und Schläge habe erduldet und auff ihre Gesundheit eingenomen; welches alles ich selber, (demnach ich der allerfürnehmste Poet von Teutschland bin) kürtzlich in ein neues Lied habe verfasset, welches ich dir hiemit überreiche, und ernstlich anbefehle, dasselbe auff das allerlieblichste allhier für der Thür, meiner überirdischen Rosemund zu singen; vielleicht werde ich ihr diamanten Hertz in etwas dadurch bewegen. (Er gibt ihm das Lied).

Bullerbrok. Gar gerne, gestrenger Herr; es ist mir sehr lieb, daß ich die Probe meiner Kunst der schönen Rosemund zu Ehren auff dieses mal mag ablegen, und Euer Gnaden demühtigst auffwarten. (Er sihet das Lied durch).

Sausewind. Wolan Bullerbrok, so singe dann; mich verlanget hertzlich, daß ich die göttliche Rosemund hiedurch möge erfreuen.

Bullerbrok (fähet an zu singen, aber gar schlecht und elend).

Klage=Lied

(des verliebten und zerprügelten Sausewindes, an seine schönste Rosemund).

1.

O Rosemund,
Ich bin ja dein getreuer Hund;
Wie hat man mich üm deinet willen
Wollen füllen;
Wie greulich hat man, mich zu jagen,
Dörffen schlagen,
O Rosemund!

2.

Ich leide Pein,
Noch ärger als ein Mühlen=Schwein.
Das machen jene Ladenjungen,
Welche rungen
Mit mir, dem allerbravsten Helden.
Laß mich's melden
Dir Rosemund.

3.

O liebstes Hertz,
Wie groß ist meiner Seelen Schmertz;
Den Arm trag' ich allhier im Bande,
Dir zum Pfande;
Die Pflaster sind es, die mich zieren,
Ja mich führen
Zu Rosemund.

4.

Für diese Noht,
Ja bald zu leiden selbst den Tod,
Begehr' ich anders nichts zu haben,
Mich zu laben,
Als einmal dich mein Schatz zu küssen:
Laß mich's wissen
O Rosemund!

Sausewind. Nun, mein getreuester Diener Bullerbrok, du hast dieses, mein neugemachtes Lied dermahssen wol gesungen, daß es nicht fehlen kan, es muß das stählerne Hertz meiner unvergleichlichen Rosemund dadurch zu Wachs, und mein Bildnuß auff das festeste in dasselbige gedrukket werden. Aber sage mir, mein Kammerdiener, wie gefält dir doch diese meine neue Invention, mag sie nicht wol passiren?

Bullerbrok. Fürwar, ehrenvester Junker, wen ich nicht wüste, daß ihr ein so fürnehmer Ritter wäret, auch nun bald Ambassador werden soltet, ich wolte sagen, daß unter allen teutschen Poeten eures gleichen nicht zu finden, es wäre denn Herr Reuterhold von der blauen Wiese, welcher sonst allen das Sand in die Augen wirfft, die in der gantzen teutschen weiten Welt zu finden. Aber, hochgeborner Ritter, solte man diese überhöllische oder überirdische Rosemund, wie ihr sie heiset, nicht etwan könen zu Gesichte kriegen? Ich hätte wol gehoffet, sie solte sich für dem Fenster ein wenig praesentiren, und euere übel zerprügelten Glieder durch ihr kräfftiges und holdseliges Ansehen etlicher mahssen wieder geheilet haben?

Sausewind. Ich halte gäntzlich davor, daß das auserwählte Engelchen nicht zu Hauße ist, oder sich etwan übel auff befindet; demnach mir's aber unmöglich fält, ohne die Gegenwart dieser himmelschönen Dame länger zu leben, als wollen wir uns auffmachen, den unaußsprechlichen Schatz meines Hertzens zu suchen. Sihe du aber wol zu, mein Bullerbrok, daß du mir in ihrer Gegenwart allen gebührlichen Respect, Ehre und Gehorsam erweisest, und meine Befehle mit tiefester Reverntz von mir annehmest und vollbringest.

Bullerbrok. Da sol kein Haar an fehlen, ehrenvester Herr, gnädigster Junker und Ritter, auch künftiger Ambassadeur; ich wil mich dergestalt bezeigen, daß sowel die überarsische Rosemund, als auch E. Gestrengigkeit ihres Hertzens Freude und Lust daran sehen solen. (Sie gehen beyde ab).

Junker Reinhart und Rosemund, (welche gantz und gar wie eine Schäferinn ist gekleidet, gehen auff, und spricht gar freundlich:)

Rosemund. Ist es wol müglich, mein vielwehrter Junker Reinhart, daß sich unser verliebter Großsprecher Sausewind von den Ladenjungen dergestalt hat zerprügeln, und auff gut bärenhäuterisch tractiren lassen?

Junker Reinhart. Meine allerliebste Rosemund, ich bitte freundlich, sie wolle doch mir, als der ich es selber gesehen, ja ihn noch auß den Händen dieser verwegenen Buben errettet, Glauben zustellen; über das hat sie es ja auch selber auß dem neuen Liede, (welches er gleich jetzt durch seinen schönen Diener für ihrer Thür hat lassen singen, oder vielmehr heulen) zur Genüge verstanden. Aber er muß noch viel besser von uns, als von jenen Syrupshelden gedrillet und durchgehechelt werden.

Rosemund. Freylich sol er rechtschaffen von uns gefoppet, ja gar zum Narren werden gemachet; ich wil den Eselskopf lehren, wie er sich sol einbilden, daß Rosemund ihn allein, ja noch dazu in rechtem Ernste lieben, und um eines solchen Auffschneiders willen, die Liebe und Freundschafft so vieler braven Cavalliere solte quittiren. Nein, fürwar, ich muß meine Freyheit etwas höher schätzen, und in ihrem Wehrt und Ansehen beständiger erhalten?

Junker Reinhart. Meine allerschönste Dame, ich schwöre ihr, daß im Falle ich nur ihrer beständigen Liebe und affection gegen meine Person bin versichert, ich ihme, der unter uns beyden abgeredten Possen dergestalt wil anbringen, und in der gantzen Sache ihm so begegnen, daß er abermal eine rechtschaffene Haut voll Schläge davon tragen, und die schönste Rosemund hinfüro wel sol mit Frieden lassen.

Rosemund. Gar recht, Monsieur Reinhart, ich bleibe euch für vielen andern mit einer solchen affection und Liebe beygethan und geneiget, als bey meinesgleichen vernünftigen und comunen Damen ist zu finden; ich wil aber ja hoffen, ihr werdet alles, was zu Vollführung dieses Handels von nöhten, mit sonderem Fleisse angeordnet und bestellet haben?

Junker Reinhart. Schönste Rosemund, es ist alles dergestalt angeordnet, daß wir am glüklichen Außgange dieses Werkes durchauß nicht haben zu zweifeln, und sol hierzu trelich viel helffen, daß sie ihren gewöhnlichen Habit abgeleget, und sich natürlich, als eine geborne Schäferinn hat bekleidet; denn durch dieses Mittel wollen wir auch ihn zum Schäfer, oder vielmehr zum Narren, und folgendes zu einem vortreflichen Prügelträger machen.

(Sausewind gehet auff, eine lange Tabakpfeiffe in Händen tragend, sein Diener hinter ihm her, mit einer Kannen voll Bier und einem Glase, sihet närrisch aus).

Sausewind.
Mein Hertz wil mir zerbrechen,
Kein Wort kan ich fast sprechen,
Küß' ich dich Schönste nicht.
O Rosemund, mein Leben,
Was sol ich dir doch geben,
Vor meiner Liebe Pflicht?
Mein treues Hertz verschwindet,
Im Fall' es dich nicht findet,
O schönste Rosemund.

NB. Dieser Satz kan von Monsieur Sausewind auch wol gesungen werden, nachdeme es dem Schauspieler wird belieben.

(Er sihet die Rosemund).

Aber, was sehen meine Augen daselbst für einen ungewöhnlichen Glantz? Ist diese Göttinn meine Rosemund? Sie ist es gewißlich. Aber nein, wie kan sie es seyn? Diese ist bekleidet wie eine Schäferinn, meine überirdische Rosemund aber ist nach Art der adelichen Damen angethan. Vielleicht irre ich? — Nein, Sausewind, du irrest mit nichten; was gilt's, ob sie sich nicht etwan aus Liebe gegen meiner braven Person wie eine Schäferinn hat verkleidet; denn ich erinnere mich, daß die schönste Königinn Kleopatra, ihrem Liebhaber Antonio zu gefallen, sich auch wie eine Hirtinn zu Zeiten hat außgeputzet. Oho, ich erkenne sie schon beim lachen; fürwar es ist meine Rosemund, ich muß näher zu ihr treten. (Gehet näher hinzu, und kniet gar bemühtig vor ihr nieder, also redend:) Allerschönste Tochter des Himmels, Wunderwerk der Erden, Beherrscherinn der Sonnen, und du vollenkomenstes Meisterstükk der Natur, hie sehet ihr zu eueren Füssen liegen den unglükseligsten (wiewol tapfersten Ritter) Sausewind; gönnet ihm doch die Gnade, daß er das allergeringste Körnlein des glükseligen Staubes, welcher an euren unvergleichlichen, hochadelichen Füssen geklebet, in Demuht mag küssen.

Rosemund. Stehet auff, mein getreuester Liebhaber, stehet auff, und versichert euch meiner biß in den Tod beständigsten Gegenliebe.

Sausewind. O mehr als güldene Worte! O diamantine Verheissungen! O der allerglükseligsten Stunde, darin die honigsüsseste Rosemund dem Ritter Sausewind sich für eigen ergiebet! Aber meine allerwertheste Hertzen=Zwingerinn, berichte mich doch gnädigst, aus was Ursachen sie ihren gewöhnlichen Habit ab= und dieser Schäferinnen Kleider haben angeleget?

Junker Reinhart. Mein Bruder, daß die schönste Rosemund ihre Kleidung auf dieses mal verändert, ist einzig und allein um deinet willen und dir, als ihrem hertzallerliebsten Auffwarter, zu sonderbarem Gefallen geschehen; denn diese hochvernünftige Dame reifflich bei sich erwägend, wie daß du ein fürtreflicher, weltberühmter Poete bist, und sie nicht weniger eine sehr grosse Liebhaberinn der edlen Dichtkunst, die Poeten und Poetinnen aber insgemein sich für Schäfer und Schäferinnen außgeben, und unter Spielung solcher Personen ihre getreueste Liebe eifferigst fortsetzen, so hat die allerklügeste Rosemund, dir zu gefallen, in der Kleidung und Habit einer Schäferinn sich hinfüro sehen lassen, auch zu dem Ende eine kleine Heerde Schafe an sich erkauffen wollen.

Sausewind. O Bruder Reinhart, du redliches Hertz, wie inniglich erfreuest du mich diesen Tag; bin ich nicht der allerglükseligste Cavallier auff Erden, daß eine solche unübertrefliche Dame nur mir zu gefallen auß einer Prinzeßinn eine Schäferinn ist geworden?

Rosemund. Mein Sausewind, der Liebe fällt kein Ding zu schwer, noch keine Aenderung zu verdrießlich; deine herlichen Qualiteten haben mich bewogen, daß ich mir gäntzlich fürgenommen, hinfüro deine Schäferinn, deine Liebste, ja deine Rosemund zu heisen; dagegen wirst du dir es lassen gefallen, ebenmäßig einen Schäfer=Habit anzuziehen und mein getreuster Schäfer die gantze Zeit meines Lebens zu seyn und zu verbleiben?

Sausewind. Allerschönste Menschgöttinn, ich schwöre euch bey dem rauchfüßigen Pan und allen seinen tantzenden Satyren, Faunen und Nymphen, daß ich hinfüro nicht anders, als der überirdischen Rosemund allergehorsamster Schäfer sol und muß genennet werden. O, daß ich doch nur erstlich auch ein Schäferkleid und was etwan sonst mehr dazu mag gehören, bey der Hand hätte; wie wolte ich mich alsdenn so von Hertzen lustig und frölich darüber bezeigen!

Junker Reinhart. Wegen des Kleides hat sich mein Bruder gar nichts zu bekümmern; die vorsichtige, hochweißeste Rosemund hat schon Anstalt gemacht, daß eine bequeme Schäferkleidung für dich würde zubereitet. (Er klopfet mit dem Fuß und ruffet:) Holla, Diener, holla, holla!

Diener (komt herauß:) Was ist Euer Gestrengigkeit Begehren?

Junker Reinhart. Geschwind bringe das neue Hirtenkleid herauß, welches die schönste Rosemund für Monsieur Sausewind hat lassen zubereiten.

Diener. Es sol alsobald anhero gebracht werden. (Gehet wieder hinein).

Bullerbrok (zu seinem Herrn:) Was zum Teuffel wollen Eure ritterliche Gnaden nun anfahen? Wollen sie zuletzt noch gar ein Schäferknecht werden? Das stehet ja leident toll!

Sausewind. Halt's Maul, du Bärenhäuter, du kennest mich nicht recht; ich bin dreyerlei, als nemlich ein Cavallier, ein Poet und ein Schäfer.

Bullerbrok (zum Volke:) Das ist so viel zu sagen: Ich bin ein Auffschneider, ein Bettler und ein Narr. (Der Diener bringet das Kleid und überreicht es Junker Reinharten).

Junker Reinhart. Sehet, da haben wir das begehrte Hirten=
kleid samt dem Hute, Stabe, wie auch der Hirtentaschen. Bruder
Sausewind, du mußt nun deine Cavalliers-Kleider von dir legen,
und diese wider anziehen.

Sausewind. Von Grund meiner Seelen gerne thue ich solches,
O Rosemund, du würdiger Preiß der allerschönsten Schäferinnen.
Kommet her ihr glükseligen Hirtenkleider, in welchen ich der unver=
gleichlichen Rosemund für allen tapferen Helden dieser Welt eintzig
und allein werde gefallen.

(Hie legt er seine Kleider ab, und sie alle helffen ihme die neuen Hirtenkleider
anziehen, setzen ihm auch den Hirtenhut, mit einem Krantze gezieret, auff den Kopf,
hängen ihm die Tasche an, und geben ihm den Stab in die Hand; er besihet sich sel=
ber vorn und hinten, darauff spricht:)

Rosemund. Allerliebster Philauton, (denn dieses sol nun hin=
füro euer Schäfernahme seyn, wie solchen auch Herr Reinhart für gut
hat befunden) itzt behaget ihr meiner Seelen dermahssen vollenkömlich,
daß ich nicht unterlassen kan, in dieser angenehmen Kleidung euch, O
vollkommener Philauton, mit einem recht hertzlichen affections-Kusse
zum erstenmale zu empfangen. (Sie küsset ihn gar freundlich, dabey sagend:)
O du mein allerliebster, mein vertrautester, mein außerwählter Phi=
lauton, Philauton, Philauton!

Sausewind. Ihr großmächtigsten Kayser, Könige und Printzen,
behaltet nun eure hochgerühmte Herligkeit, Pracht, Macht, Wolluft
und Freude. Sehet, diese eintzige himmlische Rosemund ist mein Kay=
serthum, mein Königreich, meine Ergötzung, Ehre und Herlichkeit.
O, des himmelsüssen Lippenthaues, welches auff der nektarischen Zun=
gen schwebet! Ist es nicht müglich, allerliebste Schäferinn, daß sie mir
von dieser edlen Feuchtigkeit, von diesem honigsüssen Thau ihres
Mündleins nur ein einziges Fächlein meiner Balsambüchsen mag an=
füllen? Ich getraue mir durch Krafft derselben alle Krankheiten, sie
mögen auch so schwer und gefährlich seyn als sie wollen, gründlich zu
curiren, ja in Todesnöhten mich dadurch zu erhohlen.

Junker Reinhart. O du glükseliger Philauton! Es gehet
alles nach deinem Willen.

Sausewind. Ich weiß für Freuden schier nicht, was ich sol
beginnen. Auff solches grosses Glük schmekket warlich ein Trunk.
Schente mir ein Gläßlein voll, mein Bullerbrok! Doch wil ich erstlich
eine Pfeiffe Tabak außtrinken, dieweil solches auch die Hirten bey ih=

ren Heerden zu thun sind gewohnet, wornach auch ich mich billig habe zu richten. (Er nimt die Tabakpfeiffe und hält sie der Rosemund an die Augen, und beginnet lustig zu singen, Butterbrot aber säufft anstatt seines Herrn das Bier auß).

Rosemund (zornig). Das ist mir in Warheit eine schlechte Höfligkeit von meinem neuen Schäfer Philauton. Wie, wilt du mir die Augen außstechen, du grober Rülz? Welcher Henker pflegt dergestalt mit schönen Schäferinnen zu courtisiren?

Sausewind. Das verhüte der Himmel, meine schönste Rosemund, daß ich ihr einigen, auch den allergeringsten Verdruß solte zufügen; ich habe nur diesen Tabak bei den hellscheinenden Flammen ihrer blitzleuchtenden Augen oder vielmehr Karfunkeln wollen anzünden; denn eben diese Augen sind es, allerwehrteste Rosemund, die mir das Mark in den innersten Knochen und Gebeinen, ja das Hertz in meinem Leibe brennen und verbrennen; wie solten denn solche Augen, oder vielmehr feurige Sonnen diesen Tabak nicht anzünden? Darum, O grosse Gebieterinn, bitte ich demühtigst, mir meine Kühnheit zu verzeihen.

Rosemund. Philauton, mein Schäfer, ich kan nicht mit dir zürnen, wenn ich auch gleich gerne wolte. Sihe da, meine Hand, (sie bietet ihm die Hand) ein gewisses Zeichen meiner Begnadigung.

Sausewind. (Küsset ihr die Hände, welche mit schwarzen Korallen sind gezieret, und spricht:) O Hände meiner Göttinnen, mit welcher hellglänzenden Schönheit kein Helfenbein, kein Alabaster, keine Milch, noch Hagel zu vergleichen, ja gegen welche diese grossen schneeweissen orientalischen Perlen fast wie Pech sind zu schätzen.

Junker Reinhart. Nun sehe ich gleichwol, Bruder Sausewind, daß dich in diesem neuen Hirtenstande deine Augen sehr betrügen. Wie magst du doch diese schneeweisse, orientalische Perlen nennen, da es ja kohlschwarze gläserne Korallen oder vielleicht Agathen sind.

Sausewind. Nicht mir, sondern dir fehlet es am Gesichte, mein liebster Monsieur Reinhart; ich sage es noch, und bleibe beständig dabei, daß dieser Schmukk, welchen die vollentomene Rosemund um ihre Alabasterhändlein träget, schneeweiße, orientalische Perlen sind, daß sie aber so schwarz scheinen, ist die Schuld nicht den Perlen, sondern denen mehr als hagelweißen Händen meiner Rosemunden zuzuschreiben; ihre weiße Haut ist so vollenkomen, daß auch der Schnee, die Milch, die Kreide, ja das allerweißeste Ding der Welt gegen ihr zu rechnen Pechschwarz scheinet; und sey du versichert, daß, wenn ein anderes Weibsbild, als die göttliche Rosemund, diese Perlen, oder,

12*

(wie du sagtest) schwarze Korallen an ihren Händen tragen solte, würden sie viel weißer als ein Alabaster, Hagel, Milch, Schnee, Kreide oder Helfenbein seyn anzuschauen; ja, ich habe es mehr denn tausendmal gesehen, daß, wenn die unschätzbare Rosemund ihre zarten Hände etwa in Wasser oder Wein gestoßen, selbige Getränke, sobald sie nur diese wunderschönen Hände wiederum herausgezogen, in die weißeste Milch sind verwandelt worden; und magst du wol glauben, daß die Hemden, welche die edle Rosemund von dem allerzartesten, schneeweißen Kammertuche träget, gegen ihrer perlenweißen Haut, wie ein schwartzer seidener Flor sind anzuschauen, denn ihre Weiße ist nicht zu vergleichen.

Junker Reinhart. Das mag eine wunderschöne weiße Haut, gegen dem allerfeinesten, gebleicheten Kammerchtuche seyn. Gewißlich, ich wünsche von Hertzen, daß ich nur die Lauß seyn möchte, welche den Leinenweber in den Nakken gebißen, als er das Leinwand zu der allerschönsten Rosemunden Hemden hat gewebet.

Bullerbrok. Ey, daß dir doch die Lauß den Narren auß dem Gehirn freße, du greulicher Auffschneider!

Sausewind. O ho Bruder, der Wunsch ist gar zu hoch für dich; ich wünsche etwas edlers, nemlich, daß ich nur der glükselige Wurm seyn möchte, der die Seide gesponnen, von welcher der überirdischen Rosemund schöne Strümpflein sind gemachet.

Bullerbrok. Ja, bey dem Elemente, Wurms genug! O du greulicher Wurm! wilt du noch grösser werden? Wurm, Wurm, Wurm!

Junker Reinhart. Und ich wünsche, daß ich nur den Akker einmal küssen möchte, worauff der Hanf gewachsen, von welchem der Draht oder Faden gemachet, mit welchem der allerschönsten Rosemunden Schuhe sind zusammen genähet.

Rosemund. Höret auff zu wünschen, Junker Reinhart, meiner Person halber darff sich kein Mensch etwas gutes oder sonderliches wünschen, außgenommen mein außerkorner Schäfer Philauton, der mag wünschen, was ihm selber wol gefält. Aber sihe, da kommen meine Schäflein, (hie werden zwei oder drei Schafe, oder welches besser, drei Knaben mit Schafsfellen benähet, welche auff Händen und Füßen kriechen, auff den Platz getrieben) die wil ich, O mein hertzvertrauter Schäfer Philauton, deiner getreuesten Auffsicht anbefohlen haben nur so lange, biß ich hingehe und das favor, welches ich dir neulich von meinen Haaren habe geflochten, anhero bringe; denn damit wil ich unsere neue Schäferliebe und Freundschafft bekräftigen und festiglich verbinden.

Sausewind. O glükselige Stunde! O mehr als güldener Tag, daran ich die liebe Heerde der allerschönsten Rosemund mag weiden! Aber tausendtmal glükseliger wird die Stunde seyn, in der ich mit den güldenen Haaren der unübertreflichsten Rosemund meine Hände werde bekränzen und herfür schmükken.

Rosemund. Adieu, mein hertzallerliebster Philauton, laß dir meine Schafe bester mahssen anbefohlen seyn, so lieb dir ist, die Gnade deiner Rosemund zu erhalten; bald, bald wil ich dich wiederum sehen und von Hertzen küssen. (Sie gehet ab).

Sausewind. Nun wird es stokfinster für meinen Augen.

Bullerbrok. Nun wirst du ein grosser Stokknarr für meinen Augen.

Sausewind. Denn meine Sonne gehet unter, und die Fakkel meiner Sonnen hat sich eine Zeitlang für mir verborgen.

Bullerbrok. Und ich schwitze für Angst in die Hosen.

Sausewind. Unterdessen, O ihr hertzfrommen Schäflein, küsse ich euch auff die Gesundheit meiner und eurer allerliebsten Schäferinnen, welche euch mir hat anbefohlen zu tausendtmalen. (Er küsset sie).

Junker Reinhart. So recht, du feuerneuer Schäfer Philauton, nun erkenne ich erst, daß du ein rechter schäferischer Poet bist; du weißt, wie man die überschönesten Schäferinnen sol lieben und in Ehren halten.

(Beneke Dudeldei und Drewes Kilintlag gehen auff und sagen:)

Beneke. Wat segst du daar, Badder Drewes, sind dik düsse Nacht dre Schape uht dem Kaven stahlen? Dat wull jo bull afloppen!

Drewes. Bi miner Sälichheit, Beneke Nachber, id is mehr als al tho war; Gott geve datt be schmachtigen Kriegersmann nicht dahn hebbet, wente, be willen nu heel verhungern, nu se kene Triburgeld mehr hebbet intohkahmen. (Sausewind horchet genau zu, jedoch etwas von ferne, Junker Reinhart aber schleichet vom Platz).

Beneke. Neen, neen, lewe Drewes Naber, if hebbe hir wool ein anner Vögelken van singen höret; dar skal Lövik een niebakken, verlesselben Scheper ankahmen sin, und dat skal een verhungerden Deef sin; twoller wol up wedden, dat be dine Schape habbe stahlen.

Drewes. Bim Elemente Beneke, du segst watt, dat kan mögelik wol war wesen. Man Süe ins, dar staet jo een fremd Scheper, wo it süß recht sehe; skul den be Düvel ook wol heerföhret hebben, datt be mik de Schape stahlen habbe. Wat bünkt bik, wil wie öhn ins fragen?

Benefe. Ja, kum Drewes, laßt uns hen toh öhm gahn, willen ins anspreken, watt isser angelegen, he wart usk jo wol nicht biethen.
(Sie gehen beide zu ihm und spricht gar trotzig:)

Drewes. Goien Dach hier, jy Fründ; mit vörlöse dat it juw frage, si jy wor de nie Schapdeef? hee?

Sausewind. Behüte Gott ihr Leute, wie redet ihr mich so grob an? Ich, ich bin der göttlichen Rosemunden neuerkorner, braver und zwar glüflich verliebter Schäfer Philauton, ja Philauton bin ich.

Benefe. Du just Schnapup edder Jappup, wie fraget man, wor du de Schape heerkregen hest; dar bist du mit rechte nicht bi kahmen.

Sausewind. Sehet zu ihr Leute, was ihr redet; die Schäflein hat mir anbefohlen, die unvergleichliche überauß schöne Schäferinn Rosemund; ja Rosemund, Rosemund gehören diese Schafe.

Drewes. Jů si Rosenschnuhte edder Rosenflabbe, it segge, dat du ein großt stüffe Deefes bist, und dat de Schape mi tohöret, und it wil se wedder hebben, edder die skal de barlike Knüwel hahlen.

Benefe. Wat schnakkest du noch veel, Drewes Badder? Kiele den Schapdeef inter Schnuten, dat öhm dat rode Sap aver de Nese flütt.

Sausewind. Wie kome ich unglückseliger Schäfer doch zu diesem unverhofften Handel; ich bitte euch ihr Herren, lasset mich mit Frieden.

Drewes. It wil dik wol Heeren, du Skabbehalß! Sue dar hefst du eenen up diner Rosenflabben Gesundheit, (schlägt ihn an den Halß).

Sausewind (ruffet hefftig:) O Gewalt, Gewalt, ich bitte euch umme Gottes willen, schonet mein; ich bin ein Cavallier, ich bin ein Poet, ich bin ein liebhabender Schäfer. Ach, schonet meiner um Rosemunds willen.

Bullerbrok. Ach ja, ihr Herren, schonet doch meiner auch, ich bin eines verlognen Bärenhäuters, eines elenden Bettlers und eines abgeschäumeten Narren unterthäniger Auffwarter und Diener.

Benefe. Sue dar hefst du eenen vor den Cavallier, (schläget zu auff Sausewind).

Drewes. Und düssen Baß geve it dem Poeten. (Schläget zu).

Benefe. Und dit is vor den vorlefeden, befeschen Scheper. (Schläget zu).

Sausewind. O mein getrevester Diener Bullerbrok, springe mir doch bey in diesen meinen äussersten Nöhten. Ach, Bullerbrok, hilff mir! Gedenke an dasjenige, so du mir versprochen.

(Beneke und Drewes schlagen immer lustig auff den Sausewind).

Bullerbrok (aber spricht:) Ich wolte dir den Teuffel an den Kopf helffen. Solte ich dir dafür helffen, daß du mich wolteft zu tode hungern lassen. Schlaget nur lustig auff den Bärenhänter, es geschiehet ihme fürwar recht und mehr als recht.

Sausewind. Ach, du himmlische Rosemund, deine Schönheit gebe mir ja Krafft, daß ich in diesem schweren Kampfe ritterlich möge streiten und endlich mit Ehren und Freuden triumphiren.

Drewes. Su daar hefst du noch eenen up diener Rosenflabben Gesundheit.

Beneke. Und dat is von Jappup Schnapup. (Sie schlagen lustig fort).

(Junker Reinhart und Rosemund gutken hervor, lachen, daß sie schütteln, schlagen für Freuden in die Hände und ruffen den Bauren zu, daß sie nur immer frisch auff den närrischen Schäfer schlagen sollen; die vermummeten Schafe springen auch recht auff die Schenkel, und jagen nebenst den Bauren und Bullerbrok den armen Sausewind auff der Schaubühne herum, stossen und schlagen ihn von einem zum andern, biß er letzlich hinein läuffet, und die andern alle ebenmähßig sich verlieren, womit auch diß andere Zwischenspiel wird beschlossen. Sie wird abermal ein lustiges Stükk gespielet und gesungen).

Des Friedejauchzenden Teutschlandes
Dritte und letzte Handlung,
und zwar, desselben
Erster Auffzug.

(Teutschland, Wolraht, darnach komt Waremund; und nachdeme sich diese drey mit einander unterredet haben, öffnet sich der innere Schanplatz, woselbst zu sehen der Römische Kayser in der Mitten, zu dessen Linken der König in Frankreich, und zur Rechten die Königinn in Schweden; hinter ihnen stehet der Friede, von welchem sie bekränzet werden; vor ihnen stehen die drey Engel oder singenden Knaben).

Teutschland. Was dünket dich wol, mein lieber, getreuer Wolraht, ist nicht unsere Tochter, die Prinzessinn Batavia, nunmehr auff den allerhöchsten Thron dieser zeitlichen Wolfahrt und weltlichen Glükseligkeit erhoben?

Wolraht. Ich kan nicht läugnen, großmächtigste Königinn, Batavia ist mehr denn glükselig, indeme sie dasjenige hat erhalten, wornach sie eine so geraume Zeit, ja fast gantzer achtzig Jahre mit unglaublicher Mühe, unaußsprechlicher Gefahr und den allerschweresten Kosten, von einer fast übermenschlichen Tapferkeit begleitet, hat gestrebet und gerungen.

Teutschland. Ja, Wolraht, wer hätte es immermehr gegläubet, daß sie, als ein zartes, unvermügliches Weibsbild, einen so mächtigen Monarchen, als der König Iberus ist, so lange Zeit die Waage solte gehalten und, vermittelst göttlichen Beistandes und Segens, in sothane vollenkomene Freyheit sich gesetzet haben?

Wolraht. Gewißlich, Durchleuchtigste Königinn, ich halte dieses für ein sonderbares Werk Gottes. Menschliche Vernunft und Rahtschläge haben der Prinzessinn Batavien den Frieden nicht wieder gebracht, sondern der Friede ist ihr von oben herab geschenket.

Teutschland. Daran zweifele ich im wenigsten, aber, aber, wenn wird der Herr vom Himmel auch mir gnädig seyn? Ach, ach, wenn wird er auch den allersüssesten Frieden zu mir kommen lassen? Ach Friede, Friede wie so lange! (Waremund gehet auff).

Wolraht. Eure Majestät betrübe sich nicht auff das Neue; sie ist ja in ihrem Hertzen und Gewissen genugsam versichert, daß, nachdeme sie ihr Unrecht von gantzer Seelen hat bereuet, den viel gütigen Gott um seine Gnade und Barmhertzigkeit demühtiglich angeruffen, und ihme alle mögliche Besserung ihres Lebens und Wandels hat versprochen, daß sie den vielbegehrten Frieden nun bald mit Freuden wieder erlangen und bey sich haben werde.

Waremund. Glük und Friede wünschet Eurer Königlichen Majestät auß dem innersten Grunde seines Hertzens, deroselben unterthänigster Diener Waremund.

Teutschland. Ja, Waremund, eben der Friede ist's, den ich gleich itzt, wie ich schon viel liebe Jahre für diesem gethan, ebenmäßig in dem innersten Grunde meines Hertzens wünsche und verlange.

Waremund. Großmächtigste Königinn, Eure Majestät glauben sicherlich, daß die unermäßliche Barmhertzigkeit Gottes deroselben Wunsch viel ehender wird erfüllen, als sie selber mag gedenken oder glauben.

Wolraht. Eben das, ehrwürdiger Herr Bruder, habe ich Ihrer Majestät kurz zuvor unterthänigst zu verstehende gegeben.

Teutschland. Es ist war, ihr meine lieben Getreuen, man hat mich schon etliche Jahre auff die Wiederkunft des abgewichenen Frie=

dens mit vielen scheinbaren Worten vertröstet, je länger ich aber darauff hoffe, je schwerer wird mir der Glaube in meinem Hertzen; jedoch wil ich den Muht nicht gar verloren geben, der Gott des Friedens wird seine wehrte Tochter zu mir, seiner elenden und verlassenen Magd wiederum kommen lassen; dessen wil ich mich gäntzlich versichert halten.

Waremund. Durchleuchtigste Königinn, daß Gott unser liebreichster Vatter sey, der die Hoffnung seiner Gläubigen nimmermehr lässet zu Schanden werden, daran wollen wir gantz und gar nicht zweifeln; dieser Tag wird solches Eurer Majestät kund und offenbar machen; dieser Tag wird die Gütigkeit des Höhesten verkündigen; ja dieser Tag wird eben derjenige seyn, nach welchem so viel hundert tausend Seelen ängstlich geseufftzet und daran sie die Wiederkunfft des alleredelsten Friedens so hertzgründlich verlanget haben.

Teutschland. Was sagst du, Waremund? Solte dieser der langerwünschete Tag seyn, daran Teutschland aufs Neue gleichsam geboren und in seine süsse Ruhe wiederum solte gesetzet werden?

Waremund. Eure Majestät glaube es nur festiglich, daß eben an diesem Tage der theure Friede den allerunüberwindlichsten römischen Kayser, mit den beyden großmächtigsten Kronen, Frankreich und Schweden, dergestalt hat vereiniget, daß Teutschland nunmehr Gott, seinem Erlöser, von Grund des Hertzens danken, desselbigen unaußsprechliche Güte rühmen, und sich von gantzer Seele darüber mag erfreuen.

(Hie wird der innere Schauplatz geöffnet. Da stehet der römische Kayser in grosser Pracht und Herrlichkeit, zu seiner Linken der junge König in Frankreich, zu seiner Rechten die Königinn von Schweden; für einen jedweden stehet ein Knabe oder ein schöner kleiner Engel, gantz weiß bekleidet und Oelzweige in den Händen tragend; hinter den dreyen Potentaten stehet der Friede auff einem etwas erhabenen Stuhle, der setzet ihnen Lorbeer=Kräntze auff; hierbei müssen gar viel Fackeln oder Lichter brennen, daß alles sehr hellleuchtend anzusehen sey. Indeme nun der Friede also beschäftigt ist, allerhöchst und höchstgedachte Potentaten [die sich untereinander gar freundlich ansehen] zu bekräntzen, muß nachfolgendes Lied freudigst gesungen werden:)

Freuden=Lied,

(welches bei Wiederbringung des längsterwünscheten Friedens gar anmuhtig wird gespielet und gesungen).

1.

Lachet ihr Himmel, und tantzet ihr Sterne,
Seufftzen und Klagen und Weinen sey ferne;
Springet ihr Wälder und Felder für Freuden,
Einigkeit lebet,
Einigkeit schwebet,
Zanken und Kriegen und Morden muß scheiden.

2.

Teutschland erhebe von Neuem die Sinnen;
Mavors und Wütherich eilen von hinnen;
Schaue den Frieden mit Freuden ankommen,
  Welcher drei Kronen
  Jetzt will belohnen,
Weil sie von Einigkeit sind eingenommen.

3.

Ferdinand, Ferdinand hat sich ergeben,
Künftig in lieblicher Ruhe zu leben,
Ludewig hat sich zum Frieden gelenket,
  Sehet die kühne
  Heldinn Christine,
Wie sie den Frieden mit Kränzen beschenket.

4.

Himmel und Wasser, und Flammen und Erde,
Zeigen der Teutschen viel Freuden-Geberde,
Weil nun drey Kronen sind gütlich entschieden,
  Jauchzet und singet,
  Spielet und springet,
Preißet Gott ewiglich, Teutschland hat Frieden!

(Hierauff ruffet der Knabe, der für dem römischen Kayser stehet, seinen Oel-zweig in die Höhe hebend, mit lauter Stimme also:

  Daß du befriedigt wirst, O Teutsches Vatterland,
  Das danke Gott allein und Kayser Ferdinand!

(Der andere Knabe für dem Könige in Franckreich stehend, ruffet also:)

  Der tapfre Ludewig und sein gewaltigs Reich,
  O Teutschland, wünschen dir viel Ehr und Gut zugleich!

(Der dritte Knab für der Königinn in Schweden stehend, rufft also:)

  Großmühtigste Christin, du hast den Krieges-Orden
  Quitiret, und bist nun die Pallas selber worden!

(Hierauff gibt der Friede dem römischen Kayser, dem Könige aus Franckreich, und der Königinn in Schweden, einem Jedweden einen gülbenen Pokal in die Hand, welches bedeuten sol den Becher der Vergessenheit; und indeme sie selbige also halten, singen die drey Engel folgende drey Sätze:)

Lied der drey Engel,

(welches gantz freudig wird gesungen, wenn die drey gewaltigen Potentaten den Becher der Vergessenheit austrinken).

1.

  Nim großer Ferdinand,
  Diß neue Friedenspfand,
  Das hebet auff den langen Streit;
  Ey trink, O theurer Held,
  Hie wird dir zugestellt
  Der Becher der Vergessenheit.

2.

Nim tapfrer Ludowig,
Was dir jetzt auff den Krieg
Der wunderschöne Fried' andeut:
Hie ist der Krieges Strauß,
Trink jetzt mit Freuden auß
Den Becher der Vergessenheit.

3.

Nim muhtigste Christin
Auff diesen Kriegs-Termin,
Was dir jetzt bringt die Friedens Zeit;
Versicherung der Ruh',
Heldinne, trink im Nuh
Den Becher der Vergessenheit.

(Hierauff setzen alle drey Potentaten zugleich an, und indeme sie trinken, wird unversehens mit Trompetten starck geblasen, und mit Paucken darein geschlagen; inmittelst kommen die drey Engel auff den äusersten Spielplatz, machen eine tiefe Reverenz, und führen unter dem frölichen Blasen und Paukenschlagen Teutschland mit Waremund und Wolraht hinein, worauff der Spielplatz alsobald sich schliesset, und die Spielleute auffhören zu blasen).

Der Dritten Handlung
Anderer Auffzug.

(Mars gehet auff mit Staatsmann und dem Fräulein Mißtrauen; als sich diese drey etwas unterredet haben, hören sie einen Kriegeslärmen, worauff Sultan Osmann, als ein flüchtiger und überwundener komt gelauffen, erzehlet seine von den Venetianern erlittene Niederlage; bald darauff, als sich noch ein neuer Kriegeslärmen lässet hören, komt der Tartar Cham gleichfalls verwundet und mit zerbrochenen Waffen, beklaget ebenmäßig sein erlittenes Unglük; als sie aber den Namen Friede hören ausschreien, lauffen sie alle plötzlich davon).

Mars. Ey, was unerwartete böse Zeitung hast du, O Staatsmann, mir auff dieses mal anhero gebracht! Ist es denn nicht müglich, daß wir mit so vielen wolgefaßten Anschlägen meine allerärgste Feindinn, den kriegverderbenden Frieden könen zurücke halten?

Staatsmann. Ich weiß nicht, allertapferster Mars, was doch für unglückselige Sterne in diesem Jahre mügen regieren, daß ich so gantz und gar mit meinen sonst wol, ja treflich gefasseten Anschlägen fast nirgends kan durchbringen. Ich habe ja alles gethan, was einem vernünftigen und wolversuchten Staatsmann zu thun menschlich und müglich gewesen; doch kan ich die versamleten teutschen Stände, von deme nunmehr einhellig beliebten Friedenschlusse nicht abwendig machen.

Frau Mißtrauen. Und wie hoch und sehr ich Unglükselige mich bemühet, durch Eiffer, Argwohn und Mißtrauen mehrgedachte Fürsten, Stände und Interessenten zu trennen, ja alles dahin zu richten, daß sie einander rechtschaffen wieder in die Haare greiffen, und den Krieg gleichsam auff's Neue wiederum anfangen möchten, davon wird mein getreuester Freund, der Herr Staatsmann, sattsame Nach= richt geben könen.

Staatsmann. Ja, großmächtigster Mars, es hat Fräulein Diffidence weder an ihrem Fleisse, noch an ihrer Treue das allerge= ringste nicht lassen erwinden; wir haben beiderseits gethan, was uns zu thun menschlich und müglich gewesen, gestalt solches unsere Schul= digkeit und geleistetes Versprechen auch erfordert; dieweil aber bey die= sem grossen Werke der Juchßbalg gantz und gar nichts helffen wollen, als wil hoch von Nöthen seyn, daß wir uns hinfüro der Löwenhaut gebrauchen, wozu die unvergleichliche Tapferkeit des allergewaltigsten Mars wol Mittel wird zu finden wissen.

Mars (halbrasend:) O ihr höllischen Jurien, verlasset nun das finstere Reich eures Abgrundes, und eilet mit grossem Grimm herauff, euerem allergetreuesten Bruder und Diener in seinen höchsten Nöthen Beistand zu leisten. Kommet doch, O kommet alle ihr Rachgeister, und helffet mir Himmel und Erde bewegen! O, könte ich doch jetzt die Sonne vom Firmament, und die Sterne vom Himmel reissen! O, könte ich den gantzen Erdboden mit dem brausenden Meere bedekken! O, könte ich alle grossen Städte und Schlösser im Feuer und Rauch lassen auffliegen! O, könte ich doch alle Teutsche in ihrem eigenen Blute ersäuffen! O, könte ich die Elemente gantz und gar durcheinan= der mischen! O, könte ich Hagel, Blitz, Feuer, Donner, Kiesel, Sturm und Erdbeben erwekken! Alles, alles, alles, O Teutschland, wolte ich über dich und deine Kinder lassen kommen; allen meinen Grimm, Zorn, Eiffer und Rachgier wolte ich über dich ausgiessen; ja, ich wolte der= gestalt in dir rumoren und toben, daß die Fremdlinge innerhalb Jah= resfrist mit höchstem Fleisse solten nachfragen: An welchem Orte ist doch neulich das prächtige Teutschland gestanden?

Staatsmann. Allertapferster Mars, wir müssen ein Hertz

laſſen, und unſere Courage auch in den äuſerſten Nöhten und desparateſten Dingen ſehen laſſen; wer weiß noch, was der Sultan Oſmann, imgleichen der Tartar Cham für Glük haben, und ob ſie nicht durch ihre ungezweifelte Victorien unſern Krieg in Teutſchland erneuern, ja das zuwege bringen könen, was wir vielleicht niemalen dörffen hoffen.

Frau Mißtrauen. Eben das vermeine auch ich, denn ich mich eifferigſt habe bemühet, ſowol in der Kron Polen und deroſelben incorporirten Ländern, als auch der Venetianiſchen Republic den Saamen des Mißtrauens kläglichſter mahſſen auszuſtreuen, nicht zweiflend, daß derſelbe bald erwünſchete Früchte tragen, und uns zu unſerm Vorhaben treflich gute Beförderung an die Hand geben werde.

(Hie wird geſchoſſen, getrummlet und gelärmet).

Mars. Ich wil hoffen, das Glük werde uns und ihnen beiſtehen. Aber was ſolte das wol für ein neuer Lärm ſeyn? Mein Hertz ſpringet mir ja für Freuden, wenn ich ſolches Schieſſen, Fechten, Lärmenblaſen und Paukenſchlagen auch nur von ferne mag hören; dieſesmal aber weiß ich nicht, wie mir zu muhte iſt.

(Hie komt der Sultan Oſmann oder der Türk in groſſer Eil gelauffen, der Rok iſt ihme vom Leibe geriſſen, das Hemd mit Blut beſprützet, der Säbel zerbrochen; er rennet auff dem Schauplatze als ein Unſinniger herum, ruffet und ſchreiet mit erſchrekklicher Stimme:)

Oſmann. O wehe mir, wehe mir! O Machomet, du groſſer Prophet, wie magſt du doch deinen getreueſten Diener und Unterthanen ſo gar laſſen zu ſchanden werden! O Mars, du gewaltigſter Ritter, haſt du mir denn zu dieſem male gar nichts könen helffen? Muß ich denn zu Waſſer und zu Lande unten liegen? Müſſen denn meine tapferen Türken ſo jämmerlich umme kommen und erſauffen? O wehe mir, wehe mir, wehe mir!

Mars (erſchrikkt hefftig, ſchläget die Hände über dem Kopfe zuſammen, und ſchreiet überlaut:) Ach, Sultan Oſmann, mein allergetreueſter Freund und Bruder, was für ein groſſes Unglük iſt denn dir widerfahren? Biſt du geſchlagen? Haſt du müſſen unten liegen? Haſt du etwan das Feld oder die See räumen müſſen? Ach, ſag es mir, mein Bruder Oſmann, ſag es mir!

Oſmann. Großmächtigſter Mars, obwol deine Anweſenheit mir ein wenig Erleichterung mittheilet, ſo befinde ich mich dennoch in einer ſolchen Confusion und Beſtürzung, daß ich nicht weiß, was ich reden oder dir antworten sol. Ja, Mars, ich bin zu Wasser und zu Lande geschlagen; eine einzige Republic in der Christenheit, das einzige Venedig hemmet den Lauff aller meiner Victorien, und machet zu nichte alle meine treflichen Anschläge.

Mars. Das wil ich nimmermehr hoffen, mein Bruder Osmann! Ist denn die Macht der Venetianer so groß, daß du auch das kleine Königreich Candiam nicht völlig überwältigen, und deiner grossen Monarchi kanst unterthänig machen.

Osmann. Ja freylich ist diese Republic sehr mächtig, vielmehr aber tapfer und glükselig, am allermeisten klug und verständig; denn in Ansehung meiner unvergleichlichen Monarchi ist die Venetianische Macht gleichsam nur eine Hand voll Staubes; ihre Kriege aber führen sie mit grosser Vernunft, und haben sie auß allerhand Völkern und Nationen dermahssen kühne und beherzete Kriegesleute unter sich, sonderlich aber erweisen die Teutschen Soldaten, sowol die Gemeinen, als ihre Häubter und Officirer eine solche unglaubliche Mannhaftigkeit, daß meine Janitscharen und Spachi für ihnen nicht könen bestehen; in Summa, ich bin jämmerlich von ihnen zu Wasser und zu Lande geschlagen und in die Flucht getrieben!

Mars. Was sagst du, Osmann, halten sich die Teutschen auch in Venetianischen Diensten so mannhafft und tapfer? Ich vermeinete, daß sie nur in ihrem Vatterlande ihre großmühtige Kühnheit sehen liessen?

Osmann. Was die Teutschen Helden vermögen, habe ich in Belagerung der Festung Candia mit meinem höchsten Schaden allzuwol erfahren!

(Nun wird abermal geschossen, geruffen, Paufen geschlagen und Lärm geblasen, worüber sie sich auff's Neue entsetzen, und ruffet:)

Mars. Was, meinest du Bruder Osmann, solte uns wol dieser neue Tumult bedeuten? es ist vermuhtlig ein Lärm von grosser Importanz.

Osmann. Bei dem Mahomet, ich dörffte schier wetten, daß die hochmühtigen Venetianer abermal einen Sieg wider meine Leute erhalten.

(Hie komt der Tartar Cham jämmerlich verwundet und zerschlagen; sein Bogen und Pfeile sind gebrochen, er schreiet mit gräßlicher Stimme:)

Cham. O du verfluchtes, O du ungerechtes, O du grundböses, O du vermaledeites Glük, warum hast du doch den großmühtigsten Tartar Cham auff den höchsten Thron der Glükseligkeit steigen, ja, warum hast du ihn zu der Regierung eines so mächtigen Kayserthums

erheben laſſen, da du bedacht wareſt, ihn biß in die unterſte Hölle al=
ler Trübſalen und Unglükſeligkeit zu ſtürtzen? (Er wirfft ſeinen zerbrochenen
Bogen und Pfeile mit groſſem Grimme zu Boden, und tritt ſie mit Füſſen). Hin=
weg, ihr meine nichtswürdigen Waffen, demnach ihr durch die Hertz=
hafftigkeit meiner Feinde zu meinem unaußlöſchlichem Schimpfe habet
müſſen zerbrochen werden.

Mars. O grauſamer Himmel! O neidige Sterne! O unbarm=
hertzige Elemente! Habet ihr euch denn miteinander verbunden und
verſchworen, mich und meine allertapferſten Vaſallen und Kriegsleute
zu beſiegen, ja gantz und gar unter die Füſſe zu treten? Ey, du vor=
mals braver und unüberwindlicher Tartar Cham, wer hat dich ſo ge=
fährlich verwundet?

Cham. Was magſt du noch viel fragen, O kühner Mars, wer
mich dermaſſen übel habe zugerichtet und ſchier biß auff den Tod ver=
letzet? Meine Feinde, die übermühtigen Polen mit ihrem gewaltigen
Kriegsheere haben mich und meine Tartaren trotziglich auß dem Felde
gejagt, und über allen menſchlichen Glauben treflich beſieget.

Osmann. O mein Bruder Cham, hat denn das Unglük dich ja
ſo hart als mich Trübſeligen getroffen? Ich verhoffte neben dir, un=
ſerm höchſtgeehrten Oberhaubte, dem allerunüberwindlichſten Mars, zu
unterthänigſten Ehren und Gefallen, auch zu unſerem ſelbſt eigenen
Vortheile und Gewinne bald in Teutſchland zu rükken, und ſelbiges
biß auff den Grund zu verheeren und zu verderben, ſo müſſen wir,
ehe und bevor wir noch einmal den Anfang hierzu gemachet haben, ſo
ſchändlich geſchlagen und überwunden werden. O, der unglükſeligen
Zeiten!

Cham. Ja wol, in Teutſchland zu rükken! Ja wol, daſſelbe zu
verheeren und zu verzehren! Eben die Teutſchen haben mir zu dieſem
male den allergröſſeſten Schaden zugefüget. Eben die Teutſchen haben
mich und die meinigen in unſerer eigenen Wagenburg belägert; eben
die Teutſchen haben uns beſieget und überwunden. O, gedenke doch
ja bei leibe keiner Teutſchen; denn, wenn ich nur die Teutſchen höre
nennen, weiß ich für Angſt und Verzweifelung ſchier nicht zu bleiben.

Mars. Das iſt mir wol eine erbärmliche Sache anzuhören.
Müſſen denn die Teutſchen aller Orten den Meiſter ſpielen? Was
wird nun endlich daraus werden? Ich verhoffte durch unterſchiedliche
Mittel das halßſtarrige Teutſchland zu bezwingen, und ſihe, der Friede
nähert ſich ſchon, mich und meine getreueſten Diener gäntzlich daraus

zu vertreiben; ja, die Teutschen lassen ihre Tapferkeit auch noch in der Fremde spüren!

Osmann. Was sagst du, großmächtigster Mars? Wird es in Teutschland Friede werden? Das wil ich nimmermehr hoffen?

Cham (erschrikkt). Solte es wol müglich seyn, Osmann, daß der Friede in Teutschland ankäme? Wil Mars dieses selber glauben?

Mars. Ja, meine liebe Getreue, mit äußerstem meinem Hertzeleid habe ich gleich itzt dasselbe von gegenwärtigem Staatsmanne, wie auch Madame Diffidence müssen vernehmen. Ich bin schier rasend über dieser Zeitung worden, dieweil ich so gar keine Mittel sehe, wie ich den verfluchten Frieden auffhalten oder hintertreiben köne.

(Hie wird in der Scena vielmalen von unterschiedenen Personen: Friede, Friede, Friede, Friede, gar laut, gleichsam mit Jauchzen und in die Hände klopfen geschrieen, darüber erschrekken sie alle gar hefftig, und spricht:)

Osmann. Was bedeutet das ungewöhnliche Geschrei, großmächtigster Mars?

Mars. Ach, Ach, der Friede wird gar nahe seyn, er wird schon öffentlich außgeruffen. Wohin sollen wir uns doch nun verkriechen? Ich fürchte mich ärger für dem Frieden als für dem leibhafften Teuffel. Ach, höret, sie verkündigen abermal Friede.

Cham. Wie denn Mars, wil uns der Friede so plötzlich verjagen!

Mars. Ja freylich wird er uns zwingen, daß wir das Reißauß müssen nehmen. O Staatsmann, O Diffidence, wie wil es nun werden?

Staatsmann. Die Noht hat kein Gesetze; wir müssen von hinnen fliehen?

Mißtrauen. Ich traue keinem Frieden, wer lauffen kan, der lauff!

Mars. O ihr meine allerliebsten Freunde, so lasset uns doch miteinander fliehen, daß wir entweder zusammen erhalten werden oder auch zugleich sterben und verderben.

(Mars läufft vor, die andern folgen ihm, und fliehen also geschwinde vom Platze).

Der Dritten Handlung
Dritter Auffzug.

(Geistlicher, Weltlicher, Burger, kommen alle Drey zugleich herauß, sind frölich und gutes Muhtes, gehen auch gar schön bekleidet. Sie treiben den Wühterich an eine grosse, eiserne Kette geschmiedet, für sich her, singen ein Loblied wegen ihrer Erlösung. Wühterich brüllet sehr, welches, nachdeme es Mars erhöret, wil er ihn wieder ledig machen; aber der Friede komt dazu, und läßt den Mars durch Junker Reinhart zu dem Wühterich in die Ketten schliessen; darauff tritt der Friede ab; Junker Reinhart folget ihr mit den dreien Gefangenen; die drei Leute aber, Geistlicher, Weltlicher und Bürger singen abermal Gott ein Danklied).

Geistlicher (schlägt mit der Peitschen auff Wühterich und spricht:) Fort, fort, du ungeheure Bestie, fort, oder wir wollen dir Füsse machen.

Wühterich (brüllet schrecklich und antwortet:) Verflucht sey der Tag, daran ich geboren! Verflucht sey die Stunde, in der ich zum erstenmal das Licht dieser Welt habe angeschauet! Verflucht sey mein Vatter und Mutter, samt allen, die mir angehören!

Weltlicher. Was murrest du, Ungeheuer, noch viel? Was verfluchest du den Tag und die Stunde deiner Geburt? Verfluche und bereue vielmehr deine unmenschliche Boßheit, und lerne, daß, gleichwie wir unserer Untugenden halber in den verflossenen Jahren sehr hart sind gesteupet worden, auch du nun billig must leiden, was deine vermaledeite Thaten haben verdienet. (Er schlägt frisch auff ihn).

Wühterich. Blitz, Feuer, Hagel und Donner sol noch darein schlagen; komme ich nur einmal wieder aus meiner Gefangenschafft! Solte ich von euch ausgehungerten Buben und Schmachtbunden Schläge leiden, von euch nichtswürdigen Leuten, sage ich, welche ich so manches Jahr in Ketten und Banden rechtschaffen habe getribuliret und gepanzerfeget?

Bürger. Ja, Wühterich, du, du bist ein Bluthund, nicht wir; kanst du noch nicht ablassen zu fluchen und zu lästern? Du soltest dich ja billich für Gott schämen, wenn du dich für Menschen nicht scheuest; sihe da, (Er schlägt auff ihn los) habe dieses für deine Lästerung.

Geistlicher. Ihr lieben Freunde und Brüder, lasset dieses grausame Wunderthier nur immerhin murren. Er bleibet doch in unserer Gewalt, nachdeme er uns von dem allergütigsten Gott durch den edelsten Frieden, nach so lang erlittenen schweren und vielfältigen Trübsalen, in die Hände ist übergeben. Dieweil aber nunmehr unser Hertz frölich und wir in vorige Freiheit sind gesetzet worden, ey, so lasset uns ein Dankliedlein, Gott zu Ehren, diesem Wühterich aber und allen seinen Mithelffern zu Trotz, miteinander anstimmen, und mit Freuden also singen.

Danck=Lied
der drey Haubtstände in Teutschland.

(Als der Wühterich in ihre Gewalt gerathen und sie mit dem alleredelsten
Friede wiederum sind beseliget worden).

1.

Daß Wühterich, der arge Feind,
Des Friedens Gift und Mavors Freund,
   Die Priester muß in Ruhe lassen;
Daß sein von Rach' erfüllter Muht,
Mit Plagen, Morden, Raub und Blut,
   Die Diener Gottes nicht kan fassen;
Ja, daß wir geh'n auf sich'rer Bahn,
O Friede, das hast du gethan!

2.

Daß Wühterich der Fürsten Stand
Durch seine blutgefüllte Hand
   Nicht gänzlich kan zu Boden schlagen,
Daß er nach frevler Mörder Pflicht
Den ganzen Teutschen Adel nicht
   Erbärmlich kan zum Land außjagen
Und bleiben Meister auff dem Plan,
O Friede, das hast du gethan!

3.

Daß Wühterich die Bürgerschafft,
Und Ackersleut hinfort in Hafft
   An schweren Ketten nicht darff führen;
Daß er den armen Handwercksmann
Nicht auff den Grund verderben kan
   Und Tag für Tag tyrannisiren
Als ehmals in der Kriegesbahn,
O Friede, das hast du gethan!

4.

D'rauff peitschen wir an diesem Ort,
O Wühterich, dich immer fort,
   Und achten nichts dein greulich's Brüllen.
Nun Himmel, dir sey Preiß und Danck,
Daß du vertrieben Krieg und Zanck;
   Ja, daß wir uns mit Ruh' erfüllen
Und wandlen itzt auff sich'rer Bahn,
O Friede, das hast du gethan!

Wühterich (brüllet hefftig). O, ihr meine abgesagten Feinde und
Verfolger, ob mir zwar mein muhtiges Hertz schier in tausendt Stükke
wil bärsten, daß ich von euch muß geschlagen und gepeitschet werden,

so finde ich mich doch hiedurch viel höher beleidigt, daß ich eure spitzi=
gen Schimpfworte und Stachelreden muß anhören. Ach! für rasendem
Eiffer speie ich bald meine unglükselige Seele mit meinem erhitzeten
Blute auß dem Leibe herauß. O Mars, du mein großmächtigster Pa=
tron, wie magst du mich doch zu diesemmale so jämmerlich in der äus=
sersten Noht stekken und von meinen eigenen Sclaven tribuliren lassen?

Weltlicher. Schreie du nur immerhin; dein Mars, der ver=
teuffelte Bluthund wird vielleicht schlafen, oder auch schon selber, wie
du, an Ketten fest liegen.

Wühterich. Das verhüte Lucifer, mein Abgott. O Mars,
kan ich denn deiner Hülsse und getreuen Beistandes so gar nicht theil=
hafft werden? (Er brüllet greulich).

Mars (komt mit grossem Grimm herausgelauffen und schreiet:) Ist das
nicht deine Stimme, mein getreuster Wühterich? Wie, sol ich dich in
Ketten und Banden finden? Bist du nun derjenigen elenden Hympler
Gefangener und Leibeigener geworden, die meine und deine Sclaven
so viele Jahre hero sind gewesen? Das ist mir ein unvermuhtlicher,
toller Handel!

Wühterich. O großmächtigster Mars, mein höchst geehrter Herr,
mein Patron und Gebieter, nun ist die rechte Zeit, mir zu helffen;
diese ist die Stunde, mich auß gegenwärtigen Ketten und Banden zu
erlösen; wie übel werde ich von diesen Teutschen geplagt; ich möchte
darüber gar von Sinnen kommen!

Mars (sehr zornig). Geschwinde ihr Hunde, löset mir diese Ketten
auff, womit ihr meinen getreuesten Diener habet gefesselt; seyd ver=
sichert, es sol euch diese Gewaltthätigkeit übel bekommen.

Geistlicher. Was trotzest du noch viel, du ohnmächtiger Mars?
Meinest du uns mit deinem Dräuen zu erschrekken? Es ist fürwar
dein Pochen nunmehr ganz und gar umsonst; deine Tribulierzeit ist
schon vorbei. Derjenige, welcher uns diesen verfluchten Wühterich in
unsere Gewalt übergeben, wird uns auch für deiner Tyranney gar
wol können schützen.

Weltlicher. Sihe da, das ist für dich, du Bluthund. (Schlägt ein
Kniplein).

Bürger. Und das ist für dich, du tyrannischer Mörder. (Schlägt
ein Kniplein).

(Mars und Wühterich brüllen wie die Löwen und ruffet endlich laut:)

Mars. Wer hindert mich, daß ich diese drey Verächter mit meinen Zähnen nicht zerreiſſe, und meine Fäuſte in ihrem Blute waſche?

Geiſtlicher. Das ſol, ob Gott wil, der Friede thun; ja, der edle Friede ſol dich daran verhindern. O Friede, Friede, Friede!

(Friede komt herauß mit ihrem Oelzweige in der Hand, Junker Reinhart folget ihr).

Friede (ſpricht:) Glük zu, meine allerliebſten Freunde! Wer hat gleich itzt ſo ſehnlich nach mir geruffen, wer wünſchet ſo hertzlich nach meiner Gegenwart?

Geiſtlicher. O du ſüſſer, O du lieber, O du himmliſcher Friede, wir, wir, begehren nichts ſo hoch, als dich, den edlen Frieden im Lande; ſchaue aber deinen abgeſagten Feind, den blutgierigen Mars, wie ſich derſelbe noch unterſtehen darff, ſein grimmiges Tigerthier, den Wüthterich, wiederum loß zu machen und auff freien Fuß zu ſtellen.

Friede (zum Mars). Was unterwindeſt du dich, du abgeſagter Feind des ganzen menſchlichen Geſchlechtes, du rechtes Kind der Höllen? Haſt du nebenſt deinem vermaledeiten Wüthterich mit dem Blute meiner armen Teutſchen dich noch nicht genug geſättiget? Bald wil ich dir was anderes zeigen.

Mars (erſchrikkt hefftig, läſſet ſein Schwerdt, wie auch den Helm vom Haubte fallen, und ſpricht mit zitternder Stimme:) O Friede, du Peſt meines Lebens, muß ich denn durch dich für aller Welt zu Schanden werden? Müſſen mir denn durch deine Anherokunfft alle meine Kräffte entgehen? Muß ich denn mein ſcharff ſchneidendes Schwerdt zu deinen Füſſen legen?

Friede. Ja freylich ſolſt und mußt du Bluthund, bey dieſer meiner frölichen Ankunft in Teutſchland weichen, und wenn ich auftrette, dich augenbliklich von hinnen pakken. Das wirſt du grober Menſchenwürger ja noch wol wiſſen, wenn du gleich ſonſt nicht gar viel verſteheſt, daß Krieg und Friede nicht zugleich an einem Orte tönen regieren und wohnen.

Mars. Ey Friede, es iſt mir gleichwol ernſtlich anbefohlen, daß ich in Teutſchland reſidiren und darin rechtſchaffen ſol wüthen und toben.

Friede. Und mir iſt es von dem allerhöheſten Gott anbefohlen, daß ich dich und deinen Wüthterich in die Eiſen ſchlagen, und aus allen Gränzen des längſt geplagten Teutſchlandes ſol verjagen; deßwegen befehle ich euch Herr Reinhart, daß ihr den Mars unverzagt angreiffet und zu dem Wüthterich in die Ketten ſchlieſſet; nur immer friſch daran!

Mars. Das wil ich ja nimmer hoffen, daß man mich, den allergrössesten Cavallier der Welt, dermahßen schimpflich, ja graussamlich werde tractiren.

Friede. Cavallier hin, Cavallier her, da wil nunmehr nichts zu helffen; geschwinde gib dich gefangen, oder ich lasse dich wie einen Hund danieder stossen. Wie, Mars, verstehest du deine eigene Rede nicht mehr?

Mars. O wehe mir! wehe mir! wehe mir!

Wühterich. O wehe uns beiden in alle ewige Ewigkeit!

Junker Reinhart. Was schreiet ihr Bluthunde noch viel. Ich wil euch bald so wehen, daß euch die Ribben im Leibe sollen krachen.

(Er wirfft dem Mars den andern Theil der Ketten um den Leib und schliesset ihn fest, der Friede nimt des Mars Schwerdt zu sich, Mars und Wühterich heulen und brüllen grausamlich, und stellen sich sehr ungeberdig).

Friede. Nun, ihr meine lieben Teutschen, da sehet ihr nun eure beiden abgesagten Feinde und Verfolger, den Mars und Wühterich für euch in Ketten und Banden; ergreiffet nun eure Peitschen und schlaget tapfer auff sie zu, gleichwie sie euch schon gantzer dreißig Jahre hero gethan haben. Du aber, mein Reinhart, führe mir diese Gefangenen hinein, auff daß ich sie dem Friedejauchzenden Teutschlande darstellen, und diese grosse Königinn höchlich dadurch müge erfreuen. Ihr inmittels meine lieben Teutschen, lobet und preißet den grossen Gott vom Himmel, der eure Feinde gedämpfet, und euch mit meiner Gegenwart so herlich hat beseliget. (Der Friede gehet ab).

(Die drey Teutsche, wie auch Junker Reinhart, peitschen tapfer auff den Mars und Wühterich, biß sie zuletzt von Junker Reinhart werden hinein gestossen, und die drey Stände singen, auff ihren Knieen liegend, folgendes Loblied:)

Loblied
der drey Teutschen Haubtstände,

(in welchem sie Gott, ihren Erlöser, von gantzem Hertzen preißen, als der blutdürstige Mars in die Eisen ist gethan).

1.

Nun lasset uns alle
Mit frölichem Schalle,
Mit lieblichen Weisen
Den mächtigen Gott
Nach seinem Gebot,
Indem er uns Frieden ertheilet hat, preißen.

2.

Frolocket mit Händen
An Orten und Enden,
Wo Teutsche zu finden!
   Der Fried', unser Schatz,
   Beherrschet den Platz,
Ja Friede kan Mars und den Wühterich binden.

3.

Wir sehen mit Freuden
Die Krieger abscheiden,
Wir haben erlebet
   Das fröliche Jahr,
   Das alle Gefahr
Vertreibet und unsere Teutschen erhebet.

4.

Wir wollen dich loben,
O Vatter dort oben,
Daß du hast bescheeret
   Nun wiederum Ruh',
   Und gibest dazu
Fast alles, was unsere Seele begehret.

5.

In friedlichen Schranken,
Mit Rühmen und Danken,
Mit himmlischen Weisen,
   Dich mächtigen Gott
   Nach deinem Gebot
Erscheinen wir alle, dich ewig zu preißen.

(Hiemit gehen sie ab, und wird ein wenig musicirt).

Der Dritten Handlung
Vierdter Auffzug.

Teutschland, Waremund, Wolraht, Degenwehrt.

Teutschland (gehet auff gar prächtig und viel anders als vormals bekleidet; träget eine köstliche Kron und Scepter. Ihr folgen Waremund, Wolraht, Degenwehrt, alle drey gantz herlich angethan; indeme sie auftretten, wird mit

Pauken und Trompetten darzu gespielet und gejauchzet. Teutſchland ſetzet ſich auff
einen ſchön gezierten, königlichen Thron, und ſpricht:)

Glükſelig ſey das Jahr, glükſeliger ſey der Tag, am allerglükſelig=
ſten aber ſey die Stunde, in welcher der, von ſo viel hundert tauſend
hochbetrübten Seelen längſtgewünſchte Friedensſchluß iſt getroffen, und
die allergröſſeſten Monarchen von gantz Europa ſo freundlich, lieblich
und brüderlich miteinander ſind vereinigt worden.

Waremund. Ja freylich, allergnädigſte Königinn, iſt eben dieſe
Stunde von dem gütigen Himmel ſelber geſegnet, in welcher das
Seuffzen der Armen und Elenden von der göttlichen Barmhertzigkeit
iſt erhöret, und der grauſame Mars bezwungen, ja gar in Ketten ge=
ſchloſſen. O, möchten doch alle Haare unſers Haubtes Zungen ſeyn,
daß wir die unaußſprechliche Güte Gottes zur Genüge loben, und ſeine
unvergleichliche Freundlichkeit ſchuldigſter maßſſen rühmen und preißen
könten!

Wolraht. Nicht zweifele ich, großmächtigſte Königinn, Eure
Majeſtät werden für dieſe hohen und unverdienten Gutthaten nicht
nur, was ihre Perſon betrifft, Gott, dem himmliſchen Friedens=Vatter,
Lob und Dank opfern, ſondern auch ihre ſämtlichen Unterthanen mit
allem Ernſte, fürnemlich aber durch ihr erbaulichs Exempel dahin hal=
ten, daß ſie von gantzem Hertzen, von gantzem Gemüthe, und von al=
len Kräfften, den groſſen Gott vom Himmel preißen, der ihnen den
theureſten Schatz von allen irdiſchen Dingen, den güldenen Frieden,
gantz unverhoffter Weiſe wieder gegeben.

Teutſchland. Gar recht, ihr meine lieben Getreuen, gar recht,
erinnert ihr uns unſerer Schuldigkeit. Aber, wie könen wir doch den
Herren vergelten alle Güte und Treue, die er uns Unwürdigen hat
erwieſen? Damit wir aber gleichwol zum Anfange nur etwas weniges
thun, ſo laſſet durch alle meine Länder und Provinzen den herlichen
Lobgeſang des königlichen Propheten ausſchreien: Danket dem Herrn,
denn er iſt freundlich, und ſeine Güte währet ewiglich!

Degenwehrt. O, der gottſeligen Gedanken! O, der rühmlichen
Andacht! O, des heiligen Befehls! Unmüglich iſt es, allergnädigſte
Königinn, daß der Geiſt Gottes Euer Majeſtät Hertz und Sinn nicht
ſolte regieren und führen! Dieſes Opfer unſerer Lippen, das auß ei=
nem bußfertigen, gläubigen und dantbaren Hertzen herrühret, wird
Gott tauſendmal beſſer gefallen, als alle Scheinheiligkeit der doppel=

hertzigen Heuchler, welcher Hoffnung wie Wasser muß zerfliessen, ja wie die Spinnwebe vernichtet und zu Schanden werden.

Waremund. Gar wol wird dieses geredet, mein Herr Degenwehrt, aber noch viel besser wird es gethan seyn, wenn wir unsere Dankbarkeit wegen Verleihung des unschätzbaren Friedens mit einem neuen Wandel und christlichem, Gott wohlgefälligen Leben, öffentlich erweisen und darthun.

Degenwehrt. Wol, ehrwürdiger Herr Waremund, eben dahin ziele ich; ich habe durchauß kein anderes Absehen als dieses, und damit ich die Probe an mir selber leiste, so wil nicht allein ich, für meine Person, den unchristlichen Krieg von gantzem Hertzen verfluchen, sondern auch alle mir untergebenen Obristen und Haubtleute mit höhestem Fleisse ermahnen und dahin halten, daß sie hinfüro ja nimmermehr gegen ihre eigenen Brüder und Mitchristen, noch viel weniger gegen ihr liebes und wehrtes Vatterland (von welchem sie das Leben und den Nahmen haben), die Waffen sollen führen. Es ist leider, leider mehr denn allzuviel Christenblutes vergossen; nunmehr ist es sehr hohe Zeit, daß, dafern wir ja unsere mannhaften Gemühter, tapferen Hertzen und fertigen Fäuste wollen sehen lassen, wir uns gegen die Feinde des Nahmens Jesu wenden, dieselben durch gnädige Hülffe und Beistand unseres gekreutzigten Heilandes ritterlich bekriegen und besiegen, und durch unvergleichliche Heldenthaten unsre Häubter mit Lorbeerkräntzen bezieren; ja solche Ehrensäulen erwerben und auffrichten, welche biß in die graue Ewigkeit währen und bestehen könen.

Teutschland. Mein Degenwehrt, deine itztgeführte Rede lasse ich mir insonderheit wol gefallen; ich will zu Gott hoffen, meine Unterthanen werden nunmehr ein anders Leben zu führen mit iniglicher Begierde ihrer Hertzen anfangen, auch sonderlich diejenigen, welche bißhero den unrechtmäßigen Kriegen gefolget, ja mich, ihre eigene Mutter, auff das alleräußerste gemartert und geplaget haben, zu gantz anderen Gedanken kommen, sich künftig als ehrliche Soldaten verhalten, und da sie ja ihren Heldenmuht wollen sehen lassen, ihre Waffen nicht an ihren Mitbrüdern, den Christen, sondern an Türken, Tartaren und anderen Feinden des christlichen Nahmens probieren, sonderlich aber der hocherleuchteten Venetianischen Republic, (welche zu ihren unsterblichen Ehren schon so viele Jahre hero, mit einer unglaublichen Tapferkeit und standhafftem Gemühte, dem Türkischen Bluthunde den Kopf geboten), ihre ritterliche Dienste nicht versagen werden.

Wolraht. Ja, großmächtigste Königinn, das wäre wol der allerbeste, ehrlichste und zuträglichste Rath, welchen man den gewesenen Kriegesleuten bey diesen neuangehenden Friedenszeiten geben könte; denn, was haben ihnen doch bißhero die Soldaten für einen Nahmen lösen machen mit der grausamen Unsinnigkeit die Christen=Menschen umzubringen, Dörffer zu plündern, Städte in Brand zu stekken, Weiber und Jungfrauen gewaltthätiger Weise zu schänden? Nichts anders haben sie damit außgerichtet, als daß ihrer viele den Nahmen eines Diebes in den Nahmen eines muhtigen Soldaten, und den Nahmen eines Räubers, in den Nahmen eines tapfern Capitains haben verändert. Es ist fürwar hohe Zeit, daß, wenn sie ihren, durch die Waffen erworbenen Ruhm wollen verewigen, und den Ruhm christlicher, tapferer und lobwürdiger Obristen, Haubtleute und Soldaten erlangen und davon tragen, sie auff eine viel andere Art und Weise ihre Kriege bestellen.

Teutschland. Was ihr, meine lieben Getreuen, dieses Falles habet fürgebracht, solches erkenne ich alles recht und heise es wol geredet seyn; wir wollen das beste hoffen, und immittelst fleißig zu Gott ruffen, daß er die Gemühter dahin wolle lenken, daß sie vom Bößen ablassen, dem Guten nachjagen, und was ehrlich, löblich und christlich ist, vollbringen. Unterdessen hüpfet mein Hertz für Freuden, wenn ich an die brüderliche Vereinigung gedenke, welche zwischen den dreyen mächtigen Monarchen und gewaltigsten Potentaten der Christenheit (die mich alle drey für ihre Mutter erkennen, ich sie auch für meine allerliebsten Söhne und Töchter halte), in unserer Gegenwart mit so grosser Herrlichkeit ward getroffen und beschlossen, und saget mir doch, meine lieben Getreuen, hätte man auch in aller Welt etwas prächtigers, schöners und anmuhtigers sehen können, als den Großmächtigsten, Höchstverständigsten, Ansehnlichsten Ferdinand den Dritten; das zwar junge, aber sehr frische Heldenblut, Ludowig den Dreizehnten, und die fast übermenschliche und* allertapferste Heldinn Christina? In Ansehung dieser meiner großthätigen Kinder unvergleichlichen Vollenkommenheit konte ich für Freuden schier kein einziges Wort reden.

Waremund. Ich muß es bekennen, Allergroßmächtigste Königinn, daß, als ich diese Beschließung des so lang begehrten, und mit so übergrosser Mühe und Kosten gesuchten Friedens unter diesen dreyen Häubtern habe angeschauet, mir die Augen sind übergegangen. Auß der mahsse schön war es anzusehen, daß diese drey grossen Potentaten sich untereinander so freundlich an den Händen hatten gefasset, und so gar lieblich, ja recht brüderlich und schwesterlich anblikten. Ach! gedachte ich, wie fein und lieblich ist es, wenn so grosse Könige einträchtig bey einander wohnen!

Wolraht. Noch viel schöner aber war es anzusehen, daß der allerebleste Friede, hinter diesen gewaltigen Monarchen mit einem recht freudigen Angesichte stehend, dieselbige so herlich bekränzte, und gleichsam öffentlich damit bezeugete, daß nicht der langgeführte Krieg, sondern der wolgetroffene Friede sie zu rechten Siegesprachtenden Ueberwindern und unsterblichen, theuren Helden mache.

Degenwehrt. Aber, am allerschönsten war dieses anzusehen, daß allerhöchstgedachten dreyen Potentaten der Becher einer ewigen Vergessenheit ward dargeboten, welchen sie auch mit einer solchen Auffrichtigkeit und Vertrauligkeit (wie denn dasselbe auß ihren Geberden gar leicht war abzunehmen), mit einander haben außgetrunken, daß man nicht weniger Ursache hatte, über diese neue Verknüpfung der Kayserlichen und Königlichen Gemühter sich zu verwundern, als über ihre rühmliche Vereinigung zu erfreuen. (Junker Reinhart gehet auff, und treibet Mars nebenst Wühterich an Ketten gantz fest geschlossen für sich her).

Teutschland. Gar sein habet ihr mich alles dessen erinnert, ihr meine lieben getreuen Diener, was bei Beschließung des hochverlangten Friedens dazumal zwischen den dreyen Monarchen, meinen lieben Kindern, ist fürgegangen. Aber was wird uns da für eine Gesellschafft zugeführet?

Degenwehrt. Großmächtigste Königinn, es ist Junker Reinhart, der bringet den Bluthund Mars, nebenst desselbigen grausamen Diener Wühterich, in Ketten gar fest gebunden und geschlossen.

Teutschland. Wol mir und allen den Meinigen, daß wir den Tag haben erlebet, an welchem wir diese Werkzeuge des leidigen Satans, die uns so manches liebe Jahr dermahssen greulich haben zermartert und geplaget, daß keines Redners Zunge so fertig, die es könte außsprechen, noch keines Dichters Griffel so wol gespitzet, der es könte beschreiben, endlich in Fesseln und Ketten sehen. Nunmehr wil ich meine Lust an meinen Feinden haben, und mit Verwunderung schauen, wie es denselben auff ihren Kopf wird vergolten. O Gott, du bist ein gerechter Richter!

Junker Reinhart (machet eine gar tiefe Reverentz). Allerdurchleuchtigste, Großmächtigste Königinn, Allergnädigste Frau! Es lässet der nunmehr bestätigte und herannahende Friede, Eurer Majestät ihre unterthänigste gehorsamste Dienste durch mich, sihren allergeringsten Aufwarter anmelden, und übersendet deroselben diese beyden, Eurer Majestät abgesagte Feinde, nemlich den blutdürstigen Mars, nebenst dessen gewesenen Statthalter Wühterich; und zwar überschikkt sie diese Unmenschen zu dem Ende, daß Euere Majestät dieselbe mag annehmen, tractiren und abstrafen, wie es Euer Majestät gefällig, auch dieser beyden Gesellen zeit währenden Krieges begangene schöne Thaten erfordern.

Teutschland. Deine Ankunft ist uns sehr lieb, Junker Reinhart, sonderlich, dieweil du uns diese verzweifelte Buben anhero bringest; wir halten uns dieser und vieler anderer empfangenen unschätzbaren Gutthaten halber, dem Frieden dermahssen hoch verpflichtet, daß wir auch kaum absehen mögen, welcher gestalt wir uns dieser Schuld könen entledigen.

Mars. Ja leider, daß mich dieses grosse Unglük getroffen, denn nunmehr, Großmächtigste Königinn, erkenne ich mich für deinen Gefangenen.

Teutschland. Ja, du grausamer Menschenplager, ist Teutschland nun deine Großmächtigste Königinn, die du zuvor viel schnöder und jämmerlicher, als die elendeste Sclavinn hast gehalten? Ja Mars, du grausames Unthier, du bist es, der du nebenst deinem verfluchten Wühterich mich hast beraubet, verwundet, geschlagen, und dermahssen zugerichtet, daß es der Teuffel auß der Hölle nicht hätte ärger machen könen. (Mars und Wühterich fallen für Boßheit zur Erden, wühlen und toben, schreien und brüllen grausamlich, darauff spricht:)

Teutschland. Was schreiet und brüllet ihr ungeheuren Bestien noch viel? Wir befehlen dir ernstlich, Reinhart, daß, sobald sich diese beyden Höllhunde nur im geringsten etwas regen, ja auch nur ruffen, schreien oder brüllen, du ihnen alsobald mit Füssen auff die Hälße trettest, und nicht besser noch höflicher mit ihnen ümme gehst, als man mit einem rasenden Hunde zu thun pfleget; ich für meine Person werde sie hinfüro der Würdigkeit nicht achten, daß ich diesen blutdürstigen Tyrannen (welchen ich ernstlich abzustrafen bedacht bin), auch das geringste Wörtlein auff ihr Fürbringen antworte.

Junker Reinhart. Allergnädigste Königinn, Eurer Majestät ernstlichem Befehle sol mit höhestem Fleisse in schuldigster Unterthänigkeit von mir nachgelebet werden.

Der Dritten Handlung
Fünffter und Letzter Auffzug.

Friede, die drey Haubtstände Teutschlands, Waremund, Wolraht, Degenwehrt, Junker Reinhart, Mars, Wühterich.

(Hie tritt nun auff der Friede, auff das allerschönste geschmükket; für dem Friede gehen so viele kleine Engel oder Kinder her, alle in Weiß gekleidet und Oelzweige in den Händen, wie auch Lorbeerkränze auff den Häubtern tragend, so viel man solcher etwan kan haben: dem Friede folgen die drey Stände, als: Geistlicher, Weltlicher und Haußstand; die Kinder singen folgendes Lied:)

Triumpf=Lied
der Siegesprachtenden Kinder,

(welche den edelen Frieden nach Teutschland begleiten).

1.

Triumpf, Triumpf, der Mars ist fort;
Hiesüro wird nicht Raub, noch Mord
   Das Teutsche Volk tyrannisiren;
Nun können wir in Fried' und Ruh'
All' unser Leben bringen zu,
   Weil Niemand sol die Waffen rühren.
D'rauff bringen wir, O Teutsches Reich,
Dir Frieden und viel Heils zugleich.

2.

Triumpf, Triumpf, der Himmel lacht,
Daß Mars mit seiner strengen Macht
   Uns Teutsche nicht mehr kan bezwingen;
Die Donau, Weser, Elbe, Rhein,
Die jauchzen gleichsam insgemein,
   Daß ihnen wil ihr Wunsch gelingen;
Jetzt bringen wir, O Teutsches Reich,
Dir Frieden und viel Heils zugleich.

3.

Triumpf, Triumpf, die Gottes=Knecht',
Auch die das Schwerdt gebrauchen recht,
   Die klopfen frölich in die Hände;
Der Handwerks=, Kauff= und Ackersmann,
Die schauen diß mit Freuden an,
   Daß nun das Kriegen hat ein Ende.
Jetzt bringen wir, O Teutsches Reich,
Dir Frieden und viel Heils zugleich.

4.

Triumpf, Triumpf, der Neid ist tod;
Frau Mißgunst leidet grosse Noht;
Seht, Einigkeit muß oben schweben.
Jetzt weicht dem Frieden die Gefahr;
Die Fürsten samt der edlen Schaar,
Die wollen jetzt vertraulich leben.
D'rauff bringen wir, O Teutsches Reich,
Dir Frieden und viel Heils zugleich.

(Hierauff steiget Teutschland von ihrem Thron, gehet dem Frieden gantz freudig entgegen und umfähet denselben auff das lieblichste, dabey spricht:)

Teutschland. Du, mein allersüssester Friede, du wunderschöne Tochter des gütigen Himmels, meine einzige Freude, ja du kräfftiger Trost und Erquikkung aller Menschen auff Erden, daß du endlich, nachdeme ich dreißig gantzer Jahre wegen meiner schweren, vielfältigen Verbrechen und Mißhandlungen, von dir bin verlassen, dagegen von dem grimmigen Mars und seinem Wühterich erbärmlicher mahssen geplaget worden, nunmehr mich wieder heimsuchest, mit deinen schier unzählichen Schätzen und Gütern zu beschenken, dafür danke ich dem allergütigsten Vatter im Himmel auß dem innersten Grunde meines Hertzens, und wünsche von gantzer Seele, daß du hinfüro nimmermehr von mir weichen, sondern biß an den lieben jüngsten Tag bey mir und den meinigen beständig mügest verharren.

Allgemeiner Wunsch,

(welchen die triumpfirenden und singenden Kinder in einem einzigen Satze lassen erschallen, jedoch also, daß sie denselbigen wiederholen).

Amen, dieses werde war!
Friede schütz' uns immerdar,
Friede muß in Teutschland bleiben
Friede müsse Krieg und List,
Und was mehr uns schädlich ist,
Weit von unsren Gräntzen treiben.
Amen, Amen, das sey war,
Friede schütz' uns immerdar!

Friede. Gelobet sey Gott, und hochgepriessen sey der Herr Zebaoth, der mich, O großmächtigste Königinn, dir auß lauter Gnaden, und nicht um deiner Verdienste willen, hat wieder geschenket; der Allerhöheste verleihe dir ein solches Hertz, das stets wandle in seinen Geboten und Wegen, ja ihn mit solchem Eiffer fürchte, ehre und liebe, daß Teutschland nimmermehr meiner angenehmen Gegenwart möge beraubet werden.

(Hier singet der Chor der Kinder oder Engel abermal:)
  Amen, dieses werde war!
  Friede schütz' uns immerdar,
    ꝛc.   ꝛc.   ꝛc.

(Unterdessen führet Teutschland den Frieden an der Hand und setzet ihn neben sich auff den Thron; zur rechten Seiten desselben stehen Waremund, Wolraht, Degenwehrt; zur linken Seiten die drey Stände; für dem Thron die Engel oder Kinder; Mars aber und Wühterich liegen in einer Ecken und werden von Junker Reinhart, wenn sie sich ungeberdig anstellen, tapfer gepeitschet).

Teutschland. Merket auff, ihr meine Lieben, und höret die Worte eurer Königinn: Es erfordert die allerhöheste Rohtwendigkeit, daß in diesem, meinem neuen, ganz glükseligen Stande alles, was in unserem gantzen Teutschen Reiche befindlich, verbessert, geändert und in eine solche Ordnung gebracht werde, welche Gott im Himmel gefällig und den Menschen auff Erden nützlich, nöhtig und angenehm; derowegen ihr meine getreuen Rähte und Diener, Herr Waremund, Wolraht und Degenwehrt, eröffnet ein jedweder euer Bedenken, wie ihr vermeinet, daß hinfüro unser Teutsches Regiment recht und wol müge angestellet werden.

Waremund. Großmächtigste, Allergnädigste Königinn und Frau, ob zwar meine Schuldigkeit erfordert, Eurer Majestät gnädigstem Befehl allergehorsamst nachzukommen, so erkenne ich doch bey diesem hohen Werke meine Schwachheit und Unvermügen; gelanget deßwegen an Eure Majestät mein unterthänigstes Suchen, sie wollen Ihr gnädigst belieben lassen, den Frieden, als welcher vom Himmel kommen, und demnach keine andere als himmlische und hochnützliche Vorschläge kan geben, zu ersuchen, daß sie ihren hochweisesten Raht in dieser wichtigen Sachen ertheilen, und von Wiederanrichtung eines guten Regimentes ihre hochvernünftige Meinung eröffnen wolle, nicht zweiflend, daß dadurch alles auff einen gar guten Fuß werde gestellet werden.

Wolraht. Wenn ich, Durchleuchtigste Königinn, von diesem, meines vielgeliebten Mitrahtes, des Herrn Waremund's Bedenken, ein unparteiisches Urtheil solte fällen, so muß ich bekennen, daß es nicht allein wol gemeinet, sondern auch wol getroffen; wir werden keinen besseren noch klügeren Rahtgeber in dieser Welt, als eben den edlen und wehrten Frieden antreffen könen.

Degenwehrt. Und eben dieses, Großmächtigste Königinn, ist auch meine unvorgreifliche Meinung, daß uns der wehrte Friede am allerfüglichsten eine Form oder Muster kan fürschreiben, nach welchem das Teutsche Reich hinfühto müsse regieret und bey seinem Wolstande erhalten werden.

Teutschland. Wolan denn, ihr meine Lieben, dieweil dieser euer guter und wolgefasseter Rahtschluß auch mir treflich wolgefält, so wil ich, O allerebelster und mehrtester Friede, zum allerfreundlichsten dich ersuchet und gebeten haben, du wollest dir gefallen lassen, meinen, durch die langwierigen, von dem grausamen Mars und seinem grimmigen Wühterich geführten Kriege und verübete Tyranney, fast gar zerrütteten Zustand zu verbessern, und wiederum in eine richtige, zuvorderst aber meinen biß auff den Grund verderbeten Unterthanen zuträgliche Ordnung zu bringen.

Friede. Wie kan ich doch, Großmächtigste Königinn, auff so freundliches Begehren meines allerliebsten Teutschlandes, derselben etwas versagen? Ich wil zwar einen kurzen, aber doch verhoffentlich solchen Raht ertheilen, dessen, dafern ihm nur ernstlich wird nachgelebet, das gantze Teutsche Reich biß an der Welt Ende sich wird erfreuen könen. Und damit wir uns nicht gar zu lange auffhalten, so ist anfänglich hochnöhtig, daß diese beyden Bluthunde, nemlich Mars und sein Handlanger Wühterich, von dem Teutschen Boden hinweg geschaffet, und an desselben äussersten Gränzen mit gewaltigen Ketten und starken Fesseln an einen hohen Felsen werden geschlossen, daselbst auch solange angefesselt gehalten, biß die göttliche Gerechtigkeit sie wiederum loßgebe, und zu Bestrafung der übermachten menschlichen Untugenden sie auff's Neue in ein Land schikken, welches verdienet hat von ihnen beherrschet zu werden. Du aber, O großmächtigstes Teutschland, hüte dich ja auff das allerfleissigste, daß diese ungeheuren Bluthunde nicht um deinetwillen wiederum loßgelassen, und ihnen auff's Neue, dich zu tyrannisiren, von oben herab müge erlaubet werden. (Teutschland schläget die Hände in einander, sihet in die Höhe, und seufftzet). Und damit solches ohne Verzug müge geschehen, so befehlen wir dir Junker Reinhart, daß du ungesäumet den höllischen Schmied, Vulkan genannt, anhero lassest kommen, damit derselbe unserem ernstlichen Befehle zufolge, mehrbesagte beyde grimmige Wunderthiere auß Teutschland führe, und an die höhesten Felsen des unwegsamen Alpengebürges fest schliesse, ja, biß auff fernern Bescheid gar daselbst anschmiede.

(Junker Reinhart machet eine tiefe Reverenz und gehet ab; Waremund aber, Wolraht, Degenwehrt, die drey Teutschen Stände, wie auch alle Kinder oder Engel fallen zugleich nieder auff ihre Kniee, und singen folgenden Satz:)

Loblied.

(Dem edlen Frieden, wegen Ertheilung so guter und hochvernünftiger
Rahtschläge, zu Ehren gesungen).

Dieser Raht, der komt von Gott,
Lasset uns ihn höchlich preißen,
Und demselben ohne Spott
Ehre, Lieb und Dienst erweisen;
Teutschland, es ist alles gut,
Was der wehrte Friede thut!

(Junker Reinhart und Sausewind bringen den Vulkan in Gestalt eines hinkenden Schmiedes, mit einem schmutzigen Schurzfelle und grossen Hammer auff dem Nakken).

Friede. Vulkan, wir haben dich lassen anhero fordern, daß du diese beyden grimmigen Menschenfeinde, nemlich den blutdürstigen Mars und seinen Diener, den unmenschlichen Wühterich, mit Ketten und Fesseln gebunden biß über die äussersten Gränzen von Teutschland führen, und sie an einem gähen Felsen des allerhöchsten Alpengebürges fest sollest anschliessen, auch nicht eher wieder aufflösen oder frey lassen, biß es dir von der göttlichen Gerechtigkeit wird anbefohlen. Hiernach wisse dich zu richten.

Vulkan. Oho, Oho, das ist mir wol ein recht angenehmer Befehl; das ist mir fürwar ein recht gewünschtes Fressen. (Er spricht zum Mars:) Finde ich dich hie, du feiner Gesell? Komme nur immer her, du hast mir wol ehe ein feines paar Hörner auffgesetzet; was gilt's, ich wil dir die Daumenschrauben wieder auffsetzen (Er wirfft ihm noch eine Kette um den Halß und gibt ihm etliche gute Püffe).

Mars. O du lahmer, hinkender Dieb, muß ich den Tag noch endlich erleben, daß du mich auff's Neue fesselst und bindest; ja nebenst meinem Wühterich hinführest, uns zwischen unbewohnte, rauhe und grausame Felsen einzuschliessen? War es nicht genug, du stinkender Hornträger, daß du mich und deine schöne Venus in einem eisernen Gitter verschlossen und gefangen aller Welt zum Schauspiel hast dargestellet? O, könte ich mich doch grausamlichst an dir revengiren!

Vulkan. Ich wil dich wol revengiren, kriege ich dich erstlich in das Gebürge, du leichtfertiger Hurenschelm; die Zeit ist schon vorbei, da dir die schönen Frauen in deinen mörderischen Arm schliefen. Fort ihr Hunde, fort!

Friede. Mache nur nicht viel Wesens, Vulkan, mit diesen abgesagten Feinden des menschlichen Geschlechtes; immer fort mit ihnen, und das geschwinde!

Mars und Wütherich (brüllen greulich und schreien mit gräßlicher Stimme:) O Teutschland, Teutschland, Teutschland, sollen wir dich nun verlassen! O verfluchter Tag! O verfluchte Stunde! O verfluchter Friede! O verfluchter Vulkan! O verfluchte Ketten, alle unsere Feinde müssen verfluchet seyn ewiglich!

Vulkan. Ja, ihr verfluchten, leichtfertigen Schelme, ihr verfluchten Diebe, ihr verfluchten Bluthunde, bald wil ich euch an einen verfluchten Ort bringen, da ihr weder Brod noch Wasser werdet finden.

(Er stösset sie hinein mit grossem Zorn; darauff fallen die drey Teutschen Stände auff ihre Kniee und singen gar andächtig folgendes)

Dank-Lied zu Gott
der drey Teutschen Haubtstände,

(als der grausame Mars aus den Gräntzen Teutschlandes ward hinweggeführet).

Gelobt sey Gott in Ewigkeit,
Der uns so gnädig hat befreit!
Der unsre Feind hinweg getrieben,
Der woll' hinfüro Tag und Nacht,
Uns schützen für des Krieges Macht,
Und als sein eig'ne Kinder lieben.

Friede. Sehr wol ist dieses gethan, ihr meine lieben Teutschen, daß ihr, wegen glüklicher Verjagung des grimmigen Mars und seines grausamen Anhanges, dem allerhöhesten Gott von Hertzen Lob und Dank opfert; und dieweil nun Teutschland von dieser erschrecklichen Tyranney, Gottlob, glüklich ist befreiet, so erfordert es auch ferner die unumgängliche Nohtdurfft, daß der Gottesdienst auff das allerfleissigste wieder angerichtet, die Regierung des gantzen Landes klüglich bestellet, und, was zu Beschützung dieses grossen Reiches von nöhten in der Zeit herbei geschaffet, und solcher gestalt alles in eine gute, richtige, nützliche und liebliche Ordnung müge gebracht werden.

Teutschland. Allerwehrtester Friede, wenn es müglich wäre, daß ich mich selber mit allem demjenigen, so sich in meinem Vermügen befindet, dir gantz und gar zu eigen übergeben könte, würde es doch viel zu wenig seyn, auch nur den geringsten Theil deiner, mir erwiesenen Gutthaten dadurch abzustatten; ich überreiche dir aber dieses mein getreues Teutsches Hertz, und bitte freundlichst, du wollest es dir gefallen lassen, in diesem angefangenen Werke fort zu fahren, und was zu meiner Verbesserung höchstnöhtig, uns ferner zu vermelden.

Friede. Großmächtigstes Teutschland, daß die rechte Glükselig-

keit aller Herrschafften und Regimenter auff dem eintzigen Grunde der
waren Gottesfurcht bestehet, Gott gebe, was auch die verfluchten Machia=
vellisten dagegen plaudern, solches wird ein jedweder, der ein Kind
Gottes ist, und dermaleinst das Reich Gottes zu ererben gedenket,
nebenst mir bekennen müssen. Daß aber diese schönste Mutter aller
Tugenden, die Gottesfurcht, sage ich, durch das verdammliche Krieges=
wesen nunmehr fast gantz und gar aus deinen Ländern ist verbannet,
solches, wie ich es von Hertzen beklage, also suche ich billich alle Mit=
tel herfür, selbige Haubttugend wiederum deinen Teutschen Untertha=
nen zuzuführen. Zu diesem hohen Werke aber wird niemand besser
können gebrauchet werden, als dieser dein getreuer Diener Waremund,
denn, dieweil derselbe auß Gott ist, den Weg Gottes recht lehret, und
nach dem Exempel unseres Seligmachers die Warheit über alles liebet,
das Ansehen der Personen nichts achtet und nach Niemand fraget, so
wird er hinfüro solche Lehrer den Kirchen und Gemeinden fürstellen,
die das göttliche Wort lauter und rein, ohne menschliche Zusätze leh=
ren und predigen, die heiligen Sakramenta nach der Ordnung und
Einsetzung unseres Heilandes ihren Zuhöreren darreichen, nicht ablas=
sen, alle und jeden Menschen ernstlich zu ermahnen, die blöden und
erschrokkenen Menschen mit Verheissung göttlicher Gnade und Barm=
hertzigkeit auffzurichten, die bußfertigen Sünder zu trösten, die Ver=
stokkten und Halßstarrigen aber zu bedräuen, zu strafen, ja endlich gar
zu verbannen, benebenst diesem allen aber auch ein solches exemplari=
sches Leben zu führen, daß sie mit der That und Warheit ein recht=
schaffenes Fürbild der ihnen anbefohlenen Heerde können genennet wer=
den. Und demnach wir ein so grosses Vertrauen zu euch, Herr Ware=
mund, haben gesetzet, als wird euch hiemit die höchste Auffsicht über
alle Kirchen, Schulen und Gemeinen, und alle derselben Bischöffe,
Prediger, Kirchen= und Schuldiener auffgetragen und anbefohlen: schaf=
fet ab die Laster und befördert alle christlichen Tugenden, so seyd und
bleibet ihr ein rechter Waremund biß an der Welt Ende.

(Hierauff fallen Waremund, Wolraht, Degenwehrt, wie auch die drey
Stände, nebenst allen Kindern oder Engeln nieder auff ihre Kniee und wie=
derholen den schon zuvor gesungenen Satz:

Dieser Rahtt, der komt von Gott,
Lasset uns ihn höchlich preisen ꝛc. ꝛc.

Teutschland. O des heilsamen Rahtes! O des himmlischen Vor=
trages! Fahre doch fort, allerwehrtester Friede, uns ferner besser mah=
sen zu unterrichten.

Friede. Ja, großmächtigste Königinn! Nächst Bestellung des Gottesdienstes, Beruffung treu-fleissiger Prediger, und Anordnung aller nohtwendigen Kirchensachen, muß Teutschland auch das Regiment in weltlichen Sachen auff eine viel andere Art und Weise, wie leider bißhero geschehen, lassen führen. Hierin aber wird Niemand seinen Verstand, Fleiß und Auffrichtigkeit besser erweisen, als eben der vernünfftige Wolraht. Dieser wird die Höfe der Fürsten, ihre Kanzleien, Rahtstuben, Aempter, Vögteien und andere Bestallungen der Obrigkeiten mit solchen Leuten zu versorgen wissen, welche für allen Dingen Gott fürchten, denselben um Weißheit und Verstand, Raht und Hülffe anruffen, mit Wissen und Willen keinem Menschen Unrecht thun oder auch thun lassen, des Armen Recht nicht beugen, den Unschuldigen und Gerechten nicht verfolgen, keine Gaben noch Geschenke nehmen, die Frommen lieben, schützen und förderen, wider die Gottlosen aber und Friedensstörer das Schwerdt ihrer Gerechtigkeit lassen glänzen, die Bößen von ihnen hinweg thun, die Sünde, Schand und Laster ernstlich strafen, und schließlich so wol und recht auff Erden regieren, daß sie auch dermaleins mit Christo in der ewigen Seligkeit mügen herrschen. In solchem Vertrauen nun, vielgeliebter Wolraht, wird euch diese hohe Verrichtung auffgetragen, nicht zweiflend, daß ihr dem großmächtigsten Teutschland hinfüro wol rahten und diesen schönen Nahmen mit höhestem Ruhm und Ehren biß in eure Grube werdet führen und behalten.

(Hier fallen sie abermal alle miteinander auff ihre Kniee nieder und wiederholen gar freudig den schon zweimal gesungenen Satz:)

Dieser Raht, der komt von Gott,
Lasset uns ihn höchlich preißen ꝛc. ꝛc.

Friede. Nun, großmächtigstes Teutschlande, nachdeme auch die Bestellung des weltlichen Regiments in jetzt gehörtem Vorschlage dir etlicher mahssen fürgebildet worden, uns allen aber sehr wol bewußt ist, daß kein Königreich unter der Sonnen, welches nicht seine heimlichen und offenbaren Feinde habe, so muß auch nohtwendig auff den Schutz und die Beschirmung des Vatterlandes gedacht werden. Dieses aber wollen wir ohne Weitläufftigkeit gegenwärtigem, eurem getreuen Diener Degenwehrt befehlen, dieweil ich solche Eigenschafften an ihme befinde, welche an einem rechtschaffenen Krieges-Obristen werden erfordert. Mit seinem exemplarischen Wandel und Leben wird er auch andere, zum Schutze des Teutschlandes untergebene Obristen und Haubtleute unterrichten, daß sie für allen Dingen Gott, von deme aller Sieg und

Ueberwindung muß herrühren, hertzlich fürchten, ihrer hohen Obrigkeit getreu verbleiben, nicht Auffrührern oder Rebellen dienen, das Vatterland wider alle Feinde männlich schützen, gegen die groben Verbrecher ernstlich und strenge, gegen die wolverdienten und tapferen Soldaten aber sich mild, freundlich und gutthätig erweisen und endlich ihr Leben für Gottes Ehre und Lehre, wie auch ihrer Obrigkeit Wolfahrt und des Landes Erhaltung getrost und freudig auffsetzen, und durch solche Tugenden ein unsterbliches Lob erlangen. So sey euch nun, mein Degenwehrt, die hertzhaffte Beschirmung dieser grossen Königinn und aller ihrer Untersassen ernstlich anbefohlen; erzeiget euch in diesem Ampte dergestalt, daß ihr ein wehrter Degen, das ist, ein tapferer Held in aller Welt müget gerühmet, und euer Lob biß an die Sterne erhoben werden.

(Hier wird zum letztenmale wiederholet der schon etliche mal gesungene Satz:)
Dieser Mahl, der kommt von Gott,
Lasset uns ihn höchlich preißen ɾc. ɾc.

Friede. Zum Beschlusse, sehe ich noch zween Cavallier, welche gleichwol auch mit einem ihnen wolanstehenden Ampte müssen bedacht werden, und zwar, was Junker Reinhart betrifft, so gebe ich ihm hiemit seine Bestallung, daß er bey den Höfen der Teutschen Fürsten geheimer Teller=Raht seyn sol, dieweil ja viele grosse Herren werden gefunden, welche viel ehender eines Waremunden, Wolraht und Degenwehrtes, als eines Junker Reinharten könen entbehren; wird sich auch Herr Reinhart bey dieser Amptsbedienung sehr wol befinden; denn was die Tellerrahts=Bestallung vermag, wissen nur die, welche bey Hofe mit Fuchßpeltzen handlen, zum allerbesten (Junker Reinhart lachet in das Fäustchen und machet eine grosse Baselmanus). Monsieur Sausewind aber betreffend, demnach er so schöne Grillen und poetische Windmühlen im Kopfe hat, sol er hinfüro dieser Großmächtigsten Königinnen Teutschlandes bestalter Hofnarr seyn, und also ist auch er die Zeit seines Lebens treflich wol versorget, und kan er bey dieser Gelegenheit sich in alle Rosemunden, welche am gantzen Königlichen Hofe sind, nach seinem eigenen Gefallen verlieben, biß er endlich in einem Cavallier, Schäfer und Poeten in die Erde gestekket werde.

(Hie wird dem Sausewind, der sehr frölich ist und hertzlich über seine Bestallung lachet, eine Narrenkappe mit Schellen von Reinharten aufgesetzet).

Teutschland. O du alleredelster, O du allerwehrtester, O du allersüssester Friede, es ist mir unmüglich, mit Worten außzusprechen, was für eine unübertrefliche Vergnügung ich von deiner Anwesenheit und denen so klüglich, so nachdenklich, so gründlich ertheileten Vorschlägen und Bestellung, sowol Geist= als Weltlicher Regimenter bei mir empfinde. O ewig gepriesener, hochgesegneter Friedenstag, an welchem die Wolken Wein und Oel, Milch und Honig über die beglükseligten Teutschen müssen außschütten, ja daran Himmel und Erde eine süßklingende Uebereinstimmung von sich müssen hören lassen. Du aber, O mein allertheuerster Schatz, mein goldener Friede, meine hertzenstraute Schwester, sey zu tausendtmalen von mir geküsset, (küsset sie sehr lieblich) und du, O grosser Gott, du Schöpfer Himmels und der Erden, sey für diese und unzählig viele andere Gutthaten hochgelobet und gepriesen von Ewigkeit zu Ewigkeit!

Friede. Unsere höheste Schuldigkeit erfordert dieses, Großmächtigste und Unüberwindlichste Königinn, daß wir für so viele unvergleichliche und gar nicht verdienete Wolthaten, dem Allerhöchsten Lob und Ehre, Preiß und Dank sagen. So erhebet nun alle miteinander eure Hertzen und Stimmen, singet freudig gegen einander, lobet, ehret, preiset und rühmet mit mir den Nahmen des Herren.

(Hierauff stehet Teutschland nebenst dem Frieden auff von ihrem Thron, die Engel und Kinder bleiben in der Mitte stehen, Teutschland aber, der Friede, Waremund, Wolraht und Degenwehrt, wie auch die drey Haubtstände gehen alle fein ordentlich hintereinander her und etliche mal in die Runde um den Schauplatz, alle singend folgendes Beschlußlied, das mit vielen Instrumenten herlich muß gespielt werden).

~~~~~~~~~

Jauchzendes Beschluß=Lied.

1.

Jauchzet, jauchzet alle Welt,
 Singet Gott mit Freuden,
Ewig's Lob werd' ihm bestelt,
 Der itzt unser Leiden
Hat in Lieb' und Lust verkehrt,
Ja den Frieden uns verehrt;
Alle Welt müsse dem Herren lobsingen,
Lasset Trompetten und Pauken itzt klingen.

2.

Jauchze grosser Ferdinand,
 Jauchzet all' ihr Stände,
Jauchze Teutsches Vatterland,
 Nunmehr hat ein Ende
Des Verwüsters Grausamkeit,
Gott, der gibt uns beß're Zeit;
Alle Welt müsse dem Herren itzt singen,
Lasset d'rauff Geigen und Lauten erklingen.

3.

Jauchzet doch ihr Gottesknecht',
 Und erhebt die Stimmen,
Lasset Mars und sein Geschlecht
 Sonder Macht ergrimmen;
Nunmehr sol des Herren Wort
Gehen auff an manchem Ort;
Alle Welt müsse deßwegen lobsingen,
Lasset Pandoren und Harffen erklingen.

4.

Jauchzet doch ihr Musenvoll,
 Es ist schon verschwunden
Die betrübte Kriegeswolf,
 Heut' ist gantz entbunden
Teutschland seiner schweren Last,
Phoebus lebt hinfort in Rast;
Alle Welt müsse deßwegen lobsingen,
Lasset die Pfeiffen und Zinken erklingen.

5.

Jauchzet, jauchzet, jauchzet heut',
 Alte mit den Jungen;
Jauchzet all' ihr Christenleut',
 Es ist Mars bezwungen;
Rühmet, lobet, preißet Gott,
Unsern Herren Zebaoth,
Alle Welt müss' ihm von Hertzen lobsingen,
Endlich so wird es im Himmel erklingen,
Laß' es, O Höchster, die Wolken durchdringen.

NB. Indeme der letzte Satz wird gesungen, gehen die Personen alle sein gemählich von dem Platz, und wird hiemit die gantze Handlung beschlossen.

Ende.

**Nur Gott und Niemand mehr
Sey Lob, Preiß, Danck und Ehr.**

Musikbeilagen.

Klag-Lied
über Teutschlands unbesonnene Blindheit und Sicherheit.

(Nach der Hamburger Ausgabe von 1649. Schluß der ersten Handlung. S. 25.)

„Sobald die Erste Handlung sich geendet, muß einer auff die uralte celtische Art gekleidet, als ein Witdod (welche bey den alten Teutschen vor Kunst- und Musikliebende, als Dichter, Sänger, Sittenlehrer, Naturforscher und dergleichen Leute wurden gehalten), auff den Platz kommen und nachgesetzetes Lied fein deutlich und beweglich daher singen Kan er eine Laute oder Pandor selber dazu schlagen, stehet solches nicht übel, wie es denn auch gar fein klinget, wenn etliche andere verborgene Instrumentisten die Melodei zu spielen. Es muß aber solches gar sanft geschehen, damit man ein jedes Wort des Gesanges gantz eigentlich köne hören und deutlich vernehmen, bißweilen fast der gantze Inhalt der verlaufenen Handlung in gedachtem Liede wird enthalten, wie denn der Leser eben ein solches auch bei den anderen nachfolgenden Liedern wird befinden."

Johann Risten, Friedejauchzendes Teutschland.

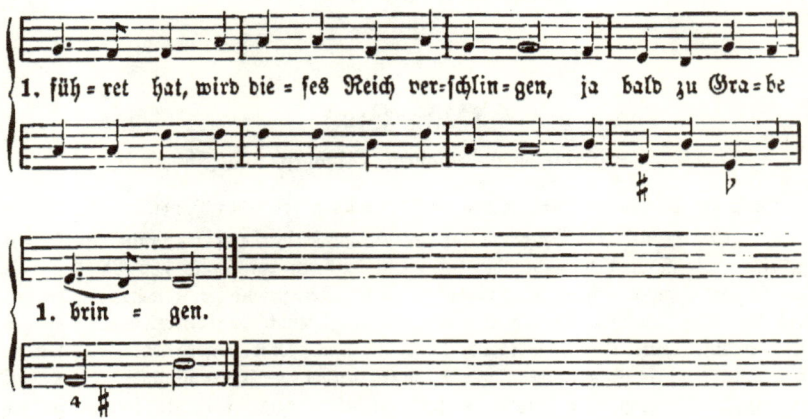

1. füh=ret hat, wird die=ses Reich ver=schlin=gen, ja bald zu Gra=be
1. brin=gen.

2. Ihr Teutschen Helden stehet still.
   Und sehet die Geberden
   Der Königinnen, welche will
   Ihr' eigne Sklavin werden.
Ach helffet, es ist hohe Zeit!
Tritt auf, du Teutsche Redlichkeit
   Die Falschheit zu verjagen,
   Womit dich Fremde plagen!

3. Wird denn der Alten tapfrer Muht
   So spöttlich itzt vernichtet,
   Da doch ihr unerschrockner Muht
   Viel Händel ausgerichtet;
Welch' ewiglich zu preißen sind,
Die hält man schlechter itzt als Wind,
   Ja darff sie noch wol schelten;
   Was neu ist, das muß gelten.

4. Die Sprache, welcher gleichen kaum
   In aller Welt zu finden,
   Hat bei den Teutschen keinen Raum;
   Sie muß sich lassen binden
Von ihren Kindern dergestalt,
Daß sie fast weder warm noch kalt
   In ihren eignen Landen
   Vom Teutschen wird verstanden.

5. Der edle Fried ist ausgejagt
   Das höchste Gut auf Erden;
   Wie greulich wirst du nun geplagt
   O sichers Teutschland werden!
Ja, Friede, du recht güldner Schatz,
Daß man dir gönnet keinen Platz,
   Das wird nach wenig Tagen
   Selbst Teutschland sehr beklagen.

6. Nun Teutschland, du hast dieser Zeit
   Die Sinnen gantz verlohren,
   Du hast vor Teutsche Redlichkeit
   Das Heucheln dir erkohren;
Dein' eigne Sprach dir nicht behagt,
Den Frieden hast du weg gejagt,
   Was wird auß dir doch werden?
   Ein Fluch und Spott auff Erden.

Teutschland

wird sehr beklaget von wegen des großen Unglükes, welches ihme die Bewirthung und gar zu freundliche Gemeinschafft mit denen fremden Völkern wird verursachen.

(Hamburger Ausgabe 1649. Schluß des dritten Aufzugs. S. 39.)

"Alsobald darnach, wenn die Kavallier sind hinweg gegangen, muß einer mit etwas närrisch gemachten Kleidern, als einem spanischen Wamse, französischen Hosen, polnischen oder krabatischen Mützen und anderen dergleichen fremden Trachten angethan, herfür tretten, seltzame Geberde führen und folgendes Lied mit einem höhnischen und offt verändertem Gesichte, bald als ein ernsthaffter Spanier, bald als ein leichtsinniger Franzose, bald als ein schmeichelhaffter Italiener und so fortan, nachdem es der Inhalt gibt, sein langsam singen und eine spanische Kitarra oder Laute entweder selber dazu schlagen oder von einem Anderen darin spielen lassen, jedoch also, daß die Wörter sein deutlich gesungen und von denen Zuhörern wol verstanden werden."

2. Teutschland lüstert Wein zu trinken
   Den Maderen Insul bringt;
   Teutschland wil mit Spanien hinken
   Wenn Kitarra singt und klingt;
   Teutschland wil sich mit Grandezzen
   Spanien an die Seite setzen;
   Ist auch dessen hertzlich froh
   Mit dem Don Antonio.

3. Teutschland wil Couranten machen
   Wie man sonst in Franckreich thut;
   Monsieur Gaston weiß die Sachen
   Anzugehn mit schlauem Muht;
   Er läßt unser Teutschland sauffen
   Rothen Wein, den es muß lauffen
   Vor ihr Blut, das heist wohl recht:
   Teutschland hat sich selbst verzecht.

4. Teutschland wil die Hände zieren,
   Ihr gefält die neue Pracht;
   Teutschland, die wil Handschuh führen,
   Die der Welsch hat hergebracht.
   Wol gewelscht! diß weiche Leder
   Ist ein Gift vor dein Geäder.
   Dieses, Teutschland, samt den Wein
   Wird dein Weg zur Armuht sein.

5. Teutschland hat den Schmalt verlohren
   Ihr gefält nicht Wein, noch Bier;
   Hat deßwegen auserkohren
   Alten Käse mit Begier.
   Käse, der den Durst erwekket,
   Käse, da der Wein auff schmellet.
   Doch bezahlt der Teutsche Schlund
   Tausendt Kronen vor ein Pfund.

6. Teutschland ist nun wol traktiret
   Durch der Fremden Höflichkeit,
   Welch' ihr haben auffgeführet
   Einen Schmauß bei dieser Zeit,
   Dessen Wehrt nicht ist zu schätzen;
   Dieses, mein ich, heist ergetzen
   Selber sich und seine Gäst':
   Es ist hin biß auf den Rest.

7. Teutschland muß den Wirth bezahlen
   Und den Gästen dienstbar sein,
   Welche bei der Wirthschafft prahlen
   Und noch tapfer schencken ein,
   Alles doch ohn ihren Schaden;
   Das heist frische Gäste laben,
   Das heist bei den Fremden stehn:
   Teutschland, du mußt bettlen gehn

Lied des Merkur.
(S. 41.)

Erbärmliches Klag-Lied

über den jämmerlichen Zustand des beraubten, geschmählten, verstrikkten und geschlagenen Teutschlandes.

(Hamburger Ausgabe 1649. Schluß der andern Handlung S. 46.)

„Sobald nun Teutschland durch den Mars und desselben Spießbrüder gewaltthätiger Weise mit Schellen, Stoßen und Schlagen ist hinein geschleppet, muß alsobald darauff eine gar klägliche Musik werden angefangen, und ein wenig hernach müssen gantz unversehener Weise zwo Weiber in langen Klagleidern herfürwischen und nachgesetztes Lied mit sehr traurigen Geberden, allezeit einen Vers um den andern singen, jedoch daß von Anderen verborgener Weise dazu gespielet werde. Wenn nun dieses Lied vollendet so müssen diese beiden Klageweiber auch plötzlich wieder davon gehen und die verborgenen Musikanten diese andere Handlung vollends beschließen und zu Ende bringen."

2. O ihr Wolken öffnet euch
    Lauter Thränen zu vergießen:
Trennet euch und laßt zugleich
    Feurigs Wasser von euch fließen;
Liebe Sonn', hör' auff zu prangen,
Teutschland, Teutschland ist gefangen.

3. O ihr leichten Federthiere,
    Haltet ein mit Lust zu singen!
Besser, daß man für und für
    Laß' ein traurigs Lied erklingen;
Teutschland ist vor wenig Stunden
(O des Jammers!) hart gebunden.

4. O ihr Fisch im tiefen Meer,
    Schauet doch auß euern Quellen,
Schauet Teutschland, das so schwer
    Mars gefallen, es zu fällen.
Teutschland, das sich nicht ließ pochen,
Ist zum Krenz itzt fast gekrochen.

5. O du wild und zahmes Vieh,
    Eile, Teutschland zu beklagen,
Schaue, mit was Grimm und Müh
    Ihre Würger auff sie schlagen;
Wie sie bleich mit Grimm und Beißen
Ihr den Roll vom Leibe reißen.

6. O ihr Teutsche geht herbei,
    Klaget eurer Mutter Schaden,
Machet bald ein Mordgeschrei,
    Teutschland muß im Blute baden,
Teutschland, die sich frisch gewehret,
Als man ihren Tod begehret.

7. Ist das Kleinod nicht mehr da?
    Nein, es ist hinweg genommen.
Himmlische Concordia,
    Wirst du niemals wiederkommen?
Weh uns, daß wir dich verschmissen!
Ach, wer hat das Band zerrissen?

8. Teutschland ist gezogen auß,
    Teutschland muß ihr Kleid entbehren;
Feinde, welche Hof und Haus,
    Ja ihr Gut und Blut begehren
Halten sie so hart verstrikket,
Daß sie schier vor Angst erstikket.

9. Unterdessen bleibet doch
    Ihre Kron' unabgerissen,
Und obgleich die Feinde noch
    In die Schultern sie gebissen,
Wird sie dennoch sich erheben,
Ja, fast sterbend, wiedrum leben

10. Teutschland, Teutschland tröste dich,
    Gott wird dir zur Seite stehen.
Bet und streite ritterlich,
    Dann wird man mit Freuden sehen
Dich die Feind hinwieder binten
Und gantz siegreich überwinden.

Letztes Klag-Lied

über das hefftig verwundete, durch Krieg, Pest und Hunger äusserst geplagte und nunmehr mit dem Tode ringende Teutschland.

(Hamb. Ausg. 1649. Schluß des zweiten Aufzuges. S. 72.)

„Nachdem Mars mit seinen beiden Schwestern, dem Hunger und der Pest, von dem verwundeten Teutschlande wieder hinweg gangen und dasselbe im Blute liegend gantz allein gelassen, kömt der alte teutsche Witeb (der sich beim Beschluß der Ersten Handlung hatte hören lassen) zum andern Mal wieder auffgezogen, betrachtet erstlich die elende, verwundete Königinn, bald fanget er an, kläglich in das Pandor zu singen, seine Augen allezeit auf Teutschland richtend, wobei er sich solcher Geberden weiß zu gebrauchen, daß die Zuseher zu einem recht hertzlichen Mitleiden werden bewegen, und muß Witeb mit gen Himmel auffgeschlagenen Augen und andächtigen Geberden dieses nachgesetzte Lied schließen, auch gantz traurig aussehend seinen Abschied nehmen und dem Feldscherer, Ratio Status, die Schaubühne überlassen."

So ligt denn nun das ar=me Weib biß auf den Tod zer=
Ach, daß ihr wun=der=schö=ner Leib muß so viel Striemen

schla=gen; Ja muß denn, da du Gut und Muht ver=loh=ren
tra=gen!

hast, dein hei=ßes Blut, o Teutschland, von der Er=den zu=

letzt ver=schlungen wer=den.

2. Der tolle Mars hat auffgebracht
   Die, welche Teutschland neiden.
Die Völker, welcher List und Macht
   Das arme Weib muß leiden,
So, daß sie zappelt auff dem Plan;
Ach Mars, du hast ihr weh gethan!
   Bald muß ihr armes Leben
   Dem Würger sich ergeben.

3. Verfluchter Schuß, verfluchtes Rohr,
   Der Teutschland hat getroffen!
Wer hebt dich armes Weib empor?
   Kein Held, hier gilt kein Hoffen
Seht wie der grimme Menschenfraß
Vom Blut es hat gemacht so naß,
   Daß man es kaum kan kennen,
   Ja, Teutschland mehr darff nennen.

4. Der Hunger, welcher gar zu schnell
   Dem Mars ist nachgestrichen,
Hat so vertretten seine Stell,
   Daß Teutschland schier verblichen.
Die Theurung machte Teutschland bloß;
Ach Gott, die Noht war gar zu groß,
   Der Menschheit ward vergessen,
   Die Kinder auffgefressen.

5. Die schnelle Pest hat dieses Weib
   Auch dergestalt gebrennet,
Daß Teutschland ihren eignen Leib
   Und Glieder nicht mehr kennet.
Sie liegt mit Beulen sehr beschwert,
Durch Hitz und Eiter außgezehrt,
   Das Mark ist auß den Knochen
   Vor Todesangst gekrochen.

6. O treuer Gott, erbarme dich
      Der armen Königinnen,
   Steh auff und hilff ihr gnädiglich,
      Daß sie mag Lufft gewinnen.
   Wend' ab, daß Hunger, Krieg und Pest
   Ihr geben nicht zugleich den Rest.
      Steur' Armuht, Krankheit, Eisen,
      So sol dich Teutschland preißen.

Klag=Lied.
(S. 102.)

Tenor.
Him=mel, laß doch un=ser Kla = gen
Und ver=nimm die schwe=ren Pla = gen

Bass.

stei=gen auff in dein — Ge=zelt. Wü=the=rich führt
-wel=che Mars uns hat — ge=stellt.

Hoffnungs-Lied.
(S. 119.)

Erstes Lied des ersten Zwischen=Spiels.
(S. 127.)

Zweites Lied des ersten Zwischen-Spiels.
(S. 133.)

Trost-Lied.
(S. 158)

Friedens- und Freuden-Lied.
(S. 165.)

Klag=Lied.
(S. 173.)

Freuden-Lied.
(S. 185.)

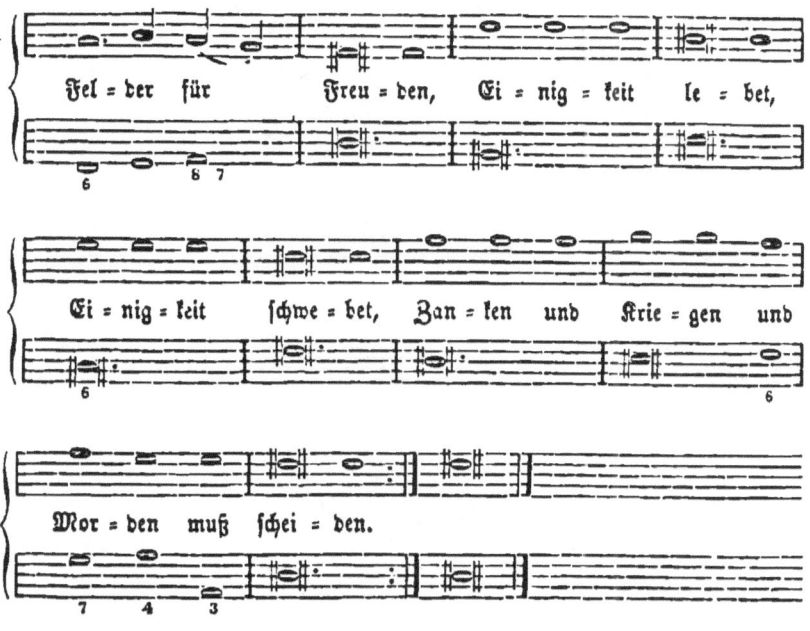

Lied der drey Engel.
(S. 186.)

230

trink, O theurer Held, hie wird dir zu=gestellt der Becher der Ver=

ges=sen=heit.

Dank=Lied.
(S. 194.)

Tenor. Bass.

Daß Wü=the=rich, der ar=ge Feind, des Frie=bens
Daß sein von Rach' er=füllter Muht mit Pla=gen,

Gift und Ma=vors Freund, die Prie=ster muß in Ru=he las = sen;
Mor=den, Raub und Blut, die Die=ner Got=tes nicht kan fas = sen;

Ja, daß wir geh'n auff sich'=rer Bahn, O Frie=be, O

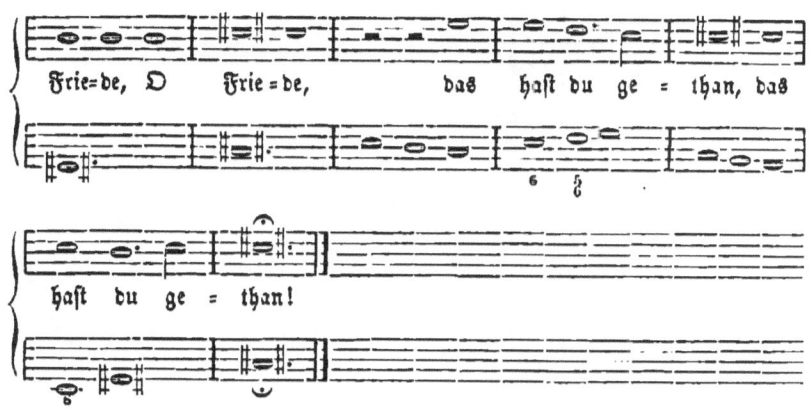

Lob=Lied der drey teutschen Haubtstände.
(S. 197.)

Nun laſ=ſet uns al=le mit frö=li=chem Schal=le, mit lieb=li=chen Wei=ſen den mäch=ti=gen Gott, nach ſei=nem Ge=bot, in=dem er uns

Johann Riſten, Friedejauchzendes Teutſchland.

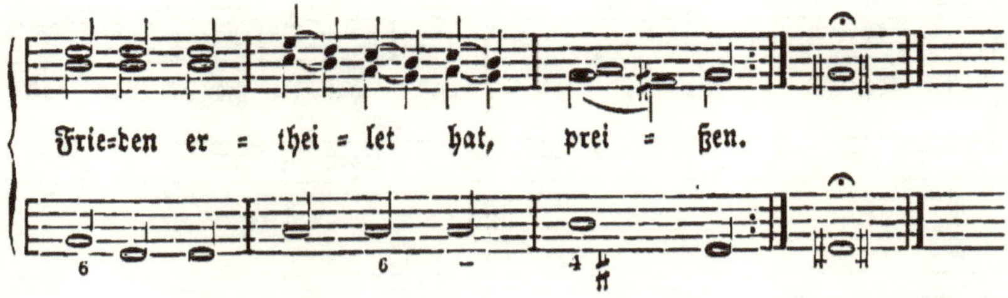
Frie=den er = thei = let hat, prei = ßen.

Triumpf=Lied der Siegesprachtenden Kinder.

(S. 204.)

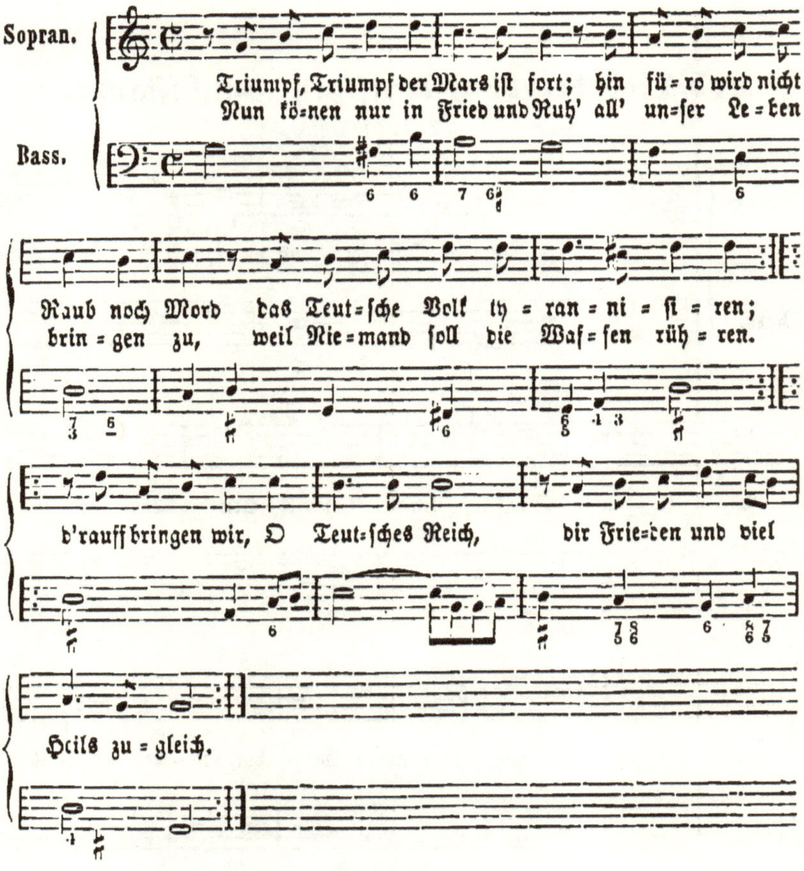
Sopran.
Bass.
Triumpf, Triumpf der Mars ist fort; hin fü = ro wird nicht
Nun kö=nen nur in Fried und Ruh' all' un=ser Le = ben
Raub noch Mord das Teut = sche Volk ty = ran = ni = si = ren;
brin = gen zu, weil Nie = mand soll die Waf = fen rüh = ren.
d'rauff bringen wir, O Teut=sches Reich, dir Frie=den und viel
Heils zu = gleich.

Allgemeiner Wunsch.

(S. 205)

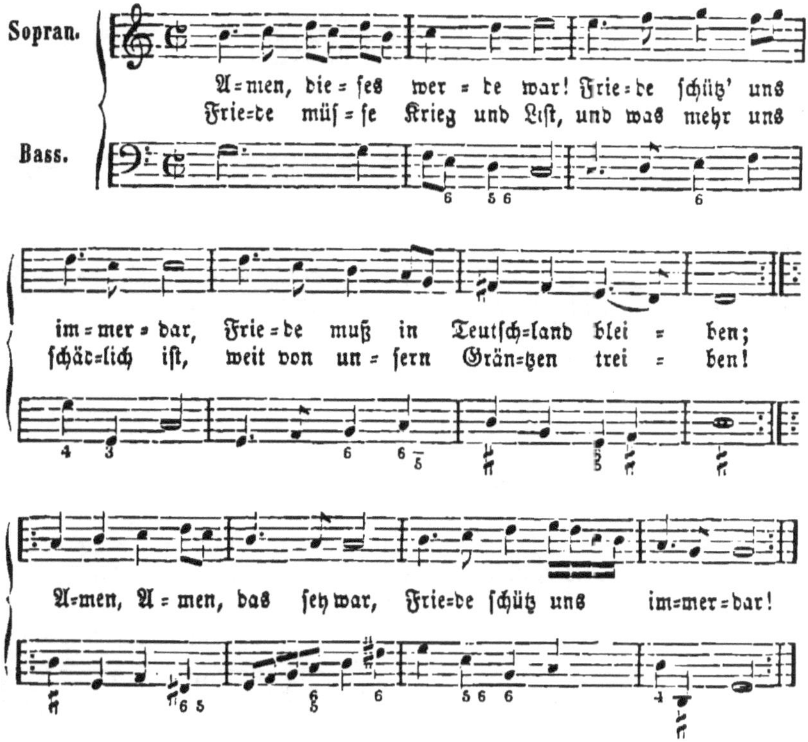
Sopran.
Bass.
A=men, die=ses wer=de war! Frie=de schütz' uns
Frie=de müs=se Krieg und List, und was mehr uns
im=mer=dar, Frie=de muß in Teutsch=land blei=ben;
schäd=lich ist, weit von un=sern Grän=tzen trei=ben!
A=men, A=men, das sey war, Frie=de schütz uns im=mer=dar!

Lob=Lied.

(S. 208.)

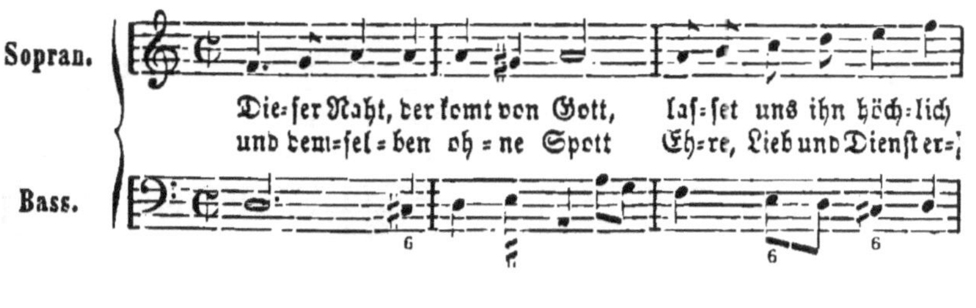
Sopran.
Bass.
Die=ser Naht, der komt von Gott, las=set uns ihn höch=lich
und dem=sel=ben oh=ne Spott Eh=re, Lieb und Dienst er=

Dank-Lied zu Gott.
(S. 209.)

Jauchzendes Beschluß=Lied.

Wie daſſelbe kan mit zwey Stimmen gemachet und beſſen Trippel auf zwey Trompetten kan geſpielet werden.

(S. 213.)

Daſſelbe Beſchlußlied.
(S. 213.)

Wie es mit zwey Trompett., vier, auch wol mehr Stimmen auff unterſchiedlichen Inſtrumenten kan geſpielet und geſungen werden.

Jauchzet, jauchzet al=le Welt, ſin=get Gott mit Freuden, e=wigs Lob werb' ihm be=ſtellt, der itzt un=ſer Lei=den hat in Lieb und Luſt ver=kehrt, ja den Frie=den

www.ingramcontent.com/pod-product-compliance
Lightning Source LLC
Chambersburg PA
CBHW030015240426
43672CB00007B/963